西南财经大学金融学院金融市场研究系列报告

中国理财市场发展报告（2011～2012）

西南财经大学信托与理财研究所
普　益　财　富
编著

中国财政经济出版社

图书在版编目（CIP）数据

中国理财市场发展报告 2011～2012/西南财经大学信托与理财研究所，普益财富编著．—北京：中国财政经济出版社，2012.3

（西南财经大学金融学院金融市场研究系列报告）

ISBN 978－7－5095－3442－7

Ⅰ．①中…　Ⅱ．①西…②普…　Ⅲ．①金融市场－经济发展－研究报告－中国－2011～2012　Ⅳ．①F832.5

中国版本图书馆 CIP 数据核字（2012）第 037946 号

责任编辑：郁东敏　　责任校对：徐艳丽

封面设计：邹海东

中国财政经济出版社 出版

URL：http：//www.cfeph.cn

E－mail：cfeph @ cfeph.cn

社址：北京市海淀区阜成路甲 28 号　邮政编码：100142

营销中心电话：88190406　北京财经书店电话：64033436　84041336

涿州市新华印刷有限公司印刷　各地新华书店经销

889×1194 毫米　16 开　17.75 印张　478 000 字

2012 年 4 月第 1 版　2012 年 4 月涿州第 1 次印刷

定价：48.00 元

ISBN 978－7－5095－3442－7/F·2914

（图书出现印装问题，本社负责调换）

本社质量投诉电话：010－88190744

西南财经大學
信托与理财研究所

经世济民　孜孜以求

西南财经大学信托与理财研究所（以下简称“研究所”）是专业信托与理财研究机构，直属西南财经大学。研究所成立于2006年6月，依托西南财经大学金融学科的核心研究力量，目前已经发展成为中国信托与理财市场上专职研究人员多、研究成果丰硕、社会影响力较强的专业研究机构。

研究所的专/兼职研究人员大多具有银行、信托、证券等行业的从业经验和高级管理经历，具有深厚的经济理论底蕴和丰富的金融实践经验。研究所在与金融理财机构进行“产学研”交流过程中，吸收了大批实业界专家搭建了业内专家库，包括监管机构、行业协会、金融理财机构等实业界人士，重点针对金融理财业务的产品设计、操作流程、运营机制、组织架构、风险控制、法律法规等实务性研究领域进行研讨。研究所以信托理财产品与市场、信托法律基础理论、理财机构战略管理与发展为重点研究领域，希望为金融机构的信托理财业务提供战略规划设计和产品开发设计方面的实质性支持，提升金融机构理财业务的综合竞争能力。研究所自成立以来，陆续推出了信托理财市场年度报告、行业和产品排行体系及报告、相关理财标的市场监测报告等等多项研究成果。此外，研究所还与行业协会、金融机构和高校合作展开了广泛的业务培训、市场调研和专题研究，为信托理财观念的推广普及和信托理财市场的规范发展贡献了力量。

西南财经大学信托与理财研究所 http：//www. lccp. cn

普益财富
CNBENEFIT

精于专业　优于服务

“普益财富”诞生于2006年，现主要股东为2010年“福布斯中国潜力企业榜”第14位的泛华保险服务集团。2007年，普益财富与西南财经大学信托与理财研究所达成战略合作协议。在该协议框架下，基于普益财富金融理财数据库研究的基础，致力于理财行业的研究，为我国第三方金融理财服务市场的发展提供服务平台。

“普益财富”作为国内领先的金融理财市场服务平台，依托于西南财经大学信托与理财研究所的专业研究平台，以金融理财市场上全方位数据的搜集、整合与分析解读为基础，通过金融理财市场数据服务，理财产品设计研发和个人高端理财服务的全面整合，打造集合数据、品牌、产品研究与定制、交易支持服务为一体的综合服务平台，满足金融理财市场用户多边需求，推动中国金融理财行业的整体发展。

普益财富 http：//www. cnbene. cn

全国统一服务电话：400－8878－566

编 委 会

（按姓氏首字母拼音排序）

编　　著：西南财经大学信托与理财研究所
数据支持：普益财富

主　　编：孙从海　翟立宏　战　松

副 主 编：翁舟杰　李　勇

前　言

2011 年，受到主权债务危机的持续影响，全球各国调整宽松货币政策的步调被打乱，全球经济复苏的不稳定性和不确定性进一步增加，全球金融市场变得更加动荡，包括股票、黄金、外汇、大宗商品等在内的投资市场整体表现惨淡。2011 年，中国房地产市场依然继续面临严厉的政策调控，限购政策、房产税等调控措施的出台和落实，使得房地产价格上涨势头逐渐得到遏制。相比而言，2011 年我国理财市场继续呈现高速增长态势，以银行理财为例，全年产品发行数量和发行规模较上一年增长 71% 和 134%，其中产品发行的短期化趋势也成为推动整体产品发行数量和整体规模大幅上升的主要原因。受到货币政策“实质从紧”、存款准备金率和利率均多次上调、信贷政策收紧等多重影响，市场资金的紧张格局给集合资金信托计划迅速发展提供了机遇。房地产信托、另类信托、上市公司股权质押信托、矿产能源类信托吸引了各方的眼球，而信托公司直销团队、银行、第三方理财机构的渠道之争更是受到投资者、媒体和监管层的关注。受 2011 年股市低迷影响，基金市场和券商集合理财市场的整体业绩表现欠佳，券商集合理财产品甚至出现了发行数量和收益水平齐跌的现象。2011 年保险行业在政策法规、销售渠道、市场利率、资本市场等方面遭遇了多重调整，进入了转型的关键时点，尤其是寿险发展放缓直接拖累了整个保险行业业务发展。

2011 年，中国各种理财产品的发行数量和发行规模在不断扩大，参与理财业务的金融机构和投资者群体的队伍也在不断壮大。西南财经大学信托与理财研究所和普益财富基于完善的金融理财数据库和系统的专业研究团队，从多方位的视角总结和梳理 2011 年中国理财市场，选择热点事件和典型产品进行解析，并对理财市场的未来发展趋势进行分析预测。

中国理财市场远未发育成熟，西南财经大学信托与理财研究所和普益财富作为持续关注中国理财市场的专业研究机构和国内领先的金融理财市场服务平台，基于多年来金融理财数据资讯搜录整理和研究分析的丰硕成果，希望继续能够为中国金融理财业务和市场的发展提供公正、独立的参考依据和决策佐证。

前　言

[illegible]

目　录

第一篇　宏观经济环境

第二篇　基础市场动态

第三篇　理财市场研究

第四篇　理财市场排名

第一篇　宏观经济环境

第一章 宏观经济回顾与展望

引 言

2011 年对全球经济来说是不平凡的一年，日本受到东部地区强烈地震和海啸的打击，中东部分石油生产国社会动荡升级，欧洲持续陷入主权债务危机困境，对全球经济增速放缓的预期以及各国对宽松政策的调整使得包括股票、大宗商品在内的风险资产遭遇大规模抛售，以美国为代表的发达经济体经济下滑风险增大，这进一步打乱各国政府着手调整宽松货币政策的步调，全球金融市场也因此变得更加动荡，并导致国际大宗商品和基础资源的价格波动更加剧烈。预计 2012 和 2013 年全球经济将继续维持疲弱的增长，而这种增长率远远不足以解决大部分发达经济体持续的失业危机，并且将拖累发展中国家的收入增长。

2011 年是“十二五”的开局之年，中国经济遭遇了来自外部和内部环境的双重考验，在调整经济增长结构，控制通货膨胀和高房价的客观要求下，经济增长速度有所放缓，预计 2012 年整体经济增速将继续维持温和回落的态势。2012 年政策执行的重心和力度将由 2011 年的“防通胀，调结构，保增长”变为“稳增长、控物价、调结构”，“稳增长”被提到首位。同时强调“着力扩大内需特别是消费需求”，表明在通货膨胀下行、经济增长放缓预期加强、全球各国均开始关注增长的趋势下，政策重心已经明确从“控通胀”向“稳增长”转移。

第一节 2011 年全球经济回顾

2010 年以来，在各国政府实施的宽松政策刺激下，全球经济在 2009 年经历了两次世界大战以来的首次收缩后迅速反弹。国际货币基金组织（International Monetary Fund，IMF）公布的数据显示，2010 年全球以不变价格计算的 GDP 增长率为 5.11%。然而，2011 年欧洲和美国的主权债务危机继续成为全球经济增长的“绊脚石”，使得各国政府着手调整宽松货币政策的步调被打乱，全球金融市场也因此变得更加动荡，并导致国际大宗商品和基础资源的价格波动更加剧烈。大宗商品价格的大幅波动使得宏观经济总需求水平更加不稳定，不仅增加了宏观政策制定的难度，也使得经济景气度降低。全球各国政策调整以及欧美债务危机的共同影响使得 2011 年全球 GDP 增长率预计将回落至 3.96%，而 2012 年全球 GDP 增长有望持稳（见图 1－1）。

2011 年，全球经济遭受了一连串的冲击：日本受到东部地区强烈地震和海啸的打击，中东部分

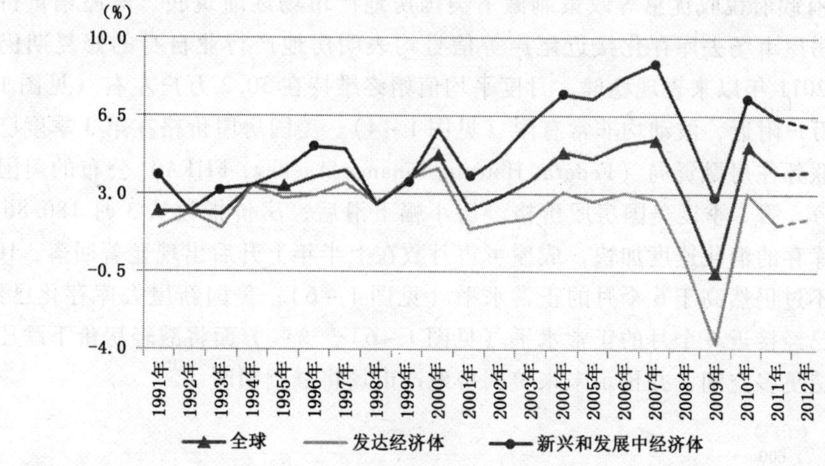

图1-1　1991~2012年全球、发达经济体、新兴和发展中经济体GDP环比增长率

资料来源：普益财富

石油生产国社会动荡升级，欧洲持续陷入主权债务危机困境。与此同时，对全球经济增速放缓的预期以及各国对宽松政策的调整使得包括股票、大宗商品在内的风险资产遭遇大规模抛售，以美国为代表的发达经济体经济下滑风险增大，新兴经济体在经济增长放缓和通货膨胀加剧之间面临艰难的政策选择。越来越多的迹象表明，虽然全球经济将继续维持增长，但路途坎坷多舛，未来也将面临更多挑战。

一、美国经济仍然面临风险，但整体温和增长

整体来看，美国经济在2011年复苏动能有所衰减。IMF公布的数据预计美国2011年全年GDP增长率为1.53%，显著低于2010年3.03%的增幅。尽管如此，美国经济依然表现出相当的韧性，2011年整体呈现"先抑后扬"的走势，第1季度虽然仅实现0.4%的季度环比增幅，但第2、第3季度环比增速逐渐加快，分别增长1.3%和2%（见图1-2）。美国房地产市场在2011年继续筑底，房屋销售表现平稳，同时房价开始企稳反弹。就业市场复苏缓慢，就业人数增长有限，全年失业率基本维持在9%的高位附近。实施"量化宽松"政策导致通货膨胀出现抬头进一步增加了美联储制定货币政策的难度，使得包括"扭动操作"在内的较为温和的宽松货币政策的操作风险有所增加。

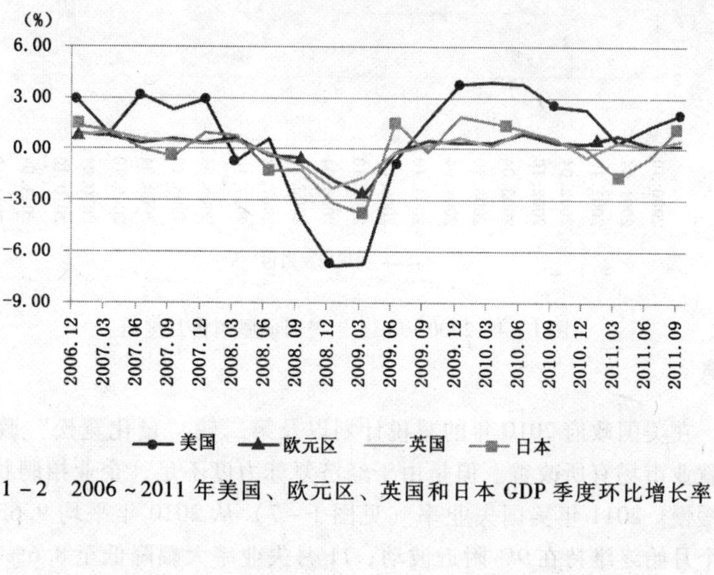

图1-2　2006~2011年美国、欧元区、英国和日本GDP季度环比增长率

资料来源：普益财富

2011年，在没有政府税收优惠等政策刺激下美国房地产市场逐渐筑底、房屋销量持稳、房屋价格出现小幅反弹、房屋市场去库存化接近尾声等信号均表明房地产行业自身的修复期仍然在缓慢持续。美国新屋销售2011年以来表现稳健，月度平均值始终维持在30.2万户左右（见图1-3）；成屋销售则持稳在497万户附近，波动均非常有限（见图1-4）。美国房屋价格在第3季度已经出现企稳反弹的征兆。美国联邦住房融资局（Federal Housing Finance Agency，FHFA）公布的美国房屋价格指数显示（见图1-5），第1季度美国房屋价格经历小幅下滑后，房价指数从3月180.86的低点逐季反弹。另外，房屋库存的消化速度加快，成屋可售月数在上半年上升后出现显著回落，10月回落至8个月的水平附近，不过仍然高于6个月的正常水平（见图1-6）；美国新屋去库存化已经接近尾声，新屋可供销售月数已经接近6个月的正常水平（见图1-6）。这一方面将减轻房价下跌压力；另一方面也给开发投资创造更多空间，并预示未来美国房地产市场将继续回暖。

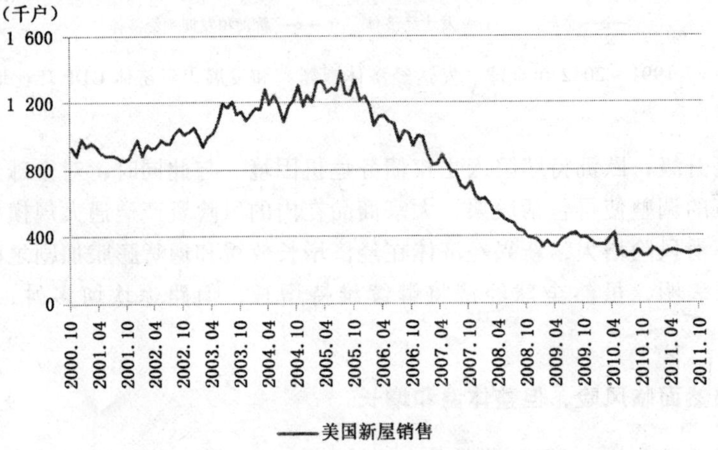

图1-3 2000～2011年美国新屋销售月度值

资料来源：普益财富

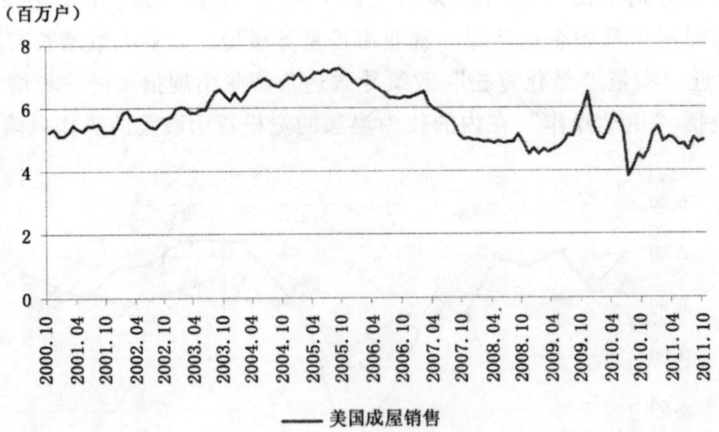

图1-4 2000～2011年美国成屋销售月度值

资料来源：普益财富

就业市场方面，在美国政府2010年的减税计划以及第二轮“量化宽松”政策等积极的宏观经济政策刺激下，美国就业市场有所改善。但是由于经济复苏力度不足，企业招聘状况没有好转，使得劳动力市场复苏速度缓慢。2011年美国失业率（见图1-7）从2010年平均9.63%的高位迅速下滑至9%附近，但前10个月始终维持在9%附近波动；11月失业率大幅降低至8.6%，创下自2009年3月

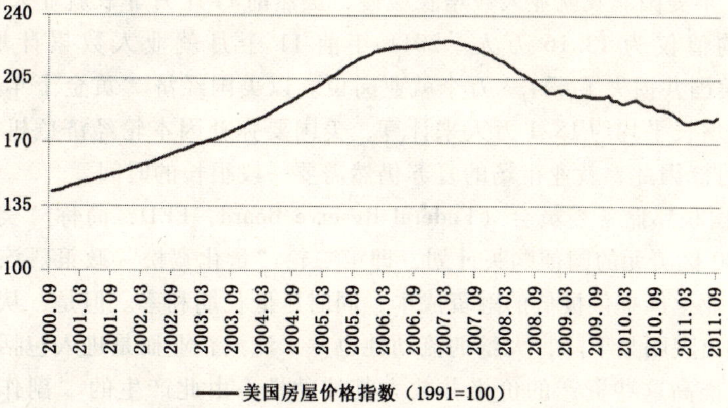

图 1－5　2000～2011 年美国房屋价格指数

资料来源：普益财富

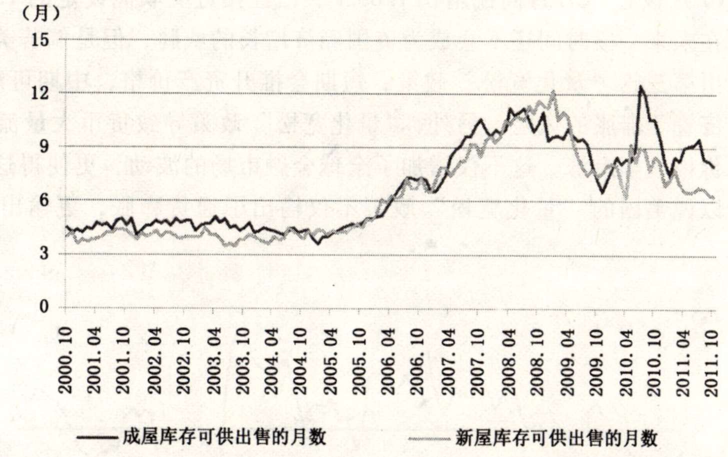

图 1－6　2000～2011 年美国成屋和新屋库存可供出售月数

资料来源：普益财富

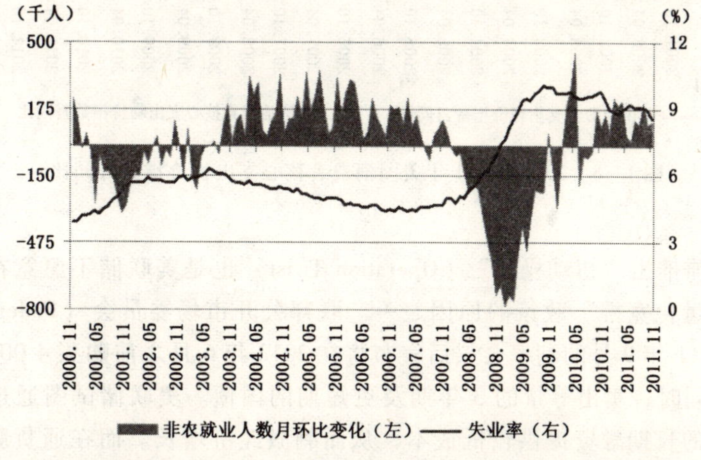

图 1－7　2000～2011 年美国非农就业人数月环比变化和失业率

资料来源：普益财富

以来的最低值。2011年美国非农就业人数增长缓慢，虽然前11个月非农就业人数（见图1-7）均实现环比上升，但平均值仅为13.16万人。2011年前11个月就业人数累计增加144.8万人，而2008~2011年11月美国共损失了624.3万个就业岗位。以美国经济“黄金十年”的20世纪90年代间每个月的非农就业增长平均约18.1万人来计算，美国要弥补因本轮经济危机而损失的就业岗位需要的时间超过34个月。因此，就业市场的复苏仍然需要一段很长的时间。

2010年11月美国联邦储备委员会（Federal Reserve Board，FED，简称“美联储”）正式推出为期8个月总额达6 000亿美元的国债购买计划，即第二轮“量化宽松”政策。该政策旨在为银行业注入大量流动性，为企业生产提供极低的融资成本，同时压低长期利率。但是，从政策效果来看，长期利率没有受政策影响出现明显下降，大量的流动性也并未流入企业而是进入包括股票、大宗商品、外汇在内的金融市场，推高这些资产的价格并放大其波动性。由此产生的“副作用”，使得“量化宽松”政策一方面对经济增长的刺激作用逐渐减弱，另一方面推动通货膨胀逐渐抬头。美联储用来衡量通货膨胀的关键指标——美国消费者核心支出物价指数（Price Indexes for Personal Consumption Expenditures Excluding Food and Energy，PCE）自2010年11月实施第二轮“量化宽松”政策以来持续升高（见图1-8）。10月核心PCE月同比增长1.65%，已经接近美联储设定的1.7%~2.2%的目标区间。尽管通货膨胀在未来一段时间还不会成为美国经济增长的威胁，但是倘若美联储一定要在经济温和复苏的背景下推出第三轮“量化宽松”政策，短期会推升资产价格，中期可能会加剧通货膨胀、影响消费，将美国经济置于滞胀的风险。另外，“量化宽松”政策导致货币大量流向新兴经济体使得大宗商品和基础资源价格大幅上涨。这不仅增加了全球金融市场的波动，更使得这些国家的消费和经济增长受到抑制。可以说美国的“量化宽松”政策不仅输出了通货膨胀，更输出了导致经济下滑的“病毒”。

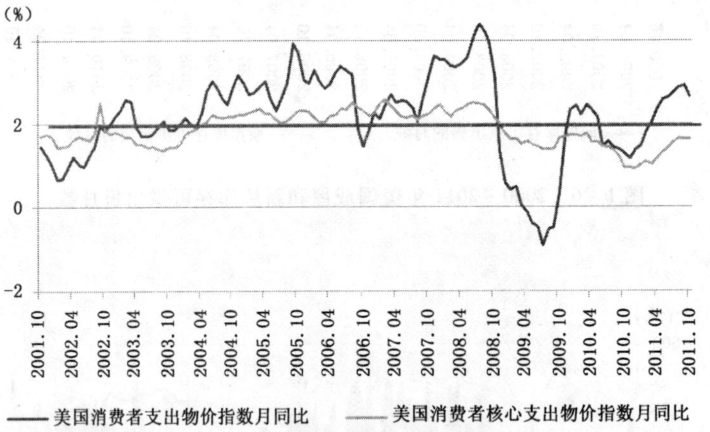

图1-8 2001~2011年美国消费者核心支出物价指数月同比

资料来源：普益财富

另外，美联储此前推出“扭动操作”（Operation Twist）也是美联储不愿意在当前经济温和增长情况下进一步出台“量化宽松”政策的原因之一。联邦公开市场委员会（Federal Open Market Committee，FOMC）在2011年9月的利率会议后宣布将在2012年6月之前购买4 000亿美元6~30年期的较长期国债。与此同时，卖出等量的3年期及更短期的国债。美联储试图通过这种被称为“扭动操作”的政策为市场的长期融资提供较低成本，从而刺激经济增长。而在通货膨胀已经达到温和的情况下，继续扩大美联储资产负债表规模的风险无疑将大大增加，对经济的实际帮助却可能有限。

2011年8月5日，美国主权信用评级遭降，一度令市场预期美国国债价格将大幅下跌并危及美国经济，但随后债券市场的表现大超预期，美国国债价格不跌反涨。或许正因为市场反应好于预期让美国两党不再紧张，反而利用债务谈判为2012年大选收集政治筹码。由于民主党和共和党未能就1.2万亿美元的削减支出计划达成共识，2011年11月21日美国削减赤字联合特别委员会（US Congress Joint Select Committee on Deficit Reduction，又称“美国国会超级委员会”）宣布赤字削减努力失败。按照8月1日通过的法案，美国国会超级委员会的失败将在2013年触发自动削减机制，而这不会对美国经济产生很大影响。首先，自动削减2013年才会实施；其次，51.2%的削减来自国防支出，而这部分支出对美国经济影响较小，法定支出将免于被削减。评级机构均表示只要美国不放弃自动削减赤字的法律，那么将维持美国评级。只要美国能保住评级，也不会导致国际金融市场的大幅波动，不会威胁到美国经济。

二、欧元区深陷主权债务泥沼，经济增长前路堪忧

2011年困扰欧元区最大的经济问题依然是主权债务危机。这一问题自从2009年希腊债务危机爆发以来始终未能得到妥善解决，而且有愈演愈烈之势。2010年年末的爱尔兰债务危机在2011年第1季度快速消退。但好景不长，就在投资者为欧洲央行（European Central Bank）4月宣布加息而雀跃不已之时，包括葡萄牙、希腊在内的欧元区债务国开始受到债务到期带来的巨大再融资压力。有关希腊可能无法获得新的救助贷款以满足未来两年融资需求的担忧，令投资者稍微放松的神经再度紧绷。8月，主权债务危机进一步扩散至西班牙以及意大利，标志着债务危机已经向主要经济体蔓延。由于私人部门，主要是银行系统持有的欧洲国家主权债务庞大，银行系统也无可避免地受到殃及。三大评级机构——标准普尔公司（Standard & Poor's，简称“标普”）、穆迪投资者服务公司（Moody's Investors Service，简称“穆迪”）以及惠誉国际信用评级有限公司（Fitch，简称“惠誉”）大幅下调欧洲银行的评级，标志着债务危机进一步向银行系统蔓延。

欧元区债务危机的持续恶化已经影响到实体经济，2011年第2季度欧元区GDP环比增长0.2%，与第1季度0.8%的增长率相比有大幅下滑，而随后的第3季度GDP增长依然维持在0.2%，表明经济增长基本陷入停滞。虽然核心经济体德国和法国在第3季度分别维持了增长1.4%和2.5%的温和速度（见图1-9），但增速从2010年第3季度开始已经逐季放缓。另外，希腊、意大利等债务国的经济增长同样不容乐观。希腊2011年前3个季度GDP尽管全部实现环比上涨，但GDP同比增速依然远远低于其他主要欧元区国家。债务危机在国债市场和银行系统传导将导致严重的信贷紧缩，加上各国所采取的越来越严厉的缩减赤字方案，使欧元区经济陷入困局。IMF预计2011年整个欧元区的GDP增长将从2010年的1.79%下滑至1.62%，远远低于全球3.96%的预期增幅，并在2012年还可能进一步下滑至1.09%。

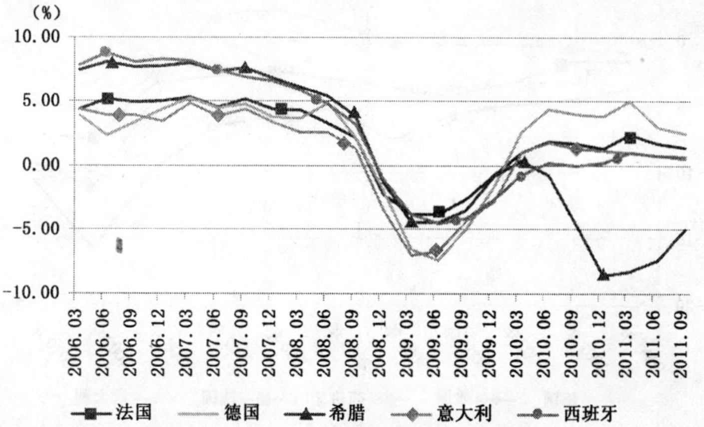

图1-9　2006~2011年欧元区部分国家GDP季度环比增长率

资料来源：普益财富

削减财政赤字以及控制政府债务成为欧元区债务国在寻求欧盟以及 IMF 帮助时的重要承诺。但从当前欧元区各国的政府债务和赤字情况来看，这一任务不仅漫长且充满痛苦。根据《马斯特里赫特条约》（即《欧盟公约》）中对欧盟成员国有关债务占 GDP 的比例不超过 60% 以及赤字占 GDP 的比例不超过 -3% 的规定来看，目前欧洲主要国家的债务占 GDP 的比例均已超过 60%，希腊在 2010 年更是达到 144.9%，德国和法国两个核心国家也双双超过 80%（见图 1-10）；从赤字占 GDP 的比例来看，所有主要国家在 2010 年都超过 -3% 的警戒线，希腊仍然最高达到 -10.6%（见图1-11）。不过由于从 2010 年各国政府开始执行赤字削减计划，赤字占 GDP 的比例有所下降。预计未来这些国家将继续实施包括削减政府开支、提高税率等措施控制赤字，但是各国财政紧缩迫使政府部门进行裁员并降低公务员薪资，不满情绪引发的各国罢工集会活动比比皆是。欧元区公共开支由第 1 季度环比上升 0.6% 转为至第 2 季度环比减少 0.1%。随着意大利、法国以及西班牙更严厉的紧缩方案的执行，预计公共部门开支将进一步缩水。在经济增长已经持续低迷的情况下通过实施紧缩政策来削减赤字令经济增长进一步放缓，经济放缓反过来又会侵蚀政府财政。尽管这种恶性循环令经济增长面临更大的下行风险，但欧元区债务国仍然不得不继续“服用”这一剂“苦药”。

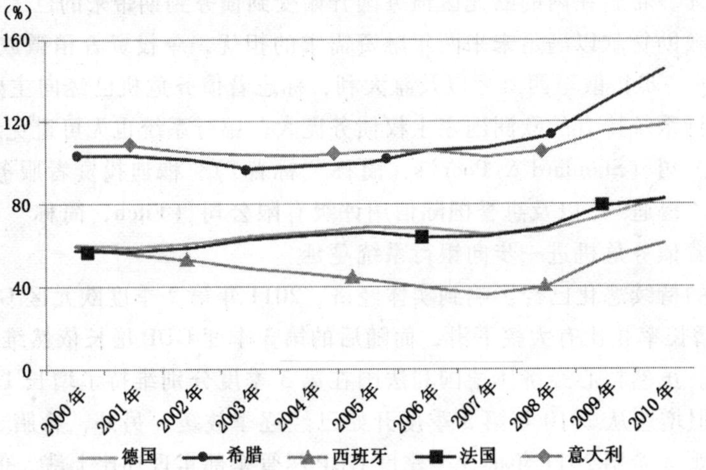

图 1-10 2000 ~2010 年欧元区部分国家政府债务占 GDP 的比例

资料来源：普益财富

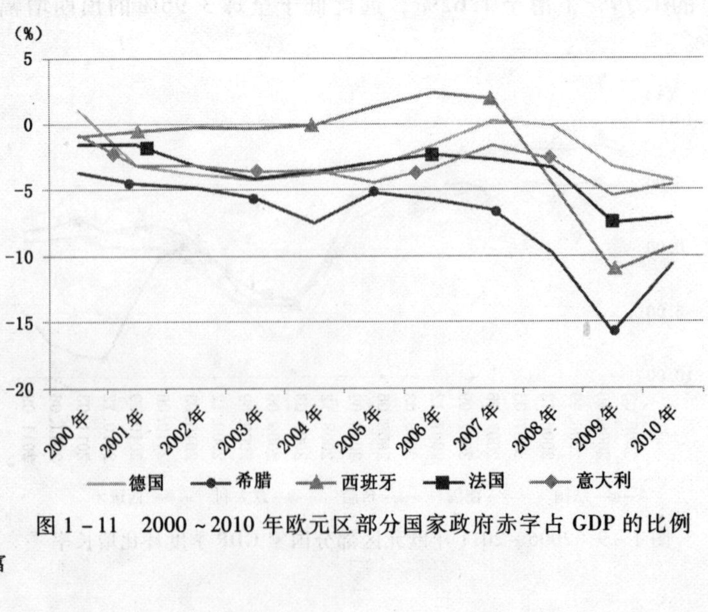

图 1-11 2000 ~2010 年欧元区部分国家政府赤字占 GDP 的比例

资料来源：普益财富

主权债务危机对实体经济的冲击波及国民经济的各个层面，使得无论是政府还是企业，无论是机构还是个人都受到负面影响。在金融市场上，主权债务危机的影响令投资者大规模抛售股票、大宗商品等风险资产，欧元也遭到投资者质疑从而大跌。2011 年意大利、法国和德国等国主要股指跌幅均超过 15%，希腊国内股市跌幅更是超过 50%。另外，包括意大利、西班牙等国的国债价格大跌导致收益率暴涨至难以为继的 7% 上方，更加深了投资者的恐惧，投资者财富缩水严重影响到各国的私人部门消费。另外，主权债务危机向银行系统蔓延，造成信贷紧缩，从而加大经济下行风险。银行间拆借利率的持续上升表明欧洲银行间流动性不断恶化。即便是在 9 月五大央行联手向欧洲银行系统注入美元流动性以及欧洲央行重启非常规的公开市场操作向欧洲银行系统提供大量流动性以后，银行间拆借利率依然没有有效回落。

经济下行的风险对就业市场的打击同样沉重，2011 年欧元区的整体失业率维持在 10% 左右的高位（见图 1－12），西班牙和希腊等主要债务国的失业率已经高达 15% 以上。根据欧盟委员会的调查，未来欧元区就业预期持续下降，显示未来欧元区就业市场情况可能继续恶化。尽管欧元区成员国的情况有所不同，但是由于 2012 年经济形势的恶化以及债务危机的影响，大部分欧元区成员国高失业率的状况将难以改善。

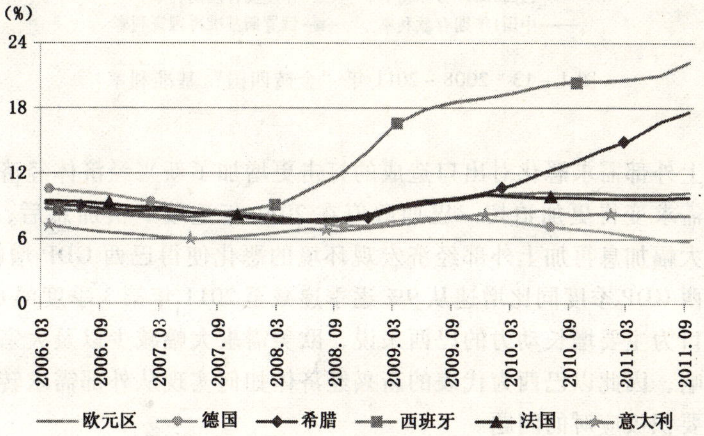

图 1－12　2006～2011 年欧元区部分国家失业率季度值

资料来源：普益财富

从长远来看，建立财政联盟是从根本上解决欧元区主权债务危机的关键措施之一。但是，由于牵涉到修改欧盟条约，财政联盟短期内难以建立，因此也难以在短期内稳定市场信心。但从另一方面来看，财政联盟的实质是希望各国都出让一部分财政主权，从而能起到对欧元区成员国，尤其是各主要债务国的监督作用。从债务到期的分布以及各国大选的时间来看，2012 年 2～4 月将是欧洲债务危机可能恶化的又一高峰，各方解决债务危机的时间也变得更加紧迫。

三、新兴经济体增长放缓，面临更多政策挑战

与发达经济体相比，新兴经济体在 2011 年经济增长依然强劲。IMF 公布的数据显示，预计 2011 年全球新兴和发展中经济体的整体 GDP 增速将达到 7.33%，远远超过发达经济体 3.07% 和全球平均 5.11% 的增速。但是，受到 2009 年以来全球各国实施宽松货币政策带来的流动性泛滥导致的通货膨胀影响，2011 年全球主要新兴经济体纷纷采取紧缩措施以应对逐渐高涨的通货膨胀以及包括热钱涌入在内的其他问题。主要新兴经济体基准利率在 2011 年整体走高，中国、俄罗斯和巴西央行 2011 年全年加息幅度位于 25～75 个基点之间，印度央行加息幅度最大达到 225 个基点（见图 1－13）。

值得注意的是，为了控制通货膨胀而进行连续频繁加息导致的货币政策“矫枉过正”成为加大

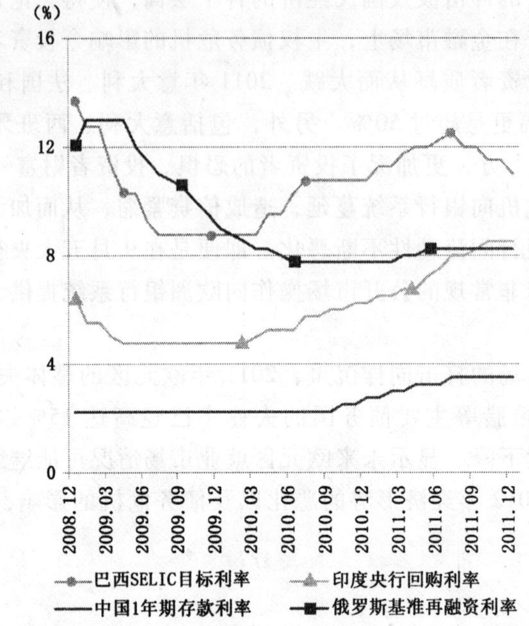

图1－13　2008～2011年“金砖四国”基准利率

资料来源：普益财富

经济波动的因素，加上外部需求恶化对出口造成的打击更增加了新兴经济体经济政策制定的难度，并使得经济结构调整的需求变得更加迫切。巴西政府在2011年连续5次加息后，重新采取降息政策，主要原因就在于连续大幅加息再加上外部经济宏观环境的恶化使得巴西GDP增幅快速下滑。从2010年第3季度开始，巴西GDP季度同比增速从9%逐季递减至2011年第3季度的6.4%（见图1－14）。对于以贸易和资源出口为主要增长动力的巴西来说，欧美需求大幅减少以及大宗商品价格下跌都对其经济增长产生巨大影响，因此以巴西为代表的新兴经济体如何实现从外部需求转向国内需求的再平衡成为未来这些国家需要积极应对的问题。

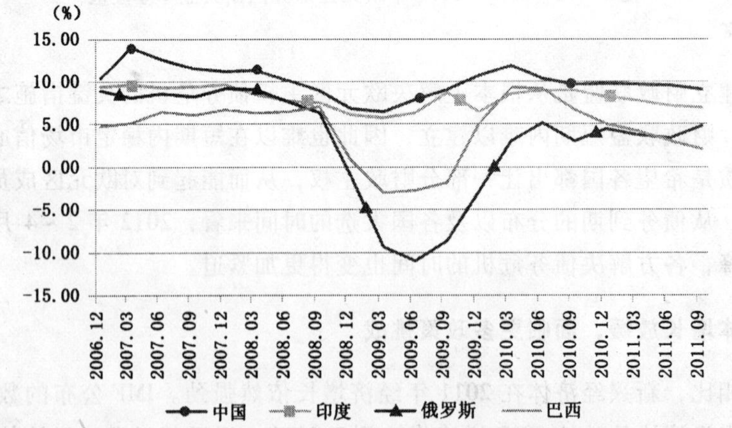

图1－14　2006～2011年金砖四国GDP季度同比增长率

资料来源：普益财富

新兴经济体收紧货币政策和控制信贷增长的努力在2011年由于大量资本流入遭遇巨大的挑战。短期债务和股本等资本流动被视为短期的投机资本，因此，很多国家（特别是几个资本市场规模较大的中等收入大国）为了抵御由于短期资本流动带来的货币汇率上行压力，采取了各种行政和监管措施，以期降低短期金融投资的吸引力，或减少相关的信贷扩张幅度。很多国家采取了包括提高银行存款准备金率、针对某些衍生品征收金融交易税等等在内的一些措施。这些措施不仅会提高国内利率，而且会降低国外投机资本在这些国家进行短期投资的回报，从而避免短期投机资本的大量流入。

2011 年下半年，发达经济体流动性紧张使得前期涌入新兴市场国家的短期跨境资本开始大规模回流，这一方面令新兴经济体的资产价格出现大幅波动，另一方面令这些经济体的政策制订难度进一步增加。从追踪到的信息来看，欧洲各国已经开始从东欧、南美、印度、印度尼西亚以及俄罗斯撤资，造成这些国家货币均出现较大幅度贬值，包括股票在内的资本市场也出现动荡。预计随着欧洲衰退风险进一步加剧，在欧元区主要债务国家大量国债集中到期的 2012 年 2 ~ 4 月，全球范围内可能会遭遇类似 2008 年金融危机时的流动性紧缺，将导致资本回流的现象更加严重。

四、外汇市场走势跌宕，美元受避险需求支撑

对于外汇市场来说，2011 年同样是非常不平静的一年，以欧元区主权债务危机为代表的风险事件在下半年令外汇市场走势震荡，发达经济体和新兴经济体政府在应对复杂的宏观经济环境变化之际采取的各种货币与财政政策不断转换，令金融市场的波动更加剧烈，也使得外汇市场上的政府干预越来越频繁。

2011 年第 1 季度，在美联储“量化宽松”政策继续推行下美国经济开始缓慢复苏，美元汇率也持续下跌，部分欧元区国家的主权债务问题虽然时而闪现，但并没有影响欧元的坚挺。不过中东危机和日本大地震等突发事件将之前刚形成的短暂平衡打破，使外汇市场中的不确定因素骤然增多，各币种的走势也面临更多的不确定性。第 2 季度，不论是美国、欧元区还是其他发达经济体都被低增长、高失业、削减政府债务及赤字等因素所困扰，全球经济前景也蒙上了一层阴影。季度末，希腊议会通过的削减预算案、美国房屋市场逐渐企稳、日本企业恢复生产情况好于预期等消息又重新给人们以希望，外汇市场有逐渐趋于稳定的态势。第 3 季度，外汇市场波动剧烈，围绕欧元区债务危机的“问题”与“解决”成为影响市场走势的主要因素。7 月爆发的对美国债务问题上限的担忧同样令外汇市场投资者忧心忡忡。9 月，希腊可能再度面临主权债务违约风险以及欧元区各国在援助政策讨论上的“拉锯战”，令市场担忧情绪不断升温，再加上对全球经济可能陷入二次衰退的预期增加，推动投资者在新兴市场上大量抛售高风险资产，其中大量的套息平仓交易还推动投资者抛售高息货币买回融资货币，这使得包括欧元、英镑、澳元等货币大幅下挫，而美元、日元等融资类货币大幅上扬。

欧元区国家的主权债务危机在 2011 年下半年猛然升级，从希腊等小国迅速蔓延到西班牙和意大利这样的大型经济体，而且危机进一步引发了相关国家全面的政治、社会、经济危机，希腊和意大利总理双双下台，有近 10 个欧洲国家的政府在任期未满前就提前换届。

（一）避险需求推升美元

2011 年，美元指数整体呈现“U”形走势。第 1 季度受到美联储继续维持宽松货币政策以及欧洲央行加息预期升温等因素影响，美元整体走弱；第 2 季度尽管欧洲央行如期加息，但加息效果逐渐被日益升级的主权债务危机所掩盖，欧元升势快速瓦解并转入盘整，令美元指数同样进入区间震荡走势；第 3 季度以来，欧元区主权债务危机快速恶化，再加上对全球经济再度下滑的预期日益增加，使得投资者在新兴市场上大幅抛售各种资产，由此发生的大量套息平仓对外汇市场形成冲击，高息货币大幅下挫而美元指数大幅反弹。

事实上自 2008 年以来，美元陷入了一个宽幅振荡区间，美元指数在 72 ~ 86 之间波动（见图 1 - 15），2011 年第 1 季度在触及 72.9 附近的低点后快速反弹并逼近 80 附近，整体依然在区间内宽幅波动。预计在 2012 年上半年，随着欧元区主权债务危机形势的进一步恶化，全球资金仍将流向美元资产，美指突破 80 关口的概率较大，之后将有较大机会上摸 85，但进入下半年后，不确定性将逐渐浮现，如果欧洲的形势趋于稳定，而美国经济确实出现前高后低走势的话，美元能否取得进一步突破

犹未可知。

（二）欧元区主权债务危机拖累欧元

2011年欧元走势整体和美元相反，走出倒“U”形走势（见图1－15）。第1季度，受到欧元区主要债务国公债需求强劲以及欧洲央行行长特里谢对欧元区通货膨胀控制的强硬态度影响，市场的紧张情绪逐渐放松。葡萄牙、西班牙和意大利2011年第一次国债拍卖受到市场热烈追捧，欧洲央行、日本以及传言称中国都购买了欧元区国债，再加上欧洲央行行长特里谢暗示可能会在不久后加息，市场的谨慎情绪进一步缓解，欧元快速走高。从第2季度开始，以希腊为代表的欧元区部分国家主权债务危机进一步恶化迅速对金融市场形成影响。尽管欧洲央行加息25个基点至1.25%，但其利好已经被市场提前消化，欧元在第2季度涨势消退进入区间盘整；进入第3、第4季度，尽管欧洲央行年内第二次加息25个基点至1.5%，但有关主权债务危机可能进一步危及意大利和西班牙等大型欧元区国家的预期快速蔓延，并日益恶化，西班牙、意大利的国债收益率一度突破7%的记录高位，再加上欧元区经济增长前景不容乐观，迫使欧洲央行不得不很快将利率下调25个基点至1.5%。尽管全球各大央行一度联手为市场提供美元流动性以缓解欧元区融资环境恶化，但仍然无力挽回欧元遭到市场大量抛售的局面。

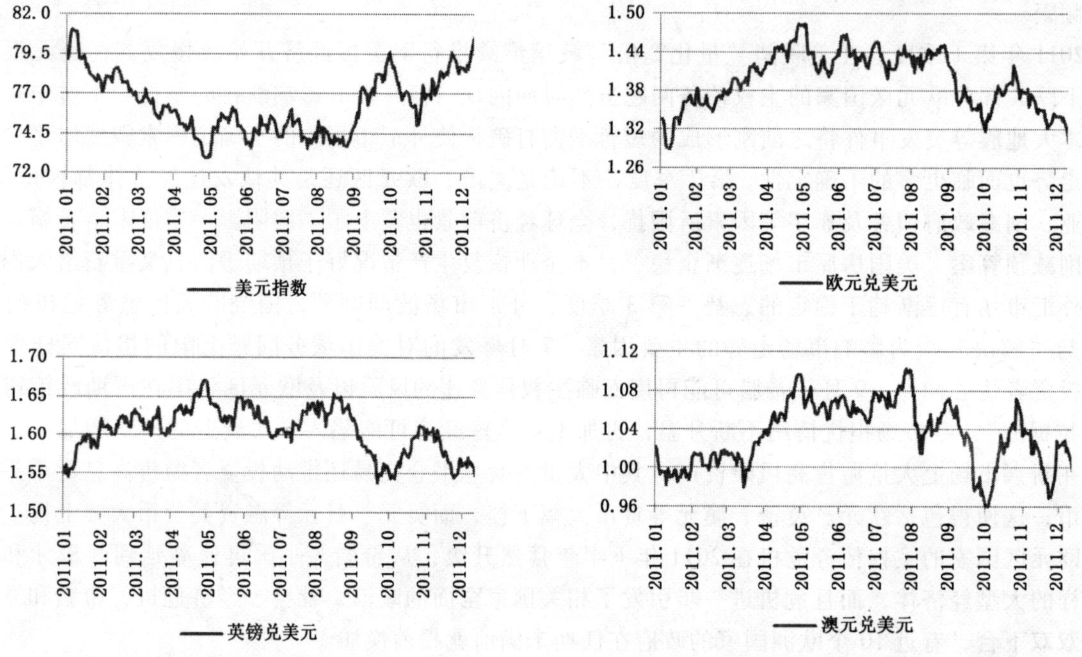

图1－15　2011年主要外币汇率走势

资料来源：普益财富

欧元在第3季度经历了大幅贬值，但就遭遇债务危机的形势而言，欧元的表现仍然具备一定的韧性，不过2012年欧元能否继续保持这一状态依然是未知数，倘若欧元区主权债务危机进一步恶化，很可能令欧元继续沿目前的趋势振荡下跌并跌破1.30美元。

（三）政府频繁干预日元

日元在2011年的走势给市场留下了深刻印象，地震后的剧烈升值、干预后的大幅贬值，以及第3和第4季度在日本央行干预下对历史高点的不断刷新，都显示出日元始终呈现“政府与市场角力”的特点。

2011年日元兑美元的进一步攀升，也奠定了日元作为避险货币的稳固地位，尤其是在瑞士法郎和欧元挂钩后，日元成为仅次于美元的避险货币。在美元大幅走强的阶段，日元兑美元依然有小幅上涨（见图1-15）。预计在2012年，只要避险情绪不出现明显消退，日元整体仍会保持强势，甚至不排除兑美元创出历史新高的可能性，但日本官方频繁的干预将会限制日元多头的兴趣。预计美元兑日元有可能在74~82区间内波动，且整体波动区间将低于2011年。

第二节 2012年全球经济展望

经历两年乏力且不平稳的复苏之后，全球经济可能正在另一个衰退边缘逡巡。2011年全球经济增速大幅下滑，尤其是发达国家更加明显。预计2012和2013年全球经济将继续维持疲弱的增长，而这种增长率远远不足以解决大部分发达经济体持续的失业危机，并且将拖累发展中国家的经济增长。全球经济重新下行的趋势迫近是因为主要发达经济体经济增长持续疲弱并且自2008~2009年“大萧条”以来遗留的问题始终未能解决。

困扰全球经济的问题是复杂且互相联系的，其中最紧迫的挑战是持续的失业危机以及对经济增长的预期不断下降，发达经济体更是如此。不少发达经济体由于失业率始终在9%的高位徘徊，同时收入增长停滞不前，使得需求增长疲弱进而拖累经济在短期内难以复苏。

欧元区债务危机以及所涉及的财政问题与该地区经济快速降温之间互为因果。欧元区部分国家的主权债务危机以及银行的资产负债表在2011年下半年快速恶化。甚至欧元区各国政府为达成希腊主权债务有序重组而采取的一些大胆措施，也受到金融市场持续波动以及欧元区一些更大经济体，尤其是意大利债务违约风险升温的影响。财政紧缩的应对措施可能在将来进一步拖累经济增长并使得就业市场更加恶化，这使得作出财政调整以及修复金融部门资产负债表的过程面临更多挑战。

美国经济同样受持续的高失业率、动荡的消费者和企业信心指数以及脆弱的金融部门等因素影响。欧盟以及美国作为全球最大的两个经济体联系非常紧密。他们各自存在的问题很容易互相传导并进一步造成全球经济的衰退。自2009年以来快速反弹的发展中国家经济可能在未来受到来自贸易以及金融渠道的冲击。2011年8月以来，美国债务上限纷争以及欧元区债务危机加深引发的金融风暴使得一些主要发达国家的股票市场出现抛售，并导致这些国家出现资本流出以及本币贬值的情况。

在如何应对这些问题上发生的政治分歧可能进一步侵蚀本已经脆弱的消费者和企业信心。这些分歧同样面临复杂的国际政治协调难题，再加上这些问题互相纠结，因此对于政策制定者来说避免全球经济落入危险的下行轨道的唯一方法是共同协作，在短期优先进行产出以及就业市场的修复，以便为结构性改革打下更坚实的基础，从而实现中长期可持续均衡发展。

第三节 2011年中国经济回顾

2011 年，在欧元区主权债务危机不断蔓延、发达经济体增长迟滞等因素的影响下，全球经济复苏的不稳定性和不确定性进一步增加，中国作为全球第二大经济体和其他新兴经济体一样面临通货膨胀、短期跨境资本回流以及外部需求放缓等风险。中国按不变价格计算的 GDP 季度同比增幅（见图 1-16）分别为 9.7%、9.5%、9.1%和 8.9%，第 4 季度增幅创下两年来新低。2011 年全年 GDP 增长 9.2%，表明在外部环境以及经济自身面临增长结构调整等因素共同作用下，中国经济增速逐渐放缓。

一、货币政策在稳健基础上适时微调，信贷稳中有降

2011 年，宏观调控政策组合为“积极的财政政策”和“稳健的货币政策”。其中，货币政策改变了 2008 年全球金融危机后采取的“适度宽松”的基调。在这一转变下，货币和信贷政策在 2011 年前 3 个季度呈现明显的偏紧操作；第 4 季度则随着经济形势的变化对货币政策进行了微调，在实际操作中实施了定向宽松。

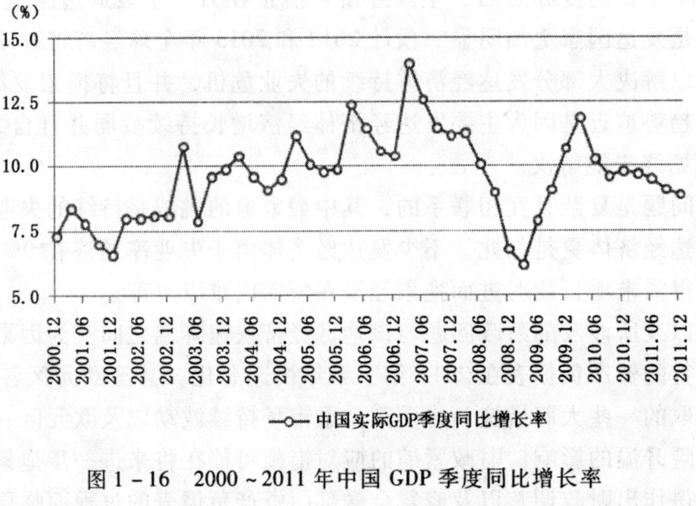

图 1-16 2000 ~2011 年中国 GDP 季度同比增长率

资料来源：普益财富

货币政策实质从紧的影响逐步显现。2011 年以来，货币供应量增速整体呈现回落趋势（见图 1-17），M_2 月同比增速从 2010 年年末的 19.7%降至 12 月的 13.6%，远低于年初确定的 16%的目标；M_1 增速从 21.2%降至 7.9%。M_2 增速在 11 月创下 10 年新低，M_1 增速也创下 2009 年 2 月以来的新低。

贷款方面，2011 年 12 月人民币新增贷款为 6 405 亿元，同比增加 1 823 亿元，为下半年以来的单月增加最高值（见图 1-18）。在 12 月新增贷款继续小幅回升的带动下，2011 年全年新增人民币贷款最终停在 7.47 万亿元这个数字上，未超过 7.5 万亿元，实现年初制定的计划。多年来银行放贷的模式都是上半年投放量较大、下半年投放速度放缓，年末两个月的投放更少，但 2011 年的情况明显不同。数据显示，从 10 月开始，新增信贷出现反弹，尤以非金融企业及其他部门的短期贷款反弹明显，体现出在第 3、第 4 季度经济增长不确定性增加的情况下，人民银行对货币政策的适时适度微调。

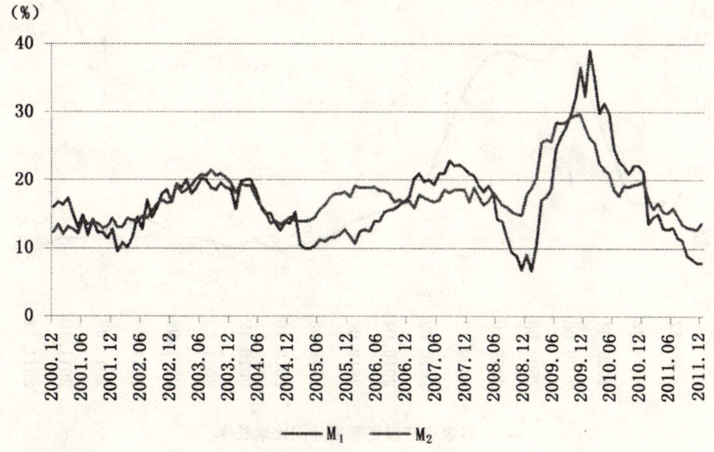

图 1-17 2000~2011 年中国货币供应 M_1、M_2 月度同比增长率

资料来源：普益财富

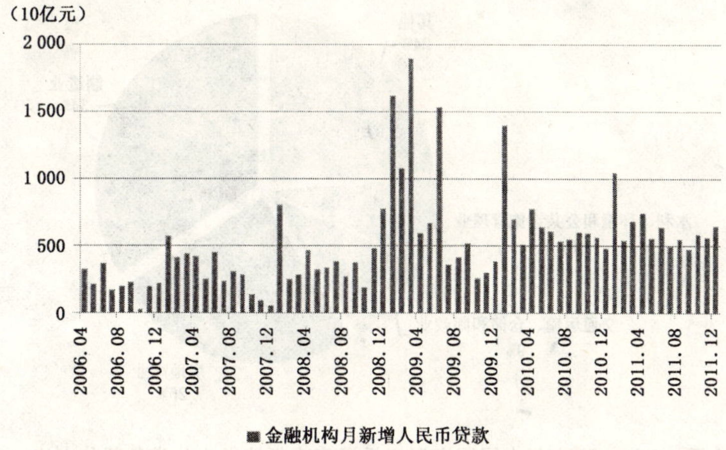

图 1-18 2006~2011 年中国金融机构月新增人民币贷款量

资料来源：普益财富

二、固定资产投资增速平稳，房地产依然是主要推动力

2011 年全国固定资产投资增速较为平稳，全年固定资产投资额（不含农户）为 30.19 万亿元，同比增长 23.8%（见图 1-19）。按行业构成比例来看，12 月占固定资产投资最大的几个行业分别是：制造业、房地产业、交通运输、仓储和邮政业以及水利、环境和公共设施管理业，四大行业占比达到整个固定资产投资的 76%。制造业和房地产业依然是固定资产投资最重要的两个部分，累计占比达到 59%（见图 1-20）。

从占比情况来看，制造业投资在固定资产投资中的比重占到 1/3，因此制造业投资比起房地产投资更能反映中国投资总趋势。从 2011 年 6 月开始，制造业投资呈现平稳下行态势，2009~2011 年汇丰银行与物流采购联合会数据显示，汇丰制造业采购经理人指数（Purchase Managers' Index，简称“PMI 指数”）已由 2009 年年末的 56.9 下降到 50 以下，11 月为 47.7，创下 32 个月来的最低值。尽管 12 月该指数小幅反弹至 49，但依然处于 50 下方的收缩区间。虽然 12 月增长回落的态势趋于稳定，但外需疲弱的影响开始显现，再加上房地产市场展开调整，预计 2012 年上半年可能难有明显起色（见图1-21）。

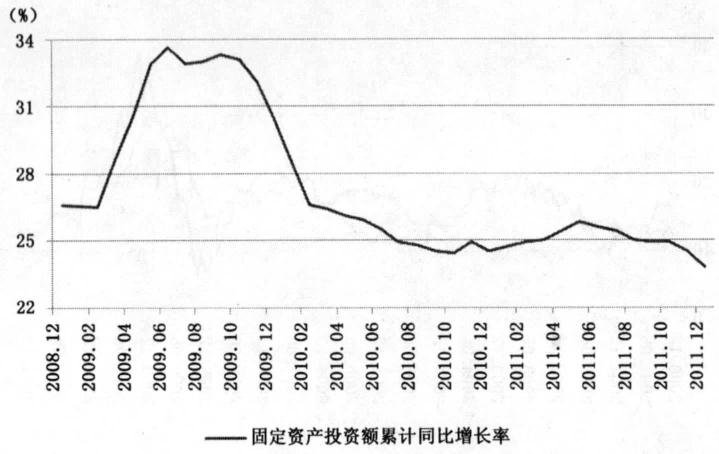

图1－19　2008～2011年中国固定资产投资完成额累计同比增长率

资料来源：普益财富

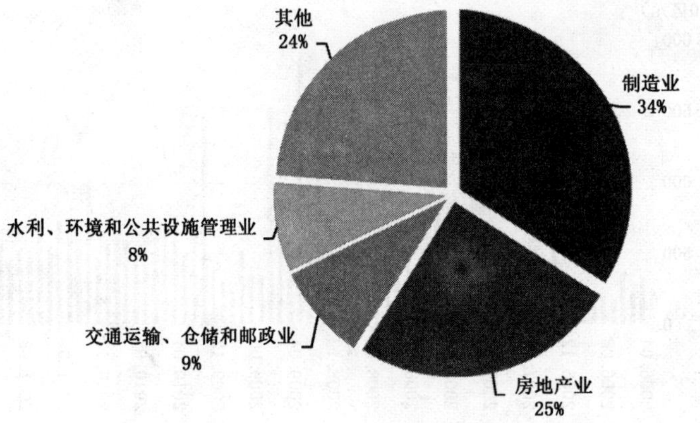

图1－20　2011年中国固定资产投资完成额按行业分类各部分占比

资料来源：普益财富

图1－21　2005～2011年中国汇丰制造业采购经理人指数月度值

资料来源：普益财富

2011年房地产业投资增速始终保持在30%以上，依然是拉动投资上升的主要力量，但在持续严格的房地产调控政策影响下，房地产业投资增速有所放缓（见图1－22），房地产商的融资渠道仍然被严控，购房者的资金借贷成本还在不断提高，为了解决中低收入者的刚性住房需求而进行的大规模保障性住房工程推进加快。中央政府还在作出各项安排使经济摆脱对房地产的依赖。比如正在积极推行的资源税、环境税、房产税改革以及批准地方政府自行发债，这实际上是在帮助地方政府解决土地出让金收入减少带来的财政资金吃紧问题。这些长期性制度安排暗示目前的房地产调控也将长久持续。

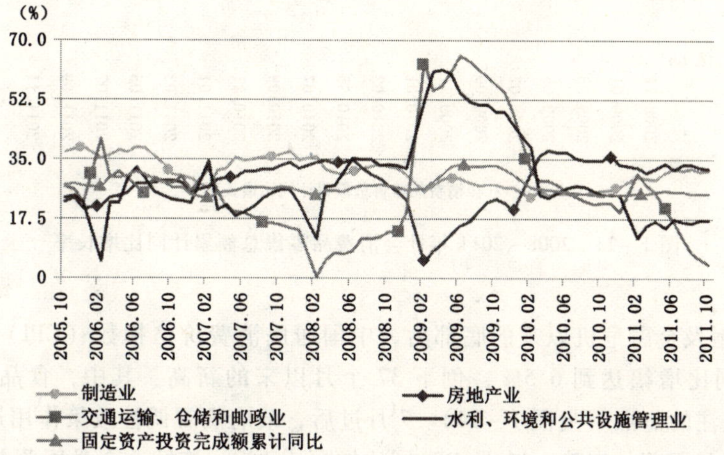

图1－22　2005～2011年中国固定资产投资完成额按行业分类各部分累计同比增长率

资料来源：普益财富

以交通运输以及水利环境等为代表的基础建设类投资是典型的政府主导投资。这部分投资在2009年的4万亿元投资中占有重要位置，也是这两类投资的增长速度猛增逾60%的主要原因。随着这些项目的逐步完工，交通运输、水利环境等基础建设类投资增速快速下滑，2011年受到紧缩政策以及动车事故的影响，交通运输类投资同比增速逐月下滑，8月开始更是跌落到10%以下，逼近2008年年初以来的最低点。

三、消费增速放缓、物价高位回落，货币政策获微调空间

2011年，居民消费增长受到通货膨胀高位运行的制约，整体增长速度明显放缓。第1季度受通货膨胀预期快速升温以及汽车销售额下降等因素影响，社会消费品零售总额累计同比增速从2011年年末的近20%快速回落至16%附近（见图1－23）；第2季度后，消费下滑趋势企稳。随着通货膨胀进入实质受控阶段，以及居民通货膨胀预期回落，消费增速持稳在17%附近，整体来看2011年全年社会消费品零售总额增速将低于2010年。

“十二五”规划强调：“坚持把经济结构战略性调整作为加快转变经济发展方式的主攻方向。构建扩大内需长效机制，促进经济增长向依靠消费、投资、出口协调拉动转变。”将消费放在首位表明政府转变经济增长方式力图提升消费对经济带动作用的决心。

在经济转型的战略指向下，政府对本轮房地产调控意志比以往要坚决得多，各地政府已纷纷开始寻求脱离房地产的新型发展道路，降低对房地产的依存度。房地产交易水平在低位徘徊，家电等耐用消费品的短期增长将受到明显抑制。在整体放缓的同时，我们也看到了消费转型升级的信号。包括通讯器材及石油在内的高端消费增速在2010年年末开始超越食品类消费增速，并且增速差距在2011年逐步拉大。2011年，针对物流领域流通成本过高的问题，中央逐步加强了对商品供应渠道及流通体系的调整，出台了国内贸易“十二五”规划。该规划涉及土地、税收及法律等多个部门的协调配合，目标在于建立更为通畅的商品物流体系。物流畅通，自然有利于消费的平稳发展。

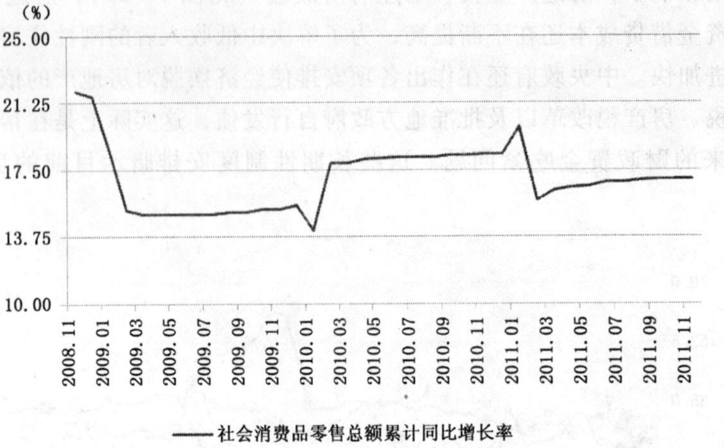

图 1-23　2008 ~2011 年社会消费品零售总额累计同比增长率

资料来源：普益财富

自 2009 年 7 月触及金融危机以来的底部后，中国居民消费价格指数（CPI）开始快速上涨。至 2011 年 7 月，CPI 同比增幅达到 6.5%，创下 37 个月以来的新高。其中，食品价格同比涨幅高达 14.8%，成为市场关注的焦点（见图 1-24）。7 月过后，政府宏观调控政策作用逐渐显现，CPI 以及食品价格指数呈现逐月回落的态势。12 月 CPI 同比增幅 4.1%，连续 5 个月回落并创下 15 个月新低，进一步确立了物价回落的趋势。不过 12 月食品价格指数同比上涨 9.1%，与 11 月相比小幅反弹，2012 年春节较往年提前使得食品价格提前出现季节性上涨。2011 年全年 CPI 同比增幅 5.4%，仍然高于年初设定的 4% 的调控目标。

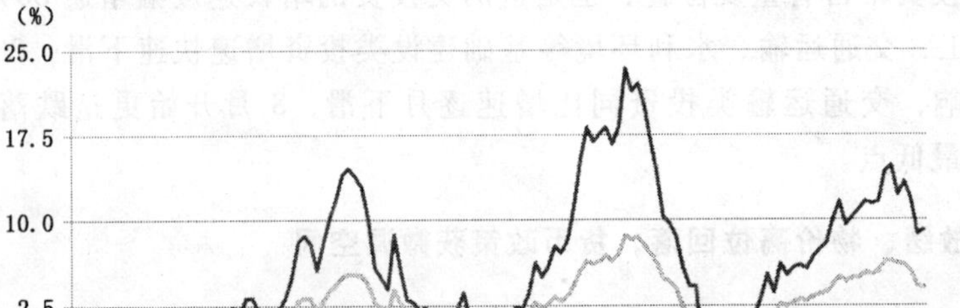

图 1-24　2000 ~2011 年中国居民（食品）消费价格指数年同比

资料来源：普益财富

2010 年以来，在政府出台的上调存款准备金率、提高存贷款基准利率、控制货币发行量等货币政策以及房屋市场限购、限贷等行政政策的影响下，物价上涨的势头得到逐步遏制。人民银行于 2011 年 2 月 9 日、4 月 6 日和 7 月 7 日共三次上调金融机构人民币存贷款基准利率（见图 1-25）。其中，1 年期存款和贷款基准利率分别由 2.75% 提高到 3.5%，由 5.81% 提高到 6.56%，累计各上调 0.75 个百分点。加上 2010 年第 4 季度两次利率上调，使得金融机构对非金融性企业及其他部门贷款利率逐步上升，对于调节贷款需求起到了一定作用。

第 4 季度以来，物价走势的趋稳为货币政策提供了调控空间，而随着外围经济环境的恶化和国内

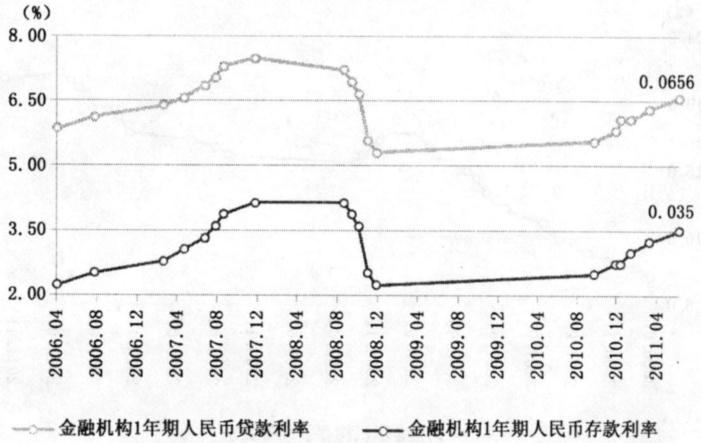

图 1－25 2006～2011 年中国金融机构 1 年期人民币存贷款利率

资料来源：普益财富

经济指标的回调，“稳增长”的重要性凸显，货币政策也开始了预调微调。这主要包括下调 1 年期央票利率、下调部分涉农金融机构存款准备金率，以及 2011 年 11 月 30 日宣布的全面下调存款准备金率 0.5 个百分点。同时，信贷政策也对中小企业等领域实施了定向宽松。随着货币政策的微调，第 4 季度银行体系流动性紧张有所缓解，银行超储率提高，反映银行体系流动性松紧程度的银行间市场利率明显回落。

由于资金面的紧张，各大银行贷款均衡利率较基准贷款利率大幅上浮。第 3 季度央行货币政策执行报告公布的数据显示，2011 年 9 月末金融机构人民币贷款加权平均利率为 8.06%，较 1 年期基准贷款利率 6.56% 高出 1.5 个百分点，票据融资适用的利率更高，达到 9.55%。不过，这种情况在 11 月出现变化，1 年期央票发行利率自 11 月上旬开始从 3.584% 连续两次下调并降至 3.4875%，这是近 28 个月以来央票发行利率首次下调。

2011 年中国人民银行总共 6 次上调存款类金融机构存款准备金率，而自 2010 年年初以来央行已经 12 次上调存款类金融机构人民币存款准备金率，大型金融机构存款准备金率一度达到 21.5% 的历史高位（见图 1－26）。但是，在 11 月 30 日，央行宣布下调大型金融机构存款准备金率 0.5 个百分点至 21%，这是 3 年来央行首次下调存款准备金率。第 4 季度流动性紧张成为央行下调存款准备金率的主要原因。首先，10 月、11 月中国外汇占款出现 4 年来首次负增长，这是中国外贸顺差、外商直接投资都出现下降的结果。另外，短期跨境资本撤离也使得外汇占款减少。其次，对于银行来说，2011 年以来，基准利率和存款准备金率“双率”提高，贷款额度不断收紧、银行应对考核的要求等因素使得银行流动性越来越紧张。在物价上涨势头得到有效遏制的情况下，在“稳中求进”为主基调的政府 2012 年工作目标下，下调存款准备金率成为必然。

不过，由于年末市场流动性偏紧，再加上存款竞争，理财产品吸引储户资金购买的利率也高出基准存款利率不少，市场利率有可能短暂升高。随着央行对流动性水平采取的调节措施，预计市场均衡利率将适度下降，逐渐向目前的基准利率水平靠拢。

四、人民币汇率弹性增加，双向波动态势明显

自 2010 年 6 月决定进一步推进人民币汇率形成机制改革以来，中国人民银行按主动性、可控性和渐进性原则，进一步完善人民币汇率形成机制，以市场供求为基础，参考一篮子货币进行调节，使人民币重新脱离盯住美元的机制，汇率弹性显著增强。2011 年，人民币兑美元呈现平稳升值的走势（见图 1－27）。受美国经济增速放缓、欧元区主权债务危机恶化及国内货币实质紧缩政策的影响，第

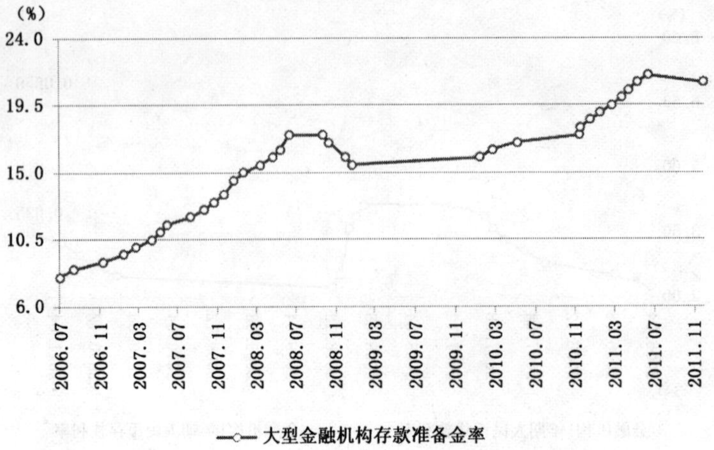

图 1-26　2006~2011 年中国大型金融机构存款准备金率

资料来源：普益财富

3 季度人民币有效汇率经历了两个快速上升时期，分别为 8 月初的前 9 个交易日和 9 月。第 4 季度以来，特别是在 2011 年年末美元大幅上扬的情况下，人民币兑美元一度出现连续触及 5‰的日波动区间下沿的走势，表明人民币出现贬值符合市场规律。人民币汇率按照市场变化和供需浮动体现了其弹性正在增加，也是出跨境资本流动等多种市场因素共同作用的结果。

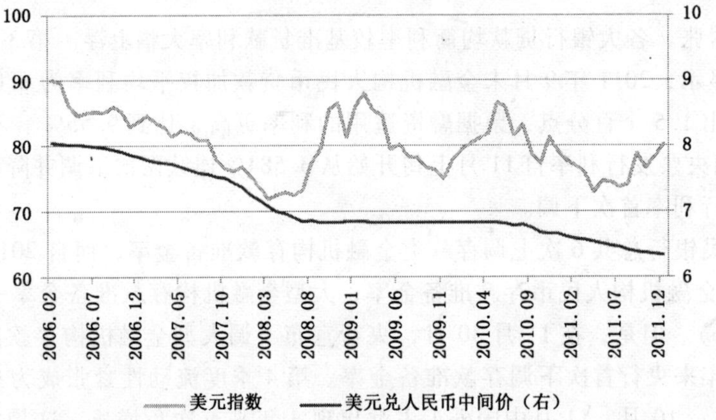

图 1-27　2006~2011 年美元兑人民币、美元指数走势

资料来源：普益财富

2012 年人民币未来的走势将受到外部环境，包括欧元区主权债务危机未来进一步发展态势、美国经济复苏力度以及内部环境即中国自身经济运行的情况等多方面因素影响。2012 年上半年是欧元区主权债务危机恶化的高风险窗口，一旦出现这种情况，中国的出口势必会受到冲击。虽然出口已经不再是中国经济增长的核心动力，压缩顺差和促使经济转型也是政府的既定目标，但如果在短期内出口受到严重冲击，也会引发就业问题和经济波动。因此，一旦欧元区主权债务危机出现进一步恶化的情况，为了避免美元大幅升值带来的负面影响，人民币可能放缓兑美元的升值步伐，甚至出现贬值的情况。另外，2012 年来自美国的压力会增加。一方面，2012 年是美国的大选年，各个党派都会将人民币汇率作为竞选的“谈资”之一；另一方面，虽然美国经济增长状况迄今远好于欧洲，但就业以及房地产市场能否实现进一步复苏还是未知数，欧元区主权债务危机进一步恶化可能对美国正在复苏的脆弱经济形成拖累，再加上美元不断走高对美国出口带来的压力也将成为美国对人民币施压的理由之一。

在上述多重因素的影响下，尽管2012年人民币兑美元仍然有升值空间，但很难维持2011年这种单边升值的走势，进入双向波动的概率将大幅上升。

第四节　2012年中国经济展望

2011年是“十二五”的开局之年，中国经济遭遇了来自外部和内部环境的双重考验，在调整经济增长结构、控制通货膨胀和高房价的客观要求下，经济增长速度有所放缓，预计2012年整体经济将继续维持温和回落的态势。

对这种放缓的预期，政策中已经有所体现。“十二五”规划以“调结构”为主题，将未来5年经济增长平均增速目标从“十一五”期间的7.5%下调到7.0%。预计2011年开始的未来几年，中国经济的增长目标将下调至8%～9%。由于增长目标的调整，财政和货币政策将偏向温和。

2011年的中央经济工作会议也提出2012年政府工作的总基调是“稳中求进”。经济工作主要任务的第一项是“继续加强和改善宏观调控，促进经济平稳较快发展”，对经济工作总体要求的阐述是“继续处理好保持经济平稳较快发展、调整经济结构、管理通胀预期的关系”。这都说明2012年政策执行的重心和力度将发生变化，由2011年的“防通胀、调结构、保增长”变为2012年的“稳增长、控物价、调结构”。“稳增长”被提到首位。同时强调“着力扩大内需特别是消费需求”，表明在通货膨胀下行、经济增长放缓预期加强、全球各国均开始关注增长的趋势下，政策重心已经明确向“稳增长”转移。

会议将“扩大消费需求”作为“扩大内需”的重要内容予以强调，表明“扩大内需，刺激消费”仍是2012年经济发展的主导方向。同时强调“努力提高居民消费能力，增加中低收入者收入”，而这一目标是在“稳增长”的前提下才能实现的。在投资方面，会议强调有序推进“十二五”规划确定的重大项目，加强对企业投资的引导和规范。预计重点的投资方向将集中在推进技术改造和战略性新兴产业发展，以及涉及民生、节能减排等“十二五”规划的重点产业。

2012年货币政策定调“稳健”，特点仍然是适时适度进行预调微调，因此，在经济增速和通货膨胀率均出现明显回落的情况下，货币政策将适度放松。2012年的M_2投放将高于2011年全年水平，这也与会议提出的“综合运用多种货币政策工具，保持货币信贷总量合理增长”相契合。当前通货膨胀有所回落，给货币政策的调整创造了空间，央行也已经通过下调存款准备金率等措施开始预调微调，利率政策也将保持稳定。但如果经济增长出现大幅低于预期的情况，不排除降息的可能性。

房地产市场调控短期难以放松，会议提出：“抓好保障性住房投融资、建设、运营、管理工作，逐步解决城镇低收入群众、新就业职工、农民工住房困难。要坚持房地产调控政策不动摇，促进房价合理回归，加快普通商品住房建设，扩大有效供给，促进房地产市场健康发展。”这表明2012年对房地产市场的调控将延续2011年的基调，巩固商品房限购、限贷政策调控成果，促进房价合理回归。另外，中央提出用金融创新拓宽保障房资金来源，允许地方发行企业债融资建设保障房，开放个人提取公积金用于住房租金等措施也在研究和实施之中。再加上大规模保障性住房的建设，以及鼓励企业建设公共租赁住房等增加房屋供给的措施，有助于在使房价理性回归的同时保障房地产投资增速。教育、“三农”也值得关注。在保障和改善民生环节，会议把增加教育投入、提高教育质量、推进义务教育均衡发展列于首位，说明为了达到2012年教育支出占GDP 4%的目标，2012年财政对教育的投入将有明显增长。从中央经济会议对“三农”问题一如既往的重视来看，2012年政府在农业水利方面还将有相关扶持促进措施出台。

第二篇　基础市场动态

第二章 股 票 市 场

第一节 2011 年 A 股市场概况

一、市场综述

2011 年，虽然中国仍是全球最具活力的经济体，但中国股市的表现却令投资者失望。截至 12 月 30 日，沪指和深成指分别以 22.15% 和 28.41% 的跌幅位居全球主要股票市场跌幅前列。2011 年沪深两市 2 294 只股票当中，股价上涨的只有 132 只，有 616 只股票股价下跌幅度达到 50% 以上。造成 A 股暴跌的主要原因是扩容、欧债危机、国际板、房地产调控、通货膨胀、银根收紧、经济增速下滑、大小非减持等。

2011 年，在 A 股总市值方面，统计显示，截止到 12 月 30 日，沪深股市总市值报 20.89 万亿元。其中，沪市总市值报 14.65 万亿元，深市总市值报 6.24 万亿元。A 股总市值较年初锐减 9.4 万亿元，A 股流通市值则锐减 2.9 万亿元。2011 年 A 股合计募资金额 7 116 亿元，较 2010 年全年下降幅度达 31.4%。分类型看，2011 年，新股发行共有 276 只，累计募集 2 720.02 亿元；再融资公司 205 家，累计募集 4 396.06 亿元，其中，增发公司 182 家，募资合计 3 575.61 亿元；配股公司 14 家，募资合计 407.25 亿元；发行可转债公司 9 家，合计募资 413.2 亿元。2011 年沪深两市 276 家 IPO 当中，深市发行新股 239 只，合计募集资金 1 753 亿元；沪市发行新股 37 只，合计募集资金 967 亿元。相比 2010 年 4 921 亿元的历史峰值，2011 年 A 股 IPO 融资规模同比下降了近五成，但 IPO 数量和融资规模均位居全球第一。在上市公司业绩方面，根据披露的 2011 年三季报，上市公司前 3 个季度合计创造净利润 1.4 万亿元，同比增长 18.97%。

二、股市年度热点事件回顾

（一）2011 年 3 月 14 日，日本核危机导致 A 股核电股暴跌

2011 年 3 月 11 日，日本本州岛仙台港东 130 公里处发生了里氏 9.0 级强震。强震引发海啸，并导致日本福岛核电站爆炸，出现了核泄漏事故。在此事件影响下，全球股市应声下跌。日本股市在 3 月 14 日、15 两日暴跌 16%，道琼斯指数连续 3 日下挫跌幅超过 3%，亚洲股市也集体下挫。在 11 日下午日本地震发生后，A 股市场就在尾盘出现大幅跳水，核电股更是遭遇重挫。

（二）2011 年 7 月 23 日，温州动车事故引发高铁概念股全线崩盘

2011 年 7 月 23 日，发生在温州的动车追尾事故直接冲击了 A 股市场，尤其是高铁概念股全线下跌。事故发生后 3 个交易日内，高铁板块累计收跌 8.04%，市值蒸发 399.4 亿元。其中，累计收跌的

个股多达 33 只，占比近九成；跌幅超过一成的个股数量为 9 只。

（三）2011 年 8 月 8 日，美国主权评级下调致全球股市年内创新低

2011 年 8 月 8 日，国际评级机构标准普尔公司将美国 AAA 级长期主权债务评级下调一级至 AA+，评级前景展望为“负面”。这是美国历史上第一次丧失 AAA 主权信用评级。全球股市随即遭遇重挫，亚太股市哀鸿遍野，沪指放量重挫百点，盘中一度击穿 2500 点，创当时年内新低。

（四）2011 年 8 月 19 日，中国证券监督管理委员会修改融资融券业务试点规则

2011 年 8 月 19 日，中国证券监督管理委员会公布了融资融券业务试点规则的修改草案。相关负责人表示，中国证券监督管理委员会在上述草案中对融资融券业务试点规则进行了梳理和完善，并研究了作为融资融券业务配套机制的转融通业务规则，为融资融券业务由试点转入常规做好必要准备。

（五）2011 年 10 月 18 日，中国水电 A 股上市，成为年内最大 IPO

2011 年 10 月 18 日，中国水电 A 股上市，公司拟最多发行 35 亿股，计划募资合计 173.17 亿元，成为年内最大 IPO。由于投资者申购并不踊跃，最终发行价为 4.5 元/股，公司募集资金 135 亿元。由于发行价的下调，上市当日中国水电开盘便涨势强劲，遭临时停盘，但次日起便开始走低，随后中国水电破发，沪深两市也走出了新低。

（六）2011 年 11 月 28 日，深圳证券交易所发布《创业板退市制度意见征求稿》

深圳证券交易所 2011 年 11 月 28 日发布了《创业板退市制度意见征求稿》，为进一步健全创业板市场优胜劣汰机制，提高创业板市场质量，促进创业板市场长远健康发展，在研究借鉴主板、中小企业板和海外成熟市场退市制度经验和教训的基础上，提出了完善创业板退市制度的方案。与此前的规则相比，新版退市制度做了多处完善，包括新增两个退市条件、加快退市速度、设立“退市整理板”、不支持暂停上市公司借壳恢复上市等。该稿于 12 月 28 日完成意见征集并上报中国证券监督管理委员会批准。

（七）2011 年 11 月 29 日，中国证券监督管理委员会开出最严厉 IPO 中介罚单

2011 年 11 月 29 日，中国证券监督管理委员会通报了对胜景山河 IPO 相关中介机构的处罚情况：两名项目保荐代表人被撤销“保代”资格，其保荐机构平安证券也被出具警示函；与此同时，涉及这一项目的审计机构和法律顾问也一并遭到中国证券监督管理委员会警示。公开资料显示，2010 年 10 月 27 日，胜景山河 IPO 申请获批，不过就在其发行完准备挂牌的前夜，有媒体质疑其招股书披露不实，涉嫌虚增销售收入等情况。胜景山河上市随即被监管层紧急叫停。随后，中国证券监督管理委员会撤销了胜景山河的上市资格，并指出该公司在招股说明书中未披露关联方及客户信息，构成信息披露的重大遗漏。这是中国证券监督管理委员会有史以来开出的最严厉 IPO 中介罚单。

（八）2011 年 11 月 30 日，国际板即将推出的传闻造成利空影响

2011 年 11 月 30 日，市场传闻国际板马上要走内部流程，预计 12 月中旬要到中国证券监督管理委员会内部商议，技术方案对接和上市流程已拟定好。虽然中国证券监督管理委员会和上海证券交易所权威人士很快表示该传闻纯属谣言，但是仍造成 A 股应声大跌。11 月 30 日，沪指盘中最大下跌 93 点，逼近前期低点 2 307 点。

（九）2011 年 12 月 15 日，郭树清建议养老金和住房公积金入市

2011 年 12 月 15 日，中国证券监督管理委员会主席郭树清出席财经论坛时建议，可以将全国近 2 万亿元的养老保险资金和 2 万多亿元的住房公积金组织起来或者委托给一个机构，学习社保基金进行投资。郭树清关于养老金入市的建议得到了全国社保基金理事会理事长戴相龙的积极支持。中国证券监督管理委员会相关负责人也表示，正在与各有关部门沟通，研究促进地方社保资金、公积金余额入市的政策。养老金入市的建议也引发了证券界、经济学者乃至普通大众的广泛热议。

第二节　2011年A股市场分析与回顾

一、2011年A股市值分析

根据沪、深证券交易所最新数据显示，截至2011年12月30日，沪市总市值报14.65万亿元，深市总市值报6.24万亿元。两市A股总市值从2011年年初最高点的30.3万亿元下降至20.89万亿元，市值损失达到9.4万亿元。

虽然A股市值2011年有所下降，不过A股市场已连续第三年成为仅次于美国的全球第二大市值的股票市场。据世界证券交易所联合会发布的统计数据显示，我国A股市场市值超过了日本、英国等成熟市场，也远远领先于印度、巴西、韩国等新兴市场。

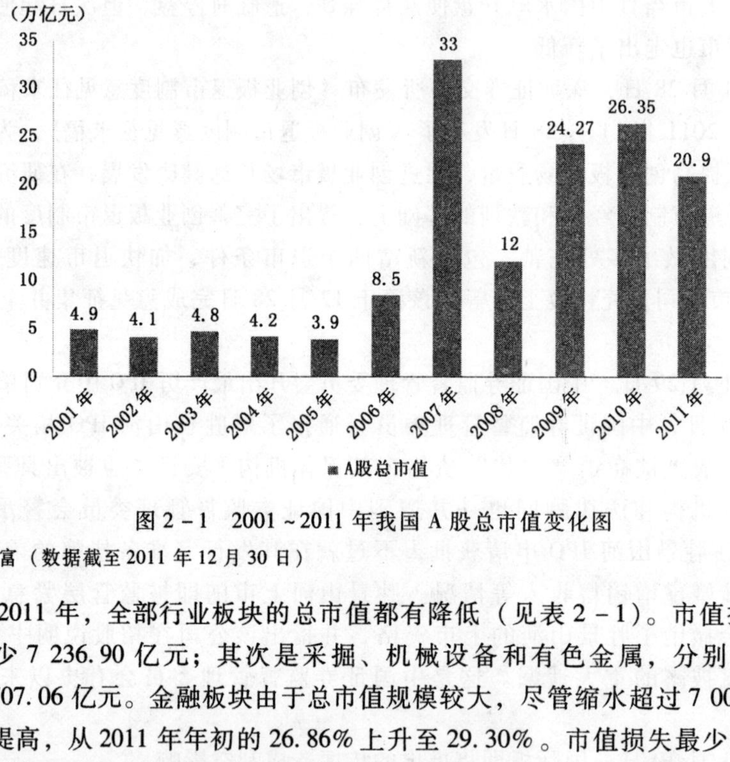

图2－1　2001～2011年我国A股总市值变化图

资料来源：普益财富（数据截至2011年12月30日）

分行业看，在2011年，全部行业板块的总市值都有降低（见表2－1）。市值损失最大的是金融板块，总市值累计减少7 236.90亿元；其次是采掘、机械设备和有色金属，分别减少5 927.47亿元、5 135.47亿元和4 707.06亿元。金融板块由于总市值规模较大，尽管缩水超过7 000亿元，其在整个市场中的权重却显著提高，从2011年年初的26.86%上升至29.30%。市值损失最少的是食品饮料，该板块年初时总市值为9 875.85亿元，到年底时总市值为9 870.98亿元，市值损失仅为5亿元左右。相对整体市场的大幅下跌，食品饮料板块表现坚挺，也使该板块市值权重从3.26%上升至3.90%。除食品饮料和金融板块以外，市值权重有所增长的板块还包括化工、农林牧渔、纺织服装、信息服务等。

表2－1　2011年十大行业板块市值

板块名称	2011年年末总市值（亿元）	2010年年末总市值（亿元）	总市值变动（亿元）	市值占比（%）	权重变动（%）	年内涨跌幅（%）
金融服务	74 132.83	81 369.73	－7 236.90	29.30	2.44	－8.65
采掘	31 241.34	37 168.81	－5 927.47	12.35	0.08	－15.73
化工	16 684.88	19 343.08	－2 658.20	6.59	0.21	－22.26

续表

板块名称	2011 年年末总市值（亿元）	2010 年年末总市值（亿元）	总市值变动（亿元）	市值占比（%）	权重变动（%）	年内涨跌幅（%）
机械设备	16 268.95	21 404.42	-5 135.47	6.43	-0.64	-35.81
交运设备	10 255.73	12 424.66	-2 168.93	4.05	-0.05	-31.21
医药生物	10 217.89	12 904.68	-2 686.79	4.04	-0.22	-28.51
食品饮料	9 870.98	9 875.85	-4.87	3.90	0.64	-0.82
有色金属	9 415.53	14 122.59	-4 707.06	3.72	-0.94	-37.08
建筑建材	9 332.42	11 374.59	-2 042.17	3.69	-0.07	-29.60
交通运输	9 265.37	13 366.72	-4 101.35	3.66	-0.75	-32.12

资料来源：普益财富（数据截至2011 年 12 月 30 日）。

2011 年，在众多个股中，市值减少绝对量较大的股票有中国石油、中国平安、中国人寿、中国银行等，减少量在 700 亿元至 3 000 亿元之间不等（见表 2-2）。可以看出，市值减少量较大的都是权重股。尽管这些股票的跌势相对温和，但由于总股本巨大，导致市值损失也较为严重。若从市值损失比例来看，中小板和创业板股票是重灾区，市值损失过半的大都来自于这两个板块。2011 年也有少数股票总市值逆市上升，其中增值较多的是贵州茅台，由于该股股价一年来上涨了 19.1%，其市值增加 309.2 亿元，达到 2 045 亿元。

表 2-2 2011 年十大个股市值

名次	股票代码	股票简称	市价总值（亿元）
1	601857	中国石油	15 593.09
2	601398	工商银行	10 934.80
3	601288	农业银行	7 557.22
4	601988	中国银行	5 728.88
5	600028	中国石化	5 034.39
6	601088	中国神华	4 032.06
7	601628	中国人寿	3 506.68
8	600519	贵州茅台	2 094.83
9	600036	招商银行	2 052.80
10	601318	中国平安	1 720.71

资料来源：普益财富（数据截至 2011 年 12 月 30 日）。

二、上市公司总体概况

根据上海证券交易所和深圳证券交易所数据显示（见表 2-3），截至 2011 年 12 月 30 日，A 股上市公司总数为 2 341 家，上市股票数 2 403 只。其中，沪市上市公司 931 家，A 股总市值 14.65 万亿元，平均市盈率 13.89 倍。深市上市公司 1 410 家，上市股票 1 458 只，A 股总市值 6.24 万亿元，平均市盈率 23.45 倍。

表2-3　2011年沪、深两市上市公司数据

统计数据	2010年年末	2011年年末	年涨跌幅
上市公司总数（家）	2 063	2 341	13.48%
上市股票总数（只）	2 134	2 403	12.61%
总股本（亿股）	25 533.30	26 645.89	4.36%
总流通股本（亿股）	14 679.77	14 852.10	1.17%
总市值（万亿元）	26.58	20.89	-19.18%

资料来源：普益财富（数据截至2011年12月30日）。

（一）IPO

2011年，虽然A股市场持续低迷，不过，IPO的步伐却没有停歇过（见图2-2）。2011年沪、深两市共有276家公司上市发行新股，共计募集资金约2 720亿元。其中，深市发行新股239只，合计募集资金约1 753亿元；沪市发行新股37只，合计募集资金约967亿元。其中，中国水电募资最多，达到135亿元。环顾全球，不论是融资金额还是数量，A股IPO都再次夺冠全球。

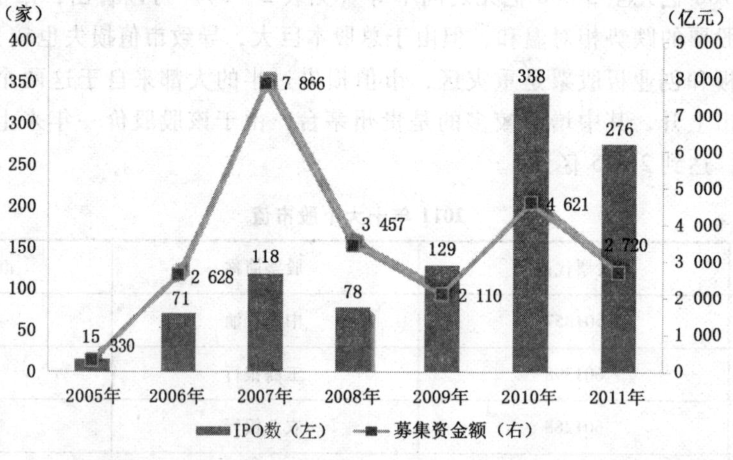

图2-2　2005~2011年A股IPO数据

资料来源：普益财富（数据截至2011年12月30日）

相比2010年4 921亿元融资规模的历史峰值，2011年A股IPO融资规模同比下降了近五成。2010年，A股迎来IPO历史上的井喷。当年A股一共有338起IPO，合计募集资金约4 830亿元。其中，募资最多的为农业银行约595.91亿元。

2011年，从月度走势上看，A股IPO融资呈现前多后少的格局。上半年新股合计募集资金约1 608亿元，下半年则约为1 112亿元。全年融资高点出现在1月，为432亿元，占到全年总额的16%；10月为全年融资低点，仅为107亿元，占全年总额的4%。

2011年IPO另一显著特点是中小企业成为上市绝对主力，大盘股占比进一步下滑。统计显示，主板新股实现融资967亿元，为近三年来的新低；主板新股融资占比35.9%，为历史最低。

从均值上看，2011年单只新股平均募集规模为9.86亿元，这一水平相比2010年下滑三成。此外，2011年前十大IPO融资项目中，除中国水电的135亿元外，其余项目募资规模均在百亿元以下，平均为58.41亿元。而2010年，融资规模超过百亿元的公司有5家，前十大公司平均募集资金约为156亿元。

A股市场IPO之所以能连续领先全球，很大原因还是新股发行制度的存在。由于IPO实行审批制，大家都愿意发行新股。另外，A 股新股发行的估值在全球都算是高的，这就意味着在 A 股市场做 IPO 有赚钱效应。预计 2012 年股市扩容将继续下去。

（二）再融资

2011 年，虽然 IPO 家数和募集资金额都有所下降，但是 A 股再融资并无减速之态。截至 2011 年年底，再融资公司共有 205 家，累计募集 4 396.06 亿元。其中，增发公司 182 家，募资合计 3 575.61 亿元；配股公司 14 家，募资合计 407.25 亿元；发行可转债公司 9 家，合计募资 413.2 亿元。2011 年增发募集资金总额与 2010 年 3 510 亿元的规模基本持平，配股和可转债规模则都出现减少，比 2010 年分别下降 72%、42%。2011 年再融资不仅从总量上超越首发，其单笔融资规模也领先于首发。深发展抛出的 290 亿元增发申请是年内再融资的最大项目，是 IPO 第一大单中国水电融资总额的两倍以上。百亿元量级的增发项目年内有 5 单之多，百亿元以下、50 亿元以上的增发项目也多达 8 个，双双领先于 2010 年。

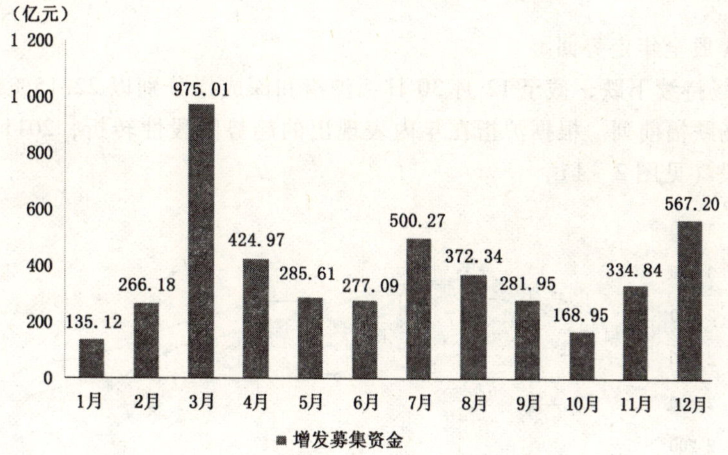

图 2-3 2011 年各月增发募集资金金额

资料来源：普益财富（数据截至 2011 年 12 月 30 日）

如此激进的扩容导致九成以上增发股的股价都低于增发价。不过破发的困扰并没有拖累增发的脚步。截至 2011 年年底，尚有 272 家上市公司正备案增发，其中 67 家公司的增发申请已获得了中国证券监督管理委员会的批准，这 67 家公司的增发融资总额有望接近 1 650 亿元。

（三）上市公司业绩

根据上市公司披露的三季报，2011 年前 3 个季度合计创造净利润 1.4 万亿元，同比增长 18.97%。值得注意的是，由于全球经济环境动荡不安，上市公司第 3 季度业绩环比出现下滑，未来增长仍存在不确定性。

截至 10 月 30 日，沪深两市共有 2 132 家公司披露三季报，其中 1 936 家公司盈利，196 家亏损，亏损比例为 9.19%。在盈利公司中，有 1 259 家业绩同比增长，占比 65%；76 家公司扭亏。前 3 个季度，2 132 家上市公司累计实现营业收入为 145 768.27 亿元，归属母公司股东的净利润 14 046.42 亿元；可比样本的总营业收入为 145 746.67 亿元，同比增长 25.28%；净利润 14 044.78 亿元，同比增长 18.97%。沪深 300 指数成分股依旧是中流砥柱，前 3 个季度创造的营业收入和净利润在所有上市公司所占的比重分别为 75.51% 和 86.97%。

2011 年前 3 个季度，271 家创业板公司累计营业收入 949.52 亿元，同比增长 29.75%；净利润 142.88 亿元，同比增长 16.68%。621 家中小板公司营业收入合计 9 039.83 亿元，同比增长 26.08%；净利润 728.81 亿元，同比增长 14.84%。对照可见，创业板和中小板公司前 3 个季度的业绩增速均落后于整体指标，显示出银根紧缩、成本高企等不利因素对中小企业的冲击更大，其经营形势日趋严峻。

尽管面临的宏观经济环境相同，但由于所处行业的景气度差异甚大，不同行业的盈利能力参差不齐。根据申万一级行业分类，前3个季度，23个行业分类中有19个行业业绩实现同比增长；综合、有色金属、建筑建材、纺织服装等行业排名前列，净利增幅超过40%。其中，有色金属行业整体净利增幅超过70%，现金净流量同比大增207.77%，显示出良好的盈利质量。受益于物价持续上涨，农林牧渔、食品饮料行业的盈利能力稳步提升。然而，交通运输、黑色金属、公用事业和电子四个行业的净利则出现下滑。在上市公司盈利水平相较2010年普遍出现下滑的背景下，上市银行无论是营业收入、净利润还是增长率，都再一次令人瞩目。已公布三季报的15家上市银行前3个季度共实现净利润近6 900亿元，同比增长约31.6%，有12家银行的净利润增速超过30%，其中，民生银行以64.42%的净利润增幅居首，增幅最小的中国银行前3个季度净利润增长也超过22%。

三、A股交易市场概况

（一）2011年A股全年走势回顾

2011年A股市场持续下跌，截至12月30日，沪指和深成指分别以22.15%和28.41%的跌幅位居全球主要股票市场跌幅前列。根据沪指在年内表现出的趋势阶段性转折，2011年A股市场基本运行可划分为六个阶段（见图2-4）。

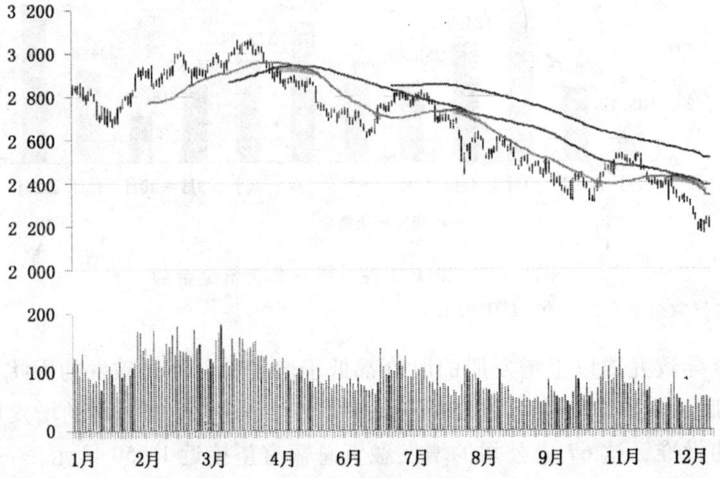

图2-4　2011年上证指数全年走势

资料来源：普益财富（数据截至2011年12月30日）

第一阶段：1月，2010年年底政策调控累积下的下跌延续行情。2010年11月开始，央行先后多次上调存款准备金率，调高基准利率和再贴现率，同时在2011年1月开始推出房产税，政策调控密集出台。在货币流动性趋紧、调控加码的影响下，2011年1月股市延续了2010年年底的下跌惯性。

第二阶段：2~4月，“两会”政策红利下的反弹行情。“两会”在3月中旬召开，2011年又是“十二五”开局之年，市场预期“两会”将传达出一些利好的消息，特别是一些新兴产业的“十二五”规划，市场的避险情绪降温，股市出现反弹。

第三阶段：4~7月，国内经济“滞涨”担忧引发的大幅下挫行情。3月后，国内CPI不断攀升，持续超出市场此前预期，政策调控持续收紧。同时，国内经济增速也出现持续下滑，市场开始担忧经济“滞涨”。在这种氛围中，股市大幅下挫，沪指从3100点下跌到2500点。

第四阶段：8~9月，外围金融冲击下的下跌行情。步入8月后，全球第2季度经济数据逐步公布，显示欧美第2季度经济大幅下滑，引发了对全球经济“二次探底”的担忧。9月，欧债危机升级。希腊违约风险大幅增加，1年期国债收益率飙升，超过了100%；债务规模最大的意大利被下调评级；欧盟一些银行也被下调了评级，避险情绪升温。全球资本市场出现大跌，对A股形成冲击。

第五阶段：10～11月，政策“适度微调”下的反弹行情。10月底温总理在天津调研时明确提出了“适度微调”。此后，代表央行货币政策风向标的1年期央票招标利率先后多次下调，10月新增信贷大幅增加，在政策见底的预期下，股市迎来反弹，从2300点反弹到2500点。

第六阶段：11～12月，经济增速加速下滑和热钱大规模撤离下的破位行情。12月宏观数据公布，经济指标加速下滑，投资增速下滑幅度加大，出口增速快速回落，工业增加值延续下滑趋势，制造业开始收缩。同时11月、12月热钱出现大量外撤迹象，在这种情况下，股市跌破2300点的关键支撑位。

（二）大小非解禁

2011年，A股市场表现不佳，除去基本面的因素外，一个重要的原因就是股票供求关系的失衡。导致股票供求失衡的原因包括IPO、再融资和大小非解禁。根据统计，2011年大小非解禁总金额达2.07万亿元，虽然与2009年4.91万亿元、2010年5.21万亿元的大小非解禁金额相比显著降低，但在资金供应紧张的背景下，由于大小非解禁后大大增加了股票的供给，其对股价的抑制作用仍较为明显。

从月度分布来看（见图2-5），1月、4月、8月和12月是大小非解禁的阶段性高点。1月，沪指下挫0.62%，并创出2661点的阶段低点；4月，沪指在见到3067点的年内高点后步入调整之旅，单月下跌0.57%；8月则累计下跌了4.97%。12月A股更是表现不佳，沪指累计下跌了7%。从简单的对比中可以发现，大小非解禁对于A股确实存在较为明显的抑制作用。

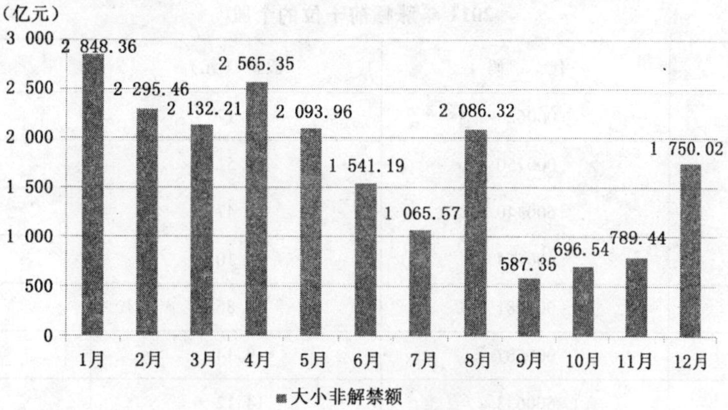

图2-5 2011年各月大小非解禁数据

资料来源：普益财富（数据截至2011年12月22日）

值得庆幸的是，进入2012年之后，大小非解禁压力将显著减轻。以当前股价测算，2012年大小非解禁金额约为1.22万亿元，较2011年降低逾四成。在货币政策转向、流动性渐趋宽松的预期下，2012年大小非解禁对A股的抑制作用预计将显著降低。但2012年1月、7月与第4季度的阶段性解禁金额相对较大。

（三）行业与个股走势分析

2011年，所有行业板块普跌（见图2-6），其中表现最好的板块是银行板块，全年下跌2.82%；其次是食品饮料，下跌8.54%；垫底的板块是有色金属，全年下跌41.72%。可以看到绝大多数板块跌幅都超过大盘。

截至12月30日，2011年沪、深两市2 294只股票当中，股价下跌的有2 162只，其中616只股票股价下跌幅度达到50%以上；股价上涨的仅有132只，涨幅超过100%的股票有6只。排名前十位

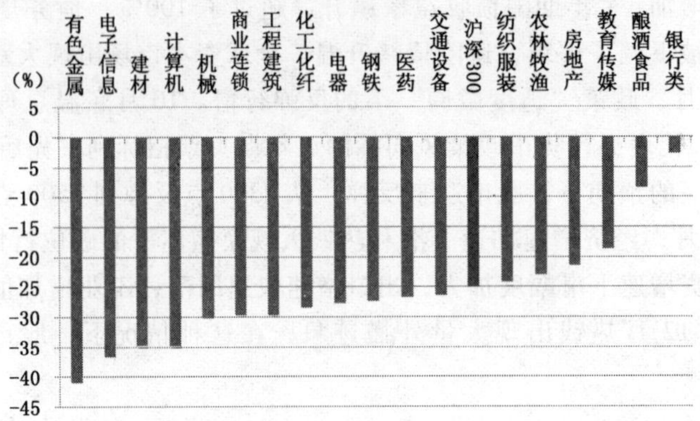

图 2-6　2011 年 A 股行业指数表现回顾

资料来源：普益财富（数据截至 2011 年 12 月 30 日）

的股票当中（见表 2-4），重组股成为了绝对的主力。＊ST 圣方在 2011 年 7 月 8 日更名为新华联重返 A 股市场，从一个亏损的石化企业变身房地产企业。新华联成为 2010 年地产调控以来首例借壳上市成功的房地产企业，而复牌首日 799.15% 的涨幅也让新华联成为 2011 年市场的宠儿。虽然随后股价一路下跌，但是 2011 年以来 209.60% 的涨幅还是让新华联稳居涨幅榜首位。国海证券于 2011 年 5 月 11 日通过借壳 SST 集琦成功上市，成为 A 股第 16 家上市券商。截至 12 月 30 日，股价涨幅达到 204.78%，排名第二位。华夏幸福基业股份有限公司于 2011 年 11 月 2 日借壳 ST 国祥成功上市，股价屡创新高，2011 年累计涨幅超过两倍，位居 A 股市场涨幅榜第三名。

表 2-4　2011 年涨幅前十位的个股

名　　称	代　　码	股价（元）	年涨幅（%）
新华联	000620	5.17	209.60
国海证券	000750	11.51	204.78
华夏幸福	600340	18.47	194.35
ST 中源	600454	24.10	142.96
ST 兰光	000981	7.86	111.87
ST 金叶	000587	9.14	111.64
浙报传媒	600633	14.12	98.08
大地传媒	000791	13.50	94.74
＊ST 科健	000035	12.25	83.38
百视通	600637	14.45	79.59

资料来源：普益财富（数据截至 2011 年 12 月 30 日）。

第三节　2012 年 A 股市场分析与展望

一、宏观面经济增速放缓、通货膨胀回落

展望 2012 年，宏观经济走势、经济转型力度、政策走向以及通货膨胀回落程度将是 2012 年影响

我国资本市场的重要因素。我们认为，2012 年经济增速将会继续放缓，结构调整力度将会继续加强，政策环境将逐渐宽松，通货膨胀将加速回落。与 2011 年相比，2012 年的宏观环境将有所改善。随着通货膨胀逐步下行，政策将更倾向于保增长，市场可能会获得支撑。

市场预计 2012 年中国经济将以 8.6% 的速度增长，较 2011 年的 9.1% 适度放缓；而 2012 年通货膨胀率也将自 2011 年预期的 5.4% 降至 3.1%。尽管目前人们对经济中诸多结构性问题感到担忧，但“硬着陆”情景并不会出现。发达市场增长前景的恶化与外需走软会是我国经济增长放缓的主要拖累因素。随着主要发达经济体增长的疲软，预计 2012 年我国出口增速将持续下滑。消费和固定资产投资增速将是缓冲外需大幅下降的主要力量。综合来看，预计 2012 年经济增长将逐步放缓。

二、股市融资扩容趋势还将继续

每次 IPO 或再融资，都会对 A 股市场的存量资金形成“抽血效应”。可以说，目前连续不断的新股发行与再融资是导致股市持续下跌的一个重要原因。

2012 年 A 股融资活动将继续活跃，上市数量和筹资额及再融资额仍将维持高位。2011 年 12 月，在中国证券监督管理委员会排队等待申请上市的公司仍有 515 家，预计 2012 年上半年 A 股将还会有一波上市的高峰期。另外，在 12 月尚有 272 家上市公司正备案增发，其中 67 家公司的增发申请已获得了中国证券监督管理委员会的批准，这 67 家公司的增发融资总额有望接近 1 650 亿元。由于融资扩容的压力，预计 2012 年上半年股市仍然有下行的压力。

三、A 股走势预测及行业配置策略

整体来看，预计 2012 年市场大体呈现“下行见底——上行冲高——持续震荡”的格局。全年高点出现在第 2、第 3 季度之间，下半年大盘将以持续震荡为主旋律。

对于市场波动区间的测算，多数研究报告预计 2012 年股市波动震荡区间为 2200 ~ 2800。股市运行前低后高随后震荡。2012 年年初，由于 A 股市场仍将有一波股市扩容的余浪，A 股年初将延续下行。随着宏观政策的逐渐回暖，在连续下调存款准备金率后市场将出现流动性改善预期，A 股也将见底上行，并在第 2、第 3 季度出现高点。不过，由于欧美国家债务危机难以在短时间内解决，其经济疲软将是一个长期的过程，未来仍会出现一些影响股市的黑天鹅事件。我国经济转型也需要一个长期的过程。因此，2012 年下半年股市将以持续震荡为主。

2012 年可以从以下四个方面寻找可能的投资机会：一是在成本下降预期下需求刚性的行业，典型的有大众消费品和轻工消费等；二是公共投资扩张及其带动的相关产业链，如电力与电力设施、天然气产业链、水利建设和民生保障的政务开支、信息通讯、医疗卫生等领域；三是受益于中产阶级壮大和三线、四线城市消费主体壮大的行业，主要体现在零售超市、旅游、服装、医疗服务和消费电子等；四是战略性新兴产业，如节能环保产业、新能源产业、新一代信息技术产业、生物产业、高端装备制造产业、新材料产业、新能源汽车产业七大战略性新兴产业。

第四节 2011 年全球股市分析与展望

一、欧美债务危机持续恶化，全球股市震荡下行

2011 年，全球金融市场一直都在接受考验。一方面是对通货膨胀加剧以及经济放缓的担忧，还有欧债危机、中东局势动荡、日本地震等事件加剧着股市的震荡。据彭博通讯社统计，2011 年全球

股市市值缩水约12%，近6.3万亿美元蒸发，市值跌到45.7万亿美元。其中欧洲股市成为重灾区，意大利股市全年跌幅超过24.26%，法国CAC40指数跌幅达17.66%，德国DAX指数跌幅达15.42%，希腊股市跌幅则超过了50%。亚洲股市三年来首次年度收跌，平均跌幅约18%；A股、港股跌幅居全球前列。相比之下，美国股市表现良好，道琼斯指数全年收涨5.53%，标普500则全年收平（见表2-5）。

表2-5　2011年全球主要股市全年涨跌幅

指数名称	2010年收市	2011年收市	年涨跌额	年涨跌幅（%）
道琼斯工业指数	11577.43	12217.56	640.13	5.53
纳斯达克	2676.65	2604.67	-71.98	-2.69
标普500	1257.62	1257.60	-0.02	0.00
法国CAC	3837.30	3159.81	-677.49	-17.66
德国DAX	6973.39	5898.35	-1075.04	-15.42
英国富士100	5899.94	5572.28	-327.66	-5.55
新加坡海峡时报	3190.04	2646.35	-543.69	-17.04
韩国汉城指数	2062.32	1825.74	-236.58	-11.47
澳大利亚普通股	4858.50	4111.00	-747.50	-15.39
上证指数	2825.32	2199.42	-625.90	-22.15
台湾加权指数	9041.32	7072.08	-1969.24	-21.78
日经指数	10352.00	8455.35	-1896.65	-18.32
俄罗斯RTS	1770.28	1381.35	-338.93	-21.97
印度指数	20338.00	15418.00	-4920.00	-24.19
深证成指	12459.00	8918.82	-3540.18	-28.41

资料来源：普益财富（数据截至2011年12月30日）。

2011年第1季度，主要股票市场基本上都延续了2010年下半年的上涨势头，整体上涨。虽然中东地区发生动乱，但对整体股市并没有太大影响。然而，3月日本里氏9.0级大地震将全球股市集体震落，日经225指数3月收跌愈8%。

进入第2季度，世界经济增速放缓、通货膨胀抬头以及欧洲债务问题不断恶化成为制约股票市场上涨的主要压力。为了遏制物价上涨，亚洲通货膨胀比较严重的国家都实施了紧缩性货币政策，如收缩信贷、上提存贷款利率等，打压了股票市场表现。全球主要股票市场在4、5月均出现了比较大幅度的下跌。6月底，欧洲方面传出利好消息，希腊财政紧缩计划获得议会批准，获得下一批援助贷款可能性大大增加，使得市场对希腊债务危机的担忧有所缓解。受此消息影响，股市出现普涨，多数国家的股票市场都开始企稳。

进入第3季度，拥有百年AAA评级的美国国债遭评级机构标准普尔调降至AA+，且展望负面。该消息一出，全球金融市场出现动荡，全球股市集体下滑，道琼斯工业指数在一周内跌逾5%，德国DAX指数8月甚至下跌近20%。

进入第4季度后，全球股市走势开始出现分歧。美股开始走强，震荡上行至年初水平；欧股亦有小幅上扬，但仍只有年初的一半水平；亚太股市则是基本属于单边下挫状态。

总体来看，2011年全球股市整体情况不佳，走势较为强劲的美国股市仅勉强持平于年初，欧洲股市和亚太股市均低于年初水平。美国 AAA 评级调降成为全年股市下跌的一个分水岭，持续已久的欧洲债务问题始终影响着全球股票市场，再加上其他各种天灾人祸，各大因素均导致全球股市疲软。

二、欧债危机难解，经济疲软难免，2012 年全球股市或持续震荡

2012 年，世界经济面临着诸多的不确定性。

首先，发达国家的债务危机能否得到有效控制并逐步得以缓解。2011 年，欧洲主权债务危机不断升级。从政府公共债务与 GDP 之比来看，欧洲整体已达到 80% 以上。和欧洲相比，美国的情况似乎更糟。日本则是发达经济体中债务负担最重的国家。发达国家的债务危机已经注定成为 2011 年的一个关键词并给世界经济带来深远影响。各主要发达国家内部的政治状况，在相当程度上将决定债务危机何去何从。美国政府能否就削减福利、增加税收等问题达成一致依然面临很大挑战。2012 年第 1 季度为欧洲重债国的债务集中清偿期，若没有得力的政策措施出台，巨大的债务清偿压力可能给资本市场带来新的冲击。欧债危机的根源在于全球化导致的就业和投资的全球范围转移，欧洲发达国家为了维持社会高福利，为了采取促进就业的经济刺激政策，积累了巨额债务，从而使危机不断加剧。债务危机的解决需要深层次的改革，各成员国在重大问题上达成一致非常困难，这就决定了解决欧债危机需要相当长的时间。

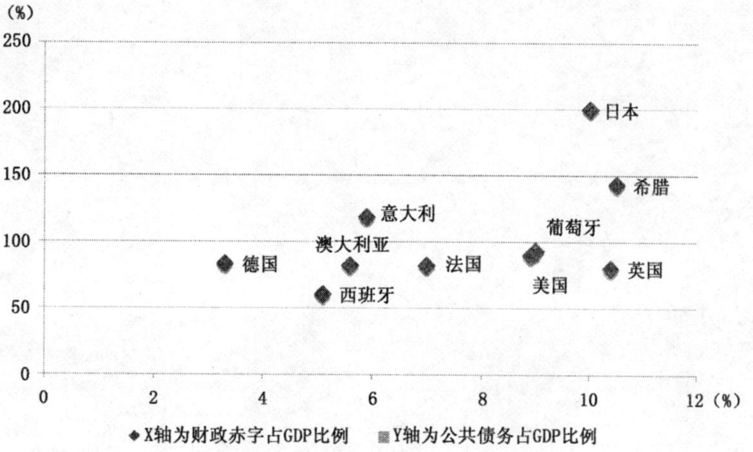

图 2－7　2011 年欧美主要国家债务情况

资料来源：普益财富（数据截至 2011 年 12 月 30 日）

其次，2012 年，全球有 58 个国家将举行决定政权走向的选举，其中联合国安理会常任 5 国中的 4 国——中国、美国、俄罗斯、法国都将进行领导人换届选举。俄罗斯、法国和美国分别定于 3 月、4 月和 11 月举行总统选举，而中国将于秋季选举新领导层。领导人的更换可能会导致政策调整，从而直接或间接影响世界经济运行。

再次，发达国家就业乏力，加上发展中经济体增速很可能进一步放缓的预期，均会诱发新的贸易、投资和金融保护主义。

最后，部分国家由于内部危机引发的社会动荡对经济产生影响，以及对政党政治和对外经济政策的影响，都很难确定。特别是伊朗、朝鲜等热点地区的军事对抗可能升级。

由于全球经济复苏进程中存在诸多不确定性，2012 年全球增长态势与 2011 年相比下降的可能性较大。从全球股市整体来看，2012 年全球股市走势将以震荡为主。在美国股市方面，尽管这一年发生了日本地震、欧洲债务危机以及美国信用评级遭下调等诸多事件，但美国股市仍维持了 2011 年年初的水平，美股的上佳表现可能是全球投资者寻求避风港造成的结果。美国的经济整体上而言仍然面临着一些挑战，但美国经济相当有弹性，在欧洲面临困难的时候，美国经济相对来说更有吸引力，而

这种认知让投资者感到美国的投资品更加稳妥，即使这个国家的债务沉重，国会对立。预计美股2012年有可能维持震荡上行趋势。欧洲股市方面，有鉴于欧洲局势充满变数，大部分投资者仍担忧欧洲形势如何发展，特别是2012年第1季度为欧洲重债国的债务集中清偿期，沉重的债务压力将对资本市场带来冲击。在亚洲股市方面，尽管2011年亚洲股市大幅震荡，表现逊于其他主要市场，但由于亚洲国家内需旺盛、存在政策干预的巨大财政空间、政策性利率具有下行灵活性以及巨额的外汇储备，未来亚洲地区国家将会更多依靠自身动力来实现经济增长。因此，展望2012年，相较于欧美股市，亚洲股市将更具吸引力，亚洲地区未来的长线投资机会依旧被看好，特别是以亚洲内需消费而非出口为主的企业。

第三章 货币与债券市场

第一节 2011年货币与债券市场政策回顾

2011年央行实施稳健的货币政策（见表3-1、表3-2）。前3个季度货币政策稳健偏紧，央行6次上调存款准备金率、3次加息、1次调整商业银行存款保证金缴纳范围；第4季度货币政策进行“微调”，央行1次下调存款准备金率。

表3-1　　2011年基准利率变动表　　（单位：%）

宣布日期	生效日期	存款基准利率			贷款基准利率		
		调整前	调整后	变化幅度	调整前	调整后	变化幅度
2011.02.08	2011.02.09	2.75	3.00	0.25	5.81	6.06	0.25
2011.04.06	2011.04.07	3.00	3.25	0.25	6.06	6.31	0.25
2011.07.06	2011.07.07	3.25	3.50	0.25	6.31	6.56	0.25

资料来源：普益财富。

表3-2　　2011年存款准备金率变动表　　（单位：%）

宣布日期	生效日期	大型金融机构			中小金融机构		
		调整前	调整后	变化幅度	调整前	调整后	变化幅度
2011.01.14	2011.01.20	18.50	19.00	0.50	15.00	15.50	0.50
2011.02.18	2011.02.24	19.00	19.50	0.50	15.50	16.00	0.50
2011.03.18	2011.03.25	19.50	20.00	0.50	16.00	16.50	0.50
2011.04.17	2011.04.21	20.00	20.50	0.50	16.50	17.00	0.50
2011.05.12	2011.05.18	20.50	21.00	0.50	17.00	17.50	0.50
2011.06.14	2011.06.20	21.00	21.50	0.50	17.50	18.00	0.50
2011.11.30	2011.12.05	21.50	21.00	-0.50	18.00	17.50	-0.50

资料来源：普益财富。

2011年第1季度，居民消费价格指数（CPI）同比上涨5.0%，处于较高水平，且国际收支总体上保持较大顺差。央行为了处理好保持经济平稳较快发展、调整经济结构和管理通货膨胀预期的关系，围绕保持物价总水平基本稳定这一首要任务，保持合理的社会融资规模，货币政策稳中略紧，并分别于1月20日、2月24日和3月25日3次上调存款准备金率共150个基点（BP）；于2月9日上调存贷款基准利率25BP。

2011年第2季度，CPI同比上涨5.4%，依然高企，保持物价总水平基本稳定仍然是宏观调控的首要任务。货币政策继续收紧，央行加强流动性管理，引导货币信贷增长平稳回调，保持合理的社会融资规模，引导金融机构着力优化信贷结构。央行分别于4月21日、5月18日和6月20日3次上调存款准备金率共150BP；于4月6日上调存贷款基准利率25BP。

2011年第3季度，CPI同比上涨5.7%，物价持续高企，保持物价总水平基本稳定仍然是宏观政策的首要任务。货币政策持续收紧。央行于7月7日上调存贷款基准利率25BP。虽然央行没有上调存款准备金率，但8月26日央行下发通知，将银行承兑汇票、信用证以及保证金业务所产生的保证金存款纳入存款准备金缴纳范围。这一规定回笼商业银行资金约9 000亿元，资金面骤紧。央行数据显示，9月金融机构对非金融企业及其他部门贷款加权平均利率为8.06%，比6月上升77BP。民间借贷利率一路上行，部分中小企业已经因资金饥渴感到生存困难。

2011年第4季度，9月CPI同比上涨6.1%，10月CPI同比上涨5.5%，11月CPI同比上涨4.2%，CPI连续回落。物价虽然维持在较高水平但拐点已经出现，并呈下降趋势。房地产价格普降。外需疲软、外资流出导致外汇占款连续下降。这些因素为政府在控制通货膨胀和经济增长之间寻求平衡提供了空间，货币政策"微调"。央行于12月5日下调存款准备金率50BP。12月14日，中央经济工作会议在北京召开，会议将2012年的宏观政策定调为继续实施积极的财政政策和稳健的货币政策。

第二节 货币市场变化分析

一、2011年公开市场净投放19 070亿元

2011年全年央行在公开市场实现净投放资金19 070亿元（见表3-3）。其中，央票发行14 140亿元、正回购发行24 790亿元，共从市场回笼资金38 930亿元；央票到期、正回购到期合计释放资金58 000亿元。

表3-3 2011年公开市场投放表 （单位：亿元）

2011年	资金投放（含央票到期和正回购到期）	资金回笼		资金净投放
		央票发行	正回购发行	
1月	5 480	60	880	4 540
2月	4 150	140	600	3 410
3月	6 870	2 910	6 670	-2 710
4月	9 110	3 060	3 090	2 960
5月	5 410	2 090	1 260	2 060
6月	6 010	750	1 100	4 160
7月	3 720	1 270	2 560	-110
8月	3 520	310	1 540	1 670
9月	4 810	260	2 190	2 360

续表

2011年	资金投放（含央票到期和正回购到期）	资金回笼		资金净投放
		央票发行	正回购发行	
10月	4 870	880	3 100	890
11月	3 250	1 120	550	1 580
12月	800	1 290	1 250	-1 740

资料来源：中国人民银行网站、普益财富。

2011年1月20日起，央行上调金融机构存款准备金率，加上春节将至，银行间市场资金紧张程度超乎市场预期，各金融机构认购央票的热情降至冰点。央行于1月17日和1月24日两次宣布暂停发行当周央票，致使1月央票发行降至地量，公开市场净投放资金增加超过1倍。2月15日和2月22日的发行量都处于10亿元的地量水平。央票发行量持续降低是因为央行2月18日宣布上调存款准备金率，回笼了很大部分资金，无需再加大发行力度。3月，春节已过，面对热钱涌入央行加大了央票的发行力度，结束了此前每月的净投放格局。此后4~6月，由于公开市场到期资金量较大，公开市场保持净投放格局。7月7日，央行上调存贷款基准利率，且央票发行力度未放松，公开市场在7月又再一次实现净回笼。8~10月，由于央票发行规模减少，公开市场仍然是净投放。11月，央票发行规模虽然有所加大，但到期资金量较大，11月仍然实现了1 580亿元净投放。12月5日起执行了新的存款准备金率，释放了近4 000亿元的流动性，央行加大了发行央票和正回购的力度，连续4周实现净回笼。最后1周由于临近年关，跨越元旦及春节的资金需求较大，央行12月29日暂停了当天的公开市场操作。相关数据见图3-1和图3-2。

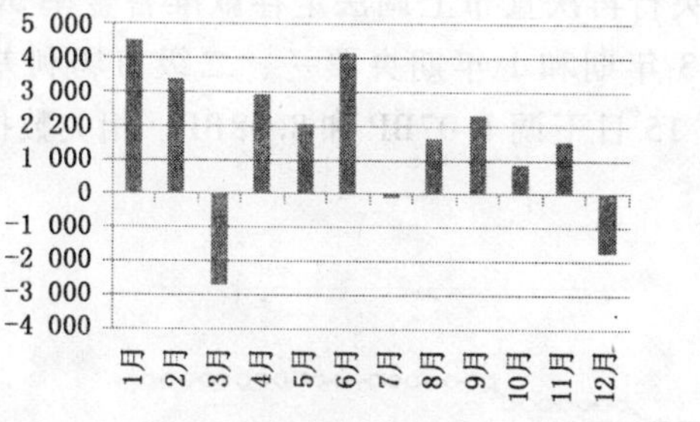

图3-1　2011年央行各月公开市场净投放量

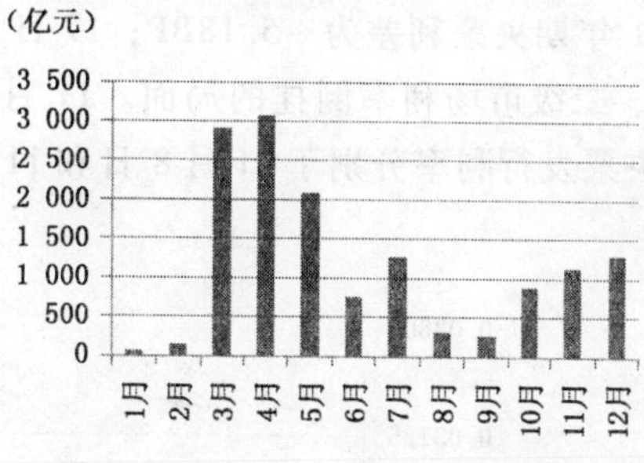

图3-2　2011年各月央票发行总量

资料来源：中国人民银行网站、普益财富

2011年，前3个季度由于物价高企、人民币升值压力加大、"热钱"不断涌入，央票一、二级市场利差不断扩大，货币政策稳健偏紧，央行多次上调央票发行利率；第4季度物价回落，外汇占款下降，货币政策开始微调，央票一、二级市场利差收窄，且央票一、二级利率多次出现倒挂现象，央行3次下调央票发行利率。具体表现见表3-4。

表3-4　　2011年央票发行利率变化表

3月期央票			1年期央票			3年期央票		
日期	发行利率（%）	变化幅度（BP）	日期	发行利率（%）	变化幅度（BP）	日期	发行利率（%）	变化幅度（BP）
1月13日	2.2588	8.11	1月11日	2.7221	10.54	6月30日	3.8900	9.00
2月10日	2.6242	36.54	2月15日	2.9972	27.51	8月18日	3.9700	8.00

续表

3月期央票			1年期央票			3年期央票		
日期	发行利率（%）	变化幅度（BP）	日期	发行利率（%）	变化幅度（BP）	日期	发行利率（%）	变化幅度（BP）
3月3日	2.6314	0.72	3月15日	3.1992	20.20	10月20日	3.9600	-1.00
3月10日	2.7944	16.30	4月7日	3.3058	10.66	—	—	—
4月7日	2.9168	12.24	6月21日	3.4019	9.61	—	—	—
5月19日	2.9168	0.01	6月28日	3.4982	9.63	—	—	—
6月16日	2.9985	8.16	8月16日	3.5840	8.58	—	—	—
6月30日	3.0801	8.17	11月8日	3.5733	-1.07	—	—	—
8月18日	3.1618	8.17	11月15日	3.4875	-8.58	—	—	—

资料来源：中国债券信息网、普益财富。

伴随着春节后央票发行利率上调和二级市场收益率回落，央票一、二级市场利差有所收窄，但1年期利差仍在40BP以上。2月10日，3月期央票发行利率上调36.54BP至2.6242%；2月15日，1年期央票发行利率上调27.51BP至2.9972%。3月10日，3月期央票利率上调16.30BP至2.7944%；3月15日，1年期央票发行利率上调20.20BP至3.1992%，超过1年前定期存款利率19.92BP。4月6日，央行在没有重大经济数据公布的背景下宣布上调存贷款基准利率25BP，这是央行2011年的第二次加息。同时，央票发行利率进一步上调。4月7日，3月期和1年期央票发行利率分别上调12.24BP和10.66BP至2.9168%和3.3058%，央票一、二级市场利率出现倒挂：3月期央票利差为-9.32BP、1年期央票利差为-5.18BP；17日，央行再次宣布上调法定存款准备金率50BP，这才扭转了央票一、二级市场利率倒挂的局面。11月，3年期和1年期央票一、二级市场利差先后出现倒挂，1年期央票发行利率分别于11月8日和11月15日下调1.07BP和8.58BP。相关数据见图3-3~图3-5。

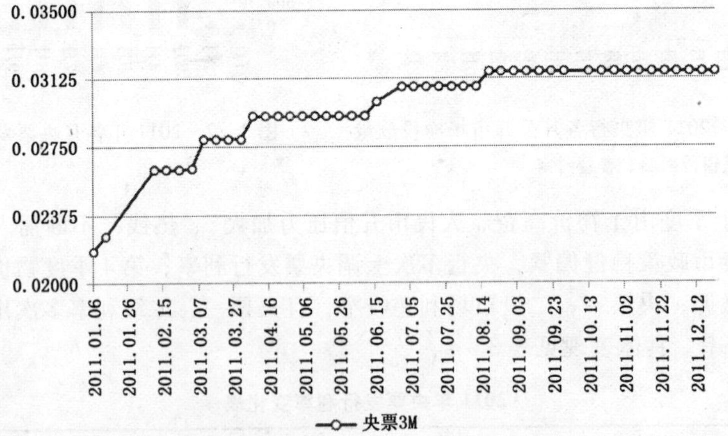

图3-3　2011年3月期央票发行利率一览

资料来源：中国债券信息网、普益财富（数据截至2011年12月31日24:00）

二、SHIBOR、回购利率变动与市场资金面吻合

2011年上半年货币市场利率宽幅波动。3月15日，7天回购利率为1.99%达年内最低水平；6

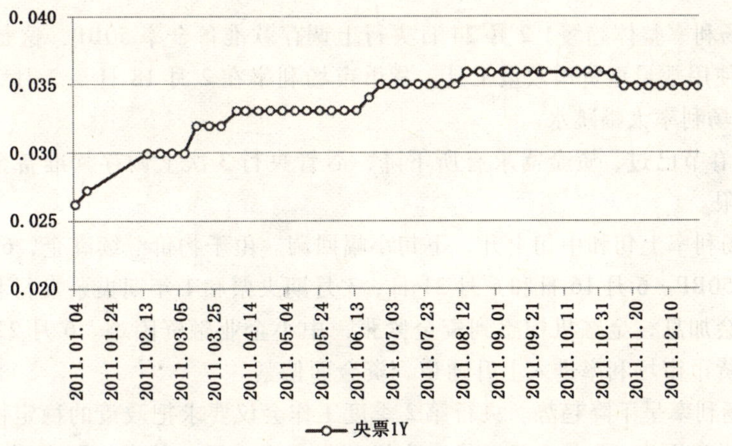

图3-4 2011年1年期央票发行利率一览

资料来源：中国债券信息网、普益财富（数据截至2011年12月31日24:00）

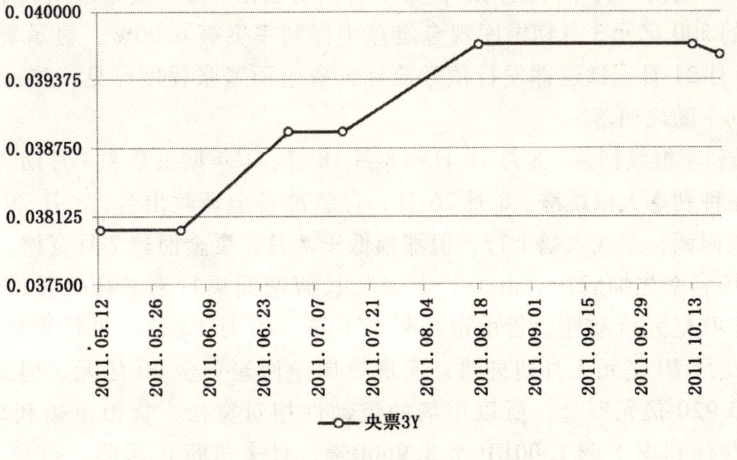

图3-5 2011年3年期央票发行利率一览

资料来源：中国债券信息网、普益财富（数据截至2011年12月31日24:00）

月23日，7天回购利率达到9.04%的年内最高水平；9月之后波动较小。这样的利率走势与央行货币政策息息相关，与银行间市场资金面状况高度吻合。2011年实行稳健的货币政策，1~6月，物价高企，央行逐月上调存款准备金率，使原本就不宽松的存款性金融机构流动性面临巨大的压力；7~9月，央行先后加息、调整存款准备金率的缴存范围，资金面紧缩，货币市场利率高位运行；10月以后，物价指数下行、经济增长放缓、外汇占款下降，宏观政策调控重点由"控物价"向"稳增长"倾斜，货币政策开始"微调"，资金面相对宽松，货币市场利率下行。具体表现如下：

1月，货币市场利率持续上升。1月20日，央行上调存款准备金率且临近春节，市场流动性需求增加，虽然各个商业银行已预先有所准备，但后期银行间市场资金紧张程度仍超乎市场预期，当天隔夜、7天、14天SHIBOR分别上涨308.08BP、201.79BP和184.75BP。由于当周央行暂停发行央票、公开市场单周到期资金高达2 490亿元，货币市场超短期利率1月24日又开始回调。但1月25日以后货币市场利率暴涨。1月30日，1天和14天质押式回购利率及隔夜SHIBOR分别达到7.7118%、7.7149%和7.9833%，较月初上涨476.87BP、358.79BP和505.25BP。资金面趋紧的原因：一是由于春节临近，备付需求上升；二是1月信贷冲锋导致新增信贷规模较大，月末的存贷比考核压力增加；三是从2010年11月以来连续上调存款准备金率的累积效应使商业银行超储率接近底线。

2月，货币市场利率整体趋缓。2月24日央行上调存款准备金率50BP，这是自2010年以来第8次上调，央行频繁使用数量型货币政策工具。货币市场利率在2月18日至2月24日期间高位运行，2月24日后货币市场利率大幅跳水。

3~5月，由于春节已过，资金需求有所下降，尽管央行3次上调存款准备金率和1次加息，但资金面紧张程度有限。

6月，货币市场利率上旬和中旬上升，下旬小幅回调。由于物价继续高企，6月14日，央行宣布上调存款准备金率50BP。6月16日和6月21日，3月期央票和1年期央票发行利率上调，使市场普遍认为7月底之前会加息，金融机构感到资金紧张，中小企业融资困难。6月22日前后，各品种利率达到6月峰值。货币市场利率进入上升通道，资金面偏紧。

7月，货币市场利率呈下降趋势。央行第2季度工作会议要求把政策的稳定性放在首位，市场加息预期升温，加上缴存因素，7月5日，货币市场利率出现反弹。其中，隔夜回购和SHIBOR分别达到本月高点5.9028%和5.8392%。7月6日，央行宣布加息50BP，加之公开市场回笼力度不大，货币市场各主要品种出现回落，一直持续到7月12日央行在公开市场上加大回笼力度。虽然市场资金面受到一定影响，但市场对央行本月上调准备金率的预期也在下降，货币市场利率在随后几天较为平稳。7月19日招标的300亿元3月期国库现金定存中标利率突破6.00%，显示资金面紧张，货币市场利率再现升势。7月21日，铁道部发行债券流标，资金面紧张程度可见一斑。之后央行减弱了回笼力度，货币市场利率随之回落。

8月，货币市场利率继续回落。8月16日和8月18日，1年期央票和3月期央票发行利率分别上调，货币市场所有品种利率大幅跳涨。8月26日，存款准备金新政出台；8月29日，全国银行间债券市场回购利率结束回调，全线大幅上行，但涨幅低于7月，资金面较7月宽松。

10月，货币市场利率先抑后扬。由于“十一”长假期间央行未进行公开市场操作，央票和正回购到期释放了1 390亿元流动性，货币市场利率下降。10月13日，央行重启3年期央票，发行了200亿元，同时发行70亿元3月期央票，实现单周净回笼资金90亿元。但此前12周，央行公开市场净投放超过5 920亿元资金，所以市场的流动性相对宽松，货币市场利率继续下降。10月20日，3年期央票发行利率下调1.00BP至3.9600%，且未进行正回购，市场预测货币政策将有所松动，货币市场利率持续下降。10月25日，央行发行1年期央票190亿元，发行利率连续第9次持平于3.5840%，同时进行了1 000亿元正回购，暗示短期内货币政策松绑的可能性较小。企业月末集中向国库上缴利税加之银行月末考核，资金需求增加，银行间市场资金紧张，回购利率普遍跳涨。

11月，货币市场利率震荡下行。在决策层作出宏观经济政策要“适时适度预调微调”的表态后，公开市场操作连续“示好”，推动资金面由10月底的短暂紧张迅速重返宽松，SHIBOR中短期品种集体大跌，隔夜、2周分别下跌139.25BP、139.33BP至3.3025%、4.3842%。11月8日，1年期央票发行利率下调1.07BP，市场认为是央行发出明确信号即货币政策正在或将进一步加大微调的力度，以确保“保增长”目标的实现，资金面进一步宽松。11月15日，央行发行520亿元1年期央票，发行利率下调8.58BP。此次下调被认为是在资金面持续宽松，央票一、二级市场溢价扩大背景下，央行为稳定资金面而进行的适度调整，不能作为货币政策大幅放松的信号。11月17日，央行发行60亿元3月期央票，当周净回笼资金20亿元，资金面略显趋紧态势，资金利率小幅上行。11月21日，央行数据显示，10月外汇占款下降了248.92亿元，是近4年来首次下降。此次外汇占款下降使得进一步放松资金面的需求更加迫切，存款准备金率下调的预期更大。由于年关将近且又是月末，银行存贷款考核且外汇占款下降“热钱”流出，资金面相对紧张。11月23日从央行得到消息，11月25日起，浙江省6家农村合作银行将恢复之前的存款准备金率水平，相当于在当时的基础上下调50BP，市场认为全面下调存款准备金率的可能性增大。11 月 24 日央行发行 3 月期央票仅 10 亿元，发行量较此前相比下降约一成，当周实现了净投放 220 亿元，使利率上涨幅度收窄。11 月 29 日，央行继 11 月 10 日之后再次通过国库现金定期存款招标向市场投放资金 600 亿元。这是首次单月内两次进行该操作，有效缓解了资金面相对紧张的压力。

12 月，货币市场利率上旬和中旬在低位运行，下旬货币市场利率跳涨。12 月 5 日起，各商业银行开始执行新的存款准备金率，这次下调释放了约 4 000 亿元的资金。此次下调存款准备金率给了市场一个明确的信息：货币政策的重心已经从“控物价”转向“保增长”。12 月 9 日，国家统计局公布 11 月经济数据，CPI 同比上涨 4.2%，PPI 同比上涨 2.7%，分别创年内新低，货币政策或将继续“微调”，资金面相对宽松，货币市场利率低位运行。12 月 15 日，中小银行第四轮补缴存款准备金，合计冻结了资金约 800 亿元，且央行自下调存款准备金率以来连续三周净回笼资金，货币市场利率小幅上行。12 月 19 日，央行数据显示，11 月外汇占款较 10 月下降了 279 亿元。这是外汇占款连续第二个月下降，市场认为外汇占款下降是长期趋势，会使流动性紧缩，且当时存款准备金率还处于高位，经济形势恶化的趋势不减，市场预期央行近期内会再次下调存款准备金率。由于临近年关，跨越元旦及春节，资金价格有上涨的趋势。12 月 26 日，代表性利率 7 天 SHIBOR 再次突破“4”，上涨 35.66BP 至 4.0958%，彰显元旦期间流动性偏紧。12 月 27 日，央行仅发行了 40 亿元 1 年期央票，减少了央票发行的规模，但银行年底需要资金以满足存贷比要求，货币市场利率继续上升。12 月 28 日，7 天 SHIBOR 上涨 34.50BP 至 4.7292%。为缓解年末资金面相对紧张的情况，12 月 29 日央行暂停了当天的公开市场操作。

相关数据见图 3－6～图 3－8。

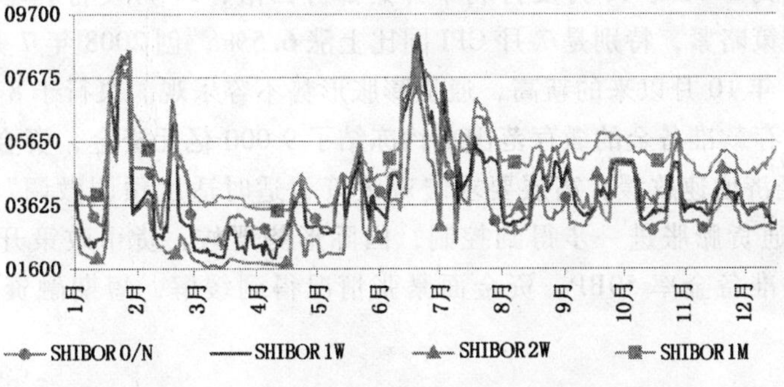

图 3－6　2011 年隔夜、1 周、2 周、1 个月 SHIBOR 走势

资料来源：中国债券信息网、普益财富（数据截至 2011 年 12 月 31 日 24:00）

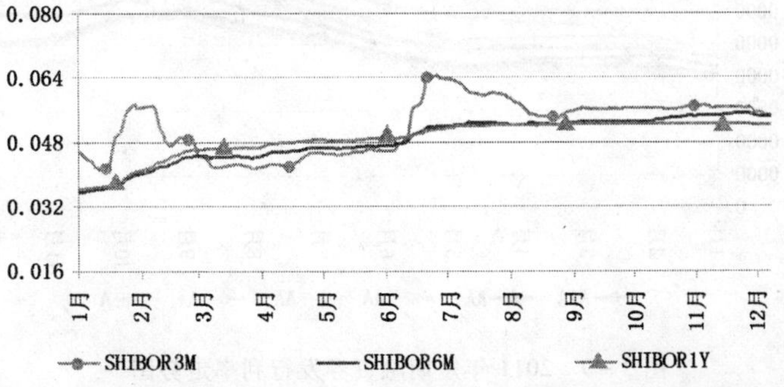

图 3－7　2011 年 3 个月、6 个月、1 年 SHIBOR 走势

资料来源：中国债券信息网、普益财富（数据截至 2011 年 12 月 31 日 24:00）

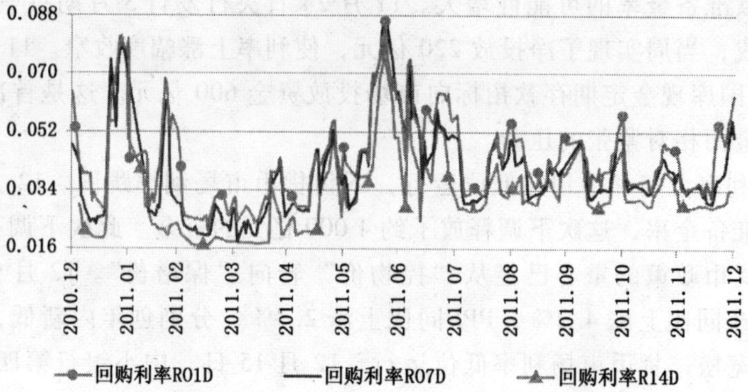

图 3－8　2011 年短期质押式回购利率走势

资料来源：中国债券信息网、普益财富（数据截至 2011 年 12 月 31 日 24:00）

三、短期融资券发行利率先升后降

短期融资券是指在银行间债券市场发行和交易并约定在 1 年内还本付息的有价证券，是银行间市场交易较为活跃的短期投资品种。

2011 年，短期融资券在银行间市场发行共计 8 026.30 亿元，较 2010 年增加 1 283.95 亿元，增幅为 19.04%。

2011 年，短期融资券发行利率一直处于高位（见图 3－9）。短期融资券发行利率从 2010 年 5 月开始呈上行趋势，一直到 2011 年 10 月发行利率开始部分回落，11 月发行利率全部下行。2011 年上半年物价高企，调控政策略紧，特别是 7 月 CPI 同比上涨 6.5%，创 2008 年 7 月以来的新高；PPI 同比上涨 7.5%，创 2008 年 10 月以来的新高，通货膨胀形势不容乐观。央行于 8 月 26 日宣布，拟将商业银行保证金存款纳入存款准备金的缴存范围，约冻结了 9 000 亿元资金，资金面进一步趋紧。直到 10 月物价指数回落，经济增速放缓，高层要求宏观政策“适时适度预调微调”；11 月外汇占款首次下降，“热钱”流出，通货膨胀进一步得到控制，国际形势严峻，货币政策开始“微调”；11 月 30 日，央行宣布下调存款准备金率 50BP，资金面紧张情况得到缓解，短期融资券发行利率开始全面下行。

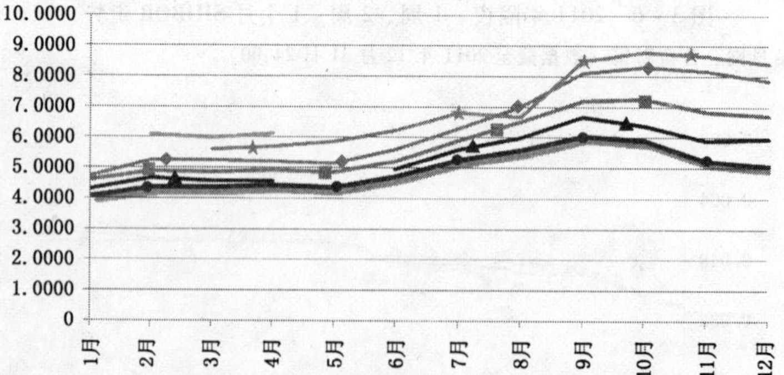

图 3－9　2011 年短期融资券发行利率走势图

资料来源：中国债券信息网、普益财富（数据截至 2011 年 12 月 31 日 24:00）

与 2010 年相比，2011 年 12 月 AAA 级短期融资券平均发行利率较 2010 年 12 月上涨 118.17 BP；AA＋级平均发行利率同比上涨 167.54BP；AA 级平均发行利率同比上涨 204.17BP；AA－级平均发行利率同比上涨 317.71BP；A + 级平均发行利率同比上涨 339.14BP；A 级平均发行利率同比上涨 235.00BP。

四、短期融资工具到期收益率普遍上涨

2011 年 1 月，随着央行年内首次上调存款准备金率，春节来临资金需求加大，尤其对短期资金的需求更是如饥似渴，各金融机构展开了激烈的“抢钱大战”，市场资金成本上涨带动短期金融工具到期收益率大幅上涨。随着商业银行存款准备金缴款结束，且春节已过，资金面相对放松。2 月、3 月短期金融工具到期收益率逐步回调。4 ~9 月通货膨胀形势严峻，CPI、PPI 指数连续上涨，“控通胀”成为重中之重，央行先后 2 次加息、3 次下调存款准备金率。9 月更是调整了商业银行存款准备金的缴存范围，资金面紧张，短期金融工具到期收益率持续上涨。10 月后，物价指数下降，房地产价格逐步下降，通货膨胀得到了控制，货币政策开始“适时适度预调微调”，“稳增长”成为重点，12 月 5 日央行更是首次下调存款准备金率 50BP。此期间资金面相对宽松，金融机构购买债券的意愿增强，债券二级市场买盘明显增加，短债到期收益率逐步下降。

2011 年年末央票市场上，待偿期限为 0 天、9 个月、1 年的到期收益率较 2010 年年末下降 21.52BP、0.5BP、0.84BP 至 3.3855%、3.4640%、3.4716%；待偿期限为 2 个月、3 个月、6 个月的到期收益率较 2010 年年末上涨 19.47BP、20.97BP、11.18BP 至 3.4862%、3.4350%、3.4495%。2011 年年末银行间中短期票据（AAA）市场上，待偿期限为 0 天、2 个月、3 个月、6 个月、9 个月、1 年的到期收益率较 2010 年年末上涨 35.51BP、137.64BP、135.75BP、117.46BP、102.46BP、95.38BP 至 4.3628%、5.0796%、5.0668%、5.0029%、4.9928%、4.9713%。相关资料见图 3 - 10。

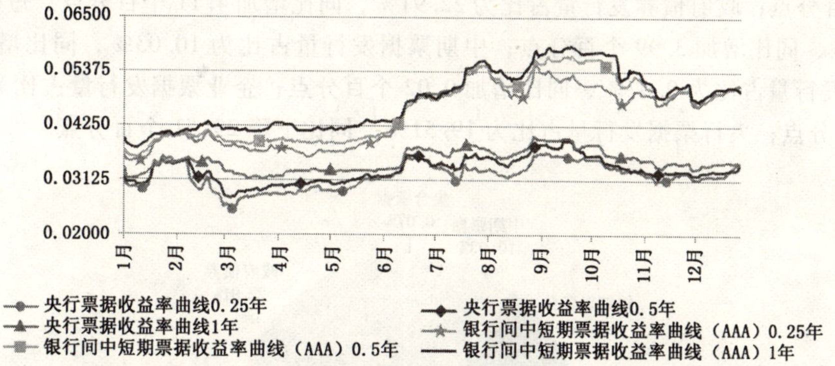

图 3 - 10　2011 年央票和银行中短期票据到期收益率走势

资料来源：中国债券信息网、普益财富（数据截至 2011 年 12 月 31 日 24:00）

第三节　债券市场变化分析

一、2011 年债券发行量较 2010 年减少 2.26 万亿元，央票发行量降幅较大

2011 年，银行间市场债券发行次数为 1 562 次，较 2010 年增加 395 次；从发行量来看，全年发行总规模达 72 460.93 亿元，较 2010 年减少 22 627.40 亿元，同比降幅为 23.80%。

发行次数的大幅增加主要源于短期融资券的发行强劲增长（见图 3 - 11）。该券种全年发行次数达 611 次，同比涨幅近四成，同时其发行规模同样呈高速增长态势，发行量较 2010 年增加

1 283.95 亿元，增幅为 19.04%。发行规模大幅下降主要源于央行票据全年发行量较少，仅 14 140.00 亿元，同比降幅为 69.66%；企业债券和政府债券发行量同样下降，降幅分别为 20.78% 和 7.16%，至 2 873.48 亿元和 16 597.91 亿元。发行量增加的除短期融资券外，还有金融债券、中期票据、集合票据，同比增幅分别为 53.98%、47.64%、12.39%，至 23 501.20 亿元、7 269.70 亿元、52.34 亿元。

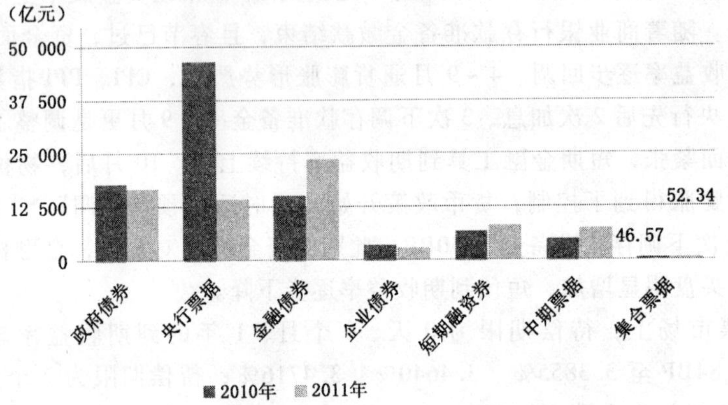

图 3－11　2010～2011 年各类型债券发行量

资料来源：中国债券信息网、普益财富

从发行的债券类型结构来看（见图 3－12），金融债券在发行规模上占了 1/3，较 2010 年占比增加了 16.38 个百分点；政府债券发行量占比为 22.91%，同比增加 4.11 个百分点；短期融资券发行量占比为 11.08%，同比增加 3.99 个百分点；中期票据发行量占比为 10.03%，同比增加 4.85 个百分点；集合票据发行量占比为 0.07%，同比增加 0.02 个百分点；企业票据发行量占比为 3.97%，同比增加 0.16 个百分点；央行票据发行量占比为 19.51%，同比下降 29.51 个百分点。

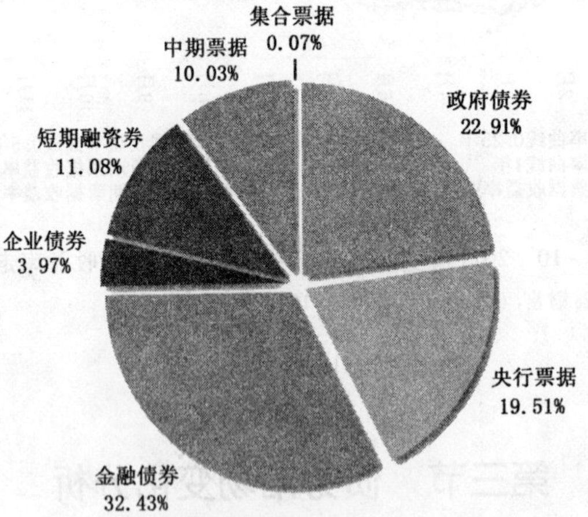

图 3－12　2011 年各类型债券发行量占比情况

资料来源：中国债券信息网、普益财富

二、债券市场演绎“由熊转牛”之行情

2011 年，债券市场可以概括为“由熊转牛”，流动性成为影响债券市场的主线。年初延续 2010 的“熊市”态势，直到 9 月资金面好转，债券市场才步入了“牛市”行情。9 月之前的下降可以分为三个阶段。

第一阶段：1~2月。春节前后资金面高度紧张，且央行2次上调存款准备金率、1次加息，使资金面进一步紧张，中债综合指数（净价）大幅下降，降幅为0.36%。

第二阶段：3~5月。这是债券市场的调整阶段。虽然调控政策依然持续，3次上调存款准备金率、1次加息，但这一阶段市场已经适应了流动性收紧的状态，出现了对前期过度反应的回调。此期间公开市场到期量较大，"热钱"涌入导致每月新增外汇占款稳步上升，流动性未受到明显冲击，且春节已过，资金需求减少，中债综合指数（净价）较2月末上涨0.33点，涨幅为0.34%。

第三阶段：6~8月。这一阶段物价高企，央行1次上调存款准备金率、1次加息，并且于8月26日宣布将商业银行保证金存款纳入存款准备金缴存范围，资金面进一步收紧，部分中小企业资金周转困难，虽然中间一度调整但也难改债券指数下降的趋势，最后中债综合指数（净价）较5月末下降1.77点，降幅为1.78%。

债券市场9月逐渐回暖，10月出现大幅反弹，进入"牛市"行情，具体表现如下：

9月，债券指数逐渐企稳，月初债券市场利率一直居高不下，市场担心5日和15日的存款准备金补缴，以及又逢多个假日，物价可能反弹。不过实际看来由于金融机构准备充分，公开市场净投放，SHIBOR开始逐步下行，物价指数开始回落。下旬出现的一轮债券收益率快速下行是以资金相对宽松为基础实现的。这轮的触发点是欧债危机的快速恶化，国债、央票、政策性金融债收益率全面下行，幅度均在20BP左右。10月，物价指数连续2个月回落，物价拐点确立并呈下降趋势，温家宝总理的讲话要求适时适度地预调微调经济政策，央票发行利率下行，资金面相对宽松。债券指数明显反弹。

11月，通货膨胀回落态势进一步明朗，大大缓解了债券市场的压力，债券指数上涨。货币政策"微调"，央行于30日宣布：从12月5日起，下调存款准备金率50BP，资金面进一步宽松。

12月5日，开始执行新的存款准备金率，这是继高层宣布宏观政策要"微调"以来的第一个实质性的手段，市场认为调控政策不会再紧，债券市场投资热情高涨，债券指数迅速上升。月中和月末债市虽然已进入"牛市"行情，但由于央行没有出台进一步的"微调"政策，收益率下降有限，债券指数依然与月初基本持平波动不大。

从整体上看（见图3-13），年末中债综合指数（净价）较年初上涨1.38点至101.25点，涨幅为1.38%；年末中债指数（全价）较年初上涨2.47点至111.25点，涨幅为2.27%；年末中债综合指数（财富）较年初上涨6.98点至141.48点，涨幅为5.19%。

图3-13　2011年中债综合指数（净价）走势

资料来源：中国债券信息网、普益财富

受物价指数走势和货币政策的影响，各类型债券走势均与中债综合指数走势类似，在10月前持续低迷，之后呈现较为明显的上行走势（见图3-14）。

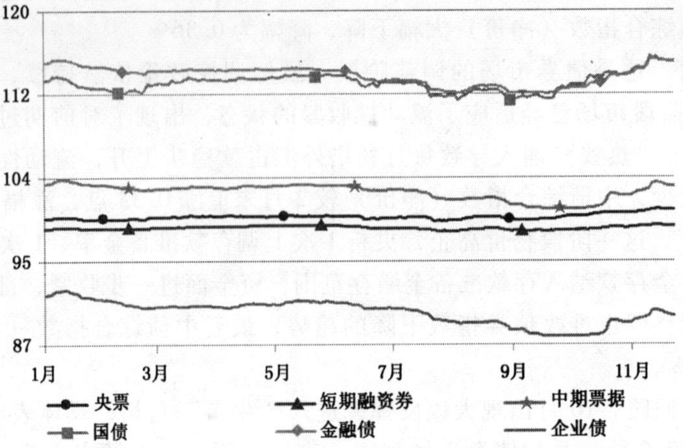

图3－14　2011年各类型债券总指数（净价）走势

资料来源：中国债券信息网、普益财富

2011年全年，中债国债总指数（净价）上涨2.94%，至年末的113.1903；中债金融债总指数（净价）上涨0.80%，至年末的115.8693；中债企业债总指数（净价）下降1.39%，至年末的90.7550；中债央票总指数（净价）上涨0.91%，至年末的100.4079；中债短期融资券总指数（净价）上涨0.19%，至年末的98.6955；中债中期票据总指数（净价）下降0.09%，至年末的102.9417。

三、二级市场收益率涨跌互现

2011年，银行间固定利率国债收益率曲线表现为先上移，至8月后收益率曲线逐渐下移（见图3－15）。整体来看2011年年末较2010年年末收益率整体下降，各关键期限平均下降29.15BP，其中剩余期限为0年、1年、2年、3年、5年降幅较大，分别下降了58.55BP、58.33BP、56.37BP、54.60BP、50.11BP，至2.8436%、2.7167%、2.8071%、2.8640%、3.0406%。

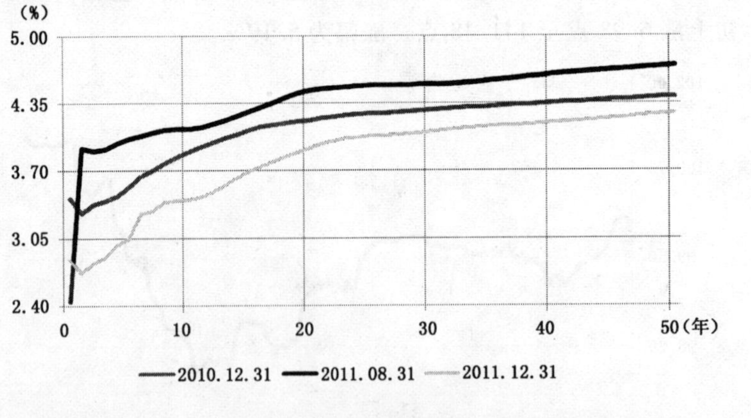

图3－15　2011年银行间固定利率国债收益率曲线变动情况

资料来源：中国债券信息网、普益财富

银行间固定利率政策性金融债收益率曲线同样表现为先上移而后下移的走势（见图3－16）。2011年年末金融债中短端收益率较2010年同期有小幅下调，而长端则有小幅上涨。其中，待偿期限为0～21年的到期收益率平均下降15.29BP，待偿期限为22～30年的到期收益率平均上涨1.35BP。

2011年银行间固定利率企业债（AAA）收益率曲线同样呈现出先上移后下移的趋势（见图

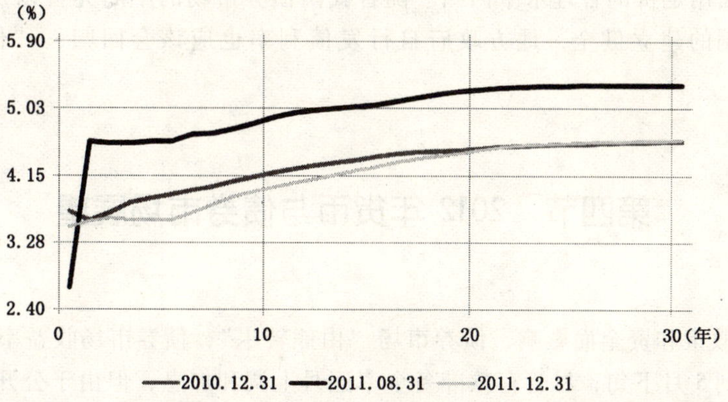

图 3－16　2011 年银行间固定利率政策性金融债收益率曲线变动情况

资料来源：中国债券信息网、普益财富

3－17)，整体上看 2011 年年末固定利率企业债（AAA）收益率曲线较 2010 年年末整体上移，除待偿期限为 6 年的到期收益率下降 3.57BP 外，其他各关键期限收益率均上涨，平均上涨 25.97BP。

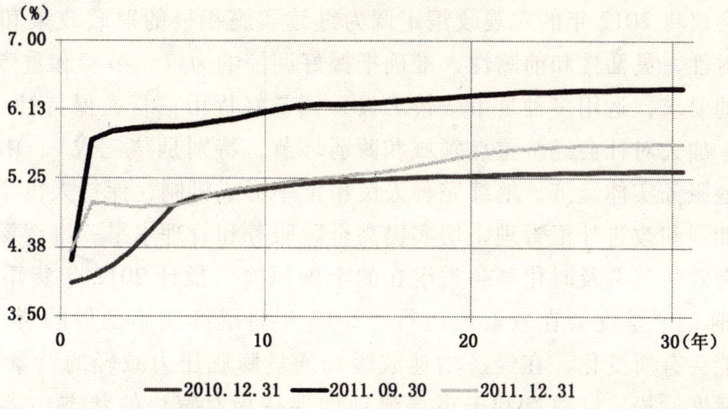

图 3－17　2011 年银行间固定利率企业债（AAA）收益率曲线变动情况

资料来源：中国债券信息网、普益财富

四、地方债受“热捧”，利率与国债“倒挂”

2011 年 11 月，经国务院批准的沪、粤、浙、深四省市地方政府试点自行发债，总规模达 229.00 亿元，利率均低于同期限国债水平。从理论上讲，地方债与国债都属于公债范畴，通常称国债为“金边债”，地方债为“银边债”，由于信用和流动性等因素，地方债利率应高于同期限国债利率。此前由财政部代理发行的地方债，也鉴于其地方政府属性及流动性不足等因素，发行利率都会高于同期限国债利率 10 BP 以上。但本次地方政府自行发债，利率却明显低于同期限国债利率。

此次地方政府自行发债的利率与国债利率出现了“倒挂”的态势，而且认购倍数的“火爆”程度也超过了国债，体现出了一些非市场因素。除了试点省市的财政状况、经济状况、信用状况都比较好外，根据规定，此次试点省市发债规模由国务院批准，偿还由财政部代还本付息，即中央财政还本付息，地方将本息及时缴入中央国库。因此，此“银边债”几乎等同于“金边债”。更为关键的是，地方债承销团成员由发行人选择，且多为与当地经济关系紧密的金融机构。出于争取更多承销业务等目的，承销商或主动或被动，都有压低发行利率的倾向。

地方债反映的是地方政府信用，其资质不仅应弱于国债，且应充分体现各地区不同的经济财政状况和偿债能力的差异。那么，2011 年试点四省市发债利率大幅低于国债估值的现象未来将不可持续，发行利率最终应向信用定价的合理水平回归。随着我国债券市场的不断完善以及地方债券发行机制、运营机制、偿还机制的建立健全，地方政府自行发债利率也应该会回归，“倒挂”的现象会逐渐消失。

第四节　2012 年货币与债券市场展望

2011 年受货币政策和资金面影响，债券市场“由熊转牛”，债券市场收益率全年呈现明显的三个阶段。从年初开始到 5 月下旬，尽管存款准备金率逐月上调和加息，但由于公开市场到期量较大，并且每月新增外汇占款稳步上升，流动性并未受到明显冲击，债券市场收益率相对平稳。进入 5 月下旬之后，货币政策累积效应逐步显现，债券市场收益率上行，债券指数下行。第 4 季度债券市场经历了快速的“熊牛”变脸，收益率急速下滑。美国经济复苏弱于预期和欧债危机的继续恶化；国内经济和通货膨胀回落态势确立，这些因素在资金面紧张程度弱于预期的利好下，令债券市场在第 4 季度出现了强劲反弹，债券指数一路上扬，进入牛市行情。

中央经济工作会议将 2012 年的宏观政策定调为继续实施积极的财政政策和稳健的货币政策。进一步增强政策的针对性、灵活性和前瞻性，准确把握好调控的力度、节奏和重点，按照总量适度、审慎灵活、定向支持的要求，运用多种货币政策工具，调节好货币信贷，保持社会融资规模合理增长；着力优化信贷结构，加大对社会经济重点领域和薄弱环节，特别是“三农”、中小企业、保障性住房的支持力度，更好地服务实体经济；继续完善人民币汇率形成机制，保持人民币汇率在合理、均衡水平上的基本稳定；加强和改进外汇管理，切实提高金融服务和管理水平；继续深化金融体制改革，加快金融市场发展，有效防范并及时化解各类潜在的金融风险。预计 2012 年货币市场利率在春节期间会有所上升，此后前 3 个季度会在较低位运行。2012 年将继续实施稳健的货币政策，但与 2011 相比，政策的内涵可能会有所变化。在经济增速放缓和通货膨胀压力减轻的背景下，2012 年货币政策可能会在稳健中有适度放松，这将有利于市场流动性保持相对宽松的状态，货币市场利率不会出现 2011 年 6 月和 7 月的状况，会在较低位波动。

2012 年第 1 季度，我国经济增速放缓、通货膨胀下降基本上是比较确定的。经济同比增速的低点可能在第 1 季度末第 2 季度初出现，如果宏观政策调整不及时，也可能延后；物价的低点则可能出现在第 2 季度，CPI 下半年有可能重新抬头。2012 年上半年债券收益率曲线可能将继续下行，债券上半年投资的机会大于风险。

第四章　大宗商品市场

第一节　2011 年大宗商品走势回顾

2010 年，为了缓解欧元区债务危机爆发带来的经济下行压力，全球各国重启宽松货币政策，推动包括大宗商品在内的全球资产价格快速上扬；而在 2011 年，尽管欧元区债务危机继续对全球经济增长形成威胁，但是包括美国在内的主要国家并没有再度放松货币政策，再加上对经济增速放缓的预期逐渐升温，使得大宗商品在失去宽松货币环境的支撑下失去进一步走高的动能。

由于美国采取了包括“扭动操作”在内的更为温和的货币政策，再加上其国内经济表现出的韧性，促使投资者在欧元区债务危机进一步蔓延的情况下纷纷抛售欧元买入美元，美元在经历 2011 年前 4 个月的下跌后持稳反弹，而大宗商品则走出恰好相反的走势。

作为衡量全球大宗商品整体表现标杆之一的路透/Jefferies 商品研究局指数（CRB 指数）在 2010 年涨幅达到 17.43%，2011 年该指数冲高回落最终下挫 8.26%（见图 4－1）。由于全球几乎所有大宗商品均以美元计价，因此美元汇率对大宗商品价格具有最直接的影响。当美元走强时大宗商品价格下跌，反之大宗商品价格则上涨。2011 年美元指数呈现先抑后扬的走势，前 4 个月美元走软带动大宗商品延续 2010 年年末的涨势。但随着 5 月美联储维持货币政策不变，使得市场有关美联储将开展第三轮量化宽松政策的预期落空，大宗商品从年内高位快速回落。再加上从第 3 季度开始，欧元区债务

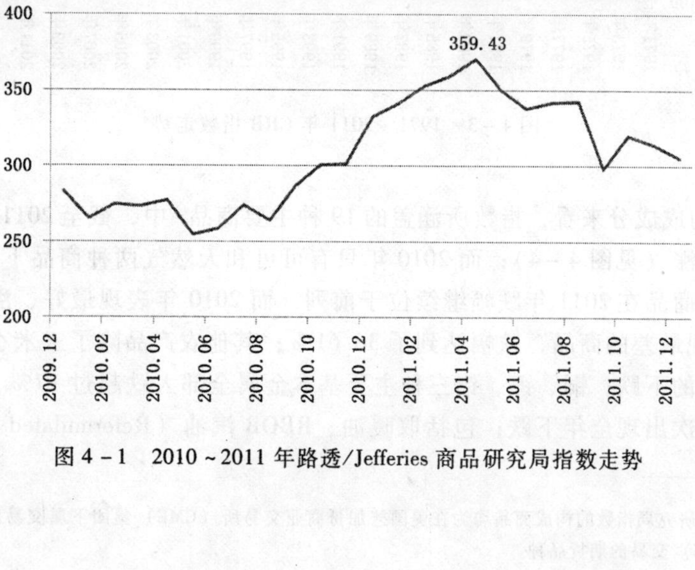

图 4－1　2010～2011 年路透/Jefferies 商品研究局指数走势

资料来源：普益财富

危机进一步恶化令投资者对于全球经济增长放缓的预期快速升温，投资者纷纷抛售风险资产买入美国国债等安全资产，美元反弹加速再度拖累大宗商品下滑（见图4－2）。

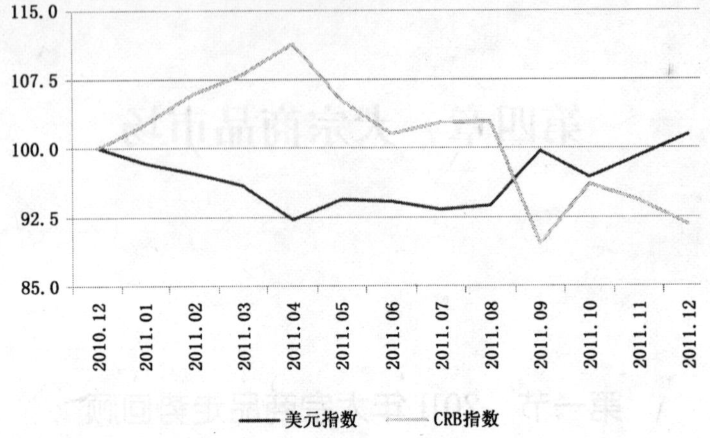

图4－2　2011年CRB指数和美元指数走势（以2010年12月31日为基期100）

资料来源：普益财富

从CRB指数月度历史走势来看，在2008年6月金融危机前的最高峰指数一度触及462.74点的记录高点，随后急速回落并在2009年1月触底反弹（见图4－3）。尽管在2011年CRB指数延续2010年的涨势一度反弹至370.56点，但随后快速回落至300点附近，跌幅达到17.6%。不过，该指数仍然高于近30年来均值249.32点。

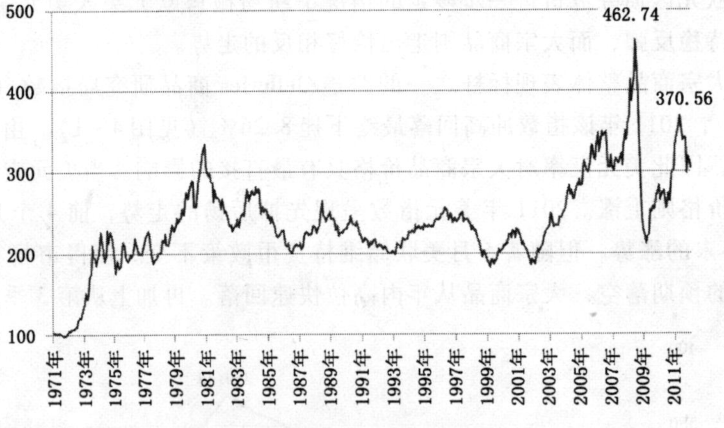

图4－3　1971 ~2011年CRB指数走势

资料来源：普益财富

从CRB指数的构成成分来看，指数所涵盖的19种主要商品[①]中，截至2011年12月31日共有12种下跌，仅有7种上涨（见图4－4）；而2010年只有可可和天然气两种商品下跌。2010年表现糟糕的可可和天然气两种商品在2011年跌幅继续位于前列，而2010年表现最好、涨幅高达91.55%的棉花在2011年成为表现最差的商品，跌幅达到了36.61%；其他农产品除了玉米小幅上涨2.78%以外，其余均出现不同程度的下跌；铜、镍、铝三种主要基本金属全部大跌超过17%，这是自2008年金融危机以来基本金属首次出现全年下跌；包括取暖油、RBOB汽油（Reformulated Blendstock for Oxygen-

① 路透/Jefferies商品研究局指数的构成商品均为在美国芝加哥商业交易所（CME）集团下属交易所、美国洲际交易所（ICE）以及伦敦金属交易所（LME）交易的期货品种。

ate Blending，精制氧化混调型汽油）和原油在内的能源类商品受到地缘政治以及供需等因素影响均实现年度上涨，其中取暖油以15.38%的涨幅位列第一。贵金属在2011年走势跌宕，尽管金价受到避险需求的支撑，但是对全球经济放缓的担忧以及欧元区债务危机导致的流动性紧张使得投资者大量撤离贵金属市场，因而使得黄金在2011年仅实现10.18%的涨幅。白银在2011年下滑9.82%，而2010年白银涨幅高达83.75%。

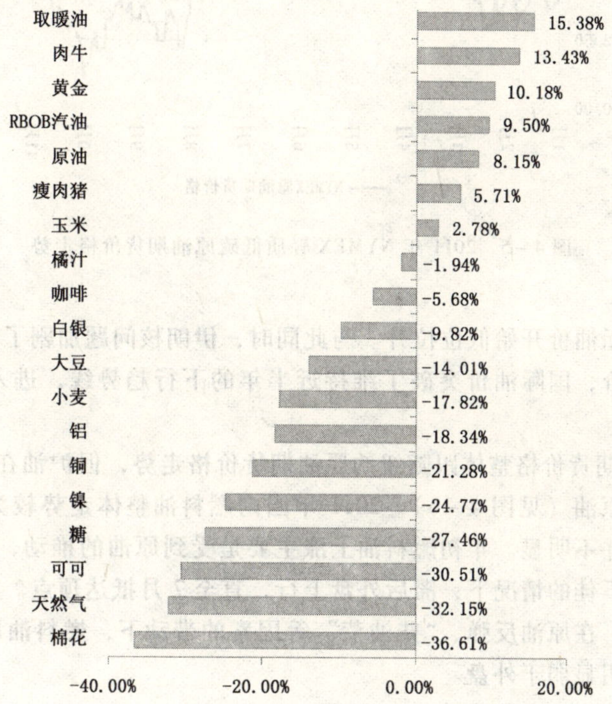

图4-4　2011年CRB指数构成商品表现一览

资料来源：普益财富

第二节　原油市场

一、2011年原油市场走势回顾

2011年国际原油价格整体呈现宽幅震荡的走势，价格在75~115美元/桶之间波动。全年走势大致分为三个阶段：1~4月的持续走高、5~9月的震荡回落、10~12月的触底反弹。NYMEX轻质原油期货价格2011年12月30日收盘于98.83美元/桶，全年上涨8.15%，与2010年相比涨幅缩减了7个百分点（见图4-5）。

1~5月，受到中东和北非政治局势动荡、利比亚内战等影响导致供应减少以及美国实施量化宽松政策期间流动性充裕等利好带动，原油价格大幅走高并一度触及115美元/桶的两年半高位；5月过后有关全球经济放缓的预期快速升温，再加上欧元区债务危机进一步扩散、沙特阿拉伯宣布提高产量以及国际能源署（International Energy Agency，IEA）向市场释放6 000万桶战略储备推动供给增加等因素影响，原油价格从年内高点附近快速回落至80美元/桶附近；10~12月，欧盟峰会达成一项综合性的欧元区债务危机救助方案且美国库欣地区储油中心的管道将逆向输油。受经济面和供需端两

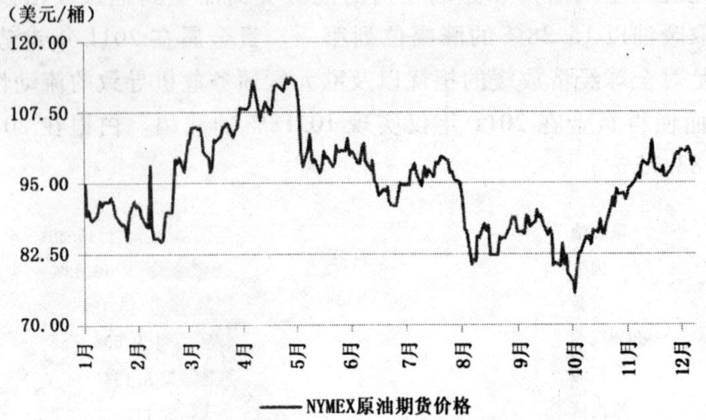

图4－5　2011年NYMEX轻质低硫原油期货价格走势

资料来源：普益财富

方面利好因素提振，国际油价开始低位拉升。与此同时，伊朗核问题加剧了中东地区的紧张局势，地缘政治因素再次推升油价，国际油价突破了维持近半年的下行趋势线，进入上行通道并在年末重回100美元/桶附近。

2011年上海燃料油期货价格整体跟随纽约原油期货价格走势，但沪油在价格的变动上较为滞后，同时波动幅度低于纽约原油（见图4－6）。2011年国内燃料油整体走势较为被动，跟外盘基本保持一致，自身旺淡季表现并不明显。年初燃料油上涨主要是受到原油的推动，炼油以及调油成本高企，使得在燃料油终端需求不佳的情况下，滞后外盘上行，直至7月抵达顶点。此后，燃料油跟随国际油价一路走低。第4季度，在原油反弹、"柴油荒"等因素的带动下，燃料油再次启动上行。其中可看出，燃料油的波动幅度明显弱于外盘。

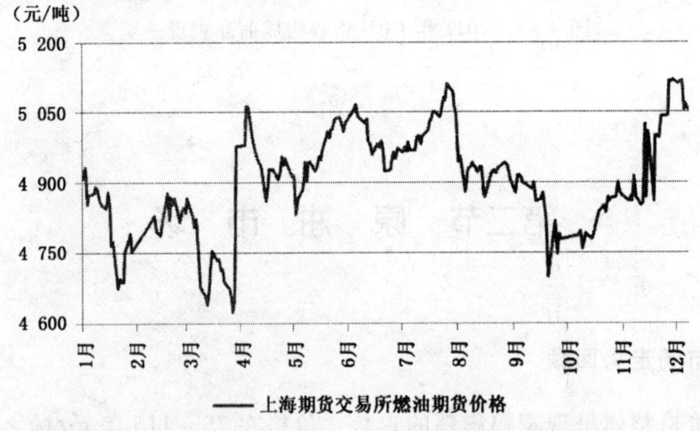

图4－6　2011年上海期货交易所燃料油期货价格走势

资料来源：普益财富

二、市场分析

（一）供给与需求

美国能源情报署（Energy Information Agency，EIA）公布的全球原油及油品[①]数据显示，预计2011年原油及油品日需求量平均值将从2010年的8 710万桶/天升至8 813万桶/天，并预计在2012

① 包括原油产品（含伴生气凝析油）、天然气凝液、其他油品、原油精炼过程产物、乙醇。

年进一步上升至 8 950 万桶/天（见图 4 －7）。中国和其他新兴经济体成为推动原油及油品需求的主要动力；经济合作组织国家（The Organization for Economic Co－operation and Development，OECD）在 2011 年的原油及油品需求将下降 40 万桶/天，并在 2012 年持稳。

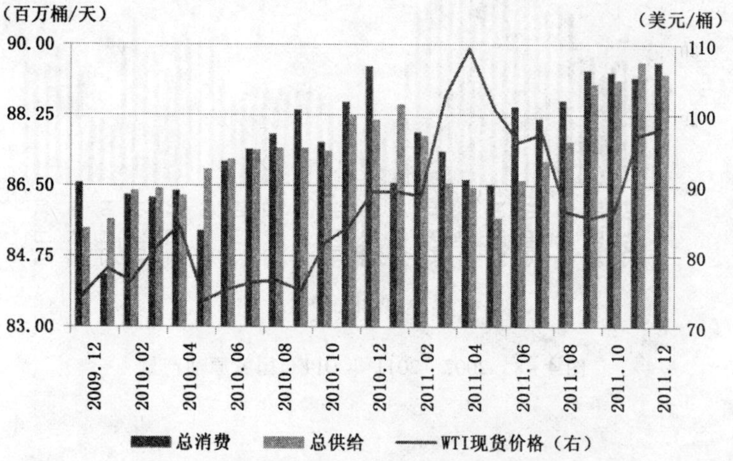

图 4 －7　2009～2011 年全球原油供需与 WTI 原油现货价格走势

资料来源：普益财富

供给方面，预计 2011 年原油及油品日供给平均值将达到 8 777 万桶/天，与 2010 年相比仅增长了 0.82%。这意味着 2011 年全年全球原油供给处于一种偏紧的状态。从图 4 －7 可以看出，除了 1 月和 11 月原油及油品供给超过需求外，其余各月均出现不同程度的供小于求的局面。

1 月欧洲消费量快速降低一度短暂造成供过于求，自此之后的上半年中东北非局势动荡，原油产量快速降低。虽然油价上涨抑制了全球需求，但供给缺口仍旧不断扩大。4～7 月，沙特阿拉伯为平抑油价开始逐步提高产能，原油供给开始逐步回升，供给缺口开始逐步收缩，10 月，卡扎菲被击毙后利比亚局势趋于稳定，产量开始逐步提高，至第 4 季度全球能源供需基本实现平衡。

美国能源情报署预计石油输出国组织（OPEC，欧佩克）在 2011 年的日均原油产量为 3 560 万桶/天，和 2010 年 3 531 万桶/天的产量相比仅增加 29 万桶/天（见图 4 －8）。在 2008 年油价大幅下跌之后，近两年其产能增长并不明显。11 月，欧佩克产量重回 3 000 万桶/天以上，过剩产能约 300 万桶/天（见图 4 －9）。利比亚的原油供给从 9 月开始恢复使得欧佩克产量快速增加，该国产量从 10 月的日均 35 万桶快速增加至 11 月的日均 55 万桶，预计在 2012 年利比亚的原油日均产量将上升至 90 万桶，并在 2012 年第 4 季度达到 120 万桶/天。不过这与产量中断前的 165 万桶/天的产量相比仍然有一定差距。

利比亚原油产量的恢复使得欧佩克过剩原油产能快速增加。虽然预计 2011 年第 4 季度欧佩克过剩原油产能为 300 万桶/天，但 2012 年第 1 季度原油过剩产能可能快速增加至 410 万桶/天，这将有助于提高欧佩克调节原油价格的能力。

（二）美国商业原油库存变化

美国市场在 2011 年整体表现偏弱，汽油消费持续回落，但成品油出口的增加一定程度填补了这一缺口，而由于西德克萨斯中间基原油（WTI）对北海布伦特原油（Brent）的大幅贴水导致美国海外原油进口快速回落。美国自下半年开始原油库存出现快速回落（见图 4 －10），最终在第 4 季度带动油价快速反弹，并在一定程度上收复了对布伦特原油的贴水。

从原油消费来看，2011 年美国原油的消费水平与 2010 年相比明显偏低，原油消费量从 2010 年的日均 1 918 万桶降至 2011 年的日均 1 898 万桶（见图 4 －11）。第 1 季度原油价格的大幅上涨对需

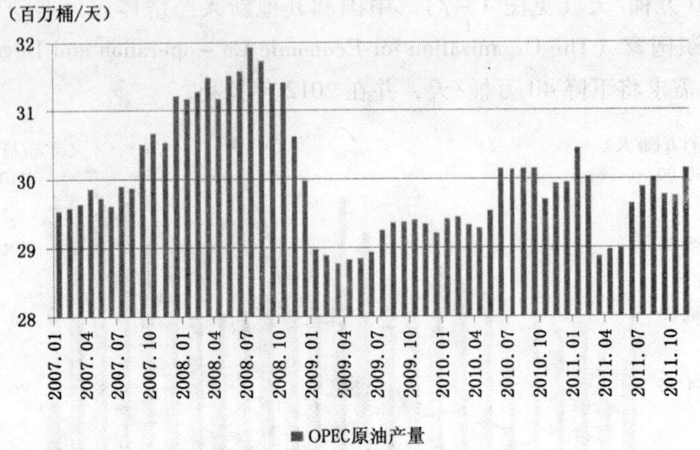

图 4－8　2007 ~2011 年 OPEC 国家原油产量

资料来源：普益财富

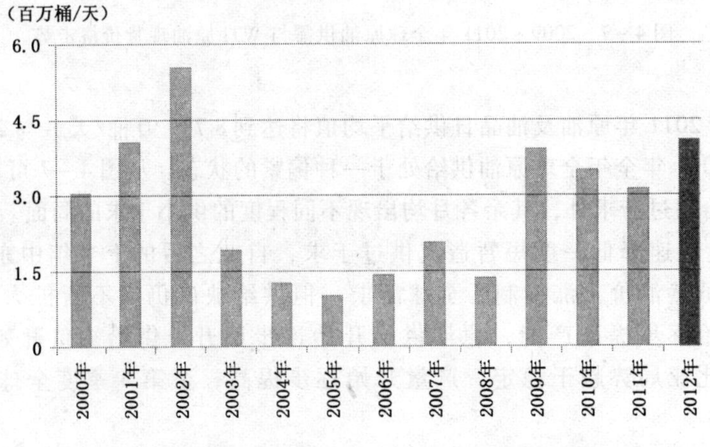

图 4－9　2000 ~2011 年 OPEC 国家过剩原油产量

资料来源：普益财富

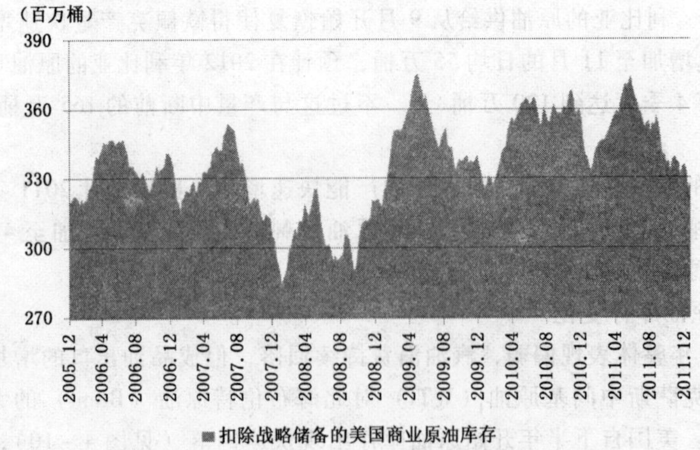

图 4－10　2005 ~2011 年扣除战略储备的美国商业原油库存

资料来源：普益财富

求形成明显的压制，第2、第3季度消费旺季，尽管原油价格快速回落但需求也并未出现明显增长，直到年末原油需求才有所反弹，但仍然仅略高于1 925万桶/天。

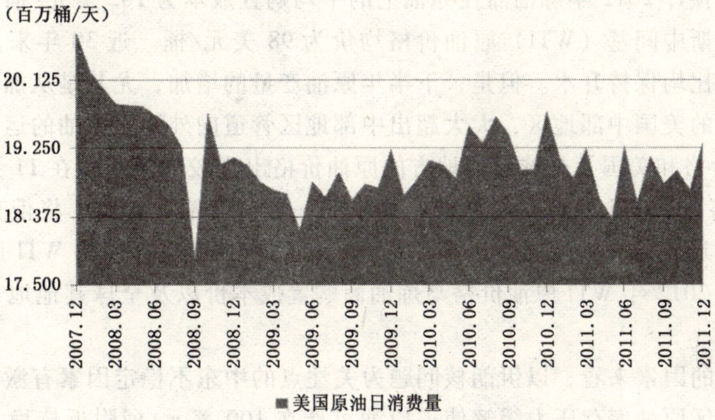

图4－11　2007～2011年美国原油日消费量

资料来源：普益财富

（三）NYMEX原油期货持仓

从美国商品期货交易委员会（CFTC）公布的纽约商业交易所（NYMEX）轻质低硫原油期货每周持仓情况可以明显看出，包括基金以及散户在内的投机净多头寸和原油期货价格的走势关系密切。尽管多数时候持仓和价格几乎同时变动，但是从5月原油价格大跌之前净多头就已经开始减少来看，表明当大行情出现之前就已经有机构提前反应（见图4－12）。

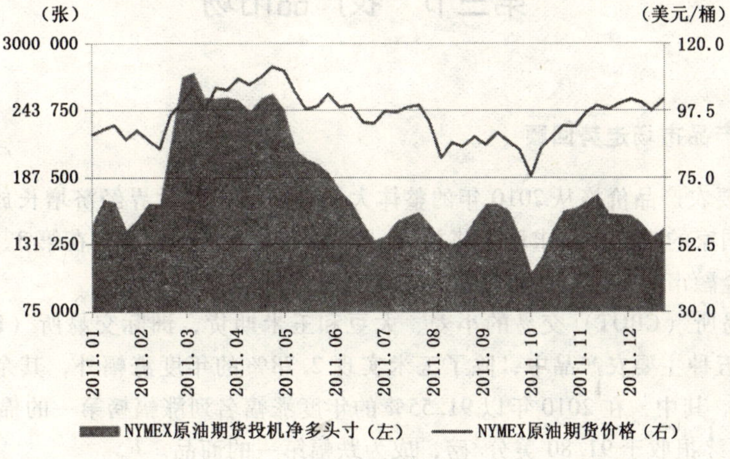

图4－12　2011年NYMEX原油期货投机净多头寸与原油期货价格

资料来源：普益财富

数据显示，NYMEX原油期货投机净多头寸在第1季度快速增加，并在3月触及27.56万张(1 000桶/张)的年内高点。尽管原油价格在随后的4月进一步冲高，但投机净多头寸已经开始逐渐减少，表明包括基金在内的机构已经提前离场。5月开始NYMEX原油期货投机净多头寸大幅下滑，但原油价格的跌幅明显低于持仓的减少，表明投机头寸对原油价格的影响在减弱。最后两个月由于机构和投资者年末流动性需求的影响，NYMEX净多头寸减少，而原油价格反而上扬，打破二者的正向联动关系。

三、2012 年原油市场展望

美国能源情报署预计 2012 年炼油商在原油上的平均购置成本为 102 美元/桶，作为全球原油价格标杆之一的西德克萨斯中间基（WTI）原油价格均价为 98 美元/桶。近 30 年来，WTI 原油价格与炼油商平均购置成本相比均保持升水。但是，下半年原油产量的增加，尤其是从加拿大和北达科他州到 WTI 原油交易所在地的美国中部地区，大大超出中部地区管道向外输送原油的运力，由此导致的输送瓶颈使得 WTI 原油价格和美国及全球其他地方的原油价格出现较大贴水。在 11 月末，加拿大恩桥能源公司和 EPD 公司将名为“Seaway”的原油管线中的一段改变输送方向，将俄克拉何马州库欣储油中心（WTI 原油交易地）的原油反向输送至休斯敦地区的炼油市场，使得 WTI 原油大幅贴水的情况得到有效缓解。预计 2012 年 WTI 原油价格与炼油商购置成本价以及全球其他地方原油价格的价差有望进一步缩窄。

从影响原油价格的因素来看，以伊朗核问题为关注点的中东不稳定因素有激化的趋势，美国经济数据转暖及中西部地区原油库存压力缓解使得原油可能在 100 美元/桶附近持稳。不过，对油价的利空因素仍然不可忽视。首先，尽管美国经济有复苏迹象但仍然处于底部，未来前景具有不确定性；其次，欧元区债务危机已进入第二阶段，核心国家也受到冲击，由此导致的经济增长低迷以及资金回流至美元市场使得美元阶段性上涨预期压制原油上涨空间。新兴经济体的发展增速也受制于通货膨胀压力、流动性紧缩和外围经济环境的影响，抑制原油需求。综上所述，从世界经济对原油需求的表现来看，不支持原油在中短期内实现高位运行。长期原油的增长动力仍寄希望于全球经济的逐步复苏。

第三节　农产品市场

一、2011 年农产品市场走势回顾

2011 年全球主要农产品价格从 2010 年的整体大涨中回落，对世界经济增长放缓的预期逐渐升温使得市场预计主要国家的农产品需求增长将放缓，再加上欧元区债务危机在第 3、第 4 季度快速恶化等因素进一步冲击金融市场，农产品价格进一步走低。

芝加哥期货交易所（CBOT）交易的小麦、大豆和玉米期货，洲际交易所（ICE）交易的 2 号棉花、11 号糖期货这五种主要农产品中，除了玉米实现 2.78% 的年度涨幅外，其余全部出现不同程度下跌（见图 4 -13）。其中，在 2010 年以 91.55% 的年度涨幅名列涨幅榜第一的棉花期货在 2011 年跌幅达到 36.61%，最终报收于 91.80 美分/磅，成为跌幅第一的商品。

小麦、大豆和玉米期货分别报收于 652.75 美分/蒲式耳、1 198.50 美分/蒲式耳和 6 446.5 美分/蒲式耳，年度涨幅分别为 -17.82%、-14.01% 和 2.78%，三种农产品均从 2008 年以来的高位回落。原糖期货 2011 年报收于 23.3 美分/磅，年度跌幅为 27.46%，跌幅仅次于棉花位列第二（见图4 -14）。

二、市场分析

（一）大豆

进入 2011 年，全球大豆供需环境由 2009/2010 年度[①]的供大于求转为了 2010/2011 年度的供需平

① 年度是指当年 10 月至次年 9 月，下同。

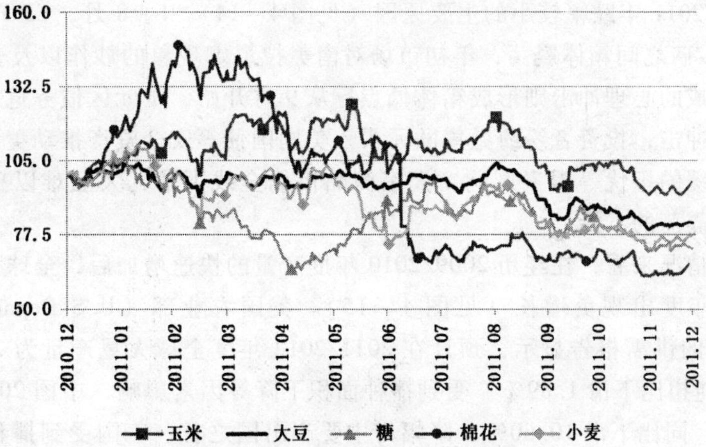

图4-13 2011年CBOT、ICE主要农产品期货价格走势（以2010年12月31日收盘价为基期100）

资料来源：普益财富

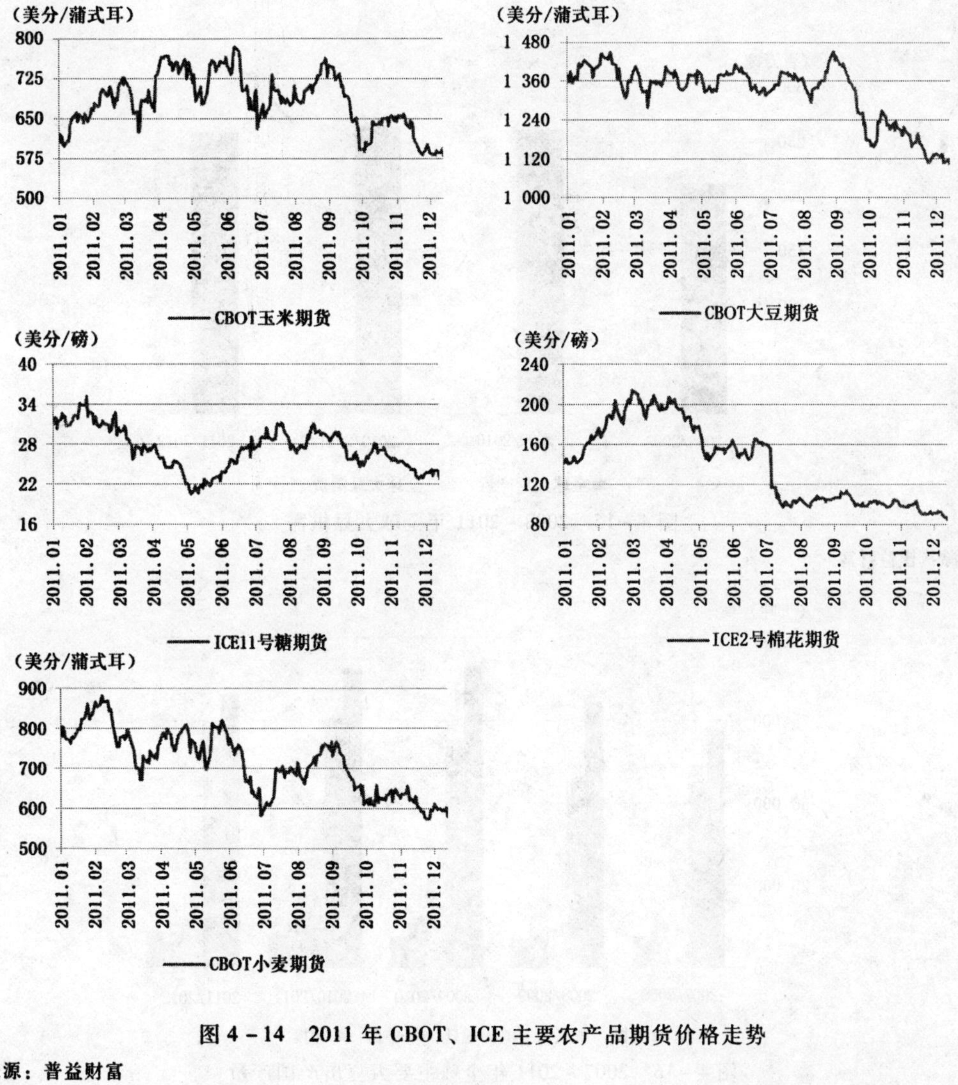

图4-14 2011年CBOT、ICE主要农产品期货价格走势

资料来源：普益财富

衡状态，这是大豆在2011年跌幅较小的主要原因（见图4－14）。1～8月，CBOT大豆价格总体维持在1 300～1 400美分/磅之间箱体震荡，年初市场对南美拉尼娜现象的炒作以及美元疲弱形成箱体高点，而日本大地震造成的心理冲击则形成箱体低点；从9月开始，欧元区债务危机开始快速蔓延，金融市场首当其冲受到冲击，投资者纷纷抛售欧元买入美国国债等安全资产推动美元快速走高，再加上对全球经济进一步放缓的担忧等因素影响，大宗商品市场全线下滑，大豆难以独善其身最终大幅下挫，并跌破前期箱体震荡的下沿。

从全球大豆供需情况来看，在经历2009/2010年度产量的快速增加后，全球大豆产量增幅快速减小，并在2011/2012年度出现负增长（见图4－15）。美国农业部（U.S Department of Agriculture，USDA）在12月公布的供需报告显示，预计在2011/2012年度全球大豆产量为2.59亿吨，与2010/2011年度的2.64亿吨相比下滑1.89%。受到播种面积下降等因素影响，中国2011/2012年度大豆产量预计为1 350万吨，同比下滑10.60%，降幅为主要产出国之首；美国受到播种面积以及单产双双下滑的影响，预计2011/2012年度大豆产量同比下滑8.52%至8 288.70万吨（见图4－16），降幅仅次于中国位列第二。但是，中美两国大豆产量的下滑在很大程度上被阿根廷和印度的产量增长所抵消，后两国2011/2012年度的产量预计将分别达到5 200万吨和1 100万吨，同比分别增长6.12%和12.24%。

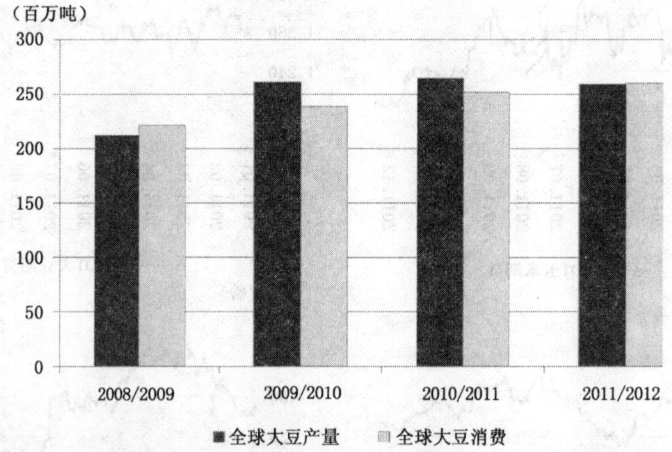

图4－15　2008～2011年全球大豆供需

资料来源：普益财富

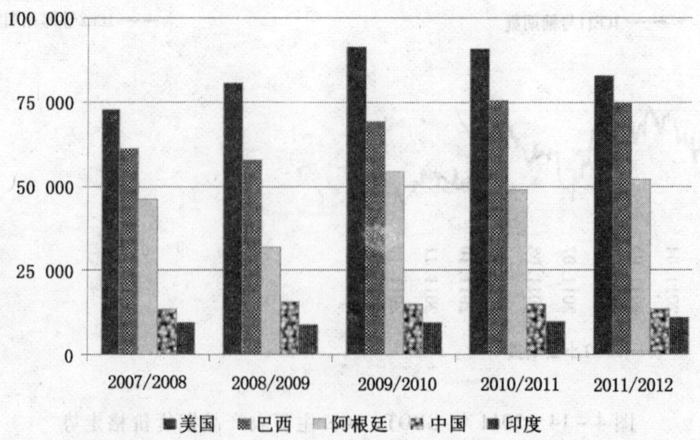

图4－16　2007～2011年全球主要大豆出产国产量

资料来源：普益财富

全球大豆消费方面，USDA 的数据显示，2011/2012 年度全球大豆消费量将达到 2.60 亿吨，与 2010/2011 年度的 2.51 亿吨相比增长 3.59%（见图 4－17）。中国大豆消费需求仍然保持了较快增速，预计 2011/2012 年度中国大豆需求将达到 7 110 万吨，同比增长 7.8%；受到经济增长放缓导致的工业需求下滑影响，美国大豆消费量已经连续两年下滑，预计 2011/2012 年度大豆消费将下滑 1.88% 至 4 749.4 万吨，降幅与之前一年相比有所缩窄。

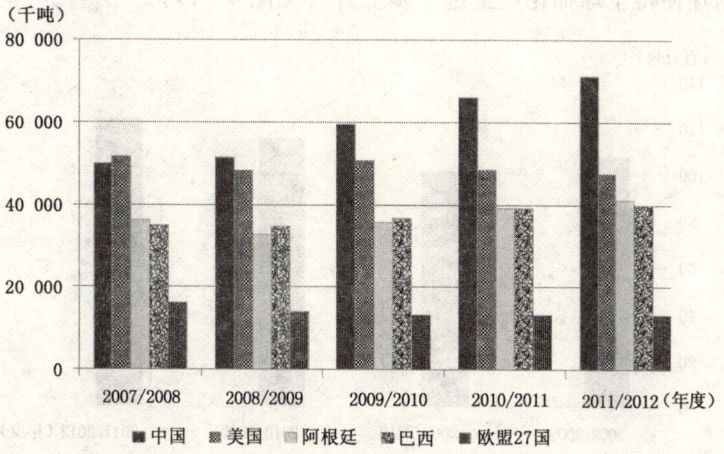

图 4－17　2007～2011 年全球主要大豆消费国需求量

资料来源：普益财富

全球大豆的食用量变化比较平稳，仍然维持小幅增加的态势，预计 2011/2012 年度全球大豆食用需求为 1 535.3 万吨，同比小幅增加 1.07%。其中，中国 2011/2012 年度预估食用量为 920 万吨。尽管较 2011 年仅增加 10 万吨，但考虑到 2011 年中国大豆减产，且中国食用大豆主要来自于国内，因此食用大豆的供应量将受到明显影响，这对国内大豆价格将形成良好支撑。中国大豆的进口需求仍然增长，但是增幅放缓。从 USDA 的预估数据来看，2011/2012 年度中国进口大豆预估值为 5 650 万吨，与 2010/2011 年度相比增加 416 万吨，扣除中国大豆减产量后为 256 万吨，与 2010 年的进口增幅相差不大。

全球大豆的压榨需求在 2011/2012 年度预计为 2.29 亿吨，同比增加 3.93%，增幅连续第二年放缓，表明在全球经济增长减速的情况下，压榨需求持续收缩。预计 2011/2012 年度中国、美国、阿根廷和巴西四个国家的大豆压榨量累计将达到 1.81 亿吨，占到全球总压榨量的 78.63%。其中，阿根廷大豆压榨量预估为 3 950 万吨。受益于该国大豆压榨能力的不断提高，同比增幅达到 5.08%，创下该国历史最高水平。

（二）棉花

在全球棉花供过于求的矛盾进一步凸显的情况下，2011 年棉花价格难以避免遭遇“滑铁卢”的命运，全年累计跌幅高达 36.61%。ICE2 号期棉走势在 2011 年分为明显的三个阶段。1～3 月，受到美联储执行量化宽松政策导致美元走软等因素推动，期棉从 140 美分/磅启动后不断走高，并一度逼近 220 美分/磅的年内高点；3～7 月，受到 2011/2012 年度种植面积大幅增加以及美联储停止量化宽松政策后美元止跌持稳等因素影响，棉花跟随其他大宗商品快速下滑；在经历 7 月初的急速下跌后，由于北半球棉花种植面积得到确定，且产量也开始出现较稳定预估，再加上中国国家收储价格的保护，期棉价格在此之后跌势明显放缓。因此，尽管 9 月欧元区债务危机快速恶化，但并未再现此前的急跌。

从全球棉花供需情况来看，受 2010 年棉花价格大幅上涨的影响，USDA 公布的数据预计 2011/2012 年度全球棉花产量将从 2010/2011 年度的 1.15 亿包（1 包 = 480 磅 = 217.72 公斤）大幅增加至

1.23亿包，增幅达到6.96%，不过比起2010/2011年度13.43%的增幅来说已经回落不少（见图4－18）。美国作为全球第三大棉花产出国和最大的棉花出口国，2011/2012年度棉花种植面积增加，但产量却因为干旱而下降227.7万包至1 582.7万包。不过，美国棉花产量的下降被中国、印度、巴基斯坦等其他棉花主产国的产量增长所抵消。预计中国和印度2011/2012年棉花产量将分别达到3 350万包和2 750万包，分别增加300万包和210万包，足已弥补美国产量的下滑，再加上其他国家产量不同程度的增加使得全球棉花产量进一步上升（见图4－19）。

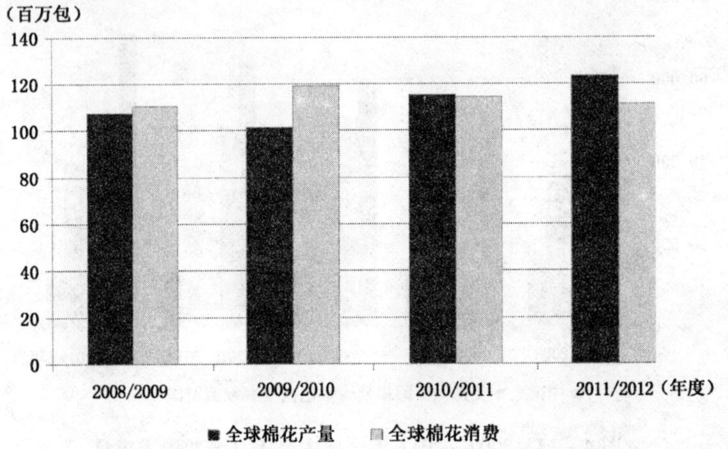

图4－18 2008～2011年全球棉花供需

资料来源：普益财富

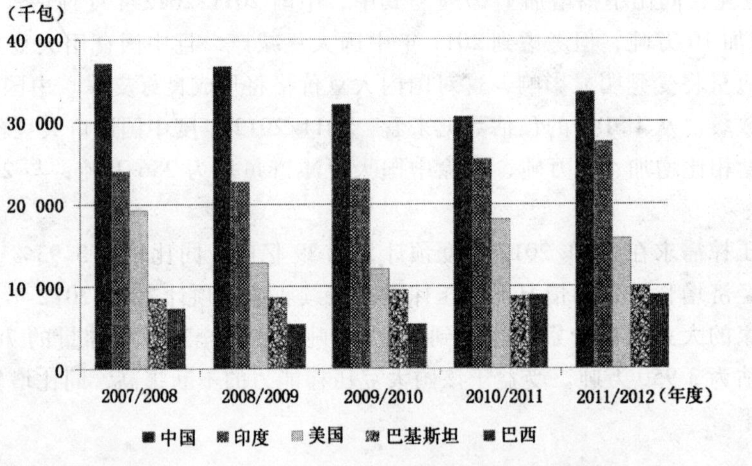

图4－19 2007～2011年全球主要棉花出产国产量

资料来源：普益财富

不过全球棉花需求连续第二年下滑使得2011/2012年度全球棉花供需失衡的问题愈发突出，最终导致棉花价格“崩盘”。USDA公布的数据显示，全球2011/2012年度棉花需求为1.11亿包，同比下滑2.48%（见图4－20）。其中，由于全球经济的下行风险不断增加以及化学纤维材料的替代效应，使得最大的棉花消费国——中国和印度在2011/2012年度的消费量累计下滑220万包，两个国家的需求降幅分别达到2.17%和5.80%。不过，中国的棉花需求降幅和2010/2011年度相比有所缩窄。

尽管全球棉花需求下滑，但是受到中国官方主导的棉花收储政策影响，中国进口棉花数量大幅上升推动全球棉花出口增长，棉花价格也因此受到支撑。USDA公布的数据显示，预计2011/2012年度

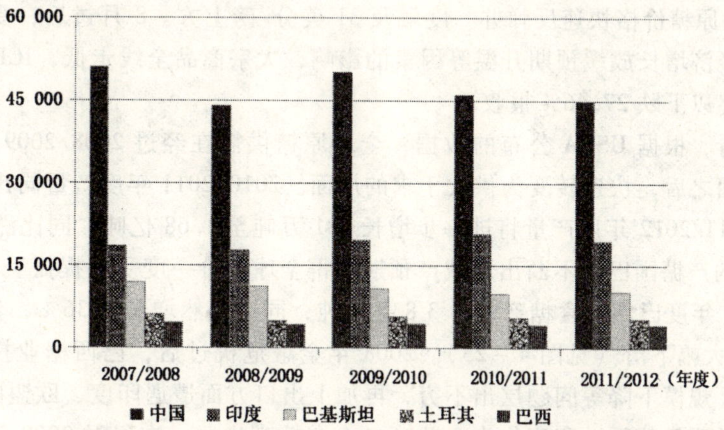

图4－20　2007～2011年全球主要棉花消费国需求量

资料来源：普益财富

中国棉花进口量将达到1 550万包，同比增幅达到29.39%，远远超过2010/2011年度9.87%的增幅（见图4－21）。最近几年中国棉花进口量连年增加，与2008/2009年度相比2011/2012年度的棉花进口量已经增长了1.22倍。从往年来看，10月、11月由于国内新棉集中上市，一般进口数量减少，但2011年进口棉数量却大幅增长，11月进口棉花近38万吨，同比增长达到200%。主要是由于国产棉在政府收储的限价情况下价格居高不下，导致进口棉以低廉的价格大肆入侵国内市场，并且深受纺织企业的青睐。截止到2011年12月1日，2011/2012年度中国签约美棉数量就已达到122.3万吨，高达美棉1/3的产量水平。可见，国内对进口棉的追捧。

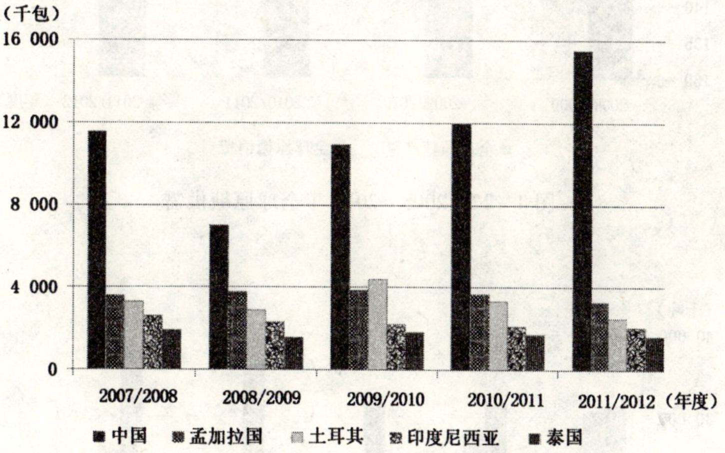

图4－21　2007～2011年全球主要棉花进口国进口量

资料来源：普益财富

（三）白糖

2011年ICE11号原糖期货价格呈现宽幅震荡的格局。最近两年全球食糖产量的快速增加使得食糖供需从供小于求向供大于求快速转换，2011/2012年度的全球食糖产量在2010/2011年度的基础上继续快速增长，而需求增长则相对缓慢，这使得食糖供大于求的矛盾进一步恶化，从根本上致使2011年糖价大幅走低。

2011年糖价走势大体分为三个阶段：1～5月受到食糖主产国巴西提前收榨，中国遭遇霜冻天气等因素影响，ICE原糖期货价格延续2010年年末的涨势继续创出历史高点；但随后受到印度大量出口食糖等利空消息打压，糖价一路走低至20美分/磅附近。6～7月，受到巴西食糖产量预期多次下调等因素带动，ICE原糖价格快速反弹并一度触及31美分/磅上方。8月过后，受到欧元区债务危机快速扩散以及全球经济增长放缓预期升温等因素的影响，大宗商品全线走低，ICE原糖价格同样受到拖累快速回落，最终以下跌27.46%报收。

从供需方面来看，根据USDA公布的数据，全球原糖供需在经过2008/2009、2009/2010两个年度的供小于求的局面之后，快速转变为供大于求的局面。2010/2011年度产量同比大幅增长5.04%至1.61亿吨，预计2011/2012年度产量将进一步增长681万吨至1.68亿吨，同比涨幅为4.21%（见图4－22）。全球最大的产糖国巴西不断出现减产预期使得全球糖价一度受到提振。USDA公布的数据显示，预计2011/2012年度巴西的食糖产量为3 835万吨，同比仍然增长5.36%，但和2010/2011年度14.29%的增幅相比大幅下滑（见图4－23）。2008年金融危机过后，巴西糖业投资减少使得甘蔗品种老化以及新建糖厂规模下降等问题层出不穷，再加上出口方面遭遇印度、欧盟的挤占，使得巴西食糖产量和出口量增长明显放缓。印度作为全球第二大食糖产出国，在经过2008年的金融危机后尽管食糖产量一度大幅锐减44%，但最近几年产量逐渐进入恢复性上升的阶段，预计2011/2012年度印度食糖产量将达到2 665万吨，继续保持最近两年以来高达29%以上的同比增速。

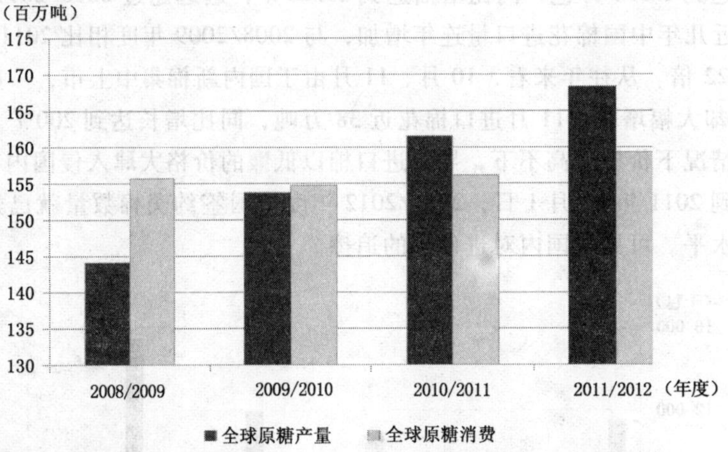

图4－22　2008～2011年全球原糖供需

资料来源：普益财富

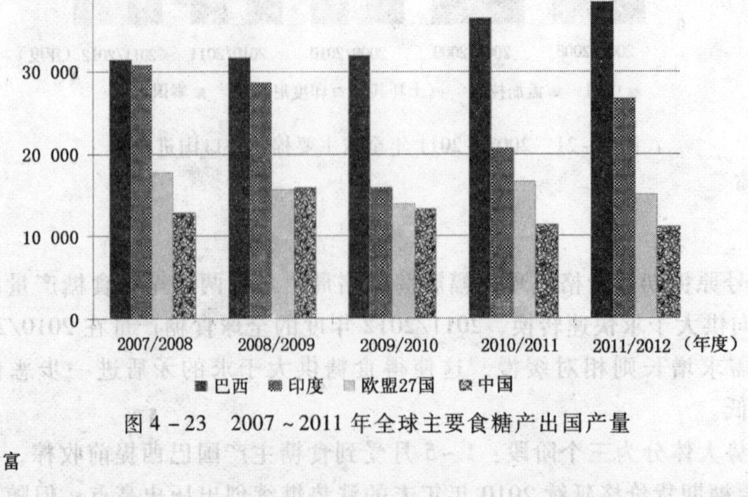

图4－23　2007～2011年全球主要食糖产出国产量

资料来源：普益财富

从出口方面来看，由于产量增长放缓以及其他国家出口挤占，预计巴西2011/2012年度食糖出口将下滑7.75%至2 380万吨（见图4-24）。泰国近两年来蔗糖产量大幅增加使其一跃成为仅次于巴西的第二大原糖出口国，而且在2011年泰国发生的严重洪灾并未对甘蔗产量造成太大影响。据泰国官方初步判断只有2%~3%的甘蔗受到洪灾的冲击，因此，泰国食糖产量的情况仍然相当乐观。不过USDA预计，2011/2012年度泰国蔗糖产量为1 017万吨，同比增长5.25%，与2010/2011年度39.44%的增幅相比大幅减少，2011/2012年度蔗糖出口量将达到870万吨，同比增长17.57%。

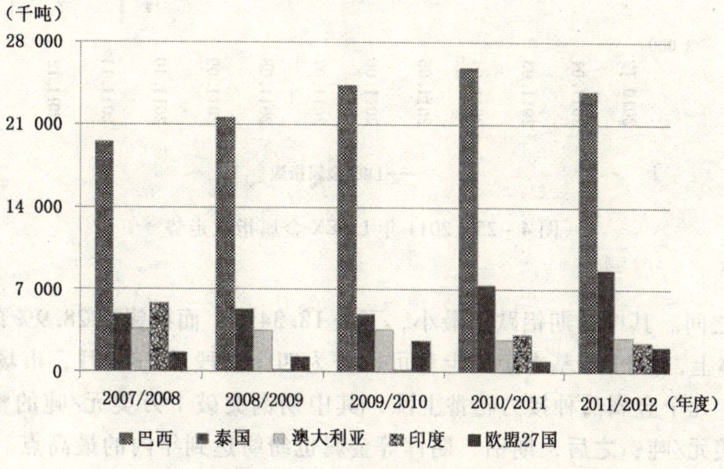

图4-24 2007~2011年全球主要食糖出口国出口量

资料来源：普益财富

三、2012年农产品市场展望

尽管欧元区债务危机在2011年年末有进一步恶化的迹象，并且在2012年仍然面临多个国家大量债务到期产生的再融资挑战，但是农产品市场在2011年年末表现仍然稳健。2012年的挑战来自于全球经济增长进一步下滑的预期对农产品市场供需的进一步影响，欧洲经济增长的放缓对需求的抑制使得部分农产品供需不平衡的情况可能进一步恶化，可能使得部分农产品将继续维持供小于求的局面，未来价格有望走高；反之，另一部分农产品则可能走低。2012年白糖由于供大于求的现状很难在短期缓解，价格难改向下趋势，重心将回落。棉花目前产量增加，再加上需求低迷，且2012年经济复苏前景不明，价格将难有起色，只能靠国储托底。另外，大豆尽管供需整体保持平衡，但仍然受制于宏观经济及大宗商品整体走势，考虑到南美气候存在变数，所以其价格箱体震荡趋弱的概率较大。

第四节 基本金属与贵金属市场

一、2011年基本金属市场回顾

2011年，基本金属在经历2010年的全线上涨后大幅回落，衡量主要基本金属价格整体走势的LMEX金属价格指数全年下跌21.53%（见图4-25）。在2010年的上涨行情中，各主要基本金属走势分化明显，但在2011年的下跌行情中，所有基本金属的跌势却大同小异，体现出在欧元区债务危机、全球经济增速放缓等系统性风险的作用下，基本金属难以独善其身。

伦敦金属交易所（London Metal Exchange，LME）3个月交割的6种主要基本金属2011年的跌幅

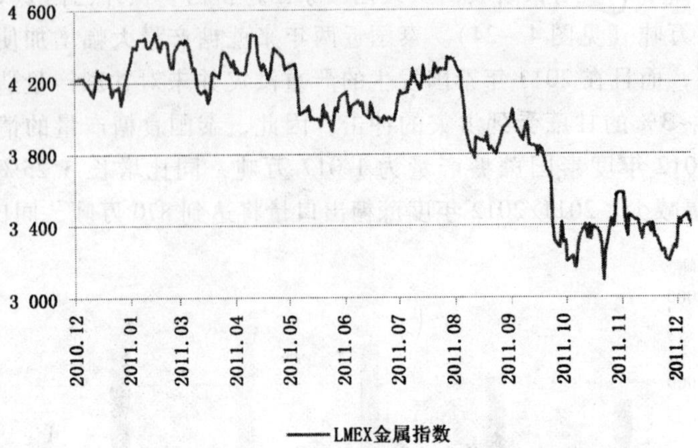

图 4－25 2011 年 LMEX 金属指数走势

资料来源：普益财富

均位于18%～30%之间。其中，期铝跌幅最小，下跌18.34%；而期锡以28.9%的跌幅排名跌幅第一（见图4－26）。整体上，2011年基本金属走势可以分为四个阶段。1～4月，市场在年初延续了2010年年末的上涨行情，几个金属品种接力轮番上涨，其中期铜突破1万美元/吨的整数大关，创下了历史新高——10 190美元/吨；之后，期铝、期锌等金属也纷纷达到年内的最高点。5～7月，欧元区和中国如期加息，评级机构下调美国主权信用评级，欧债问题也进一步恶化；同时，金属库存持续增加，基本金属急速下挫后陷入震荡。8～10月，欧洲债务危机进一步蔓延，美国债务问题牵动市场神经，全球经济放缓忧虑进一步升温，全球股市大跌，基本金属跟随大宗商品一起大幅下挫。10月后，欧洲致力于商讨解决债务危机的方案，欧洲金融稳定基金（EFSF）扩容通过，救助方案达成一致，金属随之展开反弹。但欧盟峰会方案的实质性进展受到较大质疑；同时，日本干预汇市，澳大利亚、欧洲各国相继下调利率，美元大幅走强，金属陷入弱势震荡的格局（见图4－27）。

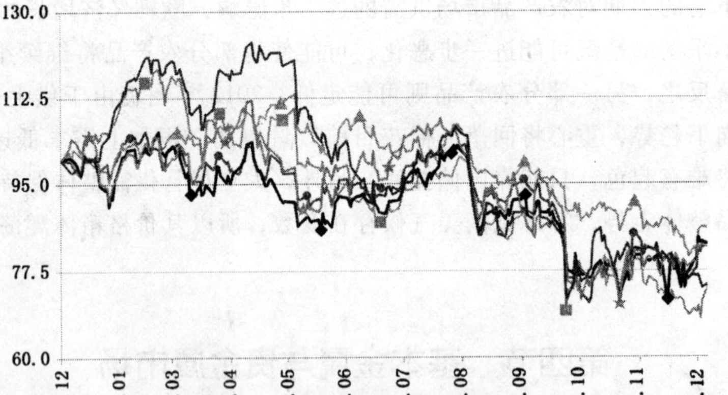

图 4－26 2011 年 LME 主要基本金属走势（以 2010 年 12 月 31 日收盘价为基期 100）

资料来源：普益财富

二、市场分析

（一）铜

2011年全球铜矿产量在年初较为平稳，5～7月呈现明显增长态势，8月后增长开始放缓但仍表

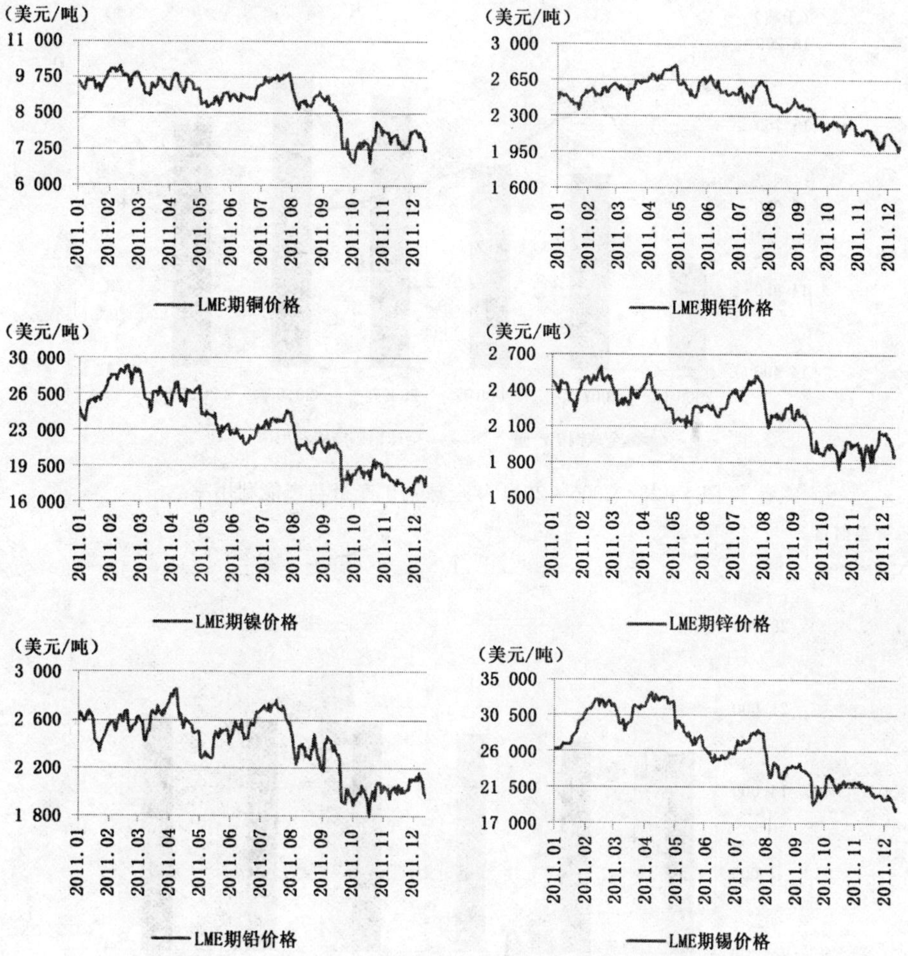

图 4－27　2011 年 LME 主要基本金属走势

资料来源：普益财富

现为正增长。国际铜研究小组（International Copper Study Group，ICSG）12 月公布的数据显示，2011 年 1～9 月全球累计铜矿产量 1 180.5 万吨，较 2010 年同期仅增长 0.3%，折合年产量为 1 574 万吨，同比下滑 1.56%（见图 4－28）。相较于 2010 年而言，2011 年铜矿产量偏紧令铜矿供应出现下滑，这很大程度上同全球性的矿石品位降低、矿工罢工有关。全球最大的几个铜矿，劳资双方争执不断，严重影响生产。2010 年 7 月以来，位于南美智利、秘鲁以及亚洲印度尼西亚的全球主要铜矿产区工人罢工不断。必和必拓旗下全球最大铜矿智利 Escondida 在 7 月底一度宣布遭遇不可抗力，持续两周的罢工造成约 4.2 万吨产出损失；而 Freeport McMoran 铜金矿业集团位于印尼的 Grasberg 铜矿矿工罢工持续 3 个月，造成产能急剧减少，令 Grasberg 铜矿全球产能第二位的地位不保。

ICSG 公布的数据显示，未来全球铜矿供应依然紧张，在 2011 年铜矿产能预计为 2 026.13 万吨，全球精炼铜产能将达到 2 448.53 万吨，过剩冶炼产能从 2010 年的 4 010 万吨进一步扩大至 4 224 万吨（见图 4－29）。自 2008 年以来全球铜矿产能利用率持续下滑，预计 2011 年全球矿山产能利用率将下降至 79%。全球铜矿产能持续增加，建设周期与产量脱节，劳动纠纷、环境保护成本的上升以及经济出现下行风险导致矿山建设停滞等因素都成为产能利用率下降的原因。

精炼铜供需方面，ICSG 的数据显示，2011 年 1～9 月全球精炼铜累计产量 1 458.8 万吨，折合年产量为 1 945.07 万吨，较 2010 年产量增长 2.18%（见图 4－30）。从最近几年精炼铜产量可以看出 2010 年全年精炼铜产量增长迅猛，同比增速达到 4.18%。ICSG 预计，2012 年全球精炼铜产量将达到

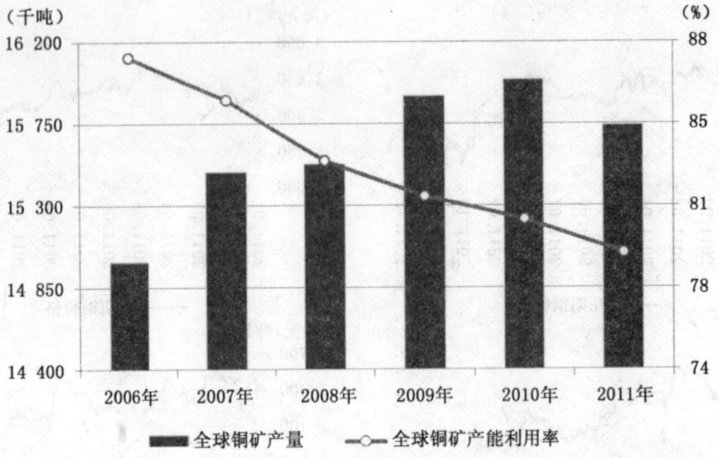

图 4-28　2006~2011 年全球铜矿产量与产能利用率

资料来源：普益财富

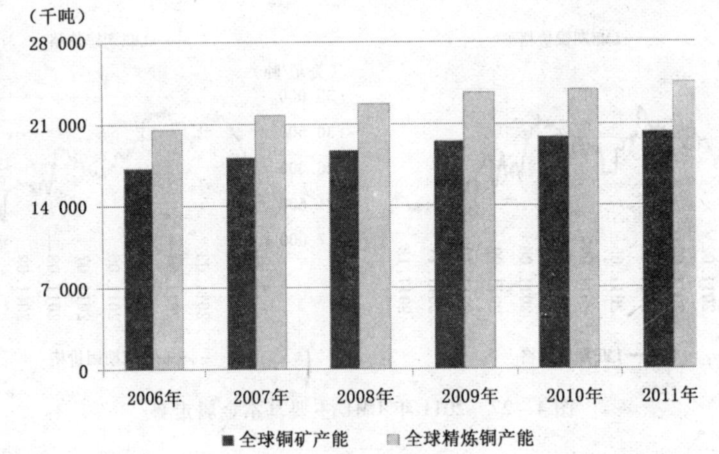

图 4-29　2006~2011 年全球铜矿产能与精炼铜产能

资料来源：普益财富

2 084 万吨，意味着增长率将超过 10%，表明全球精炼铜供应将在未来加速。

需求方面，根据 ICSG 预计，2011 年全球精炼铜用量约 1 967.73 万吨，较 2010 年增长 1.5%，远低于 2010 年 7.06% 的增速；预计 2012 年全球精炼铜的用量约 2 039.2 万吨，较 2011 年略增约 3.36%（见图 4-30）。

（二）锌

国际铅锌研究小组（International Lead and Zinc Study Group，ILZSG）公布的数据显示，全球 2011 年 1~10 月锌矿产量为 1 068.5 万吨，折合年产量为 1 424.67 万吨，同比增长 16.06%，远高于 2010 年 6.19% 的增幅（见图 4-31），这主要是受到中国、印度、墨西哥、哈萨克斯坦以及俄罗斯等国矿产量增加的带动。传统锌矿产出大国——秘鲁和澳大利亚产量则出现了一定的下降。

从 2008 年金融危机开始，全球锌供应局面从供不应求变为供过于求，这种局面一直延续到 2011 年。ILZSG 公布的数据显示，2011 年 1~10 月全球精炼锌产量为 1 082.1 万吨，折合年产量为 1 442.8 万吨，增长 12.50%。需求方面，1~10 月全球精炼锌需求量为 1 051.3 万吨，折合年产量为 1 401.73 万吨，产量过剩 41.07 万吨（见图 4-32）。这意味着 2011 年全球精炼锌供大于求的情况依然没有改变，显示了全球消费市场的疲弱及庞大库存对产量的压制。

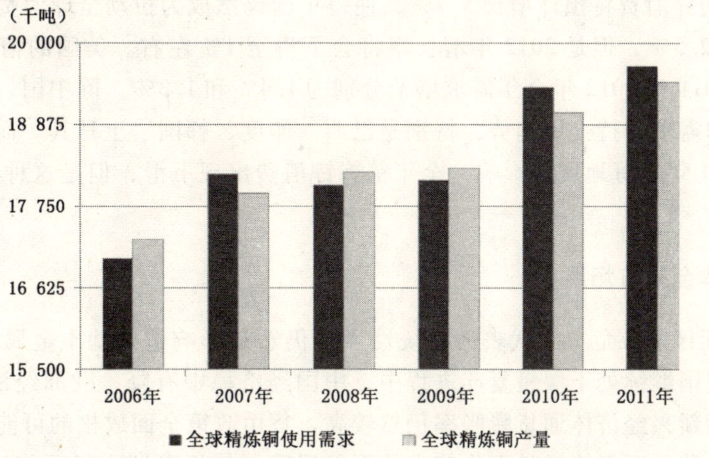

图 4-30　2006~2011 年全球精炼铜产量与使用需求

资料来源：普益财富

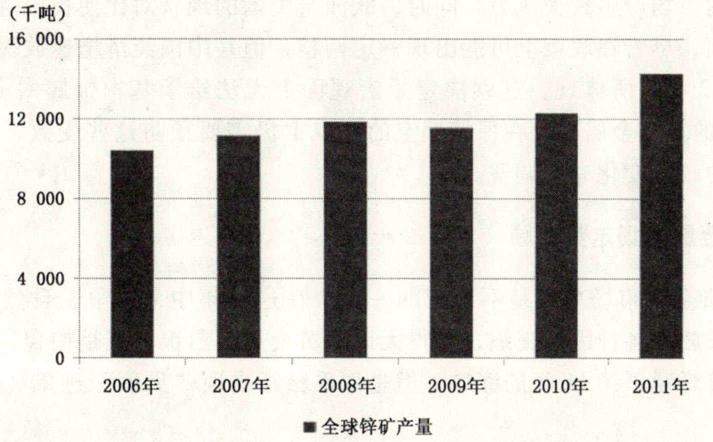

图 4-31　2006~2011 年全球锌矿产量

资料来源：普益财富

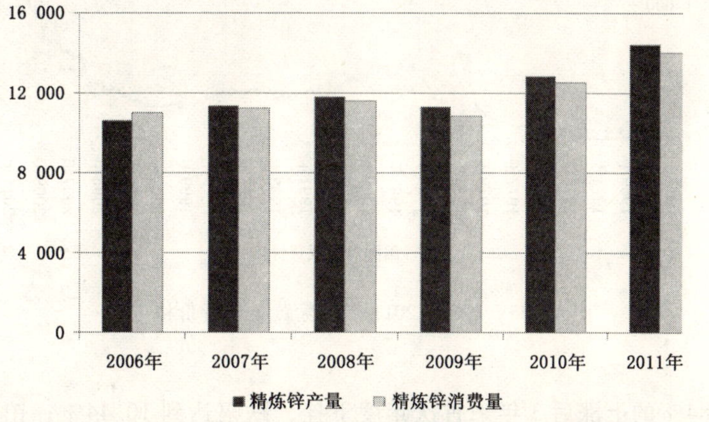

图 4-32　2006~2011 年全球精炼锌产量与消费量

资料来源：普益财富

2012 年，中国的锌消费将预计增长 5.7%，使得中国仍然成为拉动全球消费的主要力量。预计欧洲 2011 年需求增长 2.5%，但是 2012 年增长率将会下滑至 1% 左右。美国的情况也大致相同，维持相对温和的增长，2011 和 2012 年全年需求增长分别为 1.4% 和 1.3%。除中国、欧洲和美国之外，全球其他地方的精炼锌需求保持上涨趋势，特别是巴西、印度、韩国、土耳其。而另一个重要精炼锌消费国日本，由于 2011 年 3 月地震的影响，全年精炼锌消费出现下滑，但是这种下滑势头预计在 2012 年将得到扭转。

三、2012 年基本金属市场展望

2012 年，以欧元区债务危机为代表的系统性风险仍然是影响包括基本金属在内的大宗商品走势的主要因素之一。美国继续处于缓慢复苏进程中，中国经济稳中有降，欧洲经济可能再度陷入衰退。由于以中国为代表的新兴经济体通货膨胀率仍然较高，货币政策全面放松的可能性不大。但是欧美经济增长迟滞，尤其是欧元区经济增长面临较大的下行风险，使得欧洲央行可能进一步放松货币政策，并为市场提供流动性。尽管目前欧元区流动性仍然较为紧张，但存在流动性释放过量的风险可能会对大宗商品价格形成一定支撑。不过，2012 年第 1 季度是欧洲主要国家偿还债务的高峰期，由此导致的不确定性将对金属市场产生较大压力。同时，欧洲与美国的现状对比使投资者抛售欧元买入美元的概率加大。中国方面，尽管在政策上可能出现一定调整，但是中国经济增速放缓、结构调整所带来的短期阵痛可能在 2012 年有所体现，这就决定了宏观面上无法给予基本金属太多的乐观支撑。因此，对于 2012 年上半年的基本金属期价在保持偏空的观点上仍需要预防这些变数，在上下行幅度和节奏判断上要根据相应的政策变化有所调整。

四、2011 年贵金属市场走势回顾

2011 年，对于贵金属市场来说是不平凡的一年。在这一年中，战争、自然灾害、债务危机、政局变动以及经济增长放缓各种因素交织，使得无论是黄金还是白银，或是铂金、钯金等贵金属均走势跌宕，国际金价尽管延续了第 11 年的涨势，但是似乎已经出现“见顶”迹象（见图 4 - 33）；白银价

图 4 - 33　1969 ~2011 年国际黄金现货价格走势

资料来源：普益财富

格在经历 2010 年近 84% 的上涨后 3 年来首次年度下挫，跌幅达到 10.44%；铂金和钯金走势同样低迷。尽管钯金在 2010 年创下高达 96.6% 的涨幅，但是 2011 年却大幅下滑 18.16%；铂金 2011 年回吐了 2010 年的全部涨幅下挫 21.42%。经济增长放缓导致的工业需求下降，以及宽松货币政策结束导致的投资性需求下降，均成为打压白银以及铂族金属的主要原因（见表 4 - 1）。

表4-1　2011年主要贵金属交易品种涨跌一览

贵金属品种	2010年收盘	2011年最高	2011年最低	2011年收盘	年度涨跌	年度涨跌幅
现货黄金（美元/盎司）	1 421	1 920.3	1 307.95	1 564.73	143.95	10.13%
COMEX黄金期货（美元/盎司）	1 421	1 911.6	1 307.7	1 565.80	144.70	10.18%
上海期货交易所黄金期货（元/克）	297	398.68	268.37	319.00	22.00	7.41%
上海黄金交易所Au（T+D）（元/克）	301	395.2	281.1	319.50	18.40	6.11%
上海黄金交易所Ag（T+D）（元/千克）	6 646	10 788	5 980	5 860.00	-786.00	-11.83%
现货白银（美元/盎司）	31	49.83	26.04	27.69	-3.23	-10.44%
现货铂金（美元/盎司）	1 770	1 912	1 339.7	1 391.00	-379.25	-21.42%
现货钯金（美元/盎司）	797	860	535.25	652.50	-144.75	-18.16%

资料来源：普益财富。

国际金价在2011年呈现明显的“前高后低”走势（见图4-34）。在8月之前，国际金价连续两个季度大幅走高。年初发生在埃及的政治动荡进一步扩散到其他阿拉伯世界国家。一些重要原油产地以及运输通道所在国家的政治动荡使得包括原油、黄金在内的大宗商品大幅上扬，第2季度欧洲央行加息25个基点令欧美利差扩大一度令美元大幅下挫，国际金价因此连续上扬并不断刷新记录新高。不过，美联储结束第二轮量化宽松政策推动美元上扬令金价涨势放缓。7月，美国面临债务到期急需提高债务上限的谈判问题令投资者抛售美元。来自欧元区和美国的担忧促使相当部分的投资者涌入黄金市场进行避险，进而在7月连续推高金价。8月过后，国际金价在连续上涨7周后触及1 920.3美元/盎司的记录高点，但随后出现大跌。此前的过快上涨引发的获利了结令金价出现剧烈波动。由于市场对美联储实施量化宽松政策的预期降温，再加上芝加哥商业交易所集团提高黄金、白银等商品期货保证金，使得投资者和机构大规模获利了结。

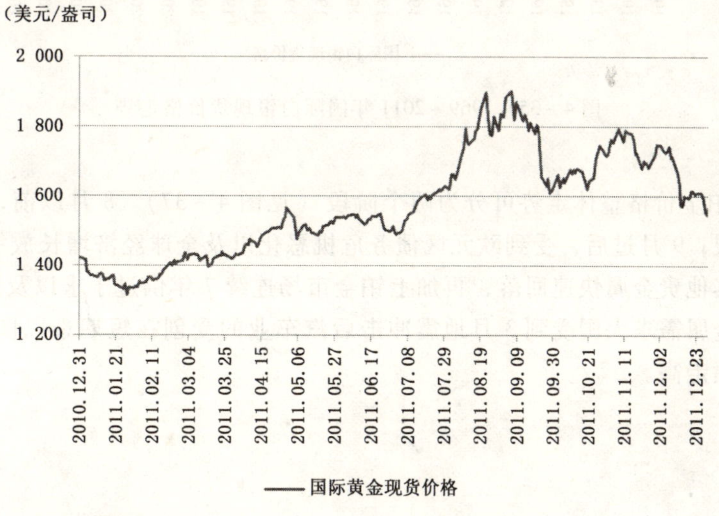

图4-34　2011年国际黄金现货价格走势

资料来源：普益财富

9月开始，对全球经济可能陷入第二次衰退的预期快速扩大令投资者纷纷逃离新兴市场，同时抛售股票、商品等高风险资产，包括贵金属在内的大宗商品全线下挫。尽管第4季度国际金价一度受到欧盟峰会达成有关欧元区债务危机解决协议，以及意大利、西班牙等国可能出现债务违约等因素的带动而走高，但市场流动性下降使得包括纽约商品交易所（COMEX）黄金期货市场的活跃性下降至两年来最低点，全球最大的黄金 ETF 持仓首次出现年度下降，再加上欧元区债务危机持续未能得到解决使得美元兑主要货币大幅上扬。这些都成为年末金价下跌的原因。

2011 年，国际白银价格从 50 美元/盎司的历史高位快速回落至 30 美元/盎司附近（见图 4 – 35），并且和黄金的相关性明显减弱，二者走出了几乎完全不一样的走势。主要原因就在于白银作为具有广泛工业用途的贵金属很容易受到经济增长放缓的影响，再加上白银市场规模较小，价格低廉导致投资门槛较低，使得白银市场投机氛围浓厚，因而很容易受到资金层面的影响。纵观 2011 年白银走势，5 月和 9 月出现的大跌都和市场资金层面密切相关（见图 4 – 36）。5 月，芝加哥商业交易所集团（CME）在不到两周内四次上调白银期货合约交易的保证金要求，促使投资者和机构纷纷平仓离场，包括索罗斯在内的金融大鳄也大举抛出黄金和白银头寸从而令恐慌情绪迅速蔓延至整个商品市场。当月，白银现货从 50 美元/盎司的历史高点附近回落至 40 美元/盎司附近，跌幅高达 20%。9 月，CME 再度上调黄金、铜和白银期货保证金要求，使得受到全球经济放缓预期升温而遭到大幅抛售的贵金属压力进一步增加，国际白银价格当月跌幅超过 28%，创下 30 年来单月最大跌幅，最终全年以 10.44% 的跌幅报收。

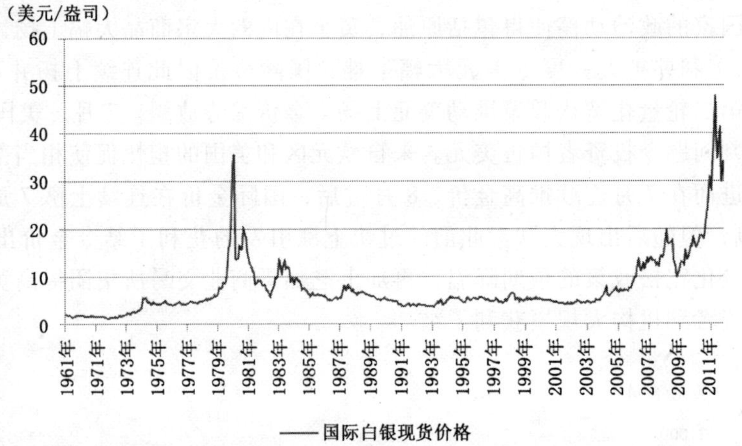

图 4 – 35 1969 ~2011 年国际白银现货价格走势

资料来源：普益财富

2011 年，国际铂金价格整体走势可分为两个阶段（见图 4 – 37）。8 月以前，铂金价格呈现箱体震荡走势，波动有限；9 月过后，受到欧元区债务危机恶化以及全球经济增长放缓预期快速升温等因素影响，铂金跟随其他贵金属快速回落，再加上铂金市场连续 7 年供过于求以及汽车业需求不振，特别是日本作为铂族金属需求大国受到 3 月地震冲击后汽车业的受创在短期难以恢复，使得 2012 年铂金价格可能无法大幅走高。

五、市场分析

（一）黄金

世界黄金协会（World Gold Council，WGC）公布的数据显示，2011 年前 3 个季度，全球黄金需求总量为 2 965.6 吨，与 2010 年同期的 2 981.3 吨相比减少 0.53%（见图 4 – 38）。整体来看，2011 年前 3 个季度珠宝需求和工业需求与 2010 年同期基本持平，而投资需求减少了 1.57% 至 1 155.7 吨，其中 ETF 及类似产品的投资需求锐减 80.54%，成为拖累投资需求以及总需求的主要原因。

尽管 2011 年黄金价格连续创出新高，但是在经过最近几年高价的“洗礼”后，全球黄金珠宝需

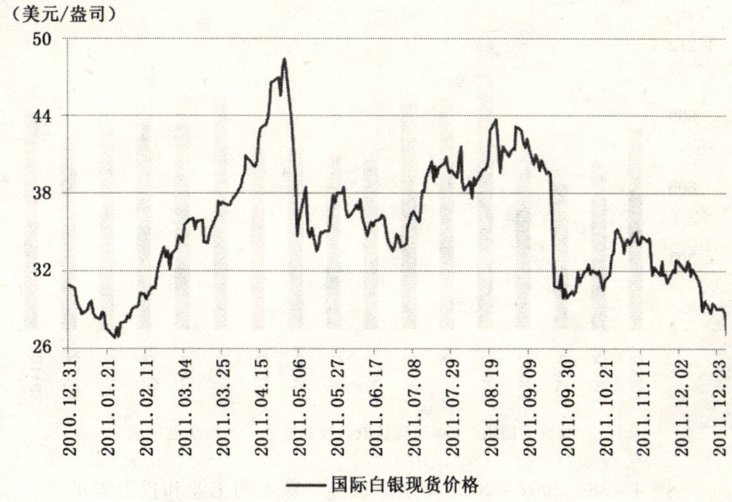

图4-36 2011年国际白银现货价格走势

资料来源：普益财富

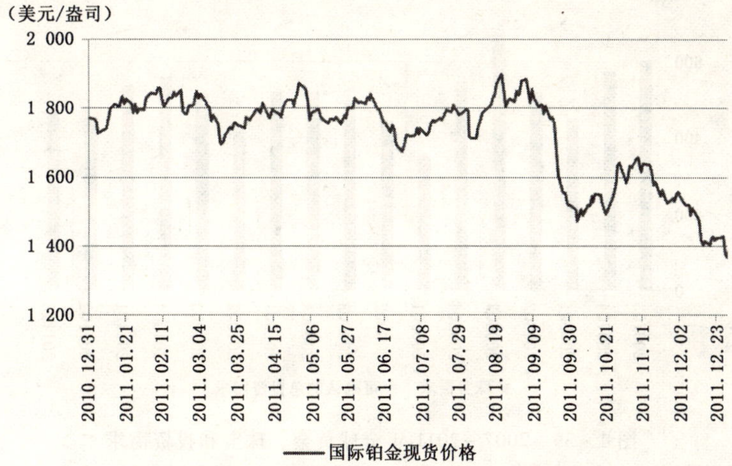

图4-37 2011年国际铂金现货价格走势

资料来源：普益财富

求仍然坚挺。世界黄金协会公布的数据显示，2011年前3个季度全球黄金珠宝需求累计达到1 456.9吨，与2010年同期相比几乎持平（见图4-39）。不过，与2009、2008年同期相比仍然分别下降了11.24%和20.38%。

中国和印度仍然是全球黄金珠宝需求的“领头羊”，2011年前3个季度两个国家的累计黄金珠宝需求为848.1吨，占到全球总黄金珠宝需求的58.16%（见图4-40）。不过，印度作为全球最大的黄金珠宝需求国，尽管在前3个季度总需求达到471.3吨，但同比下滑近0.2%。其中第2、第3季度需求量均异常疲弱，印度国内接近10%的通货膨胀率以及印度卢比兑美元大幅贬值等因素均成为压制印度黄金珠宝消费的主要原因。中国黄金珠宝消费表现坚挺，前3个季度黄金珠宝需求累计达到376.8吨，同比大增16.69%。国内中小城市的不断发展使得黄金珠宝零售商的网络进一步延伸，再加上居民收入水平的不断提高使得中国黄金珠宝需求稳步增长。2011年第3季度，中国已经超过印度成为全球黄金珠宝需求的最大市场，当季需求占到全球总需求的28.14%。

投资需求方面，WGC公布的数据显示，2011年前3个季度全球可确认的黄金投资需求为1 155.7

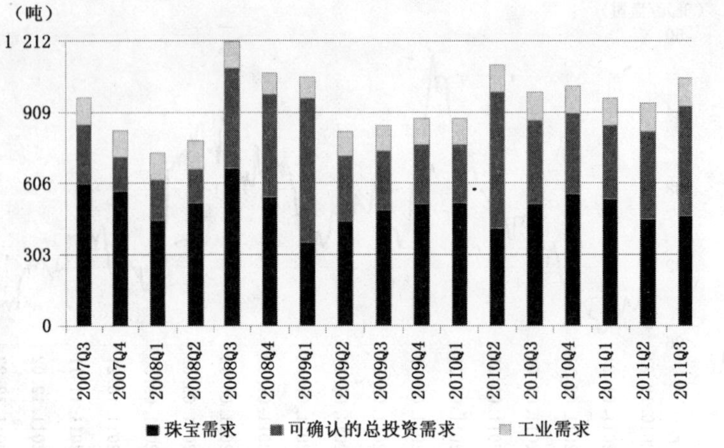

图4－38　2007～2011年全球黄金、珠宝的工业和投资需求

资料来源：普益财富

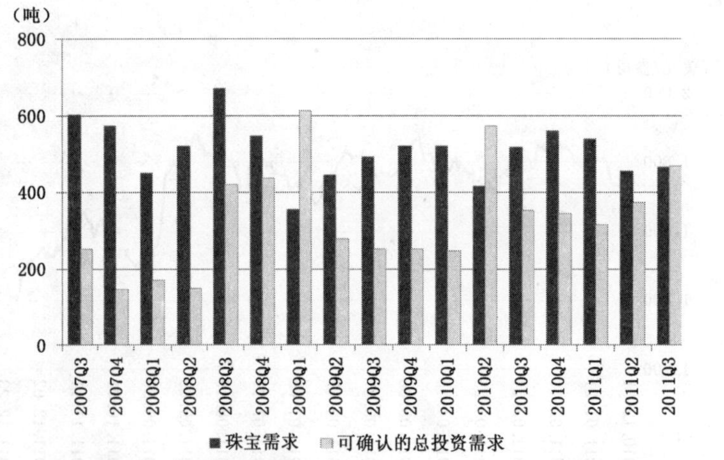

图4－39　2007～2011年全球黄金、珠宝和投资需求

资料来源：普益财富

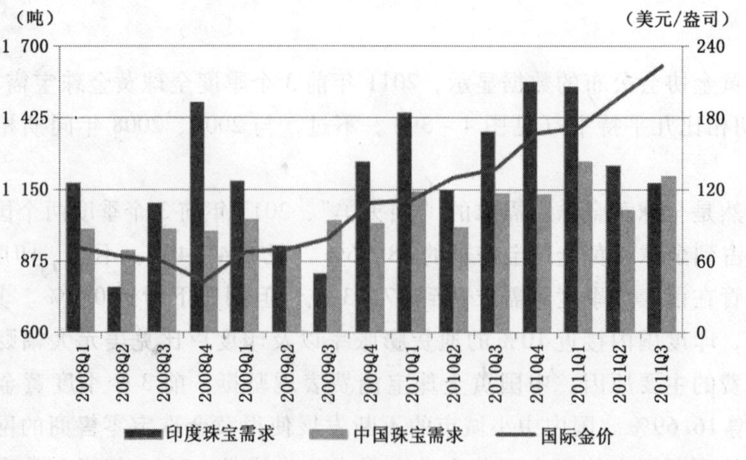

图4－40　2008～2011年中国、印度黄金珠宝需求和国际黄金现货价格

资料来源：普益财富

万吨，与2010年同期相比下降1.57%（见图4-41）。其中，ETF及类似产品的投资需求大减278.2吨至67.2吨，全球最大的黄金ETF——SPDR GOLD的黄金持仓全年减少26.15吨至1 254.57吨（见图4-42），表明在经过2010年第2季度因欧元区债务危机带动的避险买盘急速增加后，投资者在2011年危机淡化时期（如2011年第1季度）开始进行获利了结，尽管第3、第4季度欧元区债务危机卷土重来一度推动黄金ETF持仓再度增加，但仍然未能抵消第1季度的降幅。实物金条和金币需求在2011年前3个季度达到1 088.4吨，同比大增31.36%。该部分黄金需求的增加在很大程度上抵消了ETF投资需求的锐减，令总需求不至于大幅下挫。

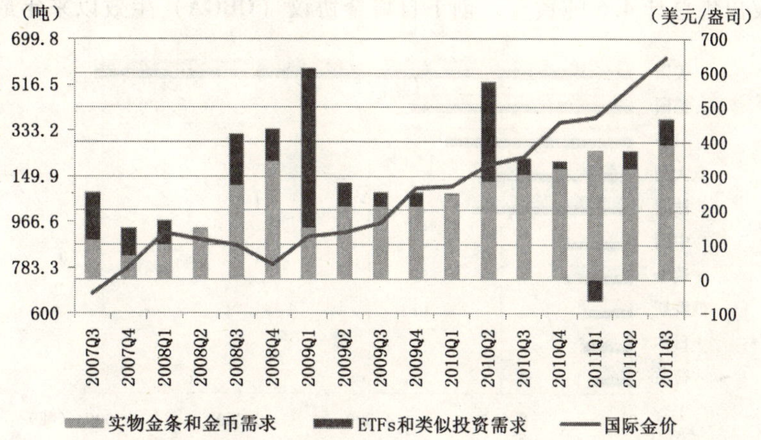

图4-41　2007~2011年全球实物黄金、ETF投资需求和国际黄金现货价格

资料来源：普益财富

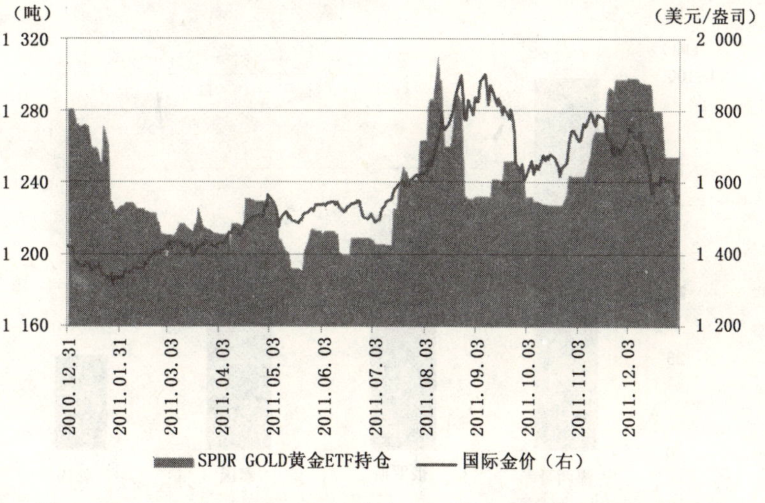

图4-42　2011年SPDR GOLD黄金ETF持仓和国际黄金现货价格

资料来源：普益财富

2008年金融危机爆发后，全球各国央行减持黄金储备的步伐急速放缓（见图4-43），2011年全球央行继续成为黄金的净买入者。WGC公布的数据显示，2011年全球央行黄金储备持有量累计增加249.03吨。不少央行，尤其是亚洲和其他新兴市场地区央行一直在重新平衡外汇储备投资比例。在过去数年间，亚洲地区央行积累了大量外汇储备，眼下黄金成了重新平衡储备的良好资产。泰国、俄罗斯和墨西哥等国的央行逐渐增加黄金储备。数据显示（见图4-44），2011年墨西哥黄金储备增加99.16吨至106.3吨，泰国央行黄金储备增加52.88吨至152.4吨。俄罗斯央行2011年已经购买了62.76吨黄金。俄罗斯央行此前曾表示，计划每年买入100吨黄金，并提高黄金在该国储备资产中的

比例，以便抵御国际金融市场动荡所带来的影响。截至2011年，俄罗斯黄金储备为851.5吨，全球排名第8。值得注意的是，韩国央行6月至7月从全球市场购入25吨黄金，令该国黄金储备增至39.4吨。这是韩国央行继1998年4月购入黄金以来，时隔13年再次“出手”。韩国在1998年亚洲金融风暴中遭受重创，本币贬值、外汇流失、外债攀升。不少民众捐出黄金制品，帮助国家换取外汇，以渡过难关。该国官员表示，作为一种安全保障措施，买入黄金有助于韩国应对瞬息万变的全球金融市场，有助于提升投资者在危机时期对韩国的信心。2011年，第三个《欧洲央行售金协议（Central Bank Gold Agreement，CGBA）》的第三年已经结束了。在该协议年内（即2010年9月～2011年9月）协议国仅出售总计4.6吨黄金，创下自售金协议（CBGA）生效以来年最低出售水平。

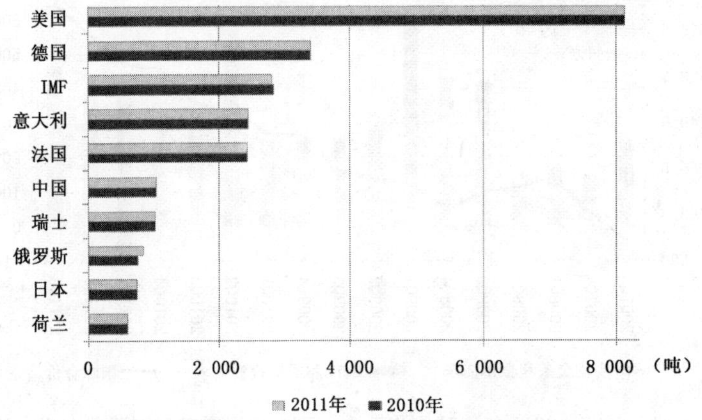

图4－43　2011年全球黄金储备排名前10位国家一览

资料来源：普益财富

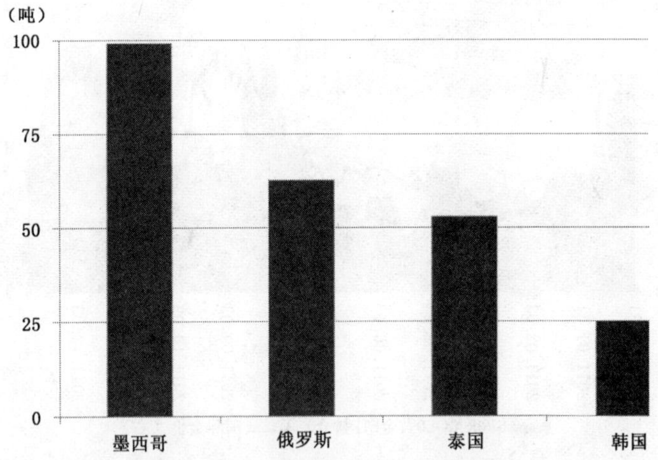

图4－44　2011年全球黄金储备增加最多的国家一览

资料来源：普益财富

（二）白银

黄金矿业服务公司（Gold Fields Mineral Services，GFMS）公布的数据显示，2010年全球白银总需求达到3.29万吨，同比增长14.60%，创下近10年来的新高（见图4－45）。其中，投资需求达到5 536.42吨，同比大幅增长47.47%。以ETF为代表的投资需求在金融危机之后快速增长，成为推动白银价格上升的主要动力之一。不过，预计2011年白银投资需求，特别是ETF需求可能下滑，全球最大的白银ETF——ishare silver白银ETF在2011年的持仓累计减少1 315.78吨至9 605.79吨。这是该ETF自2006年成立5年以来首次出现年度持仓下滑的情况（见图4－46）。

另外，银币和小银条的需求不仅在西方市场前景看好，在印度和中国也同样如此。预计 2011 年欧洲零售需求大约增长 10%，超过 1 710.69 吨。美国需求增长可能较为温和，虽然预测的 1 959.92 吨仍旧是纪录高位，但增幅仅为 7%。2011 年印度和中国的需求预计呈现大幅增长，估计印度实物需求将突破 1 399.66 吨，而 2010 年大约在 902 吨左右。中国的小银条和银币需求预计增速为 25%，超过 248.83 吨。

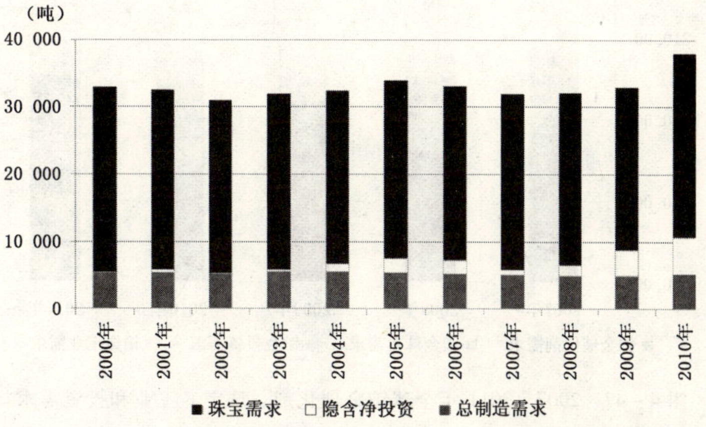

图 4－45　2000～2010 年全球白银珠宝、投资和制造需求

资料来源：普益财富

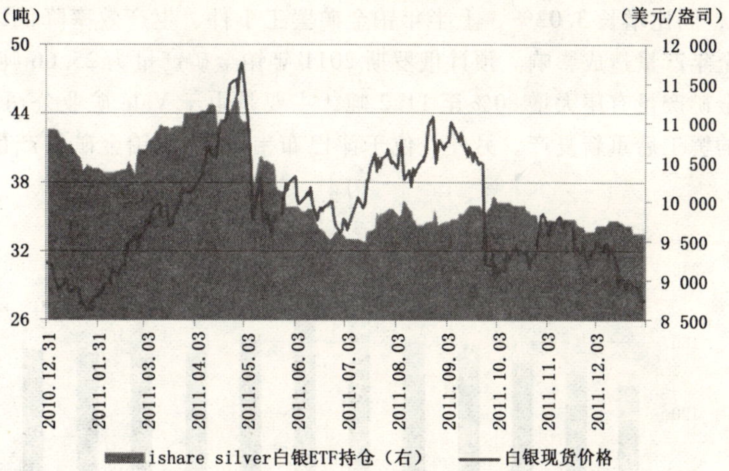

图 4－46　2011 年 ishares silver 白银 ETF 持仓和白银现货价格

资料来源：普益财富

（三）铂金、钯金

2011 年全球铂金需求预计将从 2010 年的 245.33 吨升至 250.76 吨，不过增幅仅为 2.21%，远远逊于 2010 年的 16.34%（见图 4－47）。除了投资需求外，催化剂、珠宝以及工业需求均出现增长，但由于全球经济增长不确定性增加使得汽车业景气度下降，导致铂金催化剂需求增长大幅放缓，从而拖累整体需求。催化剂与贵金属生产商庄信万丰（Johnson Matthey）公布的数据显示，预计 2011 年全球铂金催化剂需求量为 98.07 吨，同比小幅上涨 2.76%，与 2010 年 40.73% 的增幅相比大幅下滑；铂金工业需求受到在建项目与产能扩大的支撑增长 11.68% 至 60.83 吨的历史高点。尽管 2011 年铂金价格大幅下滑，但历来对价格异常敏感的铂金珠宝需求小幅增长 1.86% 至 76.5 吨，中国铂金珠宝需求增长强劲成为支撑全球铂金珠宝需求的主要因素。铂金投资需求预计将在 2011 年下降约 2.44% 至

15.36 吨，铂金价格在前 3 个季度呈现箱体震荡并在第 4 季度大跌成为影响铂金投资需求的主要因素。不过，即使在年末铂金价格大幅走跌的情况下，铂金 ETF 仅遭遇小规模赎回并且持仓持稳在 12 吨附近，表明投资者依然看好铂金后市。

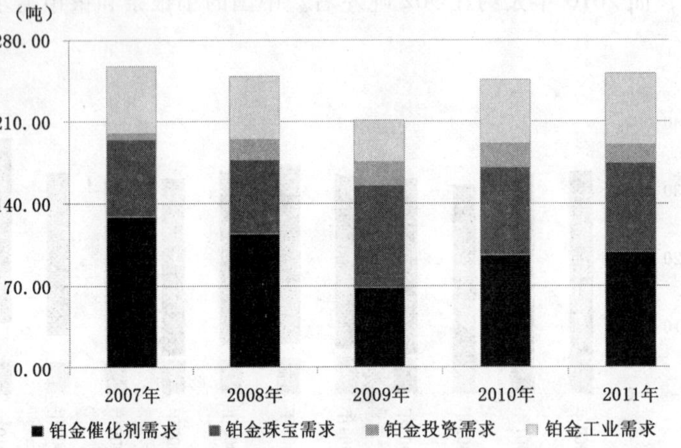

图 4－47　2007～2011 年全球铂金催化剂、珠宝、工业和投资需求

资料来源：普益财富

预计 2011 年全球铂金矿产量将达到 198.91 吨，同比增长 5.7%（见图 4－48），其中北美和津巴布韦铂金产量的增加成为推动铂金矿产量增加的主要因素。全球铂金产量第一的南非预计在 2011 年出产铂金 148.52 吨，同比增长 3.02%，上半年铂金矿罢工事件、生产效率降低以及停产检修企业多于往年等因素均对全年产量造成影响。预计俄罗斯 2011 年铂金矿产量为 25.66 吨左右，与 2010 年基本持平；而北美铂金矿产量有望大增 80% 至 11.2 吨，主要是由于 Vale 矿业公司位于 Sudbury 的铂金矿在经过长达 1 年的罢工后重新复产。另外，位于津巴布韦 Unki 的铂金矿投产也带动全球铂金矿产量增加。

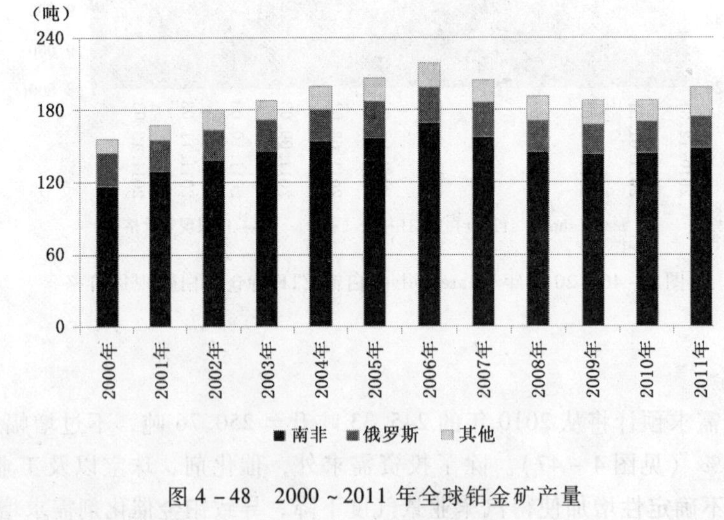

图 4－48　2000～2011 年全球铂金矿产量

资料来源：普益财富

2011 年，全球钯金总需求预计将下滑 8.68% 至 276.51 吨。和铂金一样，投资需求的快速下滑成为拖累整体需求的重要原因（见图 4－49）。庄信万丰的数据显示，预计 2011 年全球钯金投资需求将剧减 80.37% 至 6.69 吨，而 2010 年由于钯金 ETF 成为市场追捧的对象使其超过珠宝需求，成为总需求的第三大组成部分。2011 年 5 月和 9 月，钯金 ETF 的持仓整体呈现下滑走势，由于欧元区以及美

国债务危机、经济增长下滑风险增加等因素使得ETF不断遭遇赎回。另外，在经过2010年接近97%的大幅上涨后不少投资者在2011年选择获利了结也是导致钯金投资需求下滑的原因之一。

2011年，全球钯金催化剂需求受到上半年欧洲、北美以及全球其他国家汽车产量的大幅增加带动，预计将增长6%至183.98吨（见图4-49）。欧洲以钯—铑为主要催化剂的汽油车产量预计将小幅下滑，而柴油车在发展中国家占据更大的市场份额，钯金作为柴油催化剂的需求有望增长12%。尽管中国轻型车的产量在未来可能出现两位数的降幅，但为了生产满足国IV排放标准的轻型汽油车，汽车生产企业的钯金催化剂需求可能出现增加。另外，在经历3月地震后，日本汽车产量大幅下滑使得汽油发动机三效催化剂（Three-way Catalysts，TWCs）采用的钯金需求下降。预计在2012年日本轻型汽车产量有望恢复到灾前水平，届时钯金需求有望继续增加。

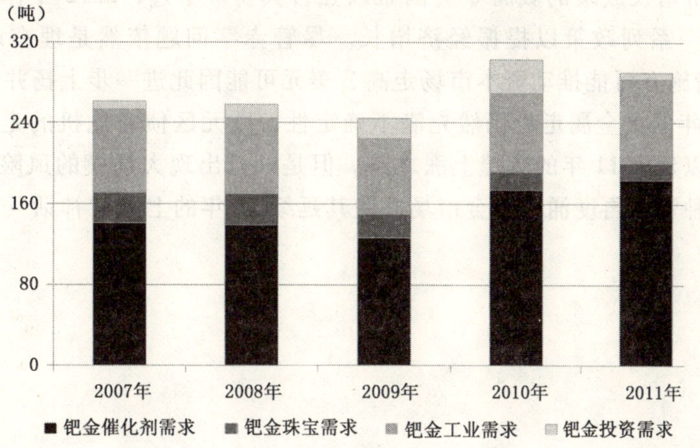

图4-49　2007~2011年全球钯金催化剂、珠宝、工业和投资需求

资料来源：普益财富

2011年全球钯金矿产量预计将增长1.16%至230.79吨（见图4-50）。第二大钯金出产国南非的产量预计为81.18吨，与2010年相比小幅下滑1.14%，矿产商上半年潜在产量下滑是导致产出减少的主要原因。最大钯金产出国俄罗斯矿产量预计将减少7.26%至107.31吨，全球最大的镍和钯金生产商——俄罗斯诺里尔斯克镍公司（Norilsk Nickel）希望增加浸染矿的开采量以弥补高品位矿产量不足的情况，导致俄罗斯钯金产量全年下滑。

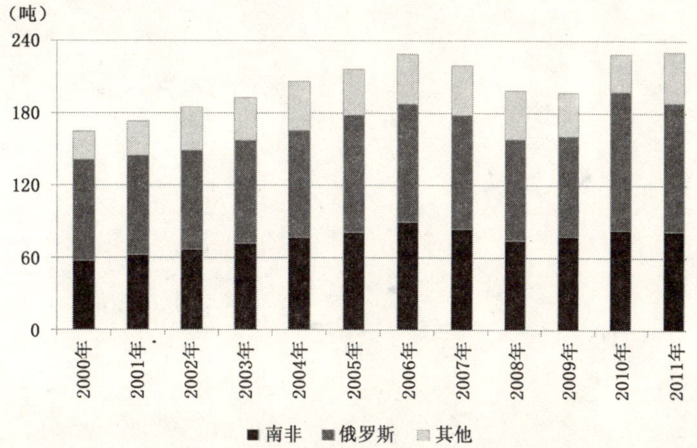

图4-50　2000~2011年全球钯金矿产量分布

资料来源：普益财富

六、2012年贵金属市场展望

展望2012年，欧元区债务危机及美国债务问题将长期困扰金融市场，而其高负债的根源在于赤字和贸易不平衡。为解决赤字实施的财政紧缩将加大经济运行风险。上半年欧元区将有大规模债务到期，欧元区各国银行流动性问题可能更加严重，这可能令贵金属市场在上半年难有起色。不过欧元区国家一旦出现违约的情况，由此带动的避险需求将刺激贵金属反弹。欧盟以及欧洲央行能否出台有效的解决措施帮助欧洲各国渡过难关，将直接影响国际金融市场的后期走向。倘若欧洲央行进一步降低利率并向市场注入流动性将对贵金属形成支撑，但流动性能否满足金融市场的需求依然难以估计。

虽然美国经济数据在2011年有所好转，但经济复苏能否维持在可持续的水平上仍然是未知数，来自全球其他国家经济增长放缓的威胁令美国难以独善其身。不过，2012年作为美国大选年必定会刺激奥巴马政府出台一系列政策以提振经济增长。尽管赤字问题依然是埋在政府脚下的“定时炸弹”，但利好经济的措施有可能推动资本市场走高，美元可能因此进一步上扬并对金价形成压制。

整体来看，2012年的贵金属走势仍然充满不确定性，欧元区债务危机的走向、全球经济增速的放缓都可能令金价难以延续11年的辉煌上涨之路。但是一旦出现大规模的风险事件，避险需求以及流动性充裕可能令各种资金再度涌入黄金市场并使其延续11年的上涨“神话”。

第五章　房地产市场

第一节　2011年房地产市场政策回顾

如果说2010年是中国房地产市场进入全面政策调控的一年，那么2011年就是政策进一步巩固的一年。2011年房地产新政，无论是政策出台频率还是严厉程度均超过2010年，并对2010年出台的相关政策进一步落实和细化，表明政府对房价上涨的担心以及控制房价上涨的决心。

从国务院出台新“国八条”到包括北京、广州等一线城市落实限购政策，从上海、重庆试点开征房产税到限购令进一步扩大至二三线城市，随着调控政策的不断落实以及央行年内3次上调利率、6次上调存款准备金率等紧缩措施不断出台，住宅价格上涨势头得到初步遏制。尽管房地产开发投资整体依然保持约30%的月度同比增速，但包括商品房房屋施工以及新开工面积在内的同比增速出现前高后低的走势，主要城市房屋成交量也出现下滑，政策调控效果开始逐渐显现。

不过，随着外部经济环境快速恶化以及国内通货膨胀逐渐回落，经济增速放缓，房地产行业受到来自宏观经济环境以及政府政策的双重压力，部分地方政府开始在10月中旬出台救市举措。随着年末央行下调金融机构存款准备金率，表明在以“坚持房地产调控政策不动摇，促进房价合理回归，加快普通商品住房建设，扩大有效供给，促进房地产市场健康发展”为主要工作目标的基调下，局部政策逐渐转向松动。

一、国务院新“国八条”和各地限购令

2011年1月26日，国务院常务会议研究部署进一步做好房地产市场调控工作。会议确定了八条政策措施，其中加强税收征管、提高二套房贷首付等差别化信贷政策成为重点。

具体措施有以下八条：(1) 进一步落实地方政府促进房地产市场平稳健康发展的责任。(2) 加大保障性安居工程力度。(3) 调整相关税收政策，加强税收管理。(4) 强化差别化住房信贷政策。(5) 严格住房用地供应管理。(6) 合理引导住房需求。(7) 落实住房保障和稳定房价工作的约谈问责机制。(8) 坚持和强化舆论引导。

从政策的内容来看，本次政策相比2010年10月公布的政策来说更加严厉，具体表现在以下几个方面：

第一，要求地方政府明确调控目标。政策要求2011年各城市人民政府要根据当地经济发展目标、人均可支配收入增长速度和居民住房支付能力，合理确定本地区年度新建住房价格控制目标，并于第1季度向社会公布，这是对政府问责制的进一步明确。这和约谈问责机制结合起来看，表明政府开始采取带有行政干预色彩的手段对市场进行调控。

第二，加大了交易环节的税费。转让购买不足5年的住房，营业税的税基由差额提高至销售收入全额，并且从推广房地产价格评估技术和加强存量房交易税收征管工作两方面加强税收监管。

第三，进一步提高二套房房贷门槛。对贷款购买第二套住房的家庭，首付款比例由50%提高到60%，贷款利率不低于基准利率的1.1倍。

第四，从严落实限购政策。与之前各地方政府单独公布限购令不同，此次是由国务院统一推出限购令，适用城市也进一步明确为各直辖市、省会城市、计划单列市和房价过高、上涨过快的城市，范围在不断扩大。原则上对已有1套住房的当地户籍居民家庭、能够提供当地一定年限纳税证明或社会保险缴纳证明的非当地户籍居民家庭，限购1套住房；对已拥有2套及以上住房的当地户籍居民家庭、拥有1套及以上住房的非当地户籍居民家庭、无法提供一定年限当地纳税证明或社会保险缴纳证明的非当地户籍居民家庭，暂停在本行政区域内向其售房。

在2011年1月26日"国八条"出台后的2个月内，各大中城市纷纷出台落实"国八条"的实施细则，实行"限购令"。截至3月15日，35个大中城市（指直辖市、省会城市和计划单列市，不含拉萨）中，只有重庆、合肥、西宁和呼和浩特4个城市没有出台限购措施（见表5-1）。

表5-1　2011年全国主要城市限购令一览

城　市	限购令概要
北京	对已经拥有1套住房的该市户籍居民家庭，在购买第二套房时按"首付款比例不低于60%、贷款利率不低于基准利率1.1倍"政策执行；已经拥有2套及以上住房的该市户籍居民家庭、拥有1套及以上住房的非该市户籍居民家庭、无法提供该市有效暂住证和连续5年（含）以上在该市缴纳社会保险或个人所得税缴纳证明的非该市户籍居民家庭，均暂停在该市购房。
上海	对已有1套住房的本地户籍居民家庭、能提供自购房之日起算的前2年内在上海累计缴纳1年以上个人所得税缴纳证明或社会保险（城镇社会保险）缴纳证明的非本地户籍居民家庭，限购1套住房（含新建商品住房和二手住房）；拥有2套及以上的该市户籍居民家庭、拥有1套及以上住房的非该市户籍居民家庭以及不能提供相关个税缴纳证明或社会保险缴纳证明的非该市户籍居民家庭，则暂停向其售房。
广州	广州十区户籍家庭和常住的非户籍家庭只能购买1套商品住宅，非常住的外地家庭（不提供在该市1年以上的纳税证明和社保证明）以及未满18岁的人士不可以在该市购买商品住房，境外机构和个人住房严格按照住房和城乡建设部等部门2006年171号文有关的政策执行。
深圳	户籍居民家庭限购2套房，非户籍居民家庭限购1套房。
天津	对已拥有1套住房的该市户籍居民家庭（成员范围包括购房人、配偶以及未满18周岁的未成年子女，下同）、能够提供在该市累计1年缴纳个人所得税证明或社会保险缴纳证明的非该市户籍居民家庭，限购1套住房（含新建商品住房和二手住房）；对已拥有2套及以上住房的该市户籍居民家庭、拥有1套及以上住房的非该市户籍居民家庭、无法提供在该市累计1年缴纳个人所得税证明或社会保险缴纳证明的非该市户籍居民家庭，要暂停向其售房。违反规定购房的，不予办理房地产登记。
杭州	暂定在该市已拥有1套住房的该市户籍居民家庭、能提供自购房之日起算的前2年内在该市累计缴纳1年以上个人所得税缴纳证明或社会保险（城镇社会保险）缴纳证明的非该市户籍居民家庭，限购1套住房（含新建商品住房和二手住房）；对在该市已拥有2套及以上住房的该市户籍居民家庭、拥有1套及以上住房的非该市户籍居民家庭、不能提供2年内在该市累计缴纳1年以上个人所得税缴纳证明或社会保险（城镇社会保险）缴纳证明的非该市户籍居民家庭，暂停在该市向其售房。违反规定购房的，不予办理房地产登记手续。
南京	对已拥有2套及以上住房的该市户籍居民家庭，暂停在南京市区内向其销售住房，拥有1套及以上住房的非南京户籍居民家庭，暂停在南京市区内向其销售住房，无法提供1年以上（含1年）南京纳税证明或社会保险缴纳证明的非南京户籍居民家庭，暂停在南京市区内向其销售住房。"限购令"范围为市区，高淳县、溧水县并不受"限购令"限制。

续表

城　市	限购令概要
成都	在成都市主城区暂时实行住房限购政策。成都市户籍居民家庭在主城区已拥有1套住房的，可以再购买第2套住房（含新建商品住房和二手住房，下同），暂停购买第3套住房；外地户籍居民家庭在成都市主城区无住房的，可凭该市纳税证明或1年以上社会保险缴纳证明在该市主城区购买1套住房，暂停购买第2套住房；不能提供该市纳税证明或1年以上社会保险缴纳证明的外地户籍居民家庭，暂停在该市主城区购买住房。
沈阳	在该市二环区域内暂时实行限购政策。对已拥有1套住房的该市户籍居民家庭（含购房人、配偶及未成年子女）、能够提供在该市1年以上纳税证明或社会保险缴纳证明的非该市户籍居民家庭，限购1套住房；对已拥有2套及以上住房的该市户籍居民家庭、拥有1套及以上住房的非该市户籍居民家庭、无法提供在该市1年以上纳税证明或社会保险缴纳证明的非该市户籍居民家庭，暂停在二环区域内向其售房。
宁波	对已有1套住房的该市户籍居民家庭、能提供自购房之日起算的前2年内在该市累计缴纳1年以上个人所得税证明或社会保险缴纳证明的在该市无房的非该市户籍居民家庭，暂定限购1套住房（含新建商品住房和二手住房）。对已拥有2套及以上住房的当地户籍居民家庭、拥有1套及以上住房的非宁波户籍居民家庭、不能提供2年内在该市累计缴纳1年以上个人所得税证明或社会保险缴纳证明的非宁波市户籍居民家庭，暂停在该市向其售房。
福州	福州市居民同一购房家庭（包括购房人、配偶及未成年子女），只能在该市五城区新购买1套商品住房；对于能够提供在该市行政区域内1年以上纳税证明或社会保险缴纳证明的非该市户籍居民家庭，只能在该市五城区购买1套商品住房。对贷款购买商品住房，首付款比例调整到30%及以上；对贷款购买第2套住房的家庭，严格执行首付款比例不低于50%、贷款利率不低于基准利率1.1倍的规定。对居民家庭购买第3套及以上住房和不能提供1年以上纳税或社保证明的非本地居民暂停发放购房贷款，严禁消费性贷款用于购买住房。
厦门	对已拥有2套及以上住房的厦门市户籍居民家庭、拥有1套及以上住房的非该市户籍居民家庭、无法提供自购房之日起算的前2年内在该市累计缴纳1年以上个人所得税缴纳证明或社会保险缴纳证明的非该市户籍居民家庭，暂停在本行政区域内向其售房；对已拥有1套住房的厦门该市户籍居民家庭、能够提供自购房之日起算的前2年内在该市累计缴纳1年以上个人所得税缴纳证明或社会保险缴纳证明的非该市户籍居民家庭，限购1套住房（含新建商品住房和二手住房）。

资料来源：普益财富整理。

调控措施出台后，尽管各地住宅价格整体没有出现较大下滑，但是上涨势头已经得到明显抑制；同时，成交量显著下降，2011年1~11月一二线城市新房和二手房住宅成交面积与2010年同期相比均出现一定程度的下滑，并且从第3季度出现降幅进一步扩大的趋势，往年“金九银十”的火热购房季节在2011年变得分外冷清。

房地产市场从第3季度开始迅速降温与限购令范围进一步扩大不无关系。2011年7月12号召开的国务院常务会议研究部署加强调控房地产市场的措施；7月18日，对于一些二三线城市和中小城市房价过快上涨的情况，住房和城乡建设部调查分析其成因，并据此草拟新一轮的限购城市名单。由此限购令的范围扩大到地级县级城市，限购城市进一步扩大至近50个。

二、房产税试点正式启动

国务院“国八条”发布次日，重庆市市长黄奇帆发出市长令，宣布重庆市定于2011年1月28日正式启动房产税征收改革试点工作；同日，上海市人民政府印发了《上海市开展对部分个人住房征收房产税试点的暂行办法》的通知，要求1月28日起将开展对部分个人住房征收房产税的试点。两个城市同时启动标志着房产税征收改革试点正式拉开序幕（见表5-2）。

表5－2 **2011年重庆市、上海市房产税征收细则一览**

	重庆市			上海市	
征税对象	重庆市九城区新购及原有独栋别墅	重庆市九城区新购高档住房	重庆市九城区无户籍、无工作、无企业人员新购的第二套及以上普通住房	全上海市本市家庭新购第二套及以上住房	全上海市非本市居民在该市新购住房
征税税率	成交均价（P）	税率（r,%）	统一按0.50%征收	成交均价（P）	税率（r,%）
	小于1.5万元/平方米	0.50		小于4.5万元/平方米	0.40
	1.5～2.0万元/平方米	1.00		大于4.5万元/平方米	0.60
	大于2万元/平方米	1.20			
免征部分	房屋面积（M）小于180平方米的部分	房屋面积小于100平方米的部分	0	人均住房面积小于60平方米的部分	
缴税额计算	（M－180）·P·r	（M－100）·P·r	M·P·r	（M－60×家庭成员个数）×P×70%×r 若（M－60×家庭成员个数）小于0则免征	
缴纳方式	按年计征，过户时一并收取当年税费			按年计征，缴清税费方可过户	

资料来源：普益财富整理。

从上海、重庆两地房产税征收的特点来看，首先，征税对象合理。上海仅对本市居民超出第2套及以上的房屋征税，对非本市居民的征税也存在免征部分，鼓励居民购买小户型；重庆的征税对象则主要是高档房与投机类住房。其次，税率低于国际水平。较窄的范围与较低的税率可减轻社会阻力，便于该税种顺利落地推广，预计房产税的税基、税率将日渐深化，逐渐成为地税的主体税种。再次，计税依据有过渡期。上海和重庆都是以评估值为基础计征，技术上具有可操作性。最后，征收管理上，上海的纳税人未按规定期限申报纳税的，由地方税务机关向其追缴税款、滞纳金，并按规定处以罚款；重庆则通过公告、信函、甚至上门告知纳税义务及应该纳税的税额。

三、保障房大规模建设计划落实

2011年，《国民经济和社会发展第十二个五年规划纲要》中提出，未来5年，我国将开工建设3 600万套保障房，2011年和2012年各1 000万套，后3年共1 600万套，“十二五”末使保障房的覆盖率达到20%。根据住房和城乡建设部统计数据，截至2011年10月底，全国保障房已开工1 033万套，超额完成任务（见表5－3）。加上2010年开工的结转项目，2011年实际在建的保障房约达1 500万套。但由于保障房建设的合理工期是两年半左右，2011年的1 000万套能够竣工的数量有限。不过国务院副总理李克强在12月22日全国住房保障会议上明确表示，2011年能够竣工投入使用的保障房将不低于500万套。

表5－3 **2011年各省市保障房已开工数和开工率一览**

省、市、自治区	已开工套数（万套）	开工率（%）
北京	22	>100
天津	26	100
河北	38	>100

续表

省、市、自治区	已开工套数（万套）	开工率（%）
山西	38	>100
内蒙古	41	>100
辽宁	36	>100
吉林	33	>100
黑龙江	87	>100
上海	26	98.99
江苏	39	>100
浙江	21	>100
安徽	43	>100
福建	25	>100
江西	33	>100
山东	36	>100
河南	45	100
湖北	35	>100
湖南	47	>100
广东	32	>100
广西	28	>100
海南	9	>100
重庆	53	>100
四川	39	>100
贵州	24	>100
云南	31	99.68
西藏	2	—
陕西	48	>100
甘肃	19	>100
青海	18	100
宁夏	8	>100
新疆	34	>100
新疆建设兵团	18	100
合　计	1 033	

资料来源：普益财富整理。

2011 年 12 月 22 日在全国住房保障会议上，地方政府签订 2012 年保障房责任书，将 2012 年开工和竣工总量分别定为 700 万和 500 万套以上，并将竣工量也纳入地方政府考核。开工量和此前市场预期的 800 万套相比有所减少，但竣工量纳入考核保障了 2012 年房地产整体投资不至于因新开工量减少而进一步下降。政府调整保障房开工数量一方面在于当前行业调控效果显著，普通商品房价格已经有明显回落；另一方面，在土地市场价格下滑之后，土地出让金减少令地方财政收入下降，后期继续加大保障房建设将给地方财政造成更大压力。因此，从当前形势看，降低保障房开工符合市场发展方向。

会议还指出，2012 年中央、地方政府将加大保障房建设投入，还要通过贷款支持、发行企业债等方式吸引社会资金。不过，当前保障房建设资金存在缺口，成为地方政府建设保障房的最大障碍，再加上地方政府在住房建设方面缺乏经验导致建设成本较高，建设质量、设计等问题频繁发生，表明地方政府在推广保障房建设方面存在很多困难。尽管目前地方政府通过自中央和地方一级的财政划拨、土地出让金净收益、公积金盈余等渠道，筹集了一部分的启动资金用于开工建设，但由于融资渠道仍然有限、融资成本的限制以及公租房模式的不健全，使得保障房建设仍然存在较为明显的资金瓶颈。

2011 年信贷额度收紧造成的市场利率上升，使得保障房项目的借贷利率也随之上行。2010 年保障房借贷成本大致为基准利率下浮 10%，而 2011 年融资成本为基准利率上浮 10%。由于保障房售价和租金价格都较低，造成地方政府很难接受更高的融资成本。相比中小企业贷款或商品房贷款利率，保障房利率却仍然较低，使得商业银行操作保障房贷款的意愿较为有限。同时，目前保障房贷款大部分为短期贷款，这间接限制了保障房建设的速度。

可出售的保障房包括经济适用房、限价房等，由于政府有一定的对接措施，开发周期及资金回流周期短，因此开发商建设积极性相对较高，而公租房和廉租房在大部分省市只能出租，无法交易，因此影响了开放商的建设积极性。虽然中央政府 2011 年来出台了许多文件来推动公租房建设，然而由于公租房租金价格目前为市场价格的 70%，基本仅能偿还贷款利息，造成单靠公租房项目自身运作难以补偿市场融资还款的需要，其商业可持续性受到普遍质疑，因此公共租赁住房融资难的问题始终得不到有效解决。

2011 年 6 月，财政部及住房和城乡建设部联合下发《关于多渠道筹措资金确保公共租赁住房项目资本金足额到位的通知》，敦促各地要尽快确定公共租赁住房建设项目具体的投资模式和投资主体，确保公共租赁住房项目资本金及时足额到位。这反映出在缺乏能保证投资可获得合理回报制度的情况下公租房筹资的困难。因此，只有设计出一个公共租赁住房建设可持续的商业模式，才能解决其资本金筹措的问题。

第二节　2011 年房地产市场回顾分析

2011 年 11 月，全国房地产开发景气指数（简称“国房景气指数”）为 99.87。这是该指数连续第 6 个月下跌，也是自 2009 年 8 月以来该指数首次跌破 100 的“景气临界点”（见图 5－1）。该数据也反映出在房地产开发投资增速放缓，新开工面积、施工面积以及销售面积增速全面回落的情况下，房地产行业已经“全面入冬”。

一、房地产开发投资

2011 年 1～10 月全国房地产开发投资额累计为 4.99 万亿元，同比增长 31.14%，增幅连续第 3 个月回落（见图 5－2）。从图中可以看出，房地产开发投资完成额累计同比在 2011 年前 5 个月触及 34.63% 后开始快速下滑，这反映出自 2009 年开始的房地产调控政策效果逐渐显现。

2011 年 1～10 月，全国商品房新开工面积与 2010 年同期相比增长速度大幅下降，新开工面积累

图 5-1　2008~2011 年全国房地产开发景气指数

资料来源：普益财富

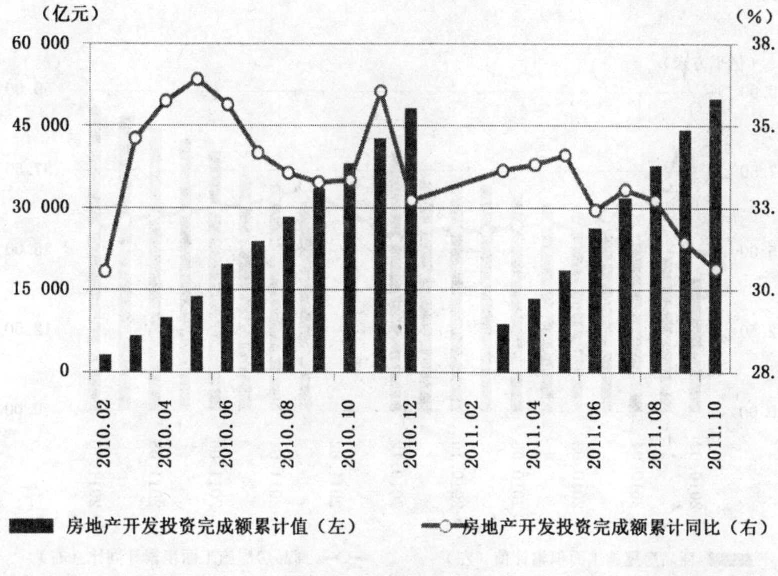

图 5-2　2010~2011 年全国房地产开放投资完成额及累计同比增长率

资料来源：普益财富

计 16.04 亿平方米，同比增长 21.67%，远远低于 2010 年同期 61.97% 的增长率（见图 5-3）。其中，商品住宅新开工面积 12.41 亿平方米，同比增长 19.11%，同比增速低于商品房。自 2010 年 11 月以来，商品房新开工面积同比增速从近 62% 的高位快速下滑，仅仅经过 5 个月到 2011 年 3 月新开工面积增速已经回落至 23.40% 附近。随后增速在该水平附近窄幅波动，预计全年增速将持稳在 21% 左右。

从商品房施工面积来看，2011 年 1~10 月全国商品房施工面积为 47.48 亿平方米，同比增长 28.39%，增速连续 5 个月回落（见图 5-4）。其中，商品住宅施工面积为 36.37 亿平方米，同比增长 26.77%，增速放缓程度快于商品房整体速度。

2011 年 1~10 月，全国商品房竣工面积累计为 4.97 亿平方米，同比增长 18.38%，为连续第 4 个月增长（见图 5-5），其中商品住宅竣工面积为 4 亿平方米，同比增长 17.51%，增速明显慢于商品房整体增速。

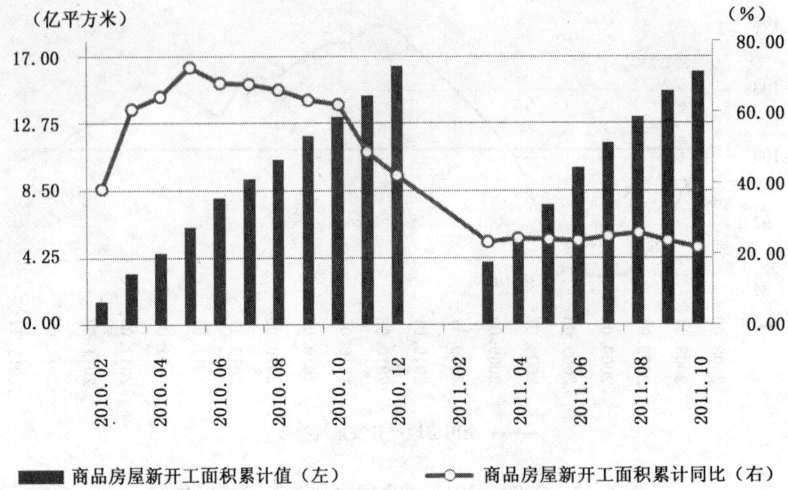

图 5-3　2010~2011 年全国商品房屋新开工面积累计值及累计同比增长率

资料来源：普益财富

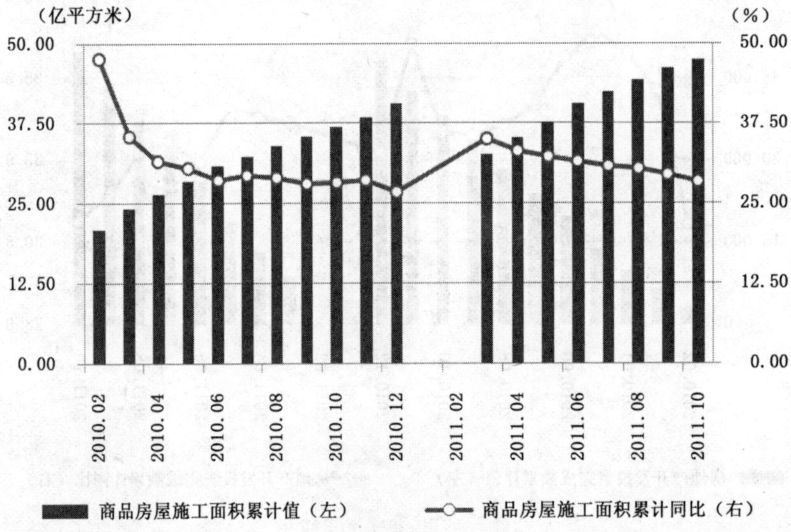

图 5-4　2010~2011 年全国商品房屋施工面积累计值及累计同比增长率

资料来源：普益财富

二、商品房销售

2011 年商品住宅销售面积同比增速的增幅略快于商品房整体销售增幅。2011 年 1~10 月，全国商品房销售面积为 7.97 亿平方米，同比增长 10.02%，高于 2010 年同期的 9.76%。其中，商品住宅销售面积为 7.10 亿平方米，同比增长 9.02%，亦高于 2010 年同期的 7.4%（见图 5-6）。

从备受关注的住宅房屋价格来看，随着限购令的逐渐铺开，全国住宅房屋价格上涨势头已经基本得到控制。2011 年除个别城市外，全国主要城市的住宅房屋价格同比涨幅明显放缓，部分城市从下半年开始甚至还出现了同比下滑的状况（见图 5-7）。根据国家统计局公布的数据显示，2011 年 10 月，全国 70 个大中城市中有 34 个城市的新建商品住宅价格环比下降，比 9 月增加了 17 个；只有 16 个城市的房价环比出现上涨，且环比上涨幅度都在 0.2% 以内。70 个大中城市的平均环比增速为 -0.14%，出现负增长。

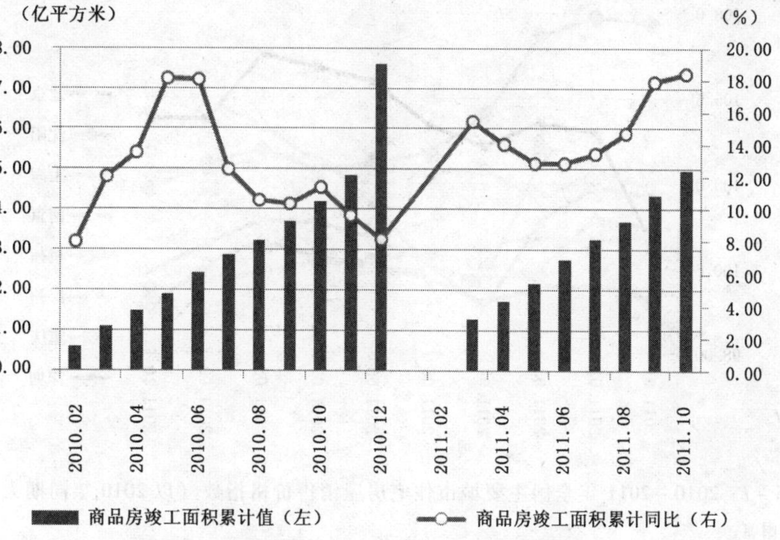

图5－5　2010～2011年全国商品房屋竣工面积累计值及累计同比增长率

资料来源：普益财富

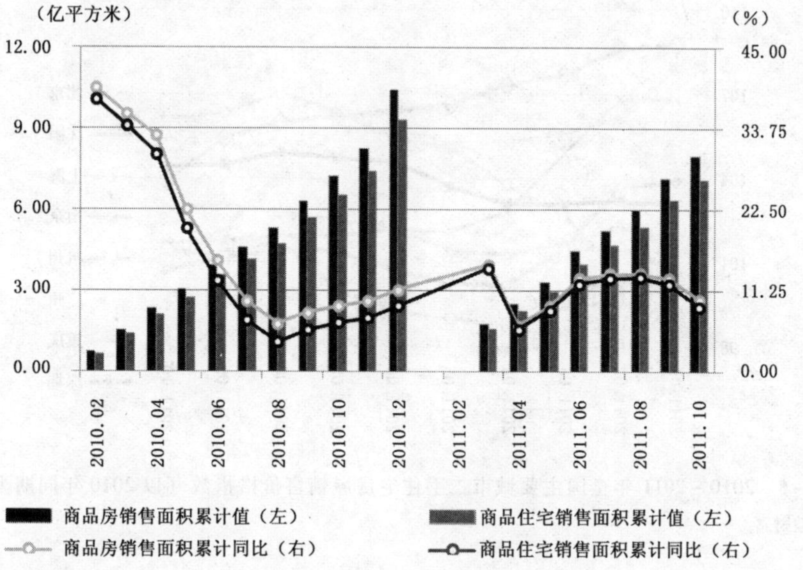

图5－6　2010～2011年全国商品房屋（住宅）销售面积累计值及累计同比增长率

资料来源：普益财富

截至2011年10月，根据国家统计局发布的全国70个大中城市住宅房屋销售价格同比变化来看，主要城市住宅价格在2011年整体呈现下滑走势，但部分城市房价依然走高。深圳和广州等城市住宅价格整体显著走高。10月深圳住宅销售价格指数尽管连续第2个月持稳，同比涨幅依然达到4.9%，远高于1月的1.3%；广州住宅销售价格涨幅则较为温和，10月同比上涨3.9%，仅比1月高出1个百分点；上海住宅价格在经过前4个月的明显下滑后快速反弹，尽管截至10月已经连续3个月同比下滑，但同比涨幅高于年初；其他包括杭州、南京、重庆和沈阳等在内的主要城市住宅房价同比增幅均显著放缓，杭州、南京和重庆10月住宅价格则出现同比下降的情况（见图5－7）。

各大城市二手住宅的价格整体同比增幅同样出现不同程度的下滑，但是10月主要城市均未出现同比下降的情况，广州二手住宅的价格不但没有下降，反而快速上涨，10月同比涨幅尽管连续两个

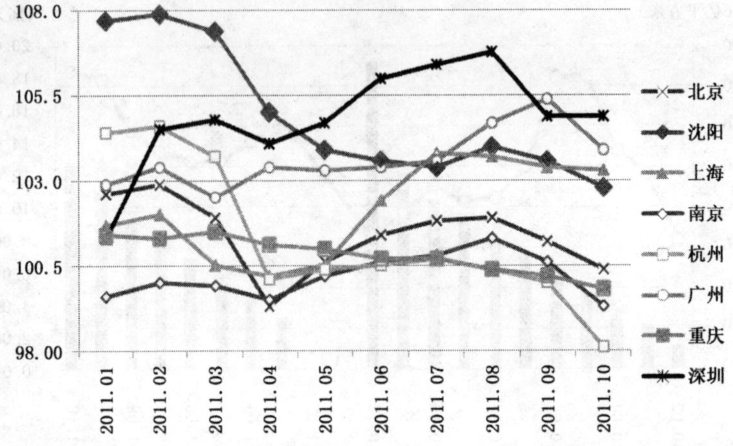

图5－7　2010～2011年全国主要城市住宅房屋销售价格指数（以2010年同期为100）

资料来源：普益财富

月下降，但仍然达到6.1%；上海和深圳二手住宅价格同样出现同比上涨的情况，但涨幅均逊于广州；其他主要城市二手住宅价格增幅或者持稳，或者出现不同程度的下滑（见图5－8）。

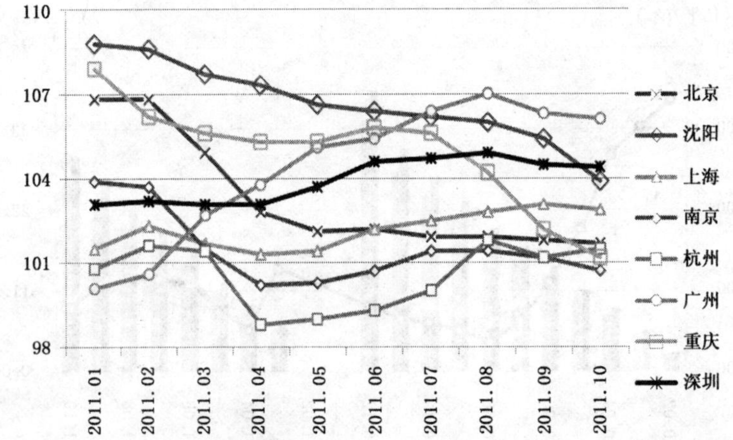

图5－8　2010～2011年全国主要城市二手住宅房屋销售价格指数（以2010年同期为100）

资料来源：普益财富

三、土地市场

2011年1～11月，全国12个主要城市①住宅用地累计供应面积7 490.3万平方米，同比下降19.24%（见图5－9、图5－10）。自2010年年初开始，主要城市住宅用地供应面积一度出现激增，同比增长一度高达300%以上。随着国家房地产调控的展开，住宅用地供应面积快速下滑。从2011年年初开始，主要城市住宅用地累计供应面积同比增长由正转负，跌幅在第1季度逐渐缩窄，随后运行平稳，表明供应面积仍然保持稳定。

从成交面积来看，2011年1～11月，全国12个主要城市住宅用地累计成交面积5 264.97万平方米，同比下降31.64%（见图5－9、图5－10）。和住宅用地供应面积一样，成交面积同比增长率从2010年年初的高位快速下滑，并在2011年出现负增长。新“国八条”传出的限购信号使得不少企业

① 包括北京、上海、广州、深圳、长春、沈阳、天津、杭州、南京、武汉、重庆、成都。下同。

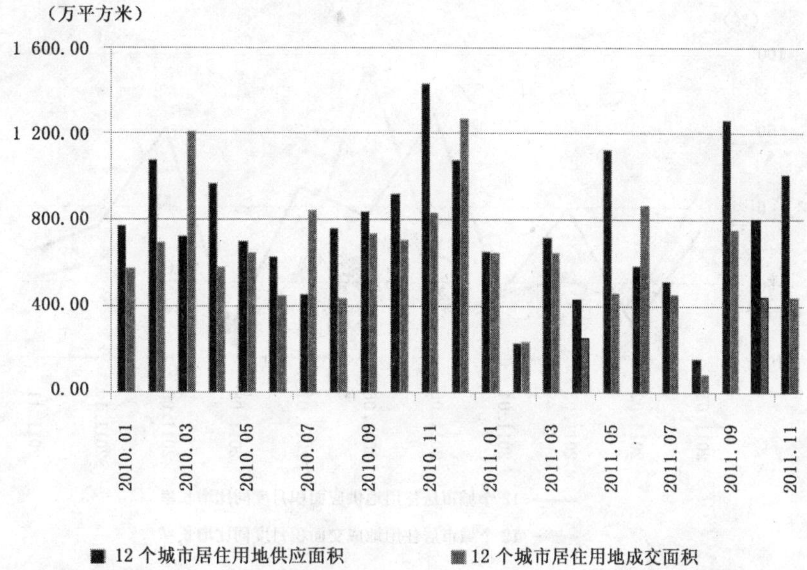

图5-9　2010~2011年全国12个城市居住用地供应、成交面积

资料来源：普益财富

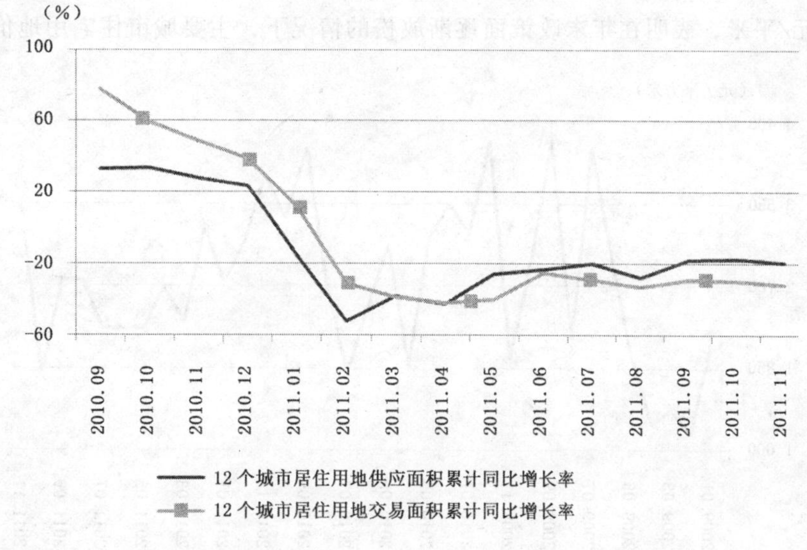

图5-10　2010~2011年全国12个城市居住用地供应、成交面积累计同比增长率

资料来源：普益财富

对房地产行业的未来发展形势都持谨慎态度，因而使得住宅用地成交和新建项目面积与2010年同期相比均有较大幅度的下降。

从月度数据来看，除了5月、7月和9月主要城市整体住宅供应面积同比实现增长外，其余各月均出现不同程度下滑，其中8月下滑高达79.80%（见图5-11）；从主要城市住宅成交面积来看，除了1月、6月和9月成交面积实现同比增长外，其余各月均有所下降，8月的降幅达到81.7%。尤其是第3、第4季度尽管土地供应量有所增加，但市场成交依然低迷，流拍率居高不下，很多地块都以底价成交。这主要是由于宏观调控加上信贷收紧大大打击了房地产开发企业的交易积极性，使得住宅用地成交量偏低。

2011年全国12个主要城市住宅用地平均楼面地价在前9个月呈现宽幅震荡的走势，价格在

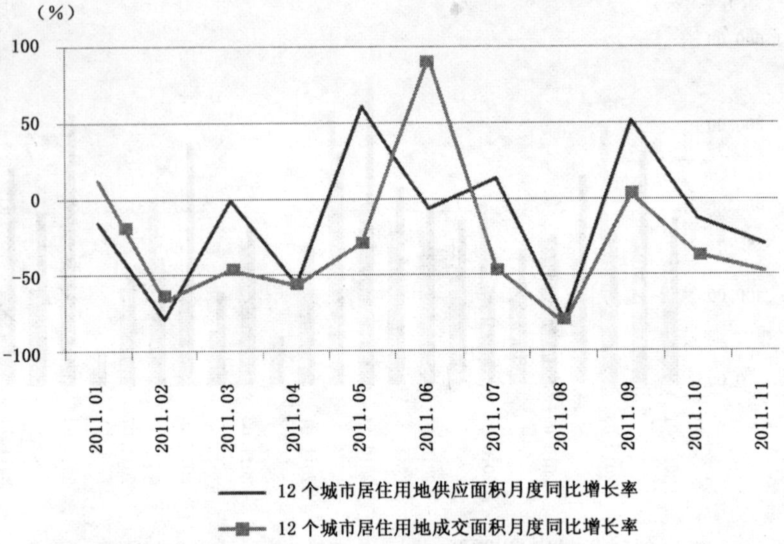

图 5 - 11　2010 ~2011 年全国 12 个城市居住用地供应、成交面积月度同比增长率

资料来源：普益财富

2 256 ~3 278元/平米之间波动（见图 5 - 12）。10 月楼面地价快速跌至 1 794 元/平米后又于 11 月大幅飙升至 3 555 元/平米，表明在年末政策面逐渐放松的情况下，主要城市住宅用地价格开始松动。

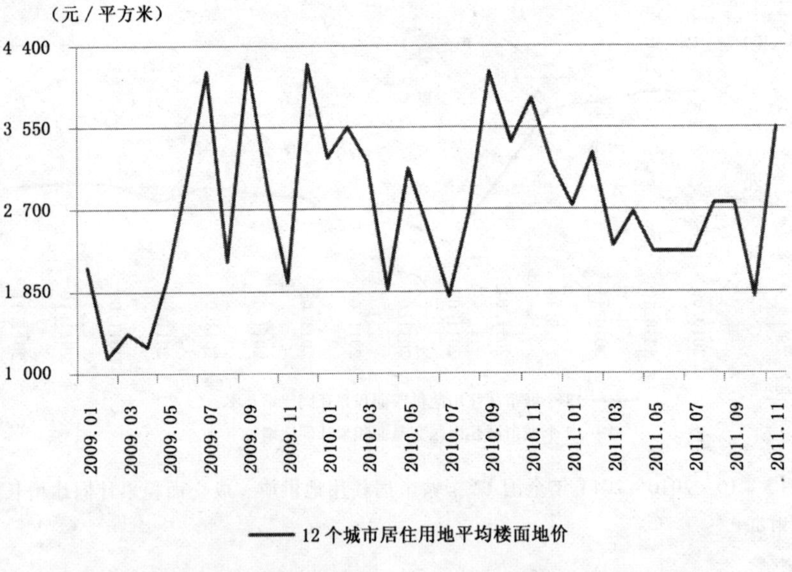

图 5 - 12　2009 ~2011 年全国 12 个城市居住用地平均楼面地价

资料来源：普益财富

四、房地产市场企业资金来源分析

2011 年更加严厉的房地产政策令房地产开发企业融资受限，但是新增资金整体同比增速持稳在 20% 左右，并未出现 2010 年同比大幅下滑的情况（见图 5 - 13）。国家统计局公布的数据显示，2011 年 1 ~10 月，房地产开发企业资金来源 68 428. 8 亿元，同比增长 20. 21%，增速连续第 2 个月下降，和 2010 年同期相比回落 11. 84 个百分点。

从 1 ~10 月各项资金来源构成来看，全国房地产开发投资资金来源主要分为企业自筹资金、国内

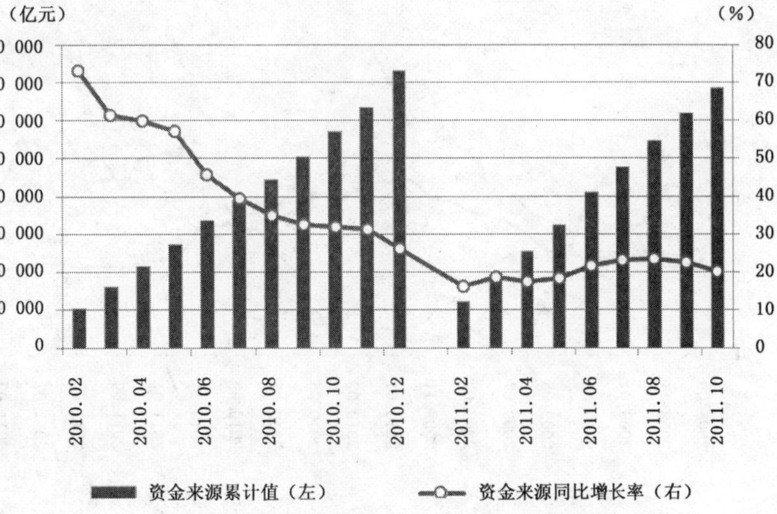

图5-13　2009~2011年全国房地产企业资金来源累计值及同比增长率

资料来源：普益财富

贷款、利用外资以及其他资金四个大类。从2011年1~10月的数据占比来看，企业自筹资金和其他资金所占比例分别达到41.21%和42.32%，占到全部房地产开发投资资金来源的80%以上（见图5-14）。国内贷款和利用外资占比累计不到16.5%。而从历年占比来看，国内贷款在整体资金来源中的比重也在逐年下降，反映出自2009年房地产行业在政府调控下，从银行等金融机构获得资金的难度在不断增加。这使得房地产企业不得不采取自筹资金的方式获取房地产项目的运作资金，所以自筹资金以及包括通过向购房者收取的定金或预付款成为房地产项目开发的主要资金来源渠道。从最近几年房地产开发投资资金来源各组成部分占比的变化来看，自筹资金和其他资金始终处于高位，并且呈现较高的负相关关系（见图5-15）。

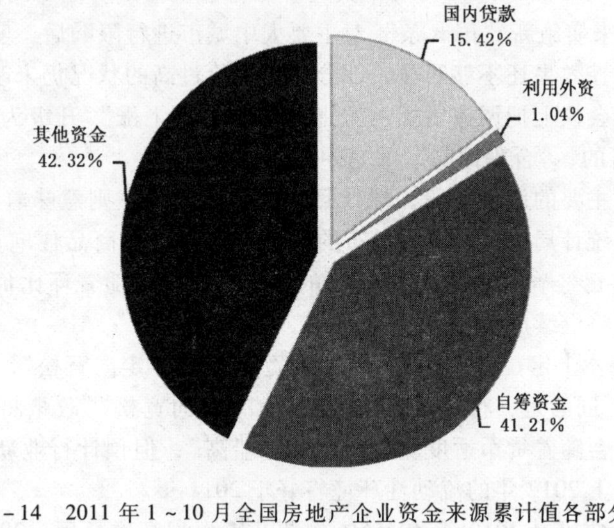

图5-14　2011年1~10月全国房地产企业资金来源累计值各部分占比

资料来源：普益财富

从金额上来看，1~10月房地产企业开发资金来源于国内贷款有10 552.4亿元，同比增长1.05%，远远低于2011年26.31%的增幅；1~10月利用外资714.5亿元，同比增长32.4%；自筹资金共28 201.4亿元，同比增长30.8%，投资增幅较2011年同期收窄19.9个百分点；其他资金来源共28 960.6亿元，同比增长18.8%，较上年同期增幅收窄2.2个百分点（见图5-15）。

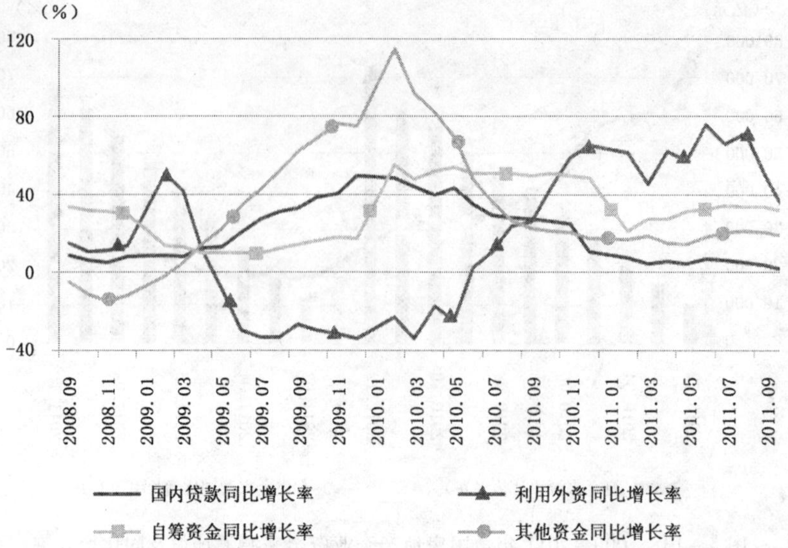

图 5 - 15　2009 ~2011 年全国房地产企业资金来源各部分累计值同比增长率

资料来源：普益财富

第三节　2012 年房地产市场展望

从政策面上看，2010 年 4 月“国十条”房地产调控目标为：“遏制部分城市房价过快上涨”；2011 年 1 月出台的新“国八条”强调：“为巩固和扩大调控成果，逐步解决城镇居民住房问题，继续有效遏制投资投机性购房”；2011 年 12 月的中央经济工作会议指出房地产调控目标为：“促进房价合理回归”。2011 年年初以来实施新“国八条”对主要大中城市进行限购后，实施限购城市的投机性需求基本得到抑制，但是调控效果还不够明显，部分城市房价过高的状况仍未改变，促使房价反弹的因素依然存在。中央在此次会议上把调控目标由“遏制房价过快上涨”升级为“促进房价合理回归”，房价受到“遏制”不是目的，“合理回归”才是中央的真正意图。

如果房产税不能成为主要的调控手段，取代目前的限购政策，则意味着房地产限购政策在 2012 年将继续推行。根据国家统计局 12 月 18 日发布的数据，全国新建商品住宅 11 月环比下降城市增至 49 个，全国房价下降趋势已经确立。预计 2012 年的前两个季度，随着环比价格下降城市的增多，新建商品住宅价格同比涨幅将继续放缓。

2012 年的货币政策基本上定位于“微调”“适度宽松”和“定向宽松”，预计新增信贷将有所上升。但与 2006、2009 年不同的是，行业调控仍将持续，“定向宽松”政策将限制资金流入房地产行业，因此虽然行业资金面会随着货币适度宽松而“水涨船高”，但预计行业新增信贷占新增信贷总量的比重将有所下降，总体上 2012 年的流动性环境将好于 2011 年。

在房地产投资方面，在历经 2010 年 40.56% 的新开工面积高增长后，2011 年新开工面积增速呈持续下滑态势，至 10 月已回落至 21.67%，若没有 1 000 万套保障房开工的促进作用，新开工数据将更快滑落。考虑到 2012 年保障房开工数量将下降至 700 万套，再加上调控继续推行，整体新开工面积增速将可能进一步下滑。

此外，2012 年的保障房建设可能将在资金、土地等方面面临更大的压力。“十一五”期间，全国保障房开工 1 630 万套，基本建成 1 100 万套，竣工率为 67%。2010 年，全国保障房开工 590 万套，竣工370万套，竣工率63%，和“十一五”期间的竣工率基本接近。但是从2011年的实际情况来看，保障房的竣工率可能只能达到约30%。

2011年超低的竣工率意味着2012年的保障房建设除了要筹集年内计划开工的700万套保障房建设所需资金外，还需要为已开工而未竣工的项目寻找配套资金。从这个角度来看，2012年保障房建设的资金压力将远远超过2011年。除了资金的压力外，土地的供应压力同样存在。800万套保障房大约需要占地2.4亿平方米，占房地产企业年土地购置面积的大半。在资金、土地以及地方政府利益诉求的现实压力下，保障房建设目标缩减有较大可能。

第三篇　理财市场研究

第六章 银行理财市场

第一节 2011年银行理财相关政策法规解读

一、《关于修改〈金融机构衍生产品交易业务管理暂行办法〉的决定》

2011年1月5日，中国银行业监督管理委员会发布银监会令2011年第1号——《关于修改〈金融机构衍生产品交易业务管理暂行办法〉的决定》。修改后的新办法包括总则、市场准入管理、风险管理、产品营销与后续服务管理、罚则和附则共六章。该项法令对原暂行办法进行了多达36处的修改，修改部分涵盖在前4章中，第35处修改增加了1个章节——产品营销与后续服务。

修改后的总则主要将金融机构衍生产品交易按照交易目的分为套期保值类衍生产品交易和非套期保值类衍生产品交易，并对这两类交易进行了清晰明确的界定（见表6-1）。接着在市场准入管理这一章节中，依据这两类交易将衍生产品交易业务资格分为基础类资格和普通类资格，并对申请这两类资格相应需要具备的条件进行了详尽的规定。

表6-1　　金融机构衍生产品交易规范

衍生产品交易类型	涵义	会计处理	金融机构交易资格
套期保值类	银行业金融机构主动发起，为规避自有资产、负债的信用风险、市场风险或流动性风险而进行的衍生产品交易	需符合套期会计规定，并划入银行账户管理	基础类资格 普通类资格
非套期保值类	由客户发起，银行业金融机构为满足客户需求提供的代客交易和银行业金融机构为对冲前述交易相关风险而进行的交易	划入交易账户管理	普通类资格
	银行业金融机构为承担做市义务持续提供市场买、卖双边价格，并按其报价与其他市场参与者进行的做市交易		
	银行业金融机构主动发起，运用自有资金，根据对市场走势的判断，以获利为目的进行的自营交易。		

资料来源：普益财富。

在市场准入管理章节中将原第八条法规进行了修改，规定外资银行开办衍生产品交易业务，应当向当地监管机构提交由授权签字人签署的申请材料，经审查同意后，报中国银行业监督管理委员会审批。其中，外商独资银行、中外合资银行应当由总行统一向当地银监局提交申请材料；外国银行拟在中国境内两家以上分行开办衍生产品交易业务的，应当由其在华管理行统一向当地监管机构提交申请材料，经审查同意后，报中国银行业监督管理委员会审批。外国银行分行申请开办业务，还应当获得其总行（地区总部）的正式授权，且其母国应当具备对该类业务进行监管的法律框架，其母国监管当局应当具备相应的监管能力。此外，该章节还详细规定了金融机构申请开办衍生产品交易业务须报送的文件和资料、外国银行分行申请开办此类业务还须具备的其他条件及在特殊情况下须向当地银监局报送的文件和资料。

在风险管理章节中，新办法规定银行业金融机构应当根据本机构的经营目标、资本实力、管理能力和衍生产品的风险特征，确定是否适合从事衍生产品交易及适合从事的衍生产品交易品种和规模；在创新业务品种、开拓新市场前，应当书面咨询监管部门意见。同时，要求银行业金融机构应当逐步提高自主创新能力、交易管理能力和风险管理水平，谨慎涉足自身不具备定价能力的衍生产品交易，不得自主持有或向客户销售可能出现无限损失的裸卖空衍生产品以及以衍生产品为基础资产或挂钩指标的再衍生产品。

在这一章节中还要求银行业金融机构应当按照衍生产品交易业务的分类，建立与所从事的衍生产品交易业务性质、规模和复杂程度相适应的、完善的、可靠的市场风险、信用风险、操作风险以及法律合规风险相关的管理体制、内部控制制度和业务处理系统，并配备履行上述风险管理、内部控制和业务处理职责所需要的具备相关业务知识和技能的工作人员。

产品营销与后续服务作为新增加的章节，显示了监管层在注重衍生产品交易风险管理工作的同时，对产品营销与后续服务管理的高度重视。新办法要求金融机构制定完善客户适合度评估制度，在综合考虑衍生产品分类和客户分类的基础上，对衍生产品交易进行充分的适合度评估。产品营销与后续服务管理内容主要包括以下几个方面：

（1）银行业金融机构应建立客户适合度评估制度，对衍生产品交易进行充分的适合度评估，动态管理并每年复核一次。

（2）建立客户的信用评级制度，并确定相关的信用风险缓释措施。

（3）在产品销售过程中，应客观公允地陈述所售衍生产品的收益与风险。衍生产品介绍和风险揭示的书面资料，文字表述应当清晰易懂、简明扼要；相关披露以单独章节、明白清晰的方式呈现，不得以页边、页底或脚注以及小字体等方式说明。

（4）与客户达成衍生产品交易之前，应取得由客户提供的声明、确认函等形式的书面材料。

（5）银行业金融机构应及时向客户提供已交易的衍生产品的市场信息，定期将衍生产品的市值重估结果向客户书面提供，并确保相关材料及时送达客户。

（6）建立衍生产品交易业务的定期后评价制度，包括对合规销售、风险控制、考核激励机制等内部管理制度的定期后评价。

从修改后的整篇法规内容来看，新办法显示了监管层对保护衍生品投资者利益的高度重视，以及对银行业金融机构从事衍生产品交易业务进行更加严格管理的决心。从大量增加的新法规条文可以看出近年来在衍生产品业务较快发展的情况下，该类市场存在诸多对投资者不利的制度缺失因素。如何引导衍生产品交易发挥优势的同时保持良性可持续的发展，始终是监管层必须考虑的问题。

二、《关于进一步规范银信理财合作业务的通知》

2011 年 1 月 13 日，中国银行业监督管理委员会正式发布银监发［2011］7 号文——《关于进一步规范银信理财合作业务的通知》，旨在督促商业银行将银信理财合作业务表外资产转入表内，同时间接督促信托公司压缩银信合作信托贷款业务。

首先，该通知细化了银监发［2010］72 号文对商业银行银信理财合作业务表外资产转入表内的规定，要求商业银行在 2011 年按照每季度不低于 25% 的降幅制定具体转表计划，并严格执行。此规定在很大程度上限制了银行通过腾挪信贷资产制造新的贷款空间的行为，降低“杠杆化”程度，控制信贷风险。

同时，该通知要求对商业银行未转入表内的银信理财合作信托贷款，各信托公司按照10.5%的比例计算风险资本。此规定意在使这部分银信理财合作业务摆脱无风险控制状态；同时，对信托公司2010年度分红作出限制性规定，即如果信托赔偿准备金低于银信理财合作不良信托贷款余额的150%或者低于银信理财合作信托贷款余额的2.5%，则不得分红，直至上述指标达到标准。

该通知是继2010年8月出台《关于规范银信理财合作业务有关事项的通知》（银监发［2010］72号）后，对该类业务的又一重创。该通知不但给商业银行下达了每季度不低于25%的转表"紧箍咒"，还对信托公司开展银信理财合作业务形成了实际的压力。按照10.5%的比例计算风险资本使银信理财合作业务占压了信托公司较多的资本，间接提高了"通道"费用，进而推高商业银行与信托公司合作的成本，同时也弱化了信托公司开展此类业务的动力。

三、《关于规范银信理财合作业务转表范围及方式的通知》

根据银监发［2010］72号文和银监发［2011］7号文的要求，中国银行业监督管理委员会办公厅于2011年5月13日出台了《关于规范银信理财合作业务转表范围及方式的通知》，意在进一步督促各商业银行按照时间表做好银信理财合作业务资产转表工作。

转表范围：原则上是指银信理财合作融资类业务余额应当按照每季度至少25%的比例予以压缩。其中，"余额"是指银信理财合作业务中的信托贷款、受让信贷资产和票据资产的余额；"每季度至少25%"指的是按每季度不低于银信理财合作业务余额的25%进行转表。对于尚未来得及转入的部分余额，监管层意识到不能让其处于无风险控制中，故在文件中规定，由各信托公司对商业银行未转入表内的银信理财合作信托贷款按照10.5%的比例计提风险资本。

转表方式：不符合入表标准的部分银信理财合作业务，可将相关产品单独列示台账，并相应计提拨备和计入加权风险资产，不对账务进行调整。对于要求转表的银信理财合作业务中的信托贷款、受让信贷资产和票据资产的余额，转入表内并非银行动用表内资金将表外的类信贷资产买入表内，而是按照150%的拨备覆盖率要求计提拨备；同时，要求大型银行应按照11.5%、中小银行按照10%的资本充足率计提风险资本。

该办法出台后，消除了各商业银行和理财市场对银信理财合作业务具体转表范围和方式的疑惑和不解，在有章可循的情况下，商业银行面临不得不落实转表计划的压力。受此影响，各商业银行发行信贷类理财产品动力明显减弱，5月该类产品在理财市场的发行量仅有30余款，为4月该类产品发行量的一半。

四、《关于进一步落实各银行法人机构银信理财合作业务转表计划有关情况的通知》

2011年6月16日，中国银行业监督管理委员会非银部发布《关于做好信托公司净资本监管、银信合作业务转表及信托产品营销等有关事项的通知》，督促信托公司和商业银行对《中国银行业监督管理委员会关于印发信托公司净资本计算标准有关事项的通知》及银监发［2010］72号文有关监管措施进行实施，防止部分机构故意拖延而无法在最后期限达到监管指标，进而导致中国银行业监督管理委员会不得不采取强制措施暂停相关机构业务。

《关于做好信托公司净资本监管、银信合作业务转表及信托产品营销等有关事项的通知》发布仅1个多月后，7月25日中国银行业监督管理委员会办公厅又根据《中国银行业监督管理委员会关于进一步规范银信理财合作业务的通知》（银监发［2011］7号）和《2011年重大监管工作督办方案》，发出了《关于进一步落实各银行法人机构银信理财合作业务转表计划有关情况的通知》，要求各商业银行在2011年年底前将银信理财合作业务表外资产全部转入表内，督促各银行监管部和各银监局汇总2011年第2季度转表计划落实情况，要求各银行法人机构对截至2011年年底未到期银信理财合作应转表项目的转表情况逐一进行确认。为防止监管套利，确保2011年内将银信合作表外资产全部转入表内，该通知还要求各银行监管部和非银部在做好上述工作的同时对商业银行和信托公司一并开展转表情况督查工作。

监管层双管齐下，对商业银行和信托公司分别加强监管，积极推进银信理财合作业务监管措施实施进程，促使商业银行转表计划落实进入实质阶段，也迫使部分信托公司提前主动停止银信理财合作业务。

五、商业银行理财业务监管座谈会

2011年6月底，中国银行业监督管理委员会相关部门召集国内主要商业银行开展理财业务监管座谈会。该座谈会分析了2011年上半年银行理财市场的主要特点，提出了目前商业银行理财业务存在的主要问题，要求各商业银行董事会、管理层高度重视、充分认识风险隐患，采取有效措施管控风险，将全面风险管理落到实处。

该会议主要就银行发行短期产品高息揽储、多个产品对应多笔资产的资产池运作方式、用理财资金发放委托贷款、绕开信托开展信托收益权类理财业务、有意缩小信贷资产转让业务范围、商业银行购买他行或本行的理财产品等违规做法作出了详细的规范。

（一）关于变相高息揽储

监管层对发行短期产品高息揽储的具体情况作了分别阐述：一是直接通过银行内部资金转移价格，按产品预期收益率进行兑付，即“高息揽储”；二是理财资金进行实际投资但当收益存在缺口时，银行通过直接划拨方式或其他渠道的盈利来填补该类理财产品的收益缺口，即“违规转移内部收益”。针对这两种情况，监管部门要求商业银行除对理财计划所汇集的资金进行正常的会计核算外，还应为每个理财计划制作明细记录。在理财计划的存续期内，商业银行应向客户提供其所持有的所有相关资产的账单。账单应列明资产变动、收入和费用、期末资产估值等情况。商业银行变相高息揽储的行为被禁止后，超短期银行理财产品的发行量确实较之前有所减少。

（二）关于资产池类理财业务

资产池类理财业务指商业银行将多个理财产品的募集资金放在一起，统一管理和运作。资产池类理财业务对银行的好处是可以通过资产期限错配，获得利差；同时，形成资金规模效益，降低成本。但资产池类理财业务是多个理财产品同时对应多笔资产，不能实现一一对应，会造成单个理财计划成本测算困难、风险可控性较差等问题，违背了单个理财产品专户托管和独立测算成本、收益的原则，违反了《商业银行个人理财业务管理暂行办法》的规定，也违反了《中国银行业监督管理委员会办公厅关于商业银行开展个人理财业务风险提示的通知》中单个银行理财产品要进行专户托管、独立测算成本收益，实现成本可算、风险可控的要求。监管层否定多对多的资产池类理财业务主要出于控制银行风险的考虑。值得注意的是，中国银行业监督管理委员会叫停此类业务会加大银行理财业务的成本，降低银行的收益空间。

（三）关于用理财资金发放委托贷款

传统意义中的委托贷款业务运作流程是银行接受委托人委托，将委托资金按委托贷款金额、借款期限、违约行为等约定条款贷给借款人，银行向委托人收取手续费，但并不承担任何风险。但在银信理财合作受监管的情况下，银行为避开监管限制，通过向大众化客户发行理财产品募集资金发放委托贷款。银行以委托人的身份将理财产品募集的资金委托自身用于发放贷款，其实已经将此贷款的风险转移给自己，而按照制度规定，银行不能承担委托贷款的风险。从规范委托贷款和银行理财业务发展两方面来看，监管层出于加强银行风险控制的目的，必然会叫停该类违规业务。

（四）关于绕开信托开展信托受益权类理财业务

信托受益权类理财业务是指商业银行将募集的资金购买信托产品受益权的过程。中国银行业监督管理委员会出台关于银信理财合作业务的一系列相关监管文件后，银行为了绕开信托公司开展原来的银信理财合作计划，采取先由第三方向信托公司购买信托产品，然后银行发行理财产品募集资金投资于第三方所购买的信托产品的受益权。但这种方式存在的问题是相关方的利益关系较为复杂。如第三方认为其已将信托产品的受益权转让出去，认为相关的风险已经与自己无关，而不去关注整个信托产品的运作过程；银行则认为其自身只是购买信托产品的受益权，其直接交易对手是第三方而非信托公司，而忽视与信托公司进行关于信托产品运作及风险点的交流。一旦信托产品运作过程中出现问题，相关方之间会产生利益纠纷。之前，这种模式并没有记入银信理财合作业务，此次中国银行业监督管理委员会出手干预，今后该类业务将记入银信理财合作业务并进入中国银行业监督管理委员会的监管视线。

（五）关于有意缩小信贷资产转让业务范围

2009 年，中国银行业监督管理委员会下发《关于规范信贷资产转让及信贷资产类理财业务有关事项的通知》。文件明确指出信贷资产含贷款和票据融资，即投资于票据资产的银行理财产品适用信贷资产类银信理财合作产品监管法规。在实际操作中，部分银行为绕过监管层对于信贷资产类银信理财合作业务的限制，直接用理财资金购买银行票据资产，人为缩小了信贷资产的范围，属于违规操作。中国银行业监督管理委员会对该类违规信贷资产转让业务的叫停，将进一步控制整个社会的融资规模，对于货币政策的实施效果和通货膨胀的控制起到一定的积极作用。

（六）关于商业银行购买他行或本行的理财产品

商业银行使用自有资金投资他行理财产品时，由于产品投资层层嵌套，无法真实识别理财资金的实际投资标的，难以满足“成本可算、风险可控、信息充分披露”原则的要求，也使理财产品的法律关系变得更为复杂，一旦发生争议，很难明确各方的法律责任。

商业银行购买本行理财产品的方式是将自有资金委托给信托公司设立单一资金信托计划，然后通过该信托计划购买银行自身的存量信贷资产，以达到既避开中国银行业监督管理委员会对银信理财合作业务的相关限制，又释放信贷空间的目的。此外，信托公司发行集合信托产品，将募集资金用于购买某银行的信贷资产，同时委托该银行代销信托产品。从形式上看，在该类产品的运作过程中信托公司占主导地位，银行只是代销信托产品，但实际上整个产品的运作都由银行来负责，只是借助信托平台来完成整个过程而已。这两种形式的产品运作在相关机构之间存在隐性约定，主要目的是绕过中国银行业监督管理委员会的监管。但这样容易导致的问题是：一旦产品出现问题，各方互相推卸责任，最终将扰乱理财市场的正常发展。中国银行业监督管理委员会叫停这种违规运作的理财业务，旨在引导理财市场回归正常的发展轨道。

六、《商业银行理财产品销售管理办法》

2011 年 8 月 28 日，中国银行业监督管理委员会正式颁布银监会 2011 年第 5 号——《商业银行理财产品销售管理办法》，基本思路是强化对商业银行理财产品销售环节的规范，要求商业银行做好风险揭示和信息披露，真正做到“卖者有责”，并在此基础上实现“买者自负”，最终实现“将适合的产品卖给适合的客户”，实现合规销售，充分保护投资者的合法权益。

2005 年以来，中国银行业监督管理委员会颁布实施了《商业银行个人理财业务管理暂行办法》等一系列理财业务监管规章和规范性文件，对规范商业银行理财业务初期运行、保护投资者合法权益、促进商业银行理财业务健康发展发挥了重要作用。但是，部分商业银行理财业务在宣传销售文本管理、产品风险评级、客户风险承受能力评估、销售管理、销售人员管理、销售内部控制制度等方面还存在一些薄弱环节，甚至存在误导销售和错误销售的情况，使客户合法权益和银行声誉受到损害，不利于商业银行理财业务的健康发展。中国银行业监督管理委员会从保护投资者合法权益的角度出发，在分析总结我国商业银行理财业务发展状况的基础上，依据我国现行金融法律制度，借鉴国内外理财业务监管实践经验，制定了该办法。

为了保护投资者的利益，《商业银行个人理财业务管理暂行办法》从三个方面作出明确规定：一是要求商业银行必须在理财产品销售文件中制作专页风险揭示书，内容至少应包括风险提示语句、产品类型、产品风险评级及适合购买的客户评级、示例说明最不利投资情形和结果、客户风险承受能力评级、风险确认语句抄录等。二是要求商业银行必须在理财产品销售文件中制作专页客户权益须知，内容至少应包括办理理财产品的业务流程、客户风险承受能力评估流程和商业银行进行信息披露的方式、渠道、频率等内容。三是要求商业银行按规定对理财产品进行风险评级，对客户进行风险承受能力评估，按照风险匹配原则，将适合的产品卖给适合的客户。

其中，对理财产品进行风险评级和对客户进行风险承受能力评估，主要出于以下两个方面的考虑：一是从保护客户合法权益角度，要求商业银行按照风险匹配原则审慎尽责开展理财产品销售，客户只能购买风险评级等于或低于其自身风险承受能力评级的理财产品。二是为防止误导销售和错误销售，商业银行要在对产品评级和客户评估的基础上，按照风险匹配原则要求做到“将适合的产品卖给适合的客户”。

此外，考虑到客户年龄、财务状况和投资经验等因素发生变化时，客户风险承受能力将会受到影响，《商业银行个人理财业务管理暂行办法》明确要求商业银行应当在客户风险承受能力评估书中明确提示，如客户发生可能影响其自身风险承受能力的情形，再次购买理财产品时应当主动要求商业银行对其进行风险承受能力评估。

七、《关于进一步加强商业银行理财业务风险管理有关问题的通知》

2011年9月30日，中国银行业监督管理委员会发布了银监发［2011］91号文《关于进一步加强商业银行理财业务风险管理有关问题的通知》。该通知主要就银行发行短期理财产品、理财资金投资资产及比例的披露、理财收益清算期和理财产品账务处理等进行了具体规定。

该通知第二条以明文的形式规定不得通过发行短期和超短期、高收益的理财产品变相高息揽储，在月末、季末变相调节存贷比等监管指标，进行监管套利。6月底中国银行业监督管理委员会召开的商业银行理财业务监管座谈会上，就强调在月末和季末等考核时点大量发行超短期或短期高预期收益类的理财产品有变相高息揽储之嫌。而该通知在文件中正式阐述显示了监管层对该类理财产品发行与销售进行监管的决心，对之后超短期理财产品的发行产生了一定的影响。

该通知第三条强调不得发行和销售无真实投资、无风险评级、无充分信息披露的理财产品；同时，强调在信息披露中不得笼统地规定各类资产比例为0～100%，应当载明各类投资资产的具体种类和比例区间。8月新出台的《商业银行理财产品销售管理办法》对银行理财产品风险评级进行了详细规定，其中也规定对理财产品进行风险评级的依据应当包括理财产品投资范围、投资资产和投资比例等内容。

针对目前市场上存在的产品募集期和清算期较长且将其安排在月末和季末以利于银行变相调节监管指标的问题，第四条法规专门作出了规定，即商业银行不得故意拖延理财产品的清算期，理财产品到期后应及时完成清算。

第五条要求做好每个理财计划的单独核算和规范管理，对理财资金进行规范的会计核算，对理财计划的制定作明细记录，对每个理财计划建立托管的明细账，对投资资产组合实现单独管理等。这些规定的出台将主要约束银行通过内部收益转移提高理财产品收益的行为。

第六条和第七条强调要继续严格执行银信理财合作业务相关规定，按照“实质重于形式”的原则，依法合规地开展金融创新。此外，强调将信贷资产（包括贷款和票据融资）纳入表内核算，并按照自有信贷资产的会计核算制度管理，计算相应的存贷比等监管指标，按相应的权重计算风险资产，计提必要的风险拨备。

第二节　2011年银行理财市场热点回顾

一、资金面紧张致收益率高涨，超短期产品受市场追捧

1个月以下期的超短期理财产品以其高流动性为最大特色，在理财产品市场中占据一席之地。2008年这类产品发行量占理财市场的比例为10.64%，2009年为17.56%，2010年继续上升为23.74%，而2011年这个比例更是高达30.28%。不同的是2011年超短期理财产品以其高收益吸引众人眼球，受到市场的极大追捧，成为整个银行理财产品市场的热点。

超短期理财产品发行最初是为了向有短期资金头寸的个人和机构投资者提供保值增值的理财渠道，同时增强银行在理财产品发行期限和流动性安排方面的多样性和丰富性。随着2010年下半年以来紧缩性货币政策持续实施，短期资金成本上涨并高位运行，同时在信贷额度受到限制、银行面临更加严格的存贷比考核形势下，银行发行此类产品的目的发生了变化，故2011年超短期理财产品发行量曾连续5个月超过1个月至3个月期产品。

通过分析银行理财产品相关数据得知，理财产品销售期通常以6天和7天为主，每月25日和28日是理财产品发行高峰日，每月25日至月末是理财产品集中到期时间。银行在月末集中发行产品，在6天或者7天的销售期内（销售期也即资金募集期），客户的申购资金为银行的表内活期存款，并在银行表内度过月末这特殊的一天；次月初，理财产品成立，资金从银行表内划走，进入表外理财相关账户。同时，将理财产品到期时间集中在每月25日后，通常情况下理财产品到期后5个银行工作日为到账日，客户不会马上把钱取走，这样，绝大部分资金仍然能在银行度过月末这一天。在银行发行的理财产品中，超短期理财产品运用这种安排方式的最多。这一方面有利于银行顺利通过月末或季末的存贷比考核，另一方面也可以通过发行高收益的超短期理财产品帮助银行稳定原有客户资源并吸引新客户。在2011年临近半年考核的6月，超短期理财产品达到量增价涨的峰值，该月1个月以下期产品发行量达到756款，平均预期收益率为4.43%，超过1个月至3个月以及3个月至6个月期产品4.10%和4.40%的平均预期收益率，单个超短期产品预期收益率最高曾突破8.47%（见图6-1）。

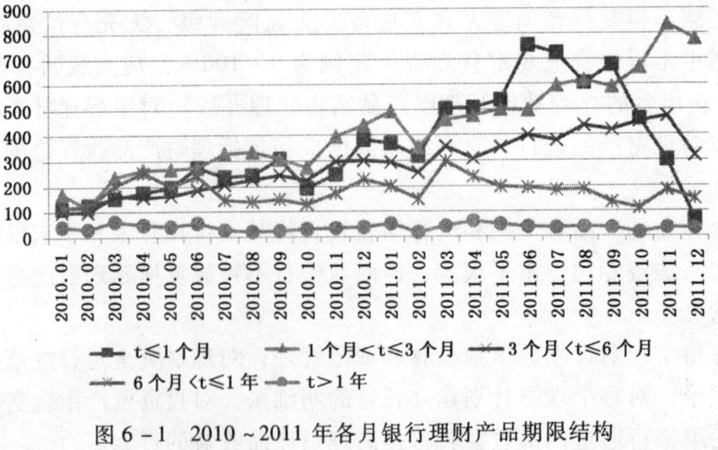

图6-1　2010～2011年各月银行理财产品期限结构

资料来源：普益财富（数据截至2011年12月31日）

高收益率、高流动性的超短期理财产品对个人和机构投资者极具吸引力，尤其是对短期闲置资金量较大的高端个人客户和机构客户，选择银行理财产品投资是兼获高收益和高流动性的两全之计。这类期限的产品引爆理财市场，是银行在特殊信贷政策和货币政策下应对监管的博弈之举，但各家银行

靠短期高收益理财产品争抢资金，提高存款，压低存贷比，理财成为变相揽储，确实有悖代客理财的本质。中国银行业监督管理委员会自2011年7月初就开始加强银行理财市场的整顿，建议“慎发”7天以内的超短期理财产品，9月30日又发文强调不得通过发行短期高收益的理财产品变相揽储。2011年第4季度超短期理财产品发行量一路下滑，11月降至300款左右，12月竟不足百款，而当月发行的1个月至3个月期产品占比接近60%，其中32～45天期产品占比更是高达30%。可见，在政策监管下，银行理财产品发行期限只是避开了1个月以下期限的监管红线，发行的理财产品仍然为短期性质。不过值得注意的是，在存款利率受到管制的情况下，对于银行来说理财产品是目前唯一能突破界限的业务品种，尽管它的运作模式较为粗放、不可持续且蕴藏风险，但也是银行当下不得不做的选择，要从根本上促进理财市场回归本质，需加速利率市场化进程。

二、“资产池”运作模式大行其道，创新之下需防范风险

2011年，资产池类理财产品发行备受市场和监管层的关注。这类方式运作的理财产品最初由具备大规模理财资金优势的大行发起。它原本的运作模式是将同系列或者同类型不同时期发行的各款理财产品所募集的资金统一到一个资产池中进行投资管理。该资产池投资于符合该系列或者该类型理财产品所规定的各种投资标的，其整体投资收益作为确定各款理财产品收益的依据。也就是说将该资产池内所有资产整体的预期到期收益率作为各款理财产品收益定价基础。这区别于传统理财产品根据单款理财产品投资期内实际运作收益决定理财产品价格的方式。这种运作模式可以形成大规模和连贯性的资金优势，通过对募集资金灵活的投资管理提高产品整体的运作效率。

随着2010年下半年以来市场流动性的紧缩，各家银行使出浑身解数揽存吸储，银行理财产品之间的“价格战”愈演愈烈，很多中小银行因为无法及时推出一些有竞争力的高流动性、高收益的理财产品，存款流失严重。为了保护传统存贷业务和增加中间业务收入，他们也开始追随大行建立资产池。在银行实际业务经营中，资产池运作方式主要通过操作流程和工作台账体现。理财资金募集完成后，并没有建立独立账户，而是由“资金池”进入“资产池”。“资金池”通过滚动发售理财产品滚动募集资金，“资产池”集合投资资产并进行内部调剂匹配。资金部门主要控制的是“资金池”内的最低流动性，保证不出现流动性风险。银行通过期限错配、资产回购、内部利润转移等多种手段以达到理财产品短期限、高收益的要求。

在资产规模增长受限、流动性需求增加的情况下，各家商业银行往往将自身的债券、贷款、票据等打包成理财产品，通过压缩表内资产以获取业务发展空间和流动性支持。这种“资产池”模式目前是国内商业银行主流的资产管理模式，在优化银行传统业务结构、增加中间业务收入以及促进金融产品创新方面确实发挥了重要作用。

目前，债券类产品和组合投资类产品主要采用资产池的运作方式。2010年这两类产品发行7 640款，2011年高达16 020款，但这种空前发展速度也逐渐暴露出一些不可忽视的问题：部分银行将各种期限、各种类型理财产品募集的资金集合后投资到配置了多种资产的资产池进行集合运作，导致多个理财产品同时对应多笔资产，背离监管政策和法规；部分银行凭借滚动发行、动态管理以及信息透明度低等特点，做高该类理财产品的收益，并将其发行和到期时间集中安排在存贷比考核时点，“资产池类”理财产品演变为商业银行的存款吸纳工具和资产负债调节工具。

除此之外，中国社科院上海陆家嘴研究基地的专项调研结果表明，目前绝大部分商业银行会在“资产池”中配置一定的信贷资产。其中，一些稳健型商业银行的“资产池”中信贷资产的配置比例约为10%，而某些相对激进的商业银行可达到60%～70%。这些信贷资产或为新增贷款或为存量贷款，部分为与房地产相关的贷款，甚至不乏2008年金融危机后的地方政府融资平台贷款。在资产池内配置这类信贷资产确实提高了资产池类理财产品的收益，同时也蕴含了较大风险，一旦基础投资领域出现违约问题，整个资产池类理财产品资金链条断裂，将可能出现严重的兑付问题。

然而，对于普通投资者来讲，这类产品确实有着特殊的吸引力，投资者不再像以前一样必须面对清一色的存款利率，而是分享到了这种变相利率市场化带来的经济效益。当前利率市场化为大势所趋，监管层也试图在鼓励银行理财业务创新和规范发展中找到平衡点。为了加强对该类产品的监督管理，未来将可能建立更加详细有效的相关法规和风险管理体系。

三、“网银专享”理财产品热销，银行理财渐入“网络时代”

“网银专享”理财产品，是仅通过网上银行发行的理财产品，产品总体收益水平高于同期限的柜台销售产品。随着各银行网上银行服务的日益完善，银行理财销售不断从传统柜台向电子渠道转移。网上理财的方便性、快捷性和不受时空限制等优势得到了市场的高度认可，越来越多的客户形成了使用网上银行进行投资理财的习惯。2011年，银行理财产品销售竞争逐渐从网下蔓延到网上，各银行理财产品纷纷“触网”，“网银专享”理财产品蓬勃发展（见图6－2及图6－3）。

对投资者而言，在网上购买“网银专享”理财产品，不用奔波于银行间，免去了排队等候的烦恼，大大节省了时间；能在家享受24小时服务，随心在“网银超市”选择适合自己的产品；且产品的申购条件、基本要素一目了然，交易灵活自由，十分方便快捷。

银行将理财产品通过网络渠道销售，一方面减少了网点柜台销售压力，降低了人力、营销等经营成本；另一方面，因网上银行产品、服务的丰富性对银行完善服务、稳定客户群发挥着非常重要的作用，理财产品上网销售能大大提升银行的服务层次与消费者满意度，所以银行乐于通过提高产品收益，引导客户通过网上银行购买理财产品。

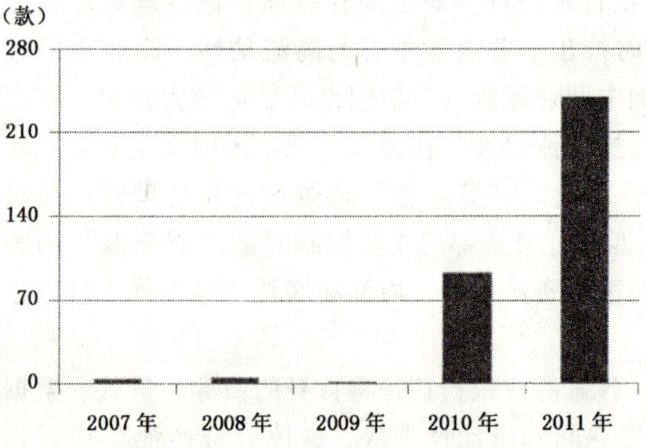

图6－2　历年网银专享产品发行数量

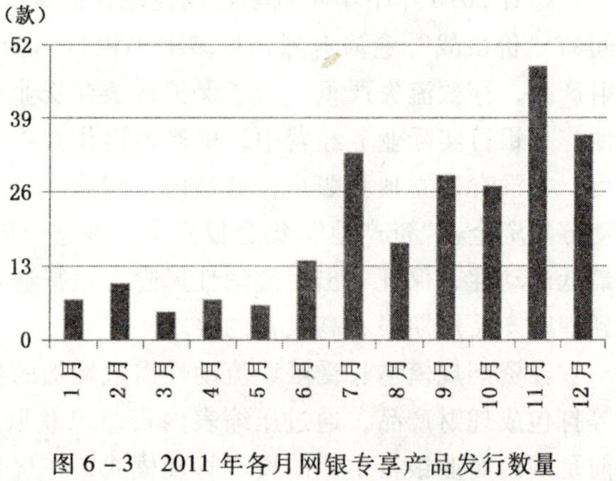

图6－3　2011年各月网银专享产品发行数量

资料来源：普益财富（数据截至2011年12月31日）

自2007年光大银行发行第一款“网银专享”——“‘阳光理财’T计划人民币1年期网银产品”以来，越来越多的银行注意到了网上银行这一阵地。2010年，民生银行发力网银理财，发行数量占总量的71%；2011年，民生银行“非凡资产管理（增利型网银专属）”系列、招商银行“电子银行理财夜市”、建设银行“乾元网银专享”系列、中国银行“搏弈”系列等商业银行“网银专享”理财产品全面铺开，全年共发行239款该类产品。

2011年上半年“网银专享”理财产品月均发行数量在10款左右，7月招商银行试水“夜市理财”，发行量增加，民生银行、建设银行等紧随其后，下半年市场月均发行数量维持在30款左右。

2011年发行的“网银专享”理财产品期限较短，均在6个月以内，其中期限在1个月以下的超短期产品数量最多，占比达到54.81%（见图6－4）。“网银专享”理财产品主要投资于债券与货币市场工具、票据资产等低风险标的，收益稳定，加之银行成本降低以及为了吸引客户，“网银专享”理财产品的收益比同期限、同类别的柜台销售产品高出0.4～0.8个百分点（见图6－5）。

在“网银专享”理财产品中，“夜市理财”产品是2011年商业银行针对上班族推出的一类创新

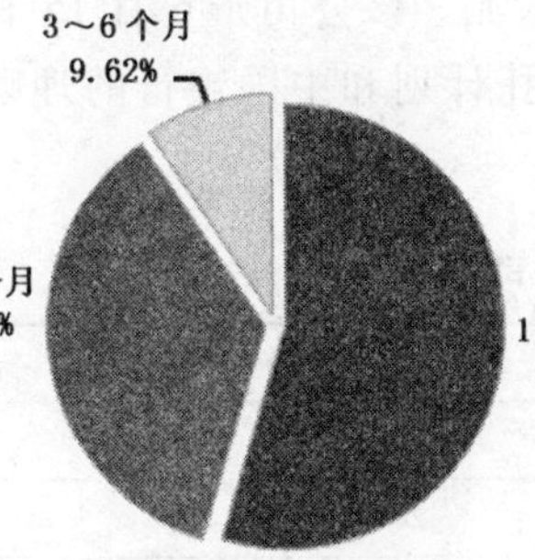

图6-4　2011年网银专享产品期限结构

资料来源：普益财富（数据截至2011年12月31日）

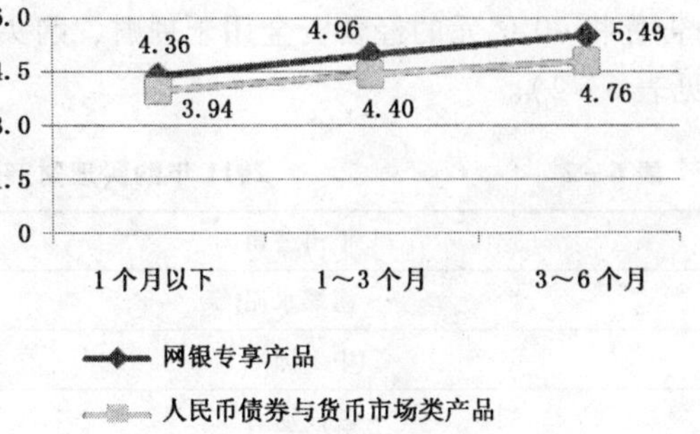

图6-5　2011年网银专享产品收益率情况

产品。2011年银行理财产品市场火爆，短期理财产品供不应求，但很多投资者在白天工作时间却无暇购买，只能眼睁睁看着闲置资金在账户上睡大觉。为了满足客户需求，招商银行细分目标客户，于2011年7月率先推出在晚间发售理财产品的“理财夜市”。从此，白天忙于工作、想理财却又没有时间理财的上班族，有了全新的投资理财渠道。在贷存比考核压力日益加大的背景下，此举也凸显各商业银行创新服务模式、拓宽渠道以吸引资金的良苦用心。

与银行白天发行的理财产品相比，夜市理财产品的特点，一是销售、购买的时间一般集中在晚间8点至12点。由于销售时间较短，有需求的投资者需及早认购，以免错过认购期影响资金的运用；同时，销售时间短则购买后想撤销的时间亦短，如果过了销售时段，购买的理财产品将很难撤销，投资者应在充分考虑之后再进行理财产品的认购。另外一个则是在销售渠道方面，“夜市理财”只能通过网上银行办理。除此之外，夜市理财产品的投向、期限、销售起点等要素与常规理财产品并无区别。

如招商银行自2011年7月推出的“理财夜市”，产品定期在20:00~22:30开放认购，投资者登录招商银行网上银行即可了解购买滚动发行的期限不等的低风险理财产品。其“安心回报”“点贷成金”两个系列产品，投资标的均为货币市场工具、信用级别较高的债券、央行票据、各类承兑汇票等，风险较小；产品期限大部分在28~62天，预期年化收益率为4.74%，高于常规产品。再如民生银行的“非凡资产管理（增利型网银夜市）”系列理财产品，其主要投资于债券和货币市场工具、信贷资产等，期限大部分在2个月以内，平均预期收益率为4.94%。民生银行推出“网银夜市”的目的既是为了便于上班族投资理财，也是便于资本市场收市后投资者可以结合市场走势确定更合理的投资目标。

商业银行细分客户群体，贴心服务投资者推出“理财夜市”，在拓宽融资渠道的同时也大大提升了客户满意度，“理财夜市”正受到越来越多白领的青睐。

四、上市公司热衷购买银行理财产品，背后动力和无奈并存

2011年，为抑制通货膨胀，央行6次上调存款准备金率，3次加息，1次下调存款准备金率。一系列宏观调控政策使金融市场资金面紧张程度达到近年之最，资金借贷利率高企；加上欧美等发达经济体出现债务危机，对我国出口持续造成冲击，导致了实体经济的不景气，企业毛利率持续下降。在这种情况下，为求资产保值增值，部分上市公司将闲置资金投向理财市场，于是2011年出现了历史上少见的“理财产品投资潮”。

据统计，2008年有4家上市公司发布购买理财产品的公告；2009年增至5家；2010年增至18家；2011年共有87家上市公司发布关于利用自有闲置资金购买理财产品的公告，总投资额达304.7

亿元。2011年上市公司购买银行、信托类理财产品最大手笔的是海螺水泥。该公司于6月15日发布公告称将40亿元的经营资金用于理财，购买国元信托、四川信托的信托计划和中国银行的理财产品（见表6－2）。

表6－2　　2011年购买理财产品总金额超过10亿元的上市公司

上市公司	资金额度（亿元）
海螺水泥	40
中工国际	20
陕鼓动力	20
洋河股份	20
兆驰股份	13
中卫国脉	11
特变电工	10
云南白药	10

资料来源：上市公司公告及公开资料，普益财富整理。

2011年，不仅购买理财产品的公司数量多，而且许多公司的购买频率也很高。赛象科技多次认购中国银行的保本型银行理财产品；陕鼓动力于6月13日至8月19日累计购买13亿元，9月17日再发公告，拟购买3亿元；漫步者也多次出手，6月24日购买5 000万元兴业银行东莞分行理财产品，7月1日购买3 200万元浦发银行深圳分行理财产品，旗下北京爱德发购买1亿元兴业银行东莞分行理财产品，7月29日与北京爱德发合计购买9 000万元浦发银行北京分行理财产品，8月1日购买浦发银行深圳分行理财产品，8月30日又与北京爱德发分别斥资5 000万元、8 000万元购买浦发银行理财产品。

上市公司在公开市场上融资，是为了扩大再生产，做大企业规模，实现更多盈利，但2011年却爆发出投资理财产品的热潮。在这现象的背后，上市公司、银行二者有着什么样的动力与纠葛呢？一边是部分上市公司手握巨额货币资金找不到更高收益的出路，一边是银行系统自2010年下半年以来面临的银根始终紧缩的局面，这就促成了上市公司与银行间的双向选择：通过购买银行、信托类理财产品，上市公司在弱市中获得相对较高收益。银行则通过此途径实现变相揽储，通过发行对公理财产品，大规模地卖给上市公司，不仅能完成监管指标，也免去了对理财产品市场反应不佳的担忧，银行方面更是乐见其成。

（一）IPO超募、利润沉淀使得有财可“理”

自2009年6月我国A股市场IPO重启以来，大量公司扎堆上市；加之2009年9月创业板市场正式开市交易，中小企业纷纷涌入。在2010年后上市的公司，大多是高市盈率、高溢价发行，在A股市场上募集到的资金远超其本身募资项目所需，因而形成了巨额资金沉淀。在2011年上半年的164宗IPO中，计划募资717亿元，实际募资达到1 607.75亿元，超募比例高达124%。

虽然2011年A股市场总体跌幅超20%，但据统计，超七成公司2011年业绩出现增长。越来越多的公司手持货币资金，形成净利润沉淀。如2011年累计花费20.6亿元购买理财产品的洋河股份，公司货币资金高达60.54亿元；截至6月30日，贵州茅台货币资金为173亿元，五粮液货币资金为182亿元。因此，在2011年各行业普遍缺乏资金之时，这些上市公司仍手握余钱，构成了购买理财产品的先决条件——闲置资金。

（二）沉淀资金难寻出路，“募集资金”变身“自有资金”

2008年全球金融危机爆发以来，外部经济环境恶化，我国政府积极调整经济结构，加大了“调结构、促发展”的力度。2011年我国正值经济结构调整转型的阵痛期，加上欧美等发达国家经历债务危机，自身难保导致进口需求急剧下降，直接打击我国出口；国内通货膨胀压力导致企业成本大幅上升。复杂的宏观经济形势使得企业未来投资、项目运作愈渐困难。

根据上市公司公告，手持大量现金的新发公司是理财产品最积极的购买者。虽然融资、再融资使上市公司拥有大量资金，但根据相关规定，上市公司募集资金并不能直接用于理财。为躲避监管，上市公司会用募集资金置换前期投入的自有资金，或以补充流动资金为名将募资变为自有资金，这样就扫清了理财的法律障碍，可以将这部分资金名正言顺地投向理财产品市场。

（三）通过理财提高资金使用效率

在企业经营过程中，始终会存在部分中、短期闲置资金，如零售行业与供应商结账前资金会有1个月左右的闲置。这些资金不能长期定存，过去只能作为活期存款存入银行，收益率非常低。

近年来，银行理财产品市场产品线不断丰富、期限灵活，投资者选择余地加大。从收益来看，目前很多低风险银行理财产品的年化收益率超过1年期基准存款利率。普益财富统计数据显示，2011年发行的债券与货币市场类理财产品中，3个月~6个月期的收益率为4.76%，6个月~1年期的为4.60%，远高于0.5%的活期存款利率。因此，2011年越来越多的上市公司选择将原来的活期存款转为购买短期银行理财产品，显著提高了闲置资金收益；从风险角度看，虽然银行理财产品的绝对收益率不高，但相比证券市场、大宗商品市场等来说，风险很小。

在目前经济前景不明朗的形势下，如果在主业上没有更好的投资项目，上市公司不会轻易投资，而会选择将存放于银行的中、短期资金转为购买理财产品。由此可见，2011年上市公司在理财产品领域的投资，是兼顾风险与回报的较理想选择。

（四）理财的背后也有无奈

通过进一步研究发现，银行理财确实是上市公司一个新的投资渠道，但在产品同质化严重的当下，大部分上市公司购买的理财产品发行银行正是其资金存放、业务关联度最高的银行。上市公司购买理财产品除了变相帮助关联银行完成“揽储”任务外，大部分是为了获得贷款，即企业想要拿到银行贷款，必须先购买一定数额的理财产品。如果不购买，则企业的贷款利率至少会上浮30%，且还要排队审批；而一旦购买了一定数量的理财产品，便会成为银行的优质客户，不仅贷款可享受基准利率，审批放款速度也会很快。

为了尽快拿到贷款，2011年不少上市公司卯足了劲儿购买关联银行的理财产品，在帮助银行完成揽储任务的同时，也维护好了与银行的长期关系。因此对上市公司来说，买与不买由不得选择，背后也满是无奈。

第三节　2011年银行理财产品发行情况

一、发行数量及规模情况

（一）全年产品发行总量明显提速，年中达到发行顶峰

2011年我国银行理财产品的发行有明显提速迹象。全年发行数量为22 441款，较2010年上涨100.58%；发行规模为16.99万亿元人民币，较2010年增长140.99%。无论是产品发行数量还是产品发行规模，其同比增速均大幅超过2009年和2010年（见图6-6）。

分月来看，排除节假日对产品发行的影响，2011年银行理财产品发行数量整体上呈现出缓慢增长趋势，从6月开始连续半年维持在2 000款以上，12月则回落至1 859款（见图6-7）。而发行规

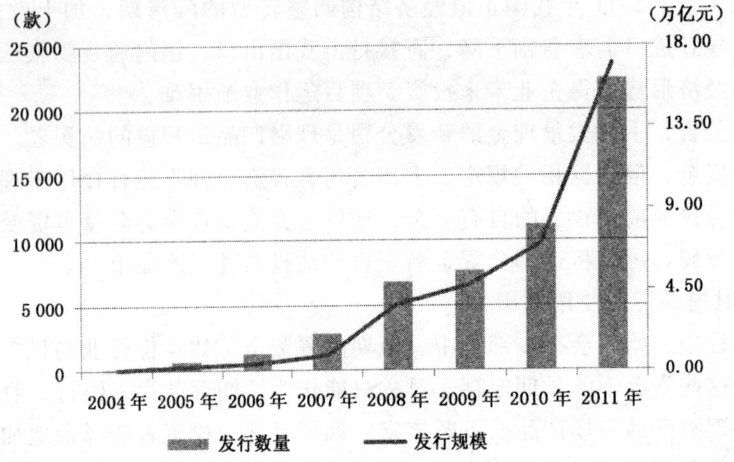

图6－6　2004～2011年银行理财产品发行数量及规模情况

资料来源：普益财富（数据截至2011年12月31日）

模则表现为“上半年震荡攀升，下半年逐月回落”之势，其中全年规模最高点出现在6月，为1.91万亿元人民币，主要原因在于各家商业银行为了达到半年末贷存比考核要求，在6月底大量发行高预期收益率的超短期理财产品以冲击规模。

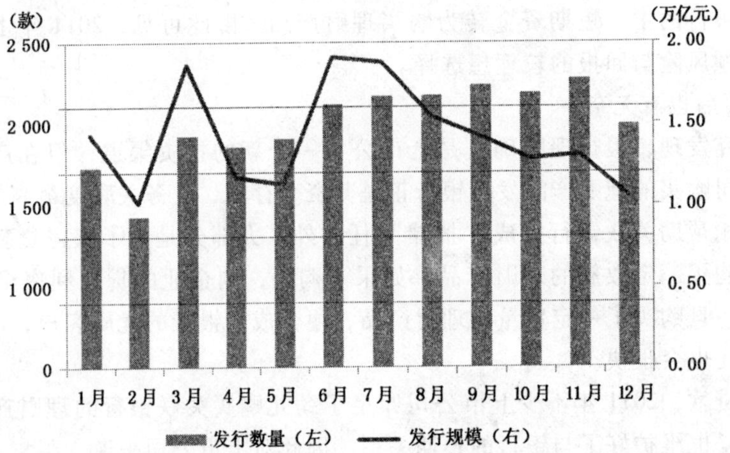

图6－7　2011年1～12月银行理财产品发行数量及规模情况

资料来源：普益财富（数据截至2011年12月31日）

（二）股份制商业银行仍是发行主力，城市商业银行异军突起

从银行理财产品的发行主体来看，2011年股份制商业银行仍然是主力军。该类型银行的全年产品发行数量为8 805款，市场占比约为40%，虽然较2010年小幅下滑0.75个百分点，但其绝对领先地位仍未动摇。

国有银行的理财产品发行数量为7 729款，市场占比仍然保持在第二位，与股份制商业银行一样，其市场份额较2010年的35.18%出现了小幅下滑，降至34.44%（见图6－8）。

外资银行产品发行数量为990款，其市场占比为4.41%，较2010年的6.71%出现了较大幅度的下降。外资银行历来以发行结构性理财产品和QDII产品为主，而2011年以来，由于国际金融市场环境不断恶化，投资风险进一步加大，这两类产品的市场需求有所萎缩，从而增加了外资银行发行产品的难度。

股份制商业银行、国有银行以及外资银行失守的市场份额均被城市商业银行和农村金融机构所占

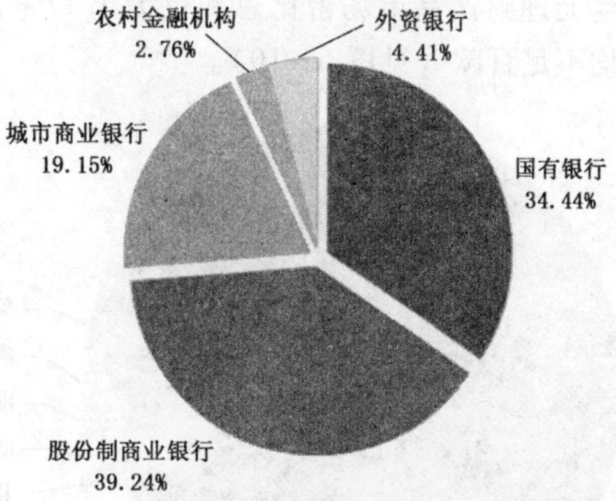

图 6-8　2011 年银行理财产品发行主体情况

资料来源：普益财富（数据截至 2011 年 12 月 31 日）

领。城市商业银行产品发行的市场占比由 2010 年的 15.88% 上升至 2011 年的 19.15%，产品发行数量近 4 300 款，显示了这类银行主体在理财市场中正异军突起。农村金融机构全年产品发行数量虽然由 2010 年的 250 款增长至 620 款，其市场占比小幅增长 0.53 个百分点。

（三）产品以非保本为主，“浮动收益”趋势显现

2011 年发行的银行理财产品中，非保本浮动收益型仍然是主要风险收益类型。该类型产品发行共计 13 909 款，市场占比达到了 61.98%，较 2010 年上升了 6.59 个百分点（见图 6-9）。

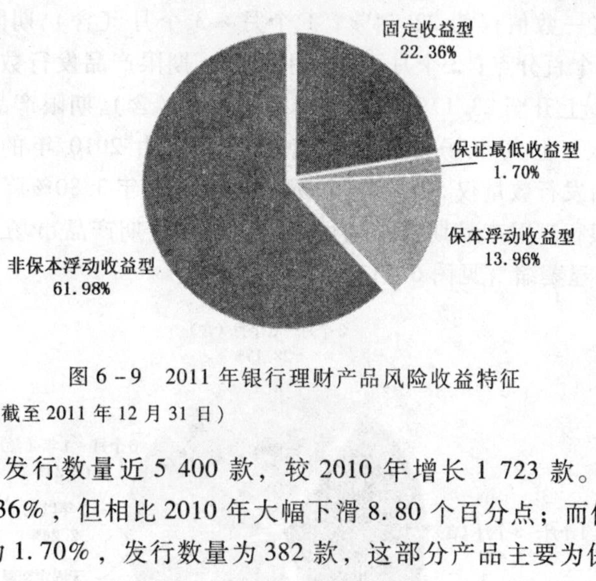

图 6-9　2011 年银行理财产品风险收益特征

资料来源：普益财富（数据截至 2011 年 12 月 31 日）

保证最低收益型产品发行数量近 5 400 款，较 2010 年增长 1 723 款。其中，固定收益型产品 5 017款，市场占比达 22.36%，但相比 2010 年大幅下滑 8.80 个百分点；而保证最低收益型产品市场占比与 2010 年持平，仍为 1.70%，发行数量为 382 款，这部分产品主要为保证最低收益型的结构性理财产品。

保本浮动收益型产品发行数量为 3 133 款，市场占比近 14%，相比 2010 年增加 2.21 个百分点。

从各类风险收益特征产品市场占比的变化形势可以看出，浮动收益类型产品越来越普遍，固定收益类型产品的市场占比则呈萎缩趋势。

（四）人民币产品占据绝对主导地位，各类外币产品市场占比普遍下降

从发行产品投资币种来看，2011 年人民币理财产品占据绝对主导地位。该币种理财产品发行数量为 19 682 款，市场占比 87.70%，较 2010 年增长约 10 个百分点；美元理财产品为 1 025 款，其市场占比同比下滑明显，从 2010 年的 7.71% 降至 2011 年的 4.57%；澳元理财产品的市场占比同样出现小幅下降，由 2010 年的 3.20% 降至 2011 年的 2.46%；港币理财产品为 465 款，市场占比较 2010 年下降 0.54 个百分点；欧元理财产品市场占比较 2010 年略微下滑 0.07 个百分点，至 2.03%；英镑、

日元、加元、新加坡元和新西兰元理财产品市场占比总和仅为 1.17%，其中日元、加元、新加坡元和新西兰元理财产品发行数量均不足百款（见图 6 - 10）。

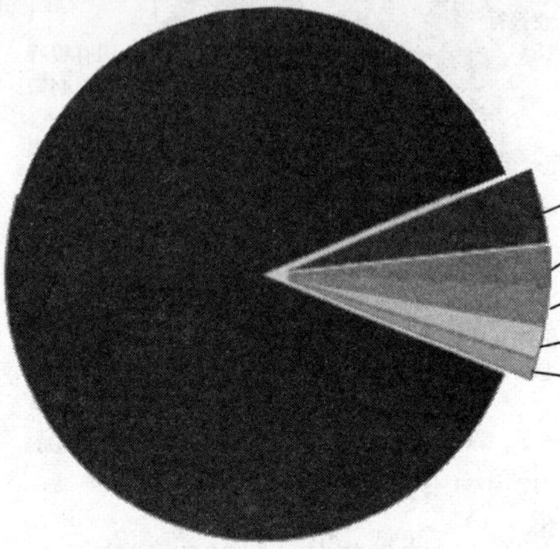

图 6 - 10　2011 年银行理财产品币种结构①

资料来源：普益财富（数据截至 2011 年 12 月 31 日）

（五）短期化趋势明显，超短期产品受到监管层关注

从发行产品投资期限上看，2011 年银行理财市场主要以短期理财产品为主。1 个月及以下期限产品发行量出现井喷。该期限段产品发行数量为 6 281 款，是 2010 年发行数量的 1.36 倍，其市场占比为 27.99%，而 2010 年这一数值仅为 22.34%；1 个月 ~3 个月（含）期限产品市场占比最高，达 34.47%，同比增长 5.45 个百分点；3 个月 ~6 个月（含）期限产品发行数量超过 5 000 款，其市场占比由 2010 年的 20.05% 上升至 23.17%；而 6 个月 ~1 年（含）期限产品的发行数量为 2 523 款，同比增长幅度为 20.83%，但其市场占比出现急剧下降，由 2010 年的 17.56% 降至 2011 年的 11.24%；1 年期以上产品发行数量仅 503 款，市场占比由 2010 年 3.80% 降至 2011 年的 2.24%。

总的来说，2011 年银行理财产品期限结构可以表述为，短期产品市场占比快速扩张，而中长期及长期产品的市场占比明显萎缩（见图 6 - 11）。

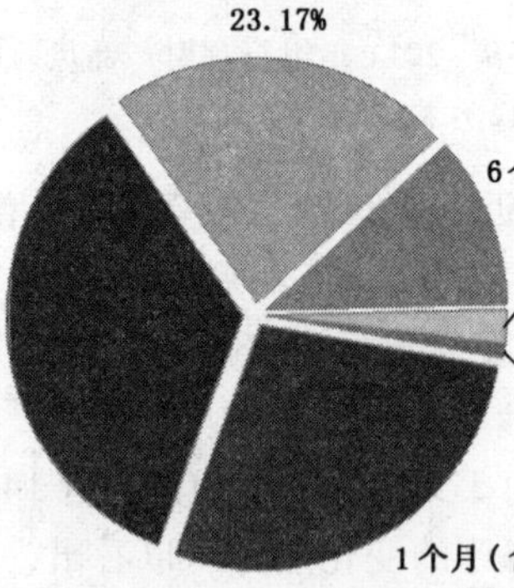

图 6 - 11　2011 年银行理财产品期限结构

资料来源：普益财富（数据截至 2011 年 12 月 31 日）

银行理财产品"短期化"趋势自 2009 年以来就得以显现，但在 2011 年这一趋势表现得更加明

① "其他"包含英镑、日元、加元、新加坡元和新西兰元。

显。2011年我国宏观经济形势比较复杂，CPI长期高企，国家宏观调控的主要目标定位于“稳定物价”，由此，实质从紧的货币政策导致信贷规模大幅收缩。与此同时，商业银行为了应对监管层对其流动性的限制，利用超短期产品的发行达到拉动存款以应对贷存比考核的目的。因此，银行理财产品“短期化”的趋势表现得尤为突出。监管层对短期产品监管力度的加强，直接影响了2011年各月银行理财产品期限结构的变化形态。

2011年1~12月，银行理财产品期限结构走势可以6月为分水岭，在上半年和下半年两个阶段分别呈现出截然相反的特征。上半年，1个月以内的超短期产品市场占比不断攀升，6月达到最高点40.05%，1个月~3个月期产品的市场占比逐月减少，6月达到年内低点26.30%。下半年，1个月以内的超短期产品市场占比骤降，进入11月该比例已经降至20%之下，12月达到最低点5.33%；而1个月~3个月期限的理财产品市场占比在下半年持续走高，12月达到最高点55.57%。特别是在9月之后，超短期产品与短期产品市场占比此消彼长的态势表现得十分显著（见图6-12）。

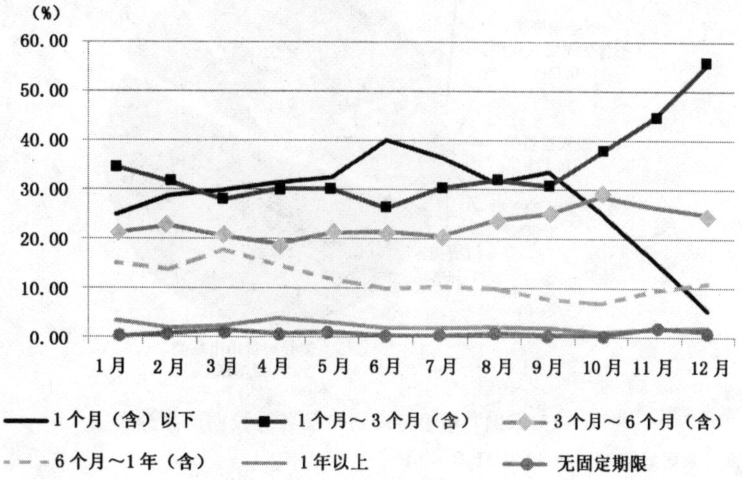

图6-12　2011年1~12月银行理财产品期限结构走势

资料来源：普益财富（数据截至2011年12月31日）

以上现象主要是受监管层对超短期产品的监管政策影响。各家商业银行为了达到变相高息揽存的目的，超短期产品的发行在2011年上半年近乎疯狂。为了规范银行理财市场的健康运行，2011年9月底，银监发［2011］91号文明确提出了要对“利用短期产品进行监管套利行为”进行限制。该文件一颁发，超短期产品的发行量应声而落。同时，银行加大了对1个月~3个月期理财产品的发行力度，尽可能继续满足市场的高流动性理财需求，由此造成了2011年下半年银行理财产品期限结构的戏剧性变化。

（六）债券与货币市场类产品占据半壁江山，信贷类产品受政策影响而下滑

2011年发行的理财产品根据其投资对象可以分为债券与货币市场类、信贷类、票据资产类、股权投资类、证券投资类（不含优先受益权型）、结构性产品、组合投资类及其他类产品。

表6-3　2011年各类投向产品发行数量　（单位：款）

	债券与货币市场类	信贷类	票据资产类	股权投资类	证券投资类	结构性产品	组合投资类	其他
2011	11 861	447	807	36	20	1 180	6 388	1 702
2010	5 789	1 758	186	81	15	841	1 851	667
同比增幅	104.89%	-74.57%	333.87%	-55.56%	33.33%	40.31%	245.11%	155.17%

资料来源：普益财富（数据截至2011年12月31日）。

在这八类产品中，有六类产品发行数量上升。其中11 861款产品投资于债券和货币市场工具。债券与货币市场类产品占据了理财产品市场的半壁江山，产品数量增加超过1倍；组合投资类产品增长迅速，理财产品设计中组合投资、分散风险的投资理念愈发凸显，2011年发行量是2010年的3.45倍，达到6 388款；票据资产类产品发行量增幅最大，全年发行807款；结构性产品发行回暖；证券投资类产品缓慢增长；随着投资渠道的多样化以及投资品种的不断丰富，其他类产品发行量增幅达155.17%，2011年全年共发行1 702款（见图6－13）。

然而，受监管因素影响，2011年信贷类产品渐渐淡出市场，发行量减少1 311款，全年仅发行447款；股权投资类产品发行量减幅过半，全年仅发行36款。

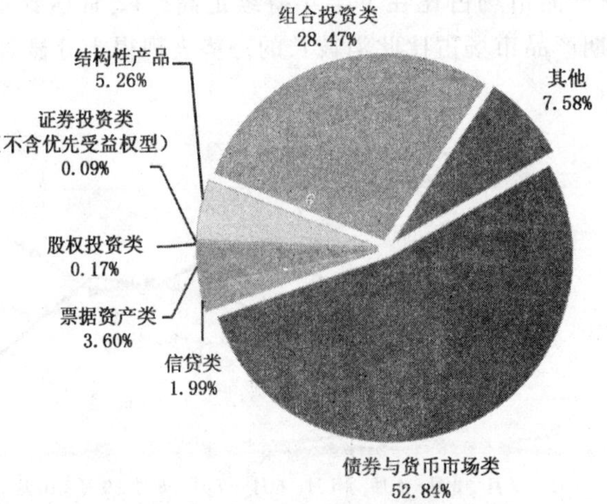

图6－13　2011年银行理财产品各类投向产品分布

资料来源：普益财富（数据截至2011年12月31日）

从各季度理财资金投向变化趋势来看，2011年全年发行的理财产品以债券与货币市场类为主。该类产品全年平稳运行，各季发行量占比均维持在50%左右。收益稳健的债券与货币市场工具成为2011年理财资金的主流投向（见图6－14）。

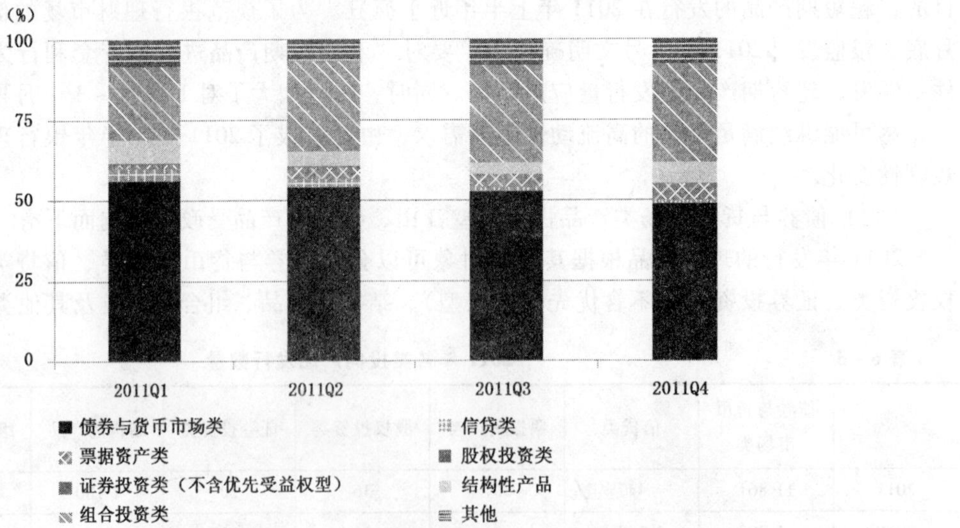

图6－14　2011年银行理财产品各类投向产品分布

资料来源：普益财富（数据截至2011年12月31日）

组合投资类产品发行量2011年逐季增加，占比从第1季度的23.06%上升到第4季度的30.81%。越来越多的银行在设计理财产品时，注重产品投向多样化，通过组合投资分散风险锁定收益，体现出银行风险控制理念的增强以及投资能力的提升。

其他类产品各季发行占比均维持在7%左右，发行数量逐季小幅增加。这一方面与社会经济大背景有关，如2011年艺术品、商品市场等异常火爆，国家虽对市场资金进行了调控引导，但因投资渠道有限，社会资金仍对非常规投资渠道十分追捧，反映在理财市场上，银行对另类投资、商品类投资热情高涨。从另一个角度看，这类产品在宣传、销售时很有噱头，银行在发行时也能吸引大众关注，提升品牌的影响力与认知度。因此，越来越多的银行进入这一领域。

结构性产品2011年第1季度发行量最大，占比7.17%。2011年年初世界经济正处于缓慢复苏的轨道，理财资金流向前景看好的市场，因此第1季度结构性产品发行了321款。2011年3月日本大地震、年中美债危机、欧债危机的恶化等一系列事件使世界经济二次探底风险加大，海外市场纷纷掉头向下，结构性产品的表现也不尽如人意，新发行产品数量减少，第2、第3季度占比维持在4%左右。第4季度，随着美联储、欧洲央行、各国政府出手救市，全球资本市场信心稍有恢复，国内银行发行动力增强，结构性产品发行量回升，占比6.39%。

受监管措施的持续影响，信贷类产品发行量逐季大幅减少。2011年前两个季度季均发行数量超过百款；年末理财市场上则难觅其影踪，第4季度仅发行62款，占比仅为1%。

• 债券与货币市场类产品为发行主力，其中六成产品期限在3个月以内。

2011年，我国实行稳健的货币政策。为了抑制通货膨胀，年内央行6次上调存款准备金率、3次加息、1次下调存款准备金率。一系列宏观调控政策使金融市场资金面紧张程度达到近年之最，且银行贷存比考核力度加大至按日考核，对短期资金需求更显得迫切；另一方面，我国物价上升势头明显，通货膨胀预期始终存在，CPI持续高位运行，全年涨幅达到5.4%，居民资产保值增值意愿强烈（见图6-15）。债券与货币市场类产品风险较小且收益稳定，在此大环境下备受市场青睐。

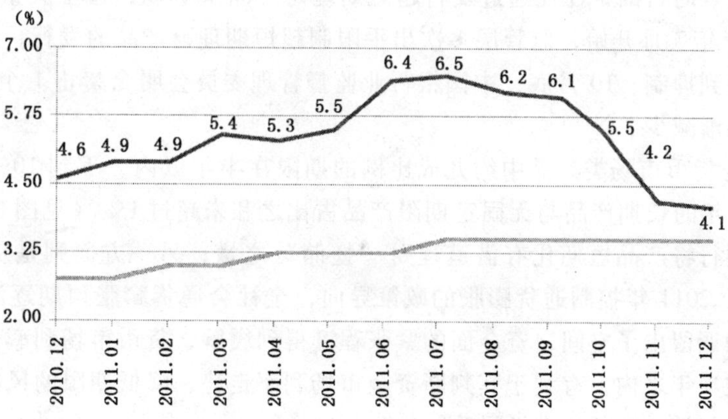

图6-15　2011年CPI走势

资料来源：国家统计局，普益财富整理

2011年，监管层针对近年来理财市场乱象，不断出手规范银行理财市场。其中，对银信合作、票据类产品、委托贷款等相关业务作出规范；并通过一系列的监管，严格规范理财资金投向。在这种情况下，理财资金投资范围大大缩小，债券与货币市场类产品以其投资安全、低风险的特征，成为发行主力，全年发行数量占比超五成。

对银行而言，发行债券与货币市场类产品相对简单，投资流程简明，而且风险控制清晰透明，交易对手信用风险较小，银行内部风险也较小，因此越来越多的银行将理财资金投资于债券与货币市场。对投资者而言，债券与货币市场类理财产品投资风险小，且在信贷紧缩的环境下，市场资金面紧缺导致债券与货币市场收益率走高，银行发行的该类产品收益率也随之上扬。在这种情况下，通过购买该类产品能获得高于其他投资渠道的收益，因此该类产品备受市场追捧。

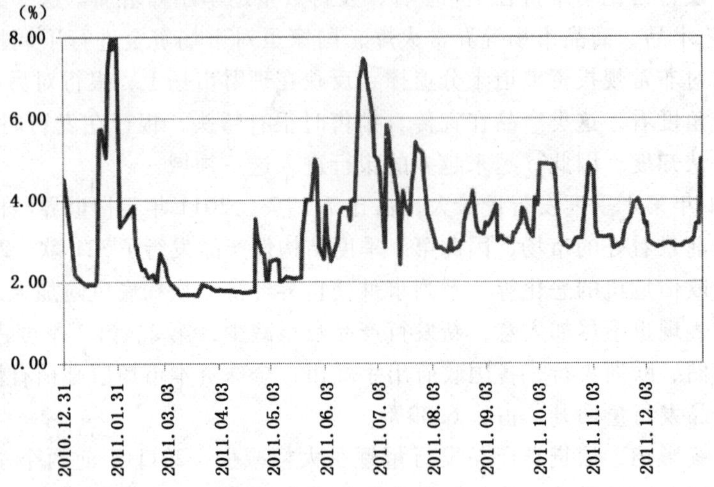

图 6－16　2011 年隔夜 SHIBOR 走势

资料来源：中国货币网，普益财富整理

从隔夜 SHIBOR 走势可以看出 2011 年资金面的紧张程度。隔夜 SHIBOR 越高，表明资金面越紧张，投资于债券与货币市场工具的理财产品则发行越盛。

从产品期限上看，债券与货币市场类产品依然以超短期、短期为主，即期限在 3 个月以下的产品占比超过六成。2011 年，资金面紧张导致 1 个月以下的超短期产品大行其道，在月末、季末，银行为达到监管指标冲时点的目的，往往通过发行超短期理财产品来实现，甚至大量发行 3 ~7 天的 1 周以内期限产品。2011 年 7 月开始，监管层多次出手限制超短期理财产品的发行，到 2011 年 9 月以后，产品短期化的趋势得到抑制；10 月底，中国银行业监督管理委员会明令禁止 1 个月以下产品的发行，该类产品发行量才逐渐减少。

2011 年，债券与货币市场类产品中约九成比例的期限在半年以内，不到 10% 的产品期限在半年到 1 年之间，超过 1 年的长期产品与无固定期限产品占比之和未超过 1%（见图 6－17）。出现此种局面，一方面是因为银行将产品短期化有借道理财“揽储”之嫌；另一方面则是从我国宏观经济运行来看，经过 2010 年、2011 年控制通货膨胀的政策导向，全社会通货膨胀预期逐渐降低，为货币政策适时适度进行预调微调留出了空间，资金面的紧张程度得到缓解，货币市场利率也渐渐下行。对银行而言，将期限控制在半年之内，有利于其判断资金市场利率走势，降低期限的风险敞口；对投资者而言，也有利于其资金周转，降低流动性风险。

- 组合投资类产品增长迅速，市场占比仅次于债券与货币市场类。

2011 年，组合投资类产品发行 6 388 款，相比 2010 年的 1 851 款增加 4 537 款，增幅高达 245.11%。在全年发行的产品中，该类产品占比也达到了 28.47%，仅次于债券与货币市场类产品。

2011 年，组合投资类理财产品的发行量迅猛增长。相比单一固定投向的理财产品，组合投资类的投资管理更加灵活，能在规定的投资比例范围内进行自由调节，便于更好地控制风险、实现收益。同时，对于募集金额较大的理财产品，单一投向可能会受标的资产规模的限制，而组合投资的“资产池”管理模式则能有效规避该限制。在全球后金融危机时代，风险管理与控制在投资中的重要性凸显，因此组合投资类产品自身的风险调控特征使其尽显在不确定的经济环境中的优势。组合投资类产品投资于低风险市场的资金保证投资者本金安全，投资于高风险市场的资金为投资者带来更高的收

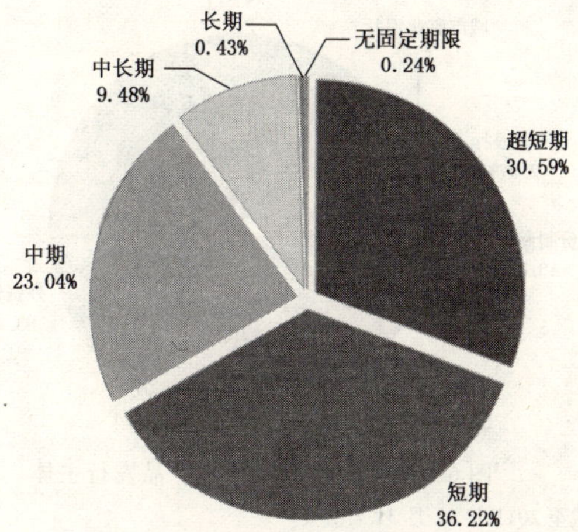

图 6－17　2011 年债券与货币市场类产品期限结构

资料来源：普益财富（数据截至 2011 年 12 月 31 日）

益，“进可攻退可守”的组合投资策略得到市场认可。

组合投资类产品绝大多数为非保本浮动收益型，这与其资金投向多样化、收益不确定性有直接的关系（见图 6－18）。将部分资金投资于债券与货币市场等稳健市场，以保障投资者保底收益；部分资金投资于基金、股票、股权、信贷资产、票据资产、商品等高风险资产以带来额外收益。这种投资组合导致产品整体表现不易测算，因此 2011 年约九成该类产品收益浮动，且银行未承诺本金安全。2011 年全年发行保本浮动收益型产品 350 款，保证收益型产品 234 款。

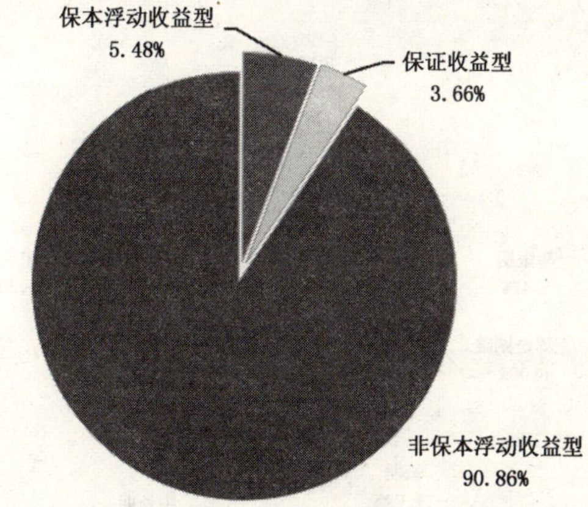

图 6－18　2011 年组合投资类产品风险收益特征

资料来源：普益财富（数据截至 2011 年 12 月 31 日）

- 结构性产品挂钩标的以汇率、利率为主，风格偏向稳健。

在世界经济向好的情况下，结构性产品既能保证投资者本金安全，又能灵活挂钩高成长的标的市场，带来额外的高收益，因此广为市场大众所接受。但随着 2008 年全球金融危机的爆发，各投资标的市场纷纷疲软，结构性产品难逃经济系统性风险，产品风险控制问题频发，投资者损失严重。2011 年，随着全球经济复苏，资本市场预期重新向好，结构性产品发行回暖，发行量回升（见图 6－19）。

结构性产品大多挂钩海外市场，加之外资银行理财资金在国内的投资渠道相对较窄，因此 2011 年发行的 1 180 款结构性产品中，外资银行发行了 985 款；中资银行方面，股份制商业银行风格较为激进，理财创新的动力较强，全年发行结构性产品 154 款，数量超过国有银行及城市商业银行。

2011 年，全球经济在复苏的道路上困难重重。日本地震给全球经济带来负面影响，“美债危机”

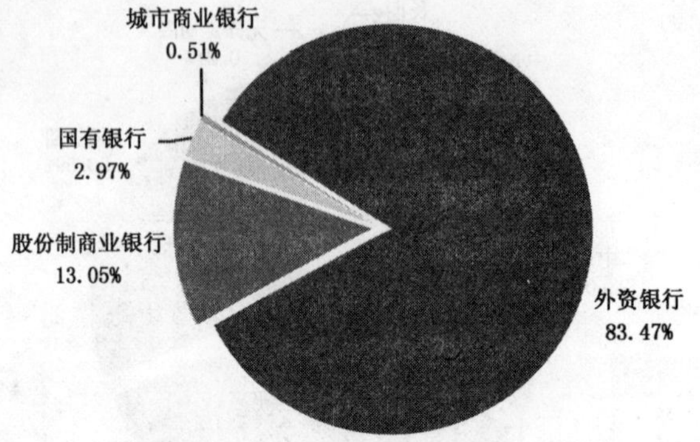

图 6 - 19　2011 年结构性产品发行主体

资料来源：普益财富（数据截至 2011 年 12 月 31 日）

引发市场对全球经济二次探底的担忧，“欧债危机”有效解决的前景甚为迷茫，新兴市场国家长期被热钱流入、高通货膨胀所困扰，还随时面临经济增速下滑的风险。对于风险较高的结构性产品，银行把控制风险敞口作为首要考虑的因素，因此从期限上看，面对未来经济的不确定性，发行投资期限较短的产品成为各银行的首选。

期限在 3 个月以内的超短期、短期产品发行量占比近四成。在当前全球经济前景不明朗的形势下，对银行而言，该期限内的投资较为灵活，挂钩标的趋势判断相对容易，投资风险较易控制；从投资者的角度看，投资风险也较小且流动性需求容易得到满足。

以 1 年为限，超过 80% 的产品期限在 1 年以内；1 年以上的长期产品发行 204 款；无固定期限的产品仅发行 1 款（见图 6 - 20）。

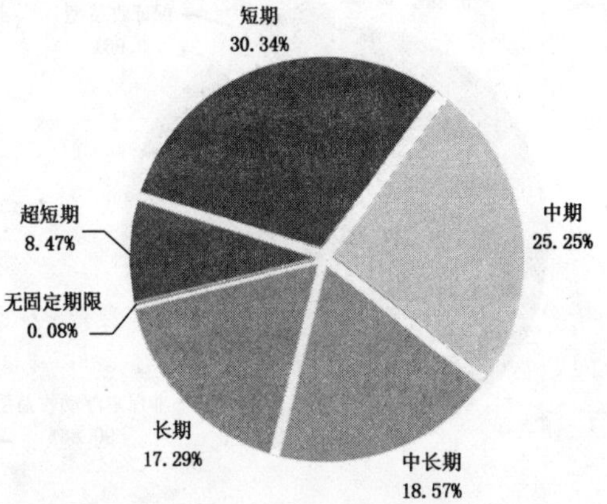

图 6 - 20　2011 年结构性产品期限结构

资料来源：普益财富（数据截至 2011 年 12 月 31 日）

结构性产品挂钩标的种类丰富，包括汇率、利率、股票、指数、基金、现货价格、期货价格，以及几种标的的组合等（见图 6 - 21）。

2011 年，挂钩于汇率的结构性产品数量最多，发行 498 款；挂钩利率的产品发行 275 款，位居第二。此两类产品占比超过 60%。在 2011 年全球经济预期不明朗的形势下，汇率、利率的趋势判断相对容易，且全球汇率市场、利率市场流动性充足、风险对冲工具市场化程度高，因此该两类产品发行量较大。受发达国家债务危机的影响，2011 年全球资本市场表现不尽如人意，因此挂钩指数、基金等资本市场工具的产品发行量相对较少。大宗商品市场上，2011 年全年价格波动大，风险非常大，银行发行此类产品一方面自身投资风险较难控制；另一方面，对投资者风险承受度要求很高，即产品的适合人群较少，因此挂钩价格、期货的产品发行量占比均不到3%。

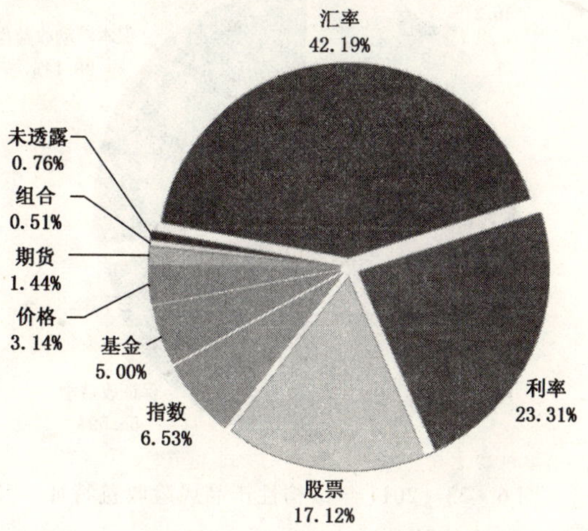

图6－21　2011年结构性产品挂钩标的分布

资料来源：普益财富（数据截至2011年12月31日）

从结构性产品的发行币种来看（见图6－22），近八成的产品为人民币产品，发行了817款；约20%的产品以外币发行。其中以美元、澳元产品发行数量居多；其余币种占比均未超过2%。

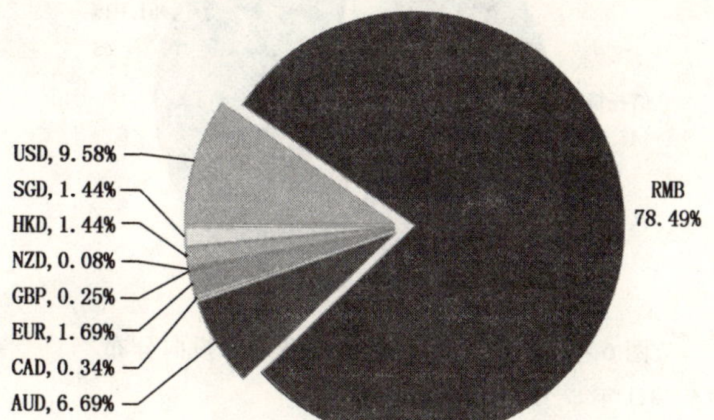

图6－22　2011年结构性产品挂钩标的分布

资料来源：普益财富（数据截至2011年12月31日）

从产品的收益类型来看（见图6－23），2011年有过半的结构性产品为保证收益型，投资者风险较小；约84%的产品保证本金安全；高风险高收益的非保本浮动收益型产品仅占16%。这符合2011年稳健投资、规避风险的市场投资主题。

- 因监管政策影响，信贷类产品发行明显受阻。

自2010年8月中国银行业监督管理委员会发布《关于规范银信理财合作业务有关事项的通知》以来，信贷类理财产品发行急剧降温。2011年全年发行信贷类产品447款，占比仅为1.99%。

细分具体投向（见图6－24），2011年有228款产品直接投向信贷资产，205款投向信托贷款。虽然上有监管严令规范，但在资金异常紧缺的2011年，还是有银行宁愿承受高额成本，将理财资金投资于信贷资产、信托贷款腾挪出信贷额度，放出增量信贷，以满足优质企业客户的融资需求。

信贷类产品本身存在着风险监控不到位、风险控制措施脱节的问题，如信贷资产风险控制主体混乱、理财产品各法律主体权责不明确等。这样不仅使整个银行系统蕴藏了大量风险，也损害了广大投资者的切身利益。

- 票据资产类产品占比不足2%，期限集中在3个月~6个月。

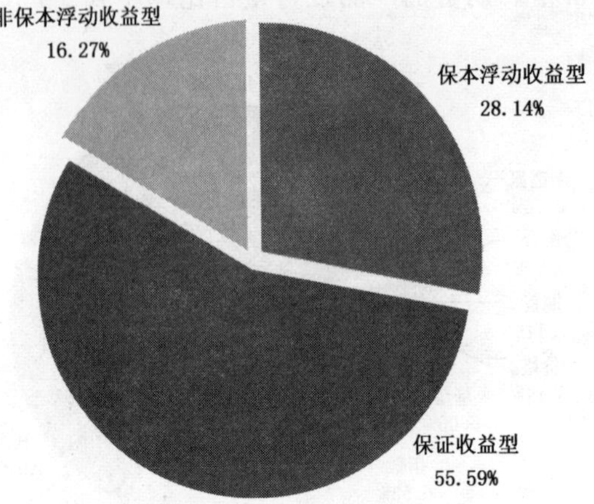

图 6 - 23　2011 年结构性产品风险收益特征

资料来源：普益财富（数据截至 2011 年 12 月 31 日）

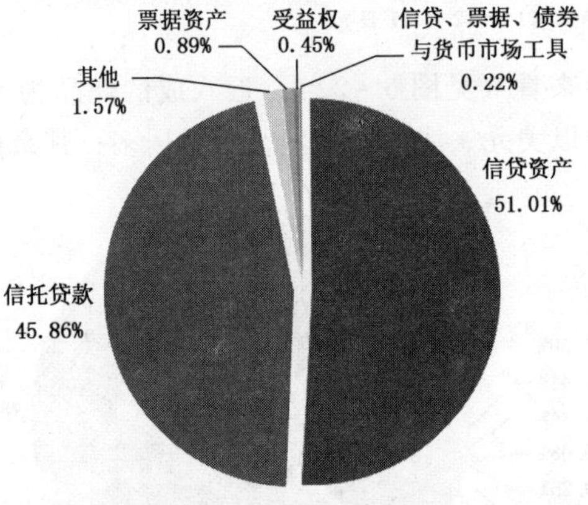

图 6 - 24　2011 年信贷类产品细分投向分布

资料来源：普益财富（数据截至 2011 年 12 月 31 日）

目前我国票据市场不发达，交易品种主要是银行承兑汇票，商业承兑汇票很少。交易品种单一使票据市场本身交易不活跃，理财资金缺乏活跃的标的市场，增加了交易难度且交易成本很高。另外，中国银行业监督管理委员会关于禁止银行投资自身发行票据的规定也进一步削弱了银行发行该类产品的积极性。2011 年，票据资产类产品发行 807 款，占比为 3.60%。

票据资产类产品最长期限为 1 年，这是因为我国银行承兑汇票承兑期最长不能超过 1 年。故 2011 年票据资产类产品期限集中在 3 个月 ~6 个月，发行了 469 款；1 个月 ~3 个月期产品发行 213 款；1 个月以内的超短期票据资产类产品，可选择的投资资产较少，银行运作成本较高，因此发行数量较少，全年发行 71 款（见图 6 - 25）。

• 股权投资类产品发行下滑明显，光大银行为发行主力。

股权投资类产品投资风险高，资金门槛高，监管制度非常严格，自 2006 年首款产品问世以来，各年发行数量占比均在 1% 左右。该类产品主要针对高端客户，是非常小众的资金投向。该类产品为非保本浮动收益型，一般会提供资产回购、保证担保、受益权分级等风险控制措施。

2011 年，仅有 6 家银行发行 36 款此类产品，比 2010 年减少 45 款。光大银行全年以 23 款的发行量居首位。

• 证券投资类产品风险较高，发行依然低迷。

证券投资类产品投资风险高，加之监管规定严格，自 2006 年首款产品问世以来，各年发行数量

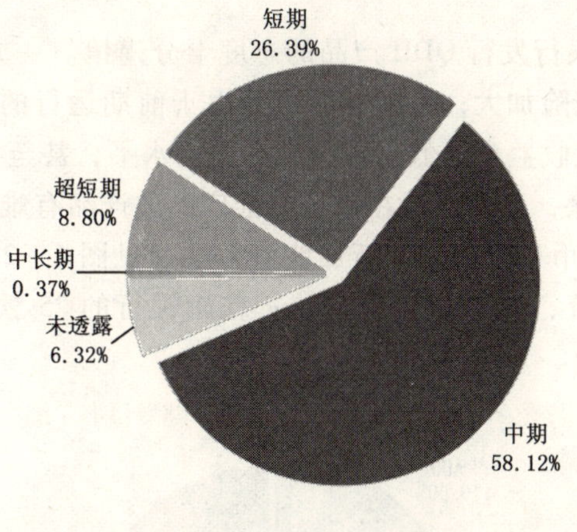

图6-25　2011年票据资产类产品期限结构

资料来源：普益财富（数据截至2011年12月31日）

均少于50款。2011年仅有4家银行发行20款此类产品，比2010年增加5款。民生银行全年以11款的发行量居首位。2011年的证券投资类产品主要投资于股票、股权、基金及其组合资产。

- 其他类产品品种丰富，另类投资受市场追捧。

随着投资渠道及投资品种的日渐丰富，2011年其他类产品发行1 702款，比2010年的667款增加1 035款，实现数量翻番。

多种另类投资产品在2011年大放异彩，并受到市场追捧，比如投资于钻石或黄金等商品，以及普洱茶、酒类、艺术品等的另类产品，对高端客户具备一定吸引力。

- QDII产品。

QDII产品投资于海外市场，产品的发行、运行表现跟全球经济环境息息相关。2011年，距2008年金融危机爆发已3年，发达经济体债务问题逐一浮出水面，世界经济仍不见起色，发达国家债务危机令经济复苏前景迷雾重重。面对世界经济发展、资本市场恢复等不确定性因素的增加，各商业银行趋于谨慎，纷纷选择避开这一高风险领域，大部分银行尤其是中资银行，在2011年停发了QDII产品；外资银行作为发行QDII产品的主力军，也减少了发行数量（见图6-26）。

2011年全年发行QDII产品80款，比2010年少发行6款。

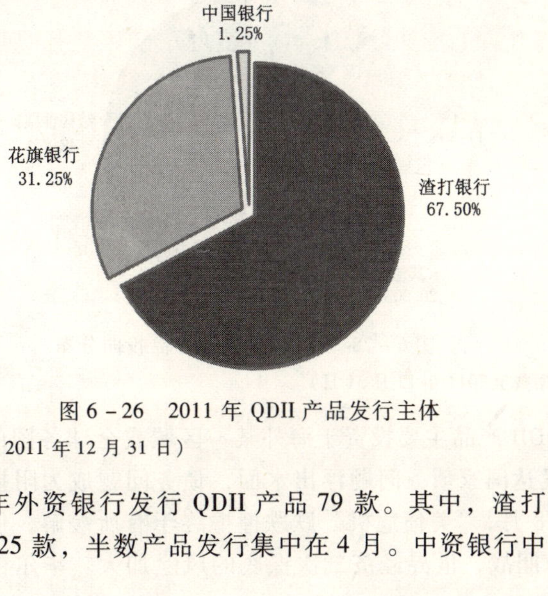

图6-26　2011年QDII产品发行主体

资料来源：普益财富（数据截至2011年12月31日）

从发行银行来看，2011年外资银行发行QDII产品79款。其中，渣打银行成为绝对发行主力，共发行54款；花旗银行发行25款，半数产品发行集中在4月。中资银行中，仅中国银行在8月发行了1款。

由此可以看出，2011年银行发行QDII产品的态度十分谨慎。一方面是因为未来经济增长、海外金融环境的不确定性使投资风险加大；另一方面则是由于前期运行的产品在2011年集中到期，而产品表现却远低于市场预期，且收益率远低于理财产品平均水平，甚至大部分出现亏损，使得投资者对QDII产品的恐慌情绪未能消除，商业银行在市场上推广此类产品有难度。

2011年QDII产品的发行币种以美元和新加坡币为主（见图6－27）。例如渣打银行发行的54款产品中，30款以新加坡币计价、22款以美元计价；花旗银行的25款产品中，15款以美元计价；中国银行的1款产品以美元计价。

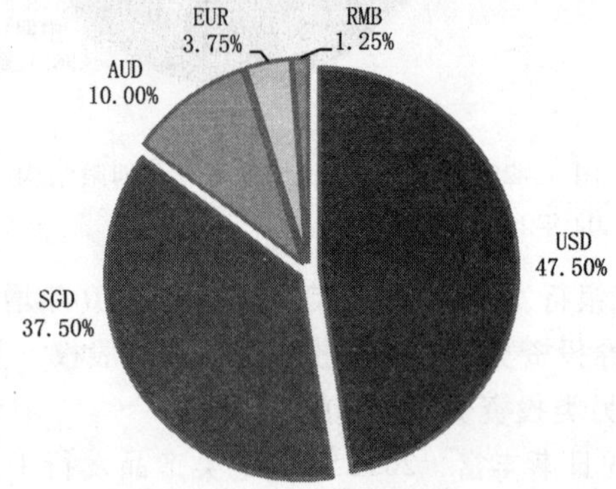

图6－27 2011年QDII产品币种结构

资料来源：普益财富（数据截至2011年12月31日）

根据其投资对象，QDII产品可分为结构性票据类、债券与货币市场类、基金类及其他类。

结构性票据类QDII主要投资于海外投资银行发行的结构性票据资产，挂钩对象为海外市场的股票、基金、指数、商品等。该类产品跟挂钩市场相关性非常强，收益波动较大，属于高风险高收益型产品。该类产品在市场繁荣期能为投资者带来超额的高收益；在市场萧条时期，其自身投资调节灵活、风险控制灵活的特点，也使其在市场中占据一席之地。2011年发行的QDII产品，近一半产品投资于结构性票据，39款全部为外资银行发行（见图6－28）。

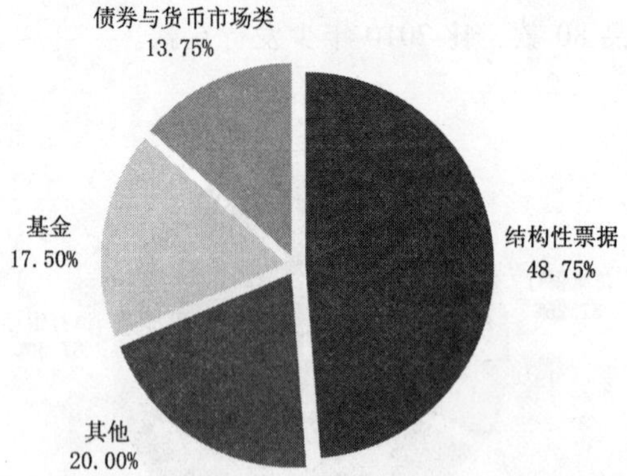

图6－28 2011年QDII产品投向分布

资料来源：普益财富（数据截至2011年12月31日）

债券与货币市场类QDII产品主要投资于海外某一区域或全球各国的企业以及金融机构发行的债券工具。2011年，欧美发达国家债务问题浮出水面，债务问题成为阻挠美国经济乃至全球经济复苏的重要障碍；2011年1～8月，“美债危机”跌跌撞撞终于有所缓解，但接下来全面爆发的“欧债危机”令全世界投资者心惊胆战，世界经济二次探底的风险加大。华尔街三大评级机构纷纷下调各国主权信用评级，导致债券信用风险陡然增大，投资于债券与货币市场的资金纷纷撤出。2011 年花旗银行发行了 10 款，中国银行发行了 1 款该类产品。

2011 年发行的 QDII 产品挂钩对象也沿袭传统，主要挂钩于股票、指数、基金、价格以及组合（见图 6－29）。其中，渣打银行的 29 款产品挂钩于金融业、能源业、消费业、金属业股票，挂钩股票的产品约占 54%；花旗银行发行了 2 款挂钩指数的产品。

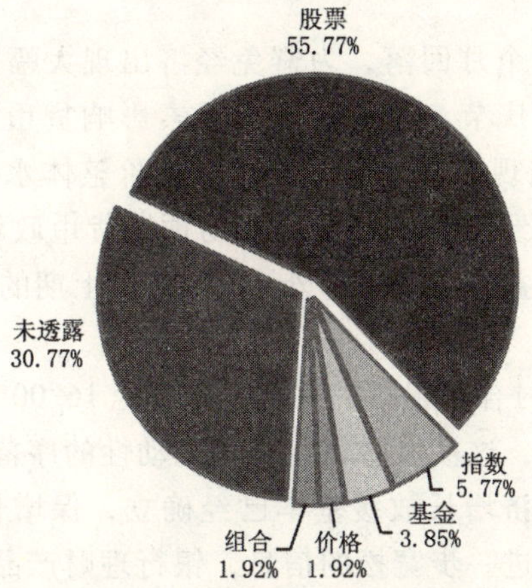

图 6－29 2011 年 QDII 产品挂钩标的分布

资料来源：普益财富（数据截至 2011 年 12 月 31 日）

二、产品预期收益率分析

本部分分析预期收益率的产品包括以下四类：人民币债券与货币市场类、外币债券与货币市场类、人民币信贷类及人民币组合投资类。这四类产品涵盖了整个理财市场中主流品种。

（一）人民币债券与货币市场类产品预期收益率分析

2011 年，各商业银行发行的理财产品预期收益率随着国际、国内宏观经济形势的变化而发生变化。

2010 年国内通货膨胀水平持续上升，金融危机后我国实施的宽松货币政策导致国内主动投放了大量货币；同时，美国为恢复经济推行量化宽松货币政策，导致大量国际资金通过外商直接投资或热钱形式涌入国内。全球流动性泛滥和输入性通货膨胀更是加剧了国内通货膨胀水平。2010 年下半年通货膨胀持续高企，央行采用数量型和价格型货币市场工具力图降低通货膨胀水平，在紧缩性货币政策下，市场资金成本迅速上升，人民币债券与货币市场类产品平均预期收益率上涨并维持在高位。进入 2011 年，通货膨胀水平不减反增，央行 6 次上调存款准备金率并 3 次加息，银行间市场资金异常紧张，货币市场利率高位运行，推高 2011 年人民币债券与货币市场类产品预期收益率，这些因素共同使得 2011 年各期限段人民币债券与货币市场类产品预期收益率全线大幅上涨，平均预期收益率接近或超过 4.00%。

2011 年上半年，伴随着通货膨胀水平上升，央行每月都上调了存款准备金率，银行理财产品收益水平一路上涨，在 2011 年半年考核尾声一度出现暴涨，1 个月以下期理财产品预期收益率最高曾突破 8.47%。

2011 年 6 月，统计局公布 5 月的 CPI 值，国内通货膨胀水平达到 5.50% 的新高，2011 年 6 月 20 日央行随即年内第 6 次上调存款准备金率，而 2011 年 7 月公布的 6 月 CPI 值再创新高达到 6.40%。面对通货膨胀水平的再度跳升，市场虽有所预期但仍感震惊，这也力促央行于 7 月 7 日宣布再度加息。7 月，受货币市场利率水平影响最为直接的人民币债券与货币市场类产品预期收益率随着利率水平的上调而上涨。8 月，央行公布了 7 月 CPI 为 6.50%，在经历 6 次上调存款准备金率和 3 次加息后，市场出现通货膨胀已经见顶的预期，货币市场利率开始出现回落。8 月上旬维持在相对低位，直至 8 月 26 日央行下发通知拟将商业银行保证金存款纳入存款准备金缴存范围，冻结银行资金近万亿元，货币市场利率才出现上涨。受此影响，8 月各商业银行发行的银行理财产品预期收益率较 7 月出现回落。而 9 月初货币市场利率延续 8 月末的上涨趋势，整个 9 月银行理财产品平均预期收益率呈现较小幅度的上升。

9 月和 10 月 CPI 和 PPI 连续两个月回落，为避免经济出现大幅波动，货币政策由稳健向“适时适度进行预调微调”转变，除受国庆节、季末和月末因素影响货币市场利率出现短暂上升外，整体而言，9 月和 10 月货币市场利率出现回落。同时，当时物价整体水平仍然较高，很多二线城市房地产价格依然没有下降，再加上国外经济环境复杂，市场预期货币政策不会做大的转向，故 10 月除 1 个月以下期银行理财产品的预期收益率出现下降外，1 个月以上期的所有理财产品预期收益率保持平稳或小幅上涨态势。

11 月 23 日，央行下调部分农村合作银行的存款准备率至 16.00%；30 日，央行宣布从 12 月 5 日起下调存款准备金率 0.5 个百分点，这被看做开启市场流动性的序幕，是经济政策预调微调提出之后的实质性动作。通货膨胀回落、经济增长放缓基本已经确立，保增长多次被高层提到，市场经过 11 月的平稳期后再度确认了资金面将进一步宽松的信息，银行理财产品预期收益率水平也微妙地迎合了市场的预期。在经历 11 月的稳定收益水平后，12 月，1 年以上期及 1 个月～3 个月期产品预期收益率出现上升，其他期限段的理财产品预期收益率均出现明显回落（见图 6－30）。

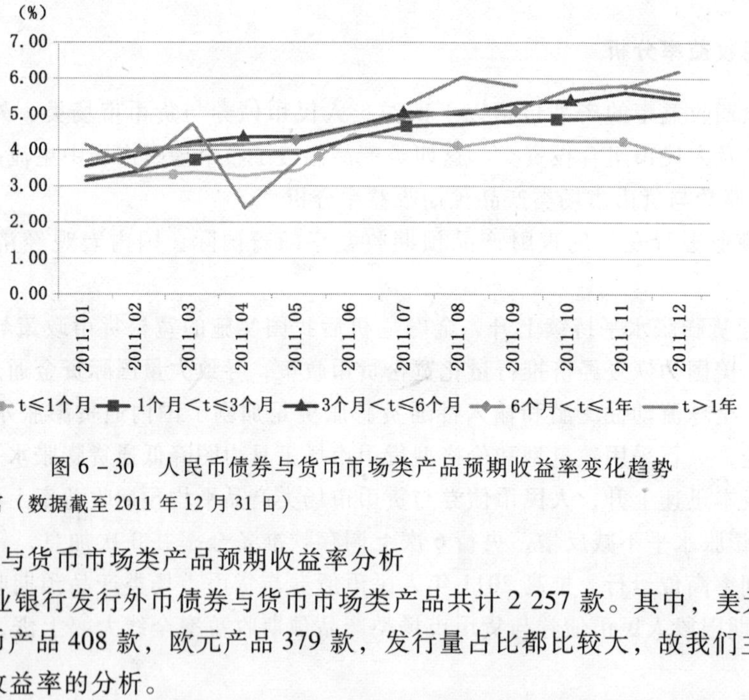

图 6－30 人民币债券与货币市场类产品预期收益率变化趋势

资料来源：普益财富（数据截至 2011 年 12 月 31 日）

（二）外币债券与货币市场类产品预期收益率分析

2011 年，各商业银行发行外币债券与货币市场类产品共计 2 257 款。其中，美元产品 820 款，澳元产品 417 款，港币产品 408 款，欧元产品 379 款，发行量占比都比较大，故我们主要就这四种外币币种产品进行预期收益率的分析。

外币债券与货币市场类产品通常情况下是商业银行将募集的理财资金投资于银行无风险资产，以募集的理财资金本金为名义本金，在国际、国内金融市场进行外汇即期交易和金融避险交易，所产生的投资收益和无风险资产收益共同构成产品收益。

实际操作中，商业银行将理财产品外币本金对人民币做一笔即期购买远期卖出的掉期交易，外币兑换的人民币本金主要投资于国内债券和货币市场工具，故外币债券和货币市场类产品预期收益变化整体趋势同人民币债券与货币市场类产品一致。其中不一致的波动现象主要来源于汇率风险，如理财产品以美元为投资币种，若产品到期日美元兑人民币汇率相对于期初时出现升值或贬值，而投资者在理财投资到期后需进行实际意义上的货币兑换或按照投资到期日美元兑人民币汇率进行账面的市值评估，则在人民币计价方式下理财产品的实际收益率会受到影响。

受不同国家和地区市场利率水平不同的影响，不同外币债券与货币市场类理财产品预期收益率水平不同。其中，澳元类产品预期收益率区间为［2.40%，7.55%］；美元类产品预期收益率区间为［1.30%，5.20%］；港币类产品预期收益率区间为［1.30%，4.00%］；欧元类产品预期收益率区间为［1.13%，4.15%］（见图6-31～图6-34）。由于澳大利亚基准利率水平较高，同一期限段外币产品中澳元产品收益水平最高，而美国、香港和欧元区市场利率水平较低，故美元、港币和欧元产品收益率相对较低。

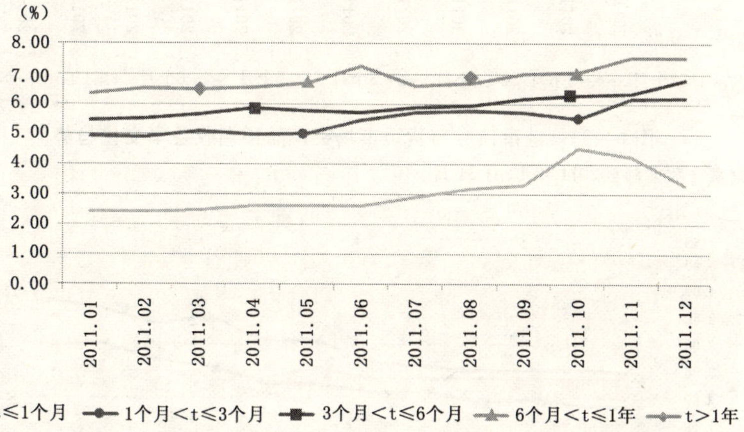

图6-31　澳元债券与货币市场类产品预期收益率变化趋势

资料来源：普益财富（数据截至2011年12月31日）

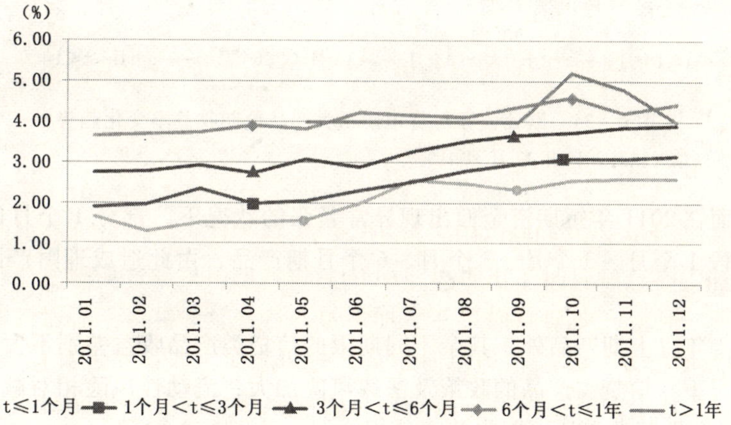

图6-32　美元债券与货币市场类产品预期收益率变化趋势

资料来源：普益财富（数据截至2011年12月31日）

（三）人民币信贷类产品预期收益率分析

2011年，各商业银行发行信贷类产品389款，全部为人民币产品。2009年以来，监管层频繁出台限制和规范信贷类理财产品的措施，包括不得投资自身票据与信贷资产；信托公司融资类业务余额限制；银行融资类银信理财合作业务转表计划和计提相应拨备及风险资本的要求等，致使此类产品发行量占比由2010年的五成左右跌落到2011年的不足5%。

经历了2008年发行能力和收益能力的高峰，2009年充裕资金面和宽松信贷政策下收益率的回落，2010年后随着基准利率上调、市场资金面紧张程度加强和监管风险加大，该类理财产品发行预

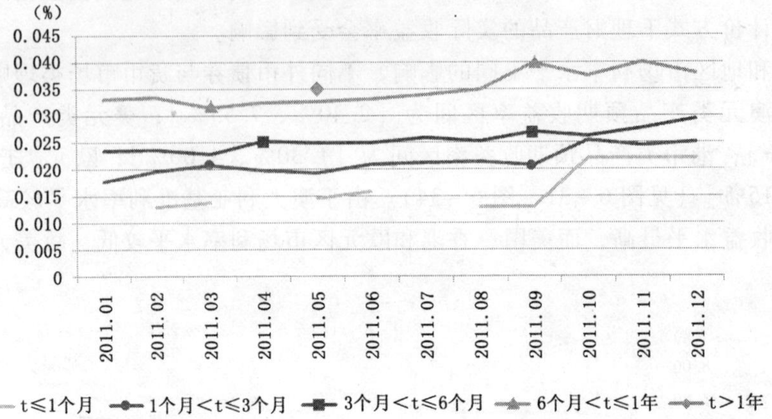

图 6-33　港币债券与货币市场类产品预期收益率变化趋势

资料来源：普益财富（数据截至2011年12月31日）

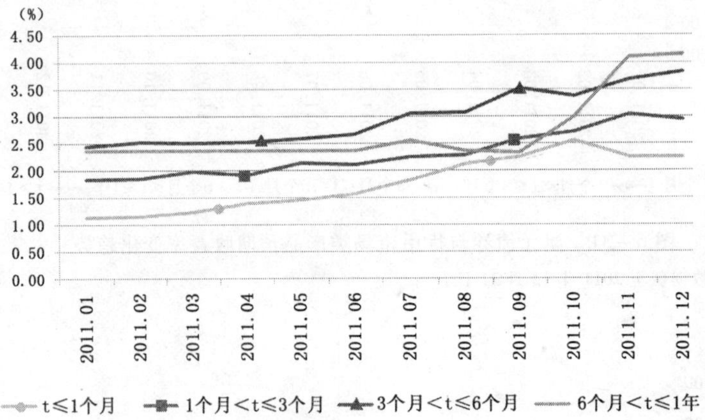

图 6-34　欧元债券与货币市场类产品预期收益率变化趋势

资料来源：普益财富（数据截至2011年12月31日）

期收益再度上扬。而在2011年短期资金面出现异常紧张的状况下，部分1个月以下期产品的预期收益率甚至超过同时段1个月~3个月、3个月~6个月期产品，由此造成理财产品市场出现收益与期限倒挂的罕见现象。

可以看出，除1年以上期产品外，其余不同期限的信贷类产品收益差别不大，由此也可看出，在频出监管法规的情况下，信贷类产品的政策及法律风险加大，流动性风险相对减弱（见图6-35）。

（四）人民币组合投资类产品预期收益率分析

我们将产品投资对象包含多种低风险类型标的的产品视为组合投资类产品，其具体投资对象包括：信贷资产、信托贷款、一级市场的申购投资（包括但不限于首发新股、增发新股、可转债、分离交易可转债等）、货币市场工具（包括但不限于现金、银行存款、7天以内的现金回购、国债、金融债、银行承兑汇票、大额可转让存单、央票、货币市场基金、债券逆回购等）等等。组合投资类产品的投资运作模式也通常为"资产池"方式，较债券与货币市场类产品增加了信贷资产、信托贷款、新股新债申购等更为丰富的投资品种，使其投资风险高于债券与货币市场类产品，但预期收益率一般也较高。

2011年，组合投资类产品中投资对象包含债券与货币市场类的产品多达5 614款，其中主要为债券与货币市场工具同信托贷款、信贷资产、票据资产、股票、基金中的若干投资对象组合而成的产

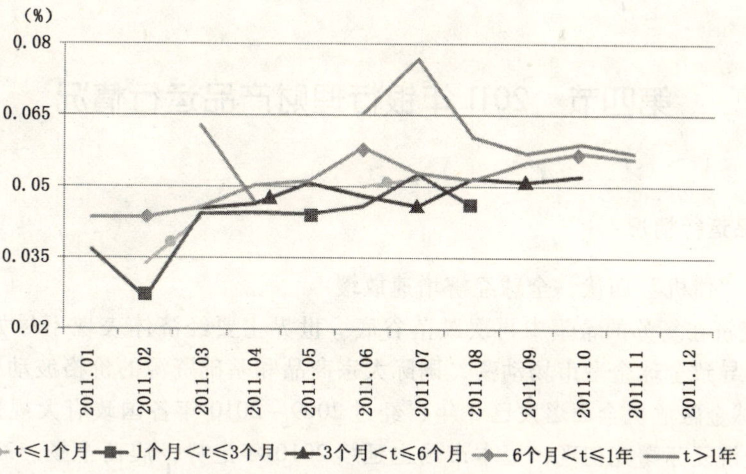

图6-35　人民币信贷类产品预期收益率变化趋势

资料来源：普益财富（数据截至2011年12月31日）

品。该类产品近两年来的增加主要源于单纯性信贷类产品发行的受限，商业银行开始以信贷资产、信托贷款、票据资产中的若干种融资类投资品种与债券和货币市场工具进行组合投资，这样既能分散投资风险获得较高收益，又能减少过于集中投资融资类产品可能带来的监管风险。

近年来组合投资类产品发行量占比逐年增加，2009年该类产品发行335款，占比为4.38%；2010年发行1 851款，占比为16.54%；2011年发行5 775款，占比为30.12%。由于2011年组合投资类产品中人民币产品占比达到97.73%，故我们主要就人民币组合投资类产品进行分析。

人民币组合投资类产品投向多包含债券与货币市场工具、信托贷款、信贷资产等与市场利率水平密切相关的投资标的，故该类产品预期收益率变化与人民币债券类产品有较大相似性（见图6-36）。我们发现，该类产品在2011年6月也出现了收益率与期限倒挂的现象：1个月以下期产品预期收益高于1个月~3个月期产品；6个月~1年期产品预期收益率高于1年以上期产品。在资金面较为宽松的8月，该类产品预期收益率出现回落，然后在9月呈现较小幅度的上升；10月，受短期资金面宽松预期的影响，1个月以下期银行理财产品的预期收益率出现下降，其余期限保持平稳或小幅上涨态势。所不同的是，该类产品收益水平在11月较为稳定，12月中短期产品（1个月~6个月）较11月仍保持稳定，而其余期限产品均出现上涨。其中，1个月以下期产品预期收益率上涨主要源于临近年末资金成本上升，而6个月以上期产品预期收益率上涨则反映出市场认为宏观经济政策进一步转向宽松仍有待确认，中长期市场利率仍可能走高。

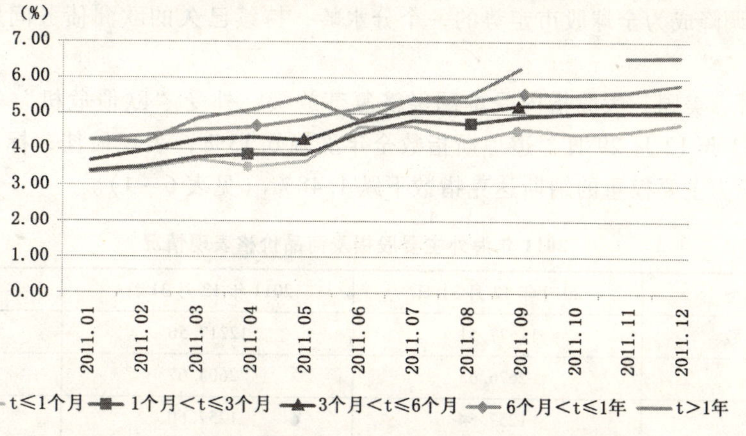

图6-36　人民币组合投资类产品预期收益率变化趋势

资料来源：普益财富（数据截至2011年12月31日）

第四节　2011 年银行理财产品运行情况

一、QDII 产品运行情况

（一）2011 年“债机”四伏，全球经济增速放缓

2011 年全球经济在复苏的希望中再次跌落谷底。世界主要经济体表现不尽如人意，发达国家主权债务危机频发，导致全球金融市场动荡，国际大宗商品和基础资源的价格波动剧烈。

距 2008 年全球金融危机全面爆发已 3 年，经过 2009 ~2010 年各国政府大规模的经济刺激，2011 年第 1 季度世界经济复苏曙光初现，资本市场也延续 2010 年走势，震荡上扬。3 月 11 日，日本东部地区发生强烈地震并引发海啸，由此带来的灾难性后果给世界经济复苏蒙上了一层阴影。

2011 年第 2、第 3 季度，“美债危机”的进展及最终解决方案成为市场关注的焦点。从美国两党间为达成“减赤”而展开拉锯战，到 8 月 5 日晚间标普调降美国 AAA 评级，市场信心遭受严重打击，全球金融市场大部分股指急剧下挫，道琼斯工业指数在一周内跌幅超过 5%。9 月 22 日，市场未等到第三轮量化宽松政策的刺激，取而代之的是美联储推出 4 000 亿美元的扭转操作，但投资者普遍认为此举对经济恢复影响有限，加之美联储调低美国未来经济增速，全球金融市场雪上加霜。

2011 年全面浮出水面的“欧债危机”似乎成了全球资本市场的定时炸弹，市场随时关注着欧盟解决危机的最新进展，资本市场的起伏波动也无不与之相关。葡萄牙、爱尔兰、意大利、希腊和西班牙逐一爆出主权债务危机，各国为争取欧盟救援基金，不断努力削减社会福利支出，又进一步在其国内引发政治危机，用一个“乱”字来形容欧元区的局势毫不为过。在金融市场上，投资者大幅抛售股票、大宗商品等风险资产，欧元货币也遭到投资者质疑从而出现大跌。

进入第 4 季度，全球市场走势出现分化，受全球经济增速放缓预期的影响，大宗商品等风险资产遭遇大规模抛售，在避险情绪影响下，资金回流到美元资产及美国市场，美股走强；欧洲方面“债务危机”稍有缓和，致使欧洲主要股指出现小幅上扬；但亚洲市场则仍然遇冷，新兴经济体经济增速下滑风险加大、资金回流发达经济体、投资者信心缺乏等因素使得亚太主要股指仍处于单边下挫走势。

（二）全球股市低迷，商品价格波动剧烈

2011 年，走势较为强劲的美国股市年末较年初仅勉强收平，欧洲股市和亚太股市均大幅下挫。美国 AAA 评级遭调降成为全球股市走势的一个分水岭，持续已久的欧洲债务问题始终影响着全球资本市场。

从各市场来看，美国三大股指内受本国经济复苏放缓、外受“欧债危机”等影响，全年维持震荡走势。截至 2011 年 12 月 29 日，道琼斯指数全年涨幅 6.13%，表现最佳；标准普尔 500 指数微涨 0.43%；以科技股为主要权重的纳斯达克指数下跌 1.48%（见表 6 -4）。

表 6 -4　　2011 年海外主要股指及商品价格表现情况

指数及商品类型	2010 年 12 月 31 日	2011 年 12 月 31 日	涨跌幅
道琼斯工业平均指数	11577.51	12217.56	5.53%
纳斯达克指数	2676.65	2604.67	-2.69%
标普 500 指数	1257.64	1257.60	0.00%
泛欧 STOXX50 指数	2792.82	2292.28	-17.92%

续表

指数及商品类型	2010 年 12 月 31 日	2011 年 12 月 31 日	涨跌幅
英国富时 100 指数	5899.94	5572.28	-5.55%
法国 CAC 指数	3837.30	3159.81	-17.66%
德国 DAX 指数	6973.39	5898.35	-15.42%
日经 225 指数	10352.00	8455.35	-18.32%
新加坡富时海峡时报指数	3190.04	2646.35	-17.04%
香港恒生指数	23035.45	18434.39	-19.97%
台湾加权指数	9041.32	7072.08	-21.78%
上证综合指数	2825.32	2199.42	-22.15%
商品指数（CRB）	332.80	305.30	-8.26%
纽约黄金期货	1421.40	1565.80	10.16%
NYMEX 原油期货	91.38	98.83	8.15%

资料来源：普益财富。

2011 年 7 月“欧债危机”全面升级，因欧盟内部各成员国经济联系密切，关系错综复杂，政府、银行等资金风险敞口大面积暴露。受此影响，欧洲市场主要指数从 7 月开始全线大幅下挫。泛欧股指、法国 CAC 指数、德国 DAX 指数全年跌幅在 15% ~18% 之间。而英国富时 100 指数全年取得 -5.55% 的收益，在欧洲市场上表现最佳。

在全球经济低迷的大背景下，虽然亚洲新兴经济体的增长形势乐观，但受累于外部市场因素，亚太地区主要股指仍普遍震荡下行。2011 年东京证券市场受 3 月大地震及福岛核事故、“欧债危机”、海外资金撤出等影响，日经 225 指数 12 月 30 日收于 8455.35 点，成为 1982 年以来的最低年末收盘点位。新加坡海峡时报指数全年下跌 17.04%，股指波幅为 23%，成为 2008 年国际金融危机爆发以来表现最差的一年。香港恒生指数、台湾加权指数、上证综合指数全年跌幅均超 20%，这一方面是受外围市场低迷的影响，另一方面也与我国通货膨胀高居不下、经济增速放缓、国内消费不振等内部因素有关。

2011 年全球大宗商品市场宽幅震荡，波动非常剧烈。因世界经济低迷，复苏不确定性加重，商品市场总体保持向下格局，商品指数（CRB）全年下跌 8.26%。因市场对经济前景的担忧以及避险资金的追捧，黄金市场延续 2010 年的火爆态势，一路高歌向上，于 9 月 6 日创出 1 923.7 美元的历史新高。但随后黄金价格保持宽幅高位震荡，年末出现一波较大下跌，2011 年全年上涨 10.16%。原油期货市场全年起伏动荡，从 5 月 2 日创出自金融危机以来的 114.83 美元新高之后，受美债、欧债危机导致全球经济二次探底可能性加大的影响，油价掉头向下，于美国 AAA 评级遭降之后的 8 月 9 日，盘中触及 75.71 美元的全年最低点。从 2011 年全年来看，原油期货市场收高，涨幅为 8.15%。

（三）九成 QDII 产品净值下滑，固定收益类投资产品业绩较好

受海外资本市场及商品市场表现的影响，银行系 QDII 产品在 2011 年表现惨淡，约九成产品净值增长率为负。

截至 2011 年 12 月 30 日，全年运行的 QDII 产品共 241 款，其中 2011 年以来取得正收益的产品仅 28 款，占比 11.62%，与 2010 年超过 90% 的产品取得正收益的情形不可同日而语。所有 QDII 产品 2011 年的平均收益率为 -12.99%，相比 2010 年的 13.32% 大幅下降。

全球经济形势不明，直接影响 QDII 产品的收益；产品收益的大幅下降，严重打击了投资者信心，导致 2011 年 QDII 产品的市场认可度急剧下降，大部分银行停止发行该类产品。其中一些面临到期却仍然大幅亏损的产品，发行机构不得不通过展期的方式，延长投资时间，以期减少投资者损失。

2011 年，在运行的241款产品中，有219款为外资银行发行，其中2011年净值增长为正的仅26款，平均净值增长率为 -12.98%；中资银行的22款产品中仅2款净值增长率为正，平均净值增长率为 -13.10%。

2011 年净值增长率最高的是渣打银行的“开放式黄金指数人民币 UTSN003”产品，涨幅达13.30%；花旗银行的“布兰迪环球固定收益基金”产品、“施罗德环球基金系列——环球债券”产品、“施罗德环球基金系列——港元债券”产品的年度收益率分别为8.89%、6.10%、5.91%（见表6-5）。

表 6-5　2011 年收益表现为正的 QDII 产品

产品名称	银行名称	币种	年末净值日	年末净值（元）	年度收益率（%）
开放式黄金指数人民币 UTSN003	渣打银行	RMB	2011.12.28	2.1784	13.30
布兰迪环球固定收益基金	花旗银行	USD	2011.12.22	1.1685	8.89
施罗德环球基金系列——环球债券	花旗银行	USD	2011.12.22	1.3325	6.10
施罗德环球基金系列——港元债券	花旗银行	HKD	2011.12.22	1.1194	5.91
贝莱德世界健康科学基金（欧元）	花旗银行	EUR	2011.12.22	1.1690	4.41
开放式原油指数人民币 UTSN004	渣打银行	RMB	2011.12.28	0.6323	3.85
贝莱德全球基金——世界收益基金（欧元系列）	花旗银行	EUR	2011.12.22	1.1476	3.82
贝莱德世界健康科学基金（美元）	花旗银行	USD	2011.12.22	1.0308	3.75
施罗德另类投资方略——施罗德金属基金	花旗银行	USD	2011.12.22	1.2465	3.24
施罗德另类投资方略——施罗德金属基金 USD	渣打银行	USD	2011.12.22	1.2465	3.24
贝莱德全球基金——世界收益基金（美元系列）	花旗银行	USD	2011.12.22	1.0433	3.21
施罗德另类投资方略——金属基金（欧元对冲）	花旗银行	EUR	2011.12.22	1.2392	3.19
施罗德另类投资方略——施罗德金属基金 EUR	渣打银行	EUR	2011.12.22	1.2392	3.19
贝莱德全球基金——美国灵活股票基金 EUR	渣打银行	EUR	2011.12.28	1.1888	2.72
邓普顿环球总收益基金 EUR	渣打银行	EUR	2011.12.28	1.6852	2.52
邓普顿环球总收益基金欧元款	花旗银行	EUR	2011.12.28	1.6852	2.52
施罗德环球基金系列——环球企业债券 USD	渣打银行	USD	2011.12.28	1.0724	2.46
基金宝 2.3 施罗德金属基金人民币款	东亚银行	USD	2011.12.28	1.3741	2.19
施罗德环球基金系列——欧元债券	花旗银行	EUR	2011.12.22	1.2378	2.08
西方资产多元化策略基金美元款	花旗银行	USD	2011.12.22	1.2145	1.92
西方资产美国短期国库债券	花旗银行	USD	2011.12.22	1.0291	1.78
西方资产多元化策略基金	花旗银行	USD	2011.12.22	1.0823	1.62
邓普顿亚洲债券基金人民币款	花旗银行	RMB	2011.12.22	1.2783	0.84
施罗德环球基金系列——欧元流动	花旗银行	EUR	2011.12.22	1.0701	0.58
同享 1 号美元	光大银行	USD	2011.11.30	1.0141	0.55
“同享 1 号”人民币款	光大银行	RMB	2011.11.30	1.0068	0.54
基金宝 2 亚洲债券基金	东亚银行	RMB	2011.12.28	0.9992	0.41
施罗德环球基金系列——亚洲债券（新元对冲）	花旗银行	SGD	2011.12.22	0.9770	0.10

资料来源：普益财富。

2011年全球资本市场动荡，以固定收益类资产为投资主题的产品表现居上，如花旗银行的“布兰迪环球固定收益基金”“施罗德环球基金系列——环球债券”“施罗德环球基金系列——港元债券”以及渣打银行的“施罗德环球基金系列——环球企业债券 USD”等，全年取得了较好的收益。黄金市场、原油市场承接2010年走势继续上扬，但波动剧烈。黄金期货在创出历史新高之后，持续高位宽幅震荡，给投资交易带来较大风险，因此2011年，5款投资黄金的QDII产品表现参差不齐，整体收益不及2010年。

截至2011年12月30日，在运行的241款QDII产品中，累计收益率为正的产品有81款，占比为33.61%。全部产品累计平均收益为-7.76%。其中，外资银行的219款产品累计平均收益为-6.38%；中资银行的22款产品累计平均收益为-21.50%。

从单款产品来看，累计收益最高的是渣打银行的“开放式黄金指数人民币 UTSN003”产品，最新累计收益率达到117.84%；花旗银行的“邓普顿环球总收益基金欧元款”产品和渣打银行的“邓普顿环球总收益基金 EUR”产品，累计收益率为68.52%（见表6-6）。

表6-6　　2011年末累计收益率超过30%的QDII产品

产品名称	银行名称	币种	年末净值日	年末净值（元）	累计收益率（%）
开放式黄金指数人民币 UTSN003	渣打银行	RMB	2011.12.28	2.1784	117.84
邓普顿环球总收益基金欧元款	花旗银行	EUR	2011.12.22	1.6852	68.52
邓普顿环球总收益基金 EUR	渣打银行	EUR	2011.12.22	1.6852	68.52
开放式瑞银农产品指数人民币款 UTSN001	渣打银行	RMB	2011.12.28	1.4609	46.09
百达基金——保安（欧元）	花旗银行	EUR	2011.12.22	1.4559	45.59
邓普顿环球总收益基金 USD	渣打银行	USD	2011.12.28	1.4338	43.38
基金宝2.3施罗德金属基金人民币款	东亚银行	USD	2011.12.28	1.3741	37.41
施罗德另类投资方略——施罗德金属基金	花旗银行	HKD	2011.12.22	1.3394	33.94
施罗德环球基金系列——环球债券	花旗银行	USD	2011.12.22	1.3325	33.25

资料来源：普益财富。

从银行角度来看，2011年运行中的QDII产品分属于11家银行。其中，花旗银行、渣打银行、汇丰银行和东亚银行4家外资银行共有219款产品，占比达90.87%；9.13%的产品分属于7家中资银行。2011年，全部11家银行QDII产品年平均收益均为负。负收益率在个位数的仅工商银行为-7.80%、光大银行为-8.95%。

统计自产品发行以来的累计净收益率，外资银行因其产品数量较多，排名较为靠前（见表6-7）。其中，渣打银行以-1.67%的累计平均收益率排名首位，花旗银行以-7.10%紧随其后；中资银行方面，仅中国银行的累计年均收益率为-7.33%，其余银行均为负2位数的累计净收益率。

表6-7　　2011年各银行QDII产品平均收益率

银行名称	产品数量（款）	2011年度平均收益率（%）	累计平均收益率（%）
花旗银行	105	-12.76	-7.10
渣打银行	82	-8.95	-1.67
汇丰银行	18	-15.34	-20.76
东亚银行	14	-12.89	-10.11
招商银行	5	-13.63	-19.73
工商银行	4	-7.80	-11.31

续表

银行名称	产品数量（款）	2011 年度平均收益率（%）	累计平均收益率（%）
中信银行	4	-17.40	-36.55
光大银行	3	-8.95	-10.49
兴业银行	3	-15.56	-32.79
中国银行	2	-11.79	-7.33
建设银行	1	-22.09	-38.40

资料来源：普益财富。

二、类基金产品运行情况

与银行系 QDII 产品类似，2011 年各投资标的市场的萎靡也波及了类基金产品的收益。2011 年仅 3 款（占比 6.38%）类基金产品取得正收益，超过九成产品净值增长为负。截至 2011 年 12 月 30 日，全年运行的类基金产品共计 47 款。所有产品 2011 年的平均收益率为 -12.09%。

2011 年净值增长率最高的是工商银行的“‘精赢’系列证券投资 2009 年第 1 期”产品，涨幅 4.88%（见表 6-8）。

表 6-8　　2011 年收益表现为正的类基金产品

产品名称	银行名称	币种	年末净值日	年末净值（元）	年度收益率（%）
“精赢”系列证券投资 2009 年第 1 期	工商银行	RMB	2011.12.22	1.0350	4.88
阳光稳健一号资产管理计划	光大银行	RMB	2011.11.30	1.2242	4.63
非凡资产管理证券投资 1 号	民生银行	RMB	2011.12.16	1.0045	0.71

资料来源：普益财富。

截至 2011 年 12 月 30 日，在运行的 47 款类基金产品中，累计收益率为正的产品有 13 款，占比为 27.66%，产品累计平均收益率为 -10.00%。

从单款产品来看，累计收益率最高的是光大银行的“阳光稳健一号资产管理计划”产品，最新累计收益率达到 22.42%；光大银行的“阳光基金宝——同赢 5 号 4”产品、交通银行的“得利宝天蓝 5 号”产品累计收益率分别为 14.63%、13.10%（见表 6-9）。

表 6-9　　2011 年末累计收益率为正的类基金产品

产品名称	银行名称	币种	年末净值日	年末净值（元）	累计收益率（%）
阳光稳健一号资产管理计划	光大银行	RMB	2011.11.30	1.2242	22.42
阳光基金宝——同赢 5 号 4	光大银行	RMB	2011.12.26	1.1463	14.63
得利宝天蓝 5 号	交通银行	RMB	2011.6.30	1.1310	13.10
中信理财蓝筹计划 3 号	中信银行	RMB	2011.11.30	1.0958	9.58
中信理财财富成长计划一期	中信银行	RMB	2011.11.30	1.0627	6.27
阳光资产配置稳健组合	光大银行	RMB	2011.12.26	1.0622	6.22
定额投资计划 1 号	中信银行	RMB	2011.12.5	1.0441	4.41
“精赢”系列证券投资 2009 年第 1 期	工商银行	RMB	2011.12.22	1.0350	3.50
中信理财财富成长计划二期	中信银行	RMB	2011.11.30	1.0328	3.28
阳光资产配置进取组合	光大银行	RMB	2011.12.26	1.0241	2.41

续表

产品名称	银行名称	币种	年末净值日	年末净值（元）	累计收益率（%）
2008 年第 3 期基金股票双重精选	工商银行	RMB	2011.12.26	1.0102	1.02
非凡资产管理证券投资 1 号	民生银行	RMB	2011.12.16	1.0045	0.45
创富金种子优选	邮储银行	RMB	2011.11.15	1.0007	0.07

资料来源：普益财富。

从银行角度来看，2011 年运行中的类基金产品分属于 9 家银行。民生银行、光大银行产品数量较多。2011 年，全部 9 家银行类基金产品年平均收益率均为负。负收益率在个位数的仅交通银行为 -0.53%、中信银行为 -1.16%、邮储银行为 -5.35%。

统计自产品发行以来的累计净收益，交通银行、中信银行和邮储银行取得正收益；其余 6 家银行累计净收益均为负（见表 6-10）。

表 6-10　**2011 年各银行类基金产品平均收益率**

银行名称	产品数量（款）	2011 年度平均收益率（%）	累计平均收益率（%）
民生银行	19	-14.81	-15.74
光大银行	9	-11.37	-4.20
工商银行	8	-12.36	-12.65
中信银行	4	-1.16	5.89
招商银行	3	-11.54	-7.78
广州银行	1	-24.51	-30.52
交通银行	1	-0.53	13.10
邮储银行	1	-5.35	0.07
中国银行	1	-15.89	-14.92

资料来源：普益财富。

第五节　2011 年银行理财产品到期情况

2011 年到期银行理财产品共计 19 405 款，不区分投资对象和投资期限，平均到期收益率为 3.88%。其中，保证收益型产品 4 922 款，保本浮动收益型产品 2 890 款，非保本浮动收益型产品 11 593款。

一、37 款产品未达最高预期收益率

从到期收益表现来看，16 176 款公布了到期收益率的产品中有 37 款没有实现最高预期收益率。这些产品中有 31 款为结构性产品，其中挂钩股票的 13 款，挂钩汇率的 7 款，挂钩利率的 6 款，挂钩价格的 2 款，挂钩期货的 2 款，挂钩基金的 1 款。其余 6 款未达最高预期收益率的产品为投资对象包含信贷资产、信托贷款或票据资产的银信理财合作产品。

这 37 款产品中，到期收益率与最高预期收益率差值在区间（-8，-6］内的有 8 款，在区间（-6，-4］内的有 13 款，在区间（-4，-2］内的有 6 款，在区间（-2，0）内的有 10 款。这里我们主要分析在区间（-8，-4］内的差值较大的产品。

其中，广发银行发行的一款结构性产品“薪加薪15号黄金挂钩人民币理财计划”，投资期为2010年9月21日～2011年9月20日，挂钩标的为黄金现货价格，收益触发条件为观察期内黄金最终价格曾经大于或等于期初价格的140%，否则投资者年收益率为0.36%。由于实际黄金价格未曾突破触发条件，投资者仅获得了最低收益率。

华夏银行发行了6款结构性产品，分为A款和B款两类产品，均挂钩于工商银行、建设银行、中国平安和中国太保这4只金融类A股。这6款产品结构设计相同，即这4只股票在4个观察日中任意一个观察日当日的收盘价格相对期初价格涨幅均同时大于等于某个值，产品自动赎回，到期收益率为对应期限定期存款年化利率的若干倍。如果在所有4个观察日，该产品未发生自动赎回事件，则产品到期收益率为0。其中，A款产品对应涨幅均为同时大于等于5%，产品到期收益率为对应期限定期存款年化利率的2.58倍；B款产品对应涨幅均同时大于等于10%，产品到期收益率为对应期限定期存款年化利率的3.11倍。由于这6款产品挂钩的A股股票在观察期内都没出现同一观察日4只股票涨幅同时大于等于5%或10%的情况，故这6款产品到期收益率都为0。

中国银行发行的4款挂钩股票的结构性产品未实现最高预期收益率，其中2款产品“中银进取ZYJQ10004A产品”和“中银进取ZYJQ10004B产品”结构设计相同，同时挂钩于建设银行、华润置地、中国国航和玖龙纸业的港股。挂钩指标中4只股票的期末价格均大于各自的期初价格而获得最高收益，仅有3只股票的期末价格均大于其各自的期初价格而获得中等收益，其他任何情况为最低收益。不同的是这2款产品投资币种分别为人民币和美元。人民币产品最高预期收益率为6%，中等预期收益率为2.25%，最低预期收益率为0.36%；而美元产品最高预期收益率为4.5%，中等预期收益率为2%，最低预期收益率为0.1%。由于观察期内挂钩股票的表现仅触发最低收益条件，故这两款产品到期仅实现0.36%和0.1%的实际到期收益率。另有2款中国银行发行的挂钩股票的结构性产品“中银进取ZYJQ10006A”和“中银进取ZYJQ10006B”到期未实现最高预期收益率。这2款产品同时挂钩工商银行、中信银行、中国国航和中国联通的港股，观察期内每个观察日挂钩指标中4只股票的收盘价都在［期初价格×50%，期初价格×140%］内，获得5.5%的最高预期收益率；否则，美元款产品获得0.1%的最低预期收益率，人民币款产品获得0.36%的最低预期收益率。此外，中国银行发行的2款挂钩汇率的结构性产品也因未触发最高收益条件而仅获得最低预期收益率。

招商银行发行的一款结构性产品“‘金葵花’焦点联动系列之A股金融类股票表现联动理财计划”，投资期限为2010年6月18日至2011年6月20日，产品挂钩中国平安、中国人寿和工商银行3只A股，产品触发价格为各股票期初价格的1.08倍，收益触发条件为所有挂钩股票的观察价格均大于或等于各自的触发价格。若理财计划始终没有发生触发事件，则理财收益率为0。2010年下半年至2011年央行实行实质从紧的货币政策，股市表现低迷，未触发收益条件，故到期收益率为0。另外，该行发行的2款挂钩石油期货和汇率的产品也因未触发最高收益条件而仅获得0.4%和0.5%的最低收益率。

东亚银行发行的2款结构性产品“‘溢利宝’投资产品——系列25”和“‘巧利盈1’精选原油投资主题保本投资产品”，分别挂钩指数型基金和石油期货，由于观察期内挂钩标的表现未触发最高收益条件，最终都仅获得0.36%的最低预期收益率。平安银行发行的1款挂钩招商银行、工商银行、中国银行和中信银行港股的产品，公布了4.5%的最高预期收益率，但未公布最低预期收益率，到期实际仅给付投资者0.36%的收益率。

邮政储蓄银行发行的2款银信理财合作产品，都是投资于票据资产、信贷资产、基金、股票、债券和货币市场工具的组合投资类产品，公布的最高预期收益率分别为8.02%和6%，到期仅分别获得1.29%和0.36%的收益率。

相关资料见表6-11。

表 6-11　　2011 年到期未实现最高预期收益的产品情况

产品名称	发行银行	币种	期限	到期年化收益率（%）	未实现收益率（%）
薪加薪 15 号——黄金挂钩人民币理财计划	广发银行	人民币	1 年	0.36	-7.64
“金葵花”焦点联动系列之 A 股金融类股票表现联动理财计划	招商银行	人民币	1 年	0.00	-7.00
“华夏理财——慧盈 21 号”A 股挂钩自动赎回型理财产品 B 款	华夏银行	人民币	1 年	0.00	-7.00
“华夏理财——慧盈 22 号”A 股挂钩自动赎回型理财产品 B 款	华夏银行	人民币	1 年	0.00	-7.00
“华夏理财——慧盈 23 号”A 股挂钩自动赎回型理财产品 B 款	华夏银行	人民币	364 天	0.00	-7.00
天富系列人民币理财计划 4 号第二期产品	邮储银行	人民币	2 年	1.29	-6.73
“溢利宝”投资产品——系列 25	东亚银行	人民币	1.5 年	0.36	-6.64
搏弈 BY11376——V（人民币汇市争锋）理财产品	中国银行	人民币	64 天	0.50	-6.50
天富人民币理财计划 3 号第二期	邮储银行	人民币	2 年	2.24	-5.96
“华夏理财——慧盈 21 号”A 股挂钩自动赎回型理财产品 A 款	华夏银行	人民币	1 年	0.00	-5.81
“华夏理财——慧盈 22 号”A 股挂钩自动赎回型理财产品 A 款	华夏银行	人民币	1 年	0.00	-5.81
“华夏理财——慧盈 23 号”A 股挂钩自动赎回型理财产品 A 款	华夏银行	人民币	364 天	0.00	-5.81
中银进取 ZYJQ10004A 产品	中国银行	人民币	367 天	0.36	-5.64
“巧利盈 1”精选原油投资主题保本投资产品	东亚银行	人民币	184 天	0.36	-5.64
中银进取 ZYJQ10006B 产品	中国银行	美元	1 年	0.10	-5.40
中银进取 ZYJQ10006A 产品	中国银行	人民币	1 年	0.36	-5.14
焦点联动系列之石油价格表现联动理财计划	招商银行	人民币	61 天	0.40	-5.10
中银进取 ZYJQ10004B 产品	中国银行	美元	367 天	0.10	-4.40
汇聚宝 HJB11057——V（美元汇市争锋）理财产品	中国银行	美元	64 天	0.10	-4.40
安盈理财 1003——挂钩一篮子股票人民币理财计划	平安银行	人民币	1 年	0.36	-4.14
焦点联动系列之汇率表现联动理财计划（104003）	招商银行	人民币	31 天	0.50	-4.00
2010 年“薪+薪”12 号黄金挂钩人民币理财	广发银行	人民币	1 年	4.61	-3.39
阳光理财 A+计划 2010 年第七期产品 1	光大银行	人民币	6 个月	1.71	-2.79
焦点联动系列之汇率表现联动理财计划（104004）	招商银行	人民币	14 天	2.50	-2.50
阳光理财 A+计划 2011 年第三期产品 1	光大银行	人民币	6 个月	3.75	-2.25
阳光理财 A+计划 2011 年第五期产品 1	光大银行	人民币	6 个月	3.75	-2.25
阳光理财 A+计划 2011 年第一期产品 1	光大银行	人民币	1 年	6.00	-2.00
华夏理财——创盈 303 号（定向）理财产品	华夏银行	人民币	30 天	5.20	-1.00

续表

产品名称	发行银行	币种	期限	到期年化收益率（%）	未实现收益率（%）
华夏理财——创盈307号（定向）理财产品	华夏银行	人民币	41天	5.30	-0.90
“刺桐三号”票据型人民币理财产品（2011001期）	泉州银行	人民币	51天	4.10	-0.20
华夏理财——创盈318号（定向）理财产品	华夏银行	人民币	33天	5.50	-0.20
阳光理财套餐计划2011年第五期产品7	光大银行	人民币	264天	4.20	-0.08
阳光理财套餐计划2011年第五期产品8	光大银行	人民币	264天	4.30	-0.08
阳光理财套餐计划2011年第七期产品1	光大银行	人民币	1个月	3.20	-0.05
阳光理财套餐计划2011年第七期产品2	光大银行	人民币	2个月	3.45	-0.05
阳光理财套餐计划2011年第六期产品2	光大银行	人民币	3个月	4.08	-0.04
阳光理财套餐计划2011年第六期产品1	光大银行	人民币	3个月	3.98	-0.04

资料来源：普益财富（数据截至2011年12月31日）。

二、59款产品到期收益率超出最高预期收益率

2011年各商业银行发行的理财产品到期收益率超过最高预期收益率的有59款，其中，57款超出值在区间［0.004%，0.6%］内，有2款产品到期收益率超出最高预期收益率较多。这2款产品分别为建设银行发行的“利得盈09年第1期现金选择权理财产品”和中信银行发行的“中信理财债券增值计划1号”。

其中，建行银行发行的这款产品通过中国对外经济贸易信托有限公司设立资金信托，然后再通过深圳证券交易市场及证券市场大宗交易系统购买攀枝花新钢钒股份有限公司的股票，未足额购买股票的资金部分由外贸信托以自身名义向鞍钢集团发放信托贷款，闲置资金可投资于货币市场基金、银行存款等低风险、高流动性金融资产。由于这款产品投资策略采用“股票资产＋看跌期权”的保护型看跌期权策略，即在股票价格下跌时，通过行使看跌期权对冲股票价格下跌所造成的损失；在股票价格上涨时，通过放弃行使期权获得股票价格上涨收益，而同时产品固定费用按投资者认购金额的1%年费率计算。在风险可控和费用可测的前提下，该款产品获得了9%的超预期收益率，是原最高预期收益率（4.5%）的两倍。此外，中信银行发行的一款银信合作理财产品，投资于债券、债券型基金和货币市场工具，最高预期收益率为3.5%，到期获得5.1795%的实际收益率，超出原最高预期收益率1.6795个百分点。

这59款产品中，信贷资产、信托贷款、债券和货币市场工具的组合投资类产品18款；信贷资产、信托贷款、股票、债券和货币市场工具的组合投资类产品18款，信托贷款类产品9款，信贷资产类产品2款，债券和货币市场类产品6款，基金与债券和货币市场工具的组合投资类产品1款，票据资产类产品1款，信托贷款和股票的组合投资类产品1款，未透露投资对象的产品3款。

这59款产品均为人民币产品，平均到期收益率为4.52%，远超过3.82%的市场平均到期收益率。值得注意的是，有52款为银信理财合作产品，其中又有48款为包含信贷资产或信托贷款的产品。由此也可看出，虽然信贷类产品发行受限，但银行出于提高理财产品收益的考虑，仍将信贷类资产纳入其投资组合中，因此该类产品间接体现了信贷类产品高收益的特点，也使其自身在理财市场中具备了更有利的竞争优势。

三、882款产品到期收益表现良好

据专家预测，2011年全年CPI约为5.50%，故我们以5.50%的年化收益率（下述所有收益率均为年化收益率）作为衡量理财产品表现是否良好的标准。2011年到期理财产品中，到期收益率达

5.5%及以上的理财产品共计882款。在股市低迷、楼市投资受限且风险加大、外汇市场又无序波动的2011年，可供个人投资者选择又能跑赢通货膨胀的投资品种确实不多，银行理财产品当之无愧地成为这一年整个理财市场中的佼佼者。

从银行类型来看，股份制商业银行有367款到期收益表现良好的产品，国有银行有216款，城市商业银行有181款，外资银行有112款，农村金融机构有6款。银行拥有达到或超过5.5%到期收益率的产品共计49家。

从投资币种来看，到期收益率表现良好的人民币产品有595款，澳元产品239款，美元产品38款，新加坡元产品10款。

从投资期限来看，1个月（含）以下期产品268款，1个月~3个月（含）期产品154款，3个月~6个月（含）期产品245款，6个月~1年（含）期产品149款，1年以上期产品66款。

从投资对象来看，到期收益表现良好的产品中，债券和货币市场类产品399款，占所有到期收益表现良好的产品的比重达44.76%。包含信贷资产或信托贷款的组合投资类产品156款，结构性产品108款，投资股票或含股票的组合类产品共有41款，基金、债券和货币市场工具及其他投资对象组合而成的产品23款，信贷资产类产品8款，信托贷款类产品24款，股权投资类产品13款，票据资产类产品13款，商品、收益权及其他类产品共计40款，投资对象未透露的产品57款。

鉴于到期收益表现良好的产品较多，在此仅选择到期收益率表现优秀（利期收益率≥6.50%，该值为2011年全年单月通货膨胀水平的峰值）且平均到期收益率位于前十名银行的产品进行分析。

渣打银行表现优秀的产品都为结构性产品，平均到期收益率为12.15%。其中，8款投资于境外结构性票据的产品平均到期收益率为15%；15款挂钩股票的产品平均到期收益率为13.41%；3款挂钩基金的产品平均到期收益率为18.46%；4款挂钩价格的产品平均到期收益率为8%；7款挂钩利率的产品平均到期收益率为6.56%；1款同时挂钩期货价格的产品获得7.5%的到期收益率。

恒生银行表现优秀的产品也都为结构性产品，平均到期收益率为9.58%。其中，25款挂钩股票的产品平均到期收益率为10.55%，11款挂钩汇率的产品平均到期收益率为7.37%。

泉州银行发行的1款信托贷款类产品到期获得9%的高收益，建设银行发行的1款信托贷款和股票组合而成的产品到期也获得9%的高收益。

中信银行表现优秀的产品投资对象多样性较强，平均到期收益率为8.28%。其中，5款投资于债券和货币市场工具的产品平均到期收益率为6.84%；3款投资于信贷资产、信托贷款、股票、债券和货币市场工具的组合投资类产品平均到期收益率为6.83%；1款投资于信托贷款、股票、债券和货币市场工具的组合投资类产品到期获得6.71%的收益率；1款仅投资于信托贷款的产品获得7.5%的到期收益率；1款投资于信贷资产、信托贷款、股票、基金、债券和货币市场工具的组合投资产品到期获得7%的收益率；另有3款未透露投资对象的产品到期获得13.33%的高收益率。

花旗银行表现优秀的产品平均到期收益率为7.74%。其中，8款结构性产品平论到期收益率为8.04%，8款投资于海外债券的产品平均到期收益率为7.44%。

招商银行表现优秀的产品平均到期收益率为7.65%。其中，2款投资于股票、基金、债券和货币市场工具的组合投资产品平均到期收益率为8.73%，14款债券和货币市场工具类产品平均到期收益率为7.5%。

民生银行表现优秀的产品平均到期收益率为7.57%。其中，12款投资于信贷资产、票据资产、债券和货币市场工具的组合投资类产品平均到期收益率为7.38%；6款投资于票据资产、债券和货币市场工具的产品平均到期收益率为6.8%；1款投资于股权的产品到期获得6.75%的收益率；1款主要投资于商品的产品到期获得15.38%的高收益率。

哈尔滨银行表现优秀的产品平均到期收益率为7.38%。其中，1款投资于信贷资产、债券和货币市场工具的组合投资类产品到期获得7%的平均收益率，1款投资于收益权的产品到期获得8.5%的收益率，2 款投资对象未透露的产品平均到期收益率为7.01%。

北京银行表现优秀的产品多达26款，投资对象都为债券和货币市场工具，平均到期收益率为7.3%。

相关资料见表6-12和表6-13。

表6-12　2011年到期收益率表现优秀（≥6.50%）的产品在银行间的分布

发行银行	产品数量（款）	平均到期收益率（%）
渣打银行	38	12.15
恒生银行	36	9.58
建设银行	1	9.00
泉州银行	1	9.00
中信银行	14	8.28
北京银行	26	7.74
花旗银行	16	7.74
招商银行	16	7.65
民生银行	20	7.57
哈尔滨银行	4	7.38
农业银行	3	7.26
杭州银行	4	7.25
光大银行	6	7.23
平安银行	1	7.20
南昌银行	1	7.00
江苏银行	3	6.83
工商银行	13	6.82
包商银行	1	6.80
中国银行	2	6.75
兴业银行	2	6.74
交通银行	21	6.66
深发展银行	2	6.65
厦门银行	1	6.60
富滇银行	2	6.50
嘉兴银行	1	6.50
总计	235	8.50

资料来源：普益财富（数据截至2011年12月31日）。

表6-13　2011年到期收益表现良好（≥5.50%）的产品在银行间的分布

发行银行	产品数量（款）	发行银行	产品数量（款）
交通银行	94	重庆农村商业银行	4
光大银行	93	成都银行	3
民生银行	92	建设银行	3
招商银行	70	重庆三峡银行	3

续表

发行银行	产品数量（款）	发行银行	产品数量（款）
北京银行	69	包商银行	2
工商银行	51	富滇银行	2
中国银行	47	南昌银行	2
渣打银行	44	南充商行	2
恒生银行	40	宁夏银行	2
深发展银行	36	齐鲁银行	2
中信银行	35	浙江泰隆商业银行	2
花旗银行	28	厦门银行	2
浙江稠州商业银行	21	营口银行	2
农业银行	21	珠海华润银行	2
华夏银行	19	遵义市商业银行	2
哈尔滨银行	14	贵阳银行	1
江苏银行	11	汉口银行	1
上海浦东发展银行	10	湖州银行	1
杭州银行	8	徽商银行	1
平安银行	8	嘉兴银行	1
宁波银行	7	浙江民泰商业银行	1
上海银行	6	南海农村商业银行	1
东莞银行	5	泉州银行	1
苏州银行	5	瑞丰银行	1
兴业银行	4		

资料来源：普益财富（数据截至2011年12月31日）。

第六节 2011年银行理财产品创新点评

一、滚动型结构性理财产品问世，发行频率每周一期

“‘金葵花’焦点联动系列之欧元汇率区间表现联动28天理财计划”为招商银行创设的一款滚动型结构性理财产品。

该款理财计划以发行“子计划”的形式销售，发行频率为每周一期，每期子计划的认购期为每周一10:30至当周三17:00，当周四为该子计划的投资起始日，第四个周四为到期日。子计划呈现出滚动发行方式，投资者于每周均可购买到该款理财计划，但招商银行保留暂停发行子计划的权利。该款理财计划的投资币种为人民币，投资期限为28天（如某子计划到期日遇节假日则顺延至下一个工作日到期），投资金额为10万元并可以1万元的整数倍递增。

该款结构性理财计划的挂钩对象为欧元兑美元的汇率价格，以路透公布的参考页面“TKFE”上的欧元兑美元汇率水平为准。产品设立了观察期，即子计划投资起始日的东京时间15：00（含）至该子计划到期日前两个工作日的东京时间15：00（含）的期间。同时设立了汇率约定区间，即［欧元兑美元期初汇率 -0.0600，欧元兑美元期初汇率 +0.0600］。其中，欧元兑美元期初汇率是指子计

划投资起始日当天东京时间下午15：00路透公布的参照页面“TKFE”上的欧元兑美元的买入价和卖出价的算术平均值。

产品的收益结构为：如果在子计划观察期内，欧元兑美元指标汇率曾经突破约定区间，则该子计划的到期收益率为2.00%；如果在子计划观察期内，欧元兑美元指标汇率从未突破约定区间，则该子计划的到期收益率为最高年化预期收益率（由招商银行在每个子计划认购期的第一天公布）。其中，欧元兑美元指标汇率是指子计划观察期内，每个工作日东京时间下午15：00路透公布的参照页面“TKFE”上的欧元兑美元的买入价和卖出价的算术平均值。可见，只要欧元兑美元汇率在28天的观察期内表现出较为稳定的走势，到期投资者即可获得最高预期收益率。

截至2011年12月19日，该款理财计划已经发行了19期子计划，设定的最高预期收益率几乎均在5.50%及以上。而从已经到期的共计15期子计划来看，其中仅有4期为2.00%，其余各期子计划均获得最高预期收益率。在欧债危机愈演愈烈的情况下，该款滚动型结构性产品能取得这样的成绩，主要由于产品恰到好处地设定了挂钩汇率约定区间的大小以及产品投资期限的长短，从而较好地控制了汇率市场波动所带来的风险。

结构性理财产品滚动发行在国内还是首次出现，这与之前有银行不定期推出的同系列结构性产品是有区别的。该款理财计划的各期子计划的收益结构完全一致，包括挂钩标的观察区间和收益触发条件，并且固定以一周的间隔时间定期持续发行。而此前的一些系列性质结构性产品在收益结构方面可能会出现调整。另外，产品发行频率并不固定，且发行持续性不强，有的会视标的市场表现情况而在发行了几期后即终止。

滚动型结构性产品开发和后期持续运作首要考虑的是产品挂钩标的的价格波动性，同时收益结构和各期产品观察期限的设计也需满足持续性要求。

二、儿童版理财产品庆“六一”，意外保障显现母子情

工商银行于2011年“六一”国际儿童节到来之际，推出首款儿童专属理财产品，产品除理财功能以外还为儿童提供保险保障服务。

该款儿童版理财产品是“高净值客户专属‘保中宝’”系列之“‘伴你童行’产品”。产品销售期间为2011年5月30日至2011年6月7日，投资起始日为2011年6月8日，投资期限为356天。产品发行规模计划为1亿元至30亿元，投资币种为人民币，投资起点为5万元并可以1 000元的整数倍递增。

产品为组合投资类，投资对象包括符合监管机构要求的信托计划及其他资产或资产组合、银行间债券市场发行的各类债券、货币市场基金、债券基金、存款以及其他货币资金市场投资工具。产品所投资的信托计划、资产或资产组合均比照工商银行自营业务的管理标准，严格经过审批流程审批和筛选，达到可投资标准，所涉及的信贷资产五级分类均为正常类，信托计划、资产或资产组合所涉及用款人比照工商银行评级标准均在A－级（含）以上，同时拟投资的各类债券主体评级均达到AA级（含）以上。另外，为满足流动性要求，产品所投资的高流动性、本金安全程度高的债券和存款等投资品比例不低于30%。

该产品拟投资的资产组合预期年化收益率约为5.12%，扣除工商银行理财销售费、托管费等费用，产品到期后，若所投资的资产按时收回全额资金，则投资者可获得的预期最高年化收益率为4.70%，超过4.70%的收益部分作为工商银行的投资管理费。从产品投资对象的属性和同类产品过往业绩表现情况来看，其到期获得4.70%收益率的可能性很高。

该款产品除了具备投资理财的功能外，还为投资者提供保险保障服务。购买该款产品的投资者本人及其满足条件的子女将自动成为由生命人寿保险股份有限公司承保的“伴你童行”亲子综合保险计划的被保险人，享有相应的保险利益，保险期间为2011年6月20日0时至2012年6月19日24

时。若投资者每投资一份理财产品，即购买金额为5万元，就可不仅为理财产品投资者本人（主被保险人）提供5万元的意外伤害保险和3 000元的意外伤害医疗费用保障，还为投资者的子女（连带被保险人）提供2万元的意外伤害保险和2 000元的意外伤害医疗费用保障。另外，还有累计服务价值最高20万元的境内紧急救援服务。

这种银行理财产品和保险产品相结合的方式早在2008年就已出现过，但一直鲜有银行持续推出此类产品。而工商银行"保中宝"系列产品则不断与各大保险公司合作推出嫁接保险服务的特色银行理财产品，比如2010年上海世博会期间推出的"世博相伴"、2011年春节前推出的"缤纷假日行"以及为高端客户提供优质健康保障的"全球高端医疗"等等产品。

三、加息通道下，随息而动产品可抵御利率风险

在加息环境之下，为顺应市场需求，我国银行理财市场出现了一些随息而动的理财产品，它们能够打消投资者对于加息而产生利率风险的忧虑。

从2010年10月至2011年年底，我国央行已经上调存贷款基准利率5次，每次上调幅度均为0.25个百分点。在此加息期间，浙江泰隆商业银行于2011年3月2日推出"'金管家理财'钱潮1102期（抗加息型）产品"，产品发行规模为3 500万元，投资起始日为2011年3月8日，投资期限为92天，投资币种为人民币，投资对象主要以配置银行间市场主体评级AA－以上、债券评级AA以上的企业债为主且投资比例不高于理财资产的61%，同时部分配置银行存款。

该款产品的投资收益率随息而动。如果投资期内，央行没有出现加息情况，产品参考到期收益率为4.00%；如果央行出现1次加息且加息幅度为0.25个百分点，则加息前年化收益率为4.00%，加息后年化收益率为4.25%；如果央行出现2次加息且加息幅度均为0.25个百分点，则第一次加息前年化收益率为4.00%，第一次加息至第二次加息期间年化收益率为4.25%，第二次加息后年化收益率为4.50%。而如果投资期内加息幅度总共超过0.5个百分点，则产品年化收益率最高涨至4.50%。

产品投资期内，央行上调存贷款基准利率一次，即于2011年4月6日上调0.25个百分点，因此产品年化收益率在加息前的29天时间里为4.00%，加息后的63天时间里为4.25%。若投资者投资100 000元购买此款产品，则：

加息前获得的收益 = 100 000 × 4.00% × 29/365 = 317.81（元）

加息后获得的收益 = 100 000 × 4.25% × 63/365 = 733.56（元）

该款产品的到期年化收益率 =（317.81 + 733.56）÷ 100 000 ÷ 92 × 365 × 100% = 4.17%

此外，华夏银行、德阳银行等机构也都顺应市场形势推出了抵抗加息型产品。华夏银行在2011年年中推出的部分增盈增强系列和创盈系列产品就加入了"加息保护"设计，而德阳银行则在2011年12月1日推出了"旌喜理财系列之加息保护人民币理财产品"。这些产品的投资对象均为银行间债券与货币市场工具，以安全和稳健为首要原则。产品投资期限多在3个月及以下，且均为分段计息。这样的短期产品要想获得超额收益，就必须准确把握加息的可能性，因此产品推出的时机十分重要。如果产品发行于加息周期的起初阶段，则对于提升投资者的回报率将很有益处。

四、高端手表成为另类产品标的，投资者可选择获取手表实物

继投资于酒类、艺术品及金条等另类理财产品面世之后，高端手表也成为另类理财产品的投资标的。

2011年11月8日，农业银行推出"2011年第一期'金钥匙·天工'海鸥陀飞轮表理财产品"，并按照手表价值划分为A、B、C、D四款。产品为保本浮动收益型，投资币种为人民币，投资起始日为2011年11月18日，到期日为2012年11月19日，投资期限为367天。

这四款产品是农业银行、天津信托有限责任公司以及天津海鸥手表集团三方合作创立的。农业银

行将理财募集资金投资于天津信托的“海鸥手表受益权信托计划”，该信托计划100%投资于银行间货币市场工具。产品到期后投资者可自行选择获得现金或者手表，这些手表市场价值在几万元至十多万元不等。如选择现金方式，投资者可获得本金和预期收益率的货币收益；如选择手表方式，到期时可获得一款约定款式的海鸥陀飞轮手表，同时还可获得预期收益率的货币收益。

A、B、C、D四款产品的投资起点分别为5万元、5.4万元、14.85万元和18万元，并且必须按照这些金额的整数倍递增。其中，B、C、D三款产品的投资起点均不低于其到期兑付手表的市场价值，而A款产品到期兑付手表的价值为3.75万元，低于投资起点，因此这款产品在投资期初就将以派息的形式返还手表价值少于投资起点的部分1.25万元。从这一点看该款产品的投资门槛可认为是3.75万元，与《商业银行个人理财业务风险管理指引》中关于理财计划起点金额不得低于5万元相比较，有打政策“擦边球”之嫌。

按照投资门槛的高低，产品设置了不同等级的预期收益率，这四款产品分别为5.50%、5.60%、5.70%和5.80%。另外，该款产品在投资期过半时设立了一个赎回开放期，即在2012年4月16日至2012年5月16日投资者可提出赎回产品，并获得本金和赎回收益率的货币收益，赎回收益率分别为5.00%、5.10%、5.20%和5.30%，农业银行于2012年5月18日一次性支付理财产品本金及货币收益。

这种赋予投资者获得实物或现金选择权的产品与在此之前出现的高端酒、黄金实物等产品类似。若产品到期实物标的价值上涨幅度超过产品预期收益率，则投资者选择实物标的为宜；若产品到期实物标的价值上涨幅度低于产品预期收益率，则投资者应选择获取货币收益的方式。然而，可以发现这些实物标的均具有收藏价值，未来所具备的升值潜力也可能成为投资者选择实物标的的考虑因素。但作为收藏品，其流动性水平并不高，同时价值定位也不易把握，投资者在没能清楚地了解这些实物产品的市场价值和未来趋势的情况下盲目投资也可能遭受较大损失。

五、银行系TOT产品首次设置“安全垫”，10%亏损由投资顾问承担

随着TOT产品队伍的不断壮大，中国银行于2011年推出了首款带有“安全垫”的分级阳光私募组合基金理财产品，为银行系TOT产品的又一次创新。

“‘中银安心成长组合’（TFOT：Trenched Fund of Trust）人民币理财产品”发行于2011年9月19日，销售结束日为2011年11月17日，实际发行规模达到6.25亿元。“安心成长组合”的投资起点为30万元，并可以1万元的整数倍递增。这与百万级别投资门槛的阳光私募基金相比还是低了许多。产品投资期限为5年，每年将有一次开放申购赎回时间，首次开放时间为2012年11月20日。产品开放期间投资者可获得收益分配，投资管理人也将获得相应的业绩报酬。

“安心成长组合”为中国银行联手国金证券推出的一款非保本浮动收益型理财产品，但产品带有10%的“安全垫”。产品由中国银行精选国内5家实力较强、业绩优秀的成长型阳光私募基金公司，以国内证券交易所上市交易的股票、封闭式基金、开放式基金、信用等级在投资级以上的债券、债券逆回购、首次公开发行新股及债券申购、银行存款等为主要投资对象进行投资管理，并通过投资顾问大额跟投和先行承担其所管理的子信托10%以内亏损等有效的激励约束机制，力争在有效控制下行风险的基础上，为投资者创造超越大盘和比较基准的长期稳定收益。

具体投资流程为，中国银行通过发行理财产品募集资金并以单一信托计划的形式分别将理财资金投向5家类结构化阳光私募集合信托计划（子信托）中，并通过子信托投资顾问跟投12%且率先承担子信托10%以内损失的架构安排实现分级效果。这意味着投资顾问先行承担了该产品10%以内的亏损，为客户设置了有效的安全垫，即当该产品净值跌到0.9元以下客户才开始承担亏损。相比传统的阳光私募业绩提成方式，这样可使得投资者与投资管理人的利益目标进一步趋同。

首批选中的5家阳光私募基金（子信托）的投资顾问为上海重阳投资、京福资产投资、江苏瑞

华投资、北京艾亿新融以及上海凯石投资，均为业界过往业绩表现优异的机构。但是，该款产品设置了严格的投资顾问淘汰机制，每年将根据各阳光私募基金投资业绩进行一次调整，起到优胜劣汰的效果。

可以看出，“安心成长组合”除了保持TOT产品一贯的“组合投资，稳中求进”的原则外，投资者既能在一定程度上保本，又可以分享绝大部分收益。在2011年我国资本市场整体表现不佳的情况下，该款产品通过这样一种创新设计也能够较大程度地激发投资者对产品的购买欲望。

第七节 2012年银行理财市场展望

一、市场短期化格局将弱化，产品发行增长回归常态化

自从首款银行理财产品问世以来，每年度银行理财市场的发行量均保持突飞猛进的增长态势，特别是在2011年，产品发行数量和发行规模的变化趋势都可用“大爆发”来形容。这种爆发式增长的原因一方面是市场对银行理财的需求旺盛，促进商业银行更多地开展此类业务，同时越来越多的城市商业银行和农村商业银行等小银行新加入到此类业务中；另一方面则可以看到产品短期化格局致使产品发行频率高企，间接造就了数量和规模的大幅提升。但是，短期化格局提升产品发行的形势并不具备可持续性，银行理财市场在量上的增长趋势定将被极大地削弱。

超短期理财产品的大量面世也受到了监管当局的关注。这类产品存在的违规高息揽储、非真实性投资、银行内部收益转移等问题导致监管层于2011年出台了各种有针对性的防范政策。6月末，中国银行业监督管理委员会召集十余家商业银行进行了理财业务的监管座谈会，其中重点提到了银行发行超短期产品以高息揽储的乱象。9月末，银监发［2011］91号文规定，银行不得通过发行短期和超短期、高收益的理财产品变相高息揽储，不得在月末、季末变相调节存贷比等监管指标。11月的第四次经济金融形势通报分析会上，中国银行业监督管理委员会强调“严禁通过发行短期理财产品变相高息揽储，规避监管要求，进行监管套利”。在监管层的高压政策之下，超短期产品的发行量在第4季度应声而落。

顺应这种形势，预计2012年超短期理财产品的发行将继续低迷，取而代之的将是1~3个月的短期产品以及可定期申购赎回的开放式理财产品发行量的上升。这种局面必将限制银行理财产品发行量的高歌猛进，令其转而回归至常态化的增长态势。考虑到监管层的政策影响以及2011年基数较大的因素，2012年银行理财市场的产品发行数量和发行规模的增长幅度可能仅处在5%~10%区间。

二、信贷类和票据类产品进一步低迷，固定收益类型产品收益率将下滑

2011年下半年，我国CPI上涨势头得到抑制，从7月的最高点6.5下降至12月的4.1。2012年此种趋势可能还将延续，可见市场实际利率持续为负值的现象将逐渐得到缓解。在通货膨胀形势进一步缓和的情形之下，2011年年末和2012年年初连续召开的中央经济工作会议、全国金融工作会议以及中国人民银行工作会议对未来一年经济金融形势作了预测；同时，规划将继续实施稳健的货币政策，但会适时适度进行预调微调。2012年货币政策有稳步放松的趋势。

鉴于货币政策可能出现放松的迹象，2012年包括债券与货币市场类、组合投资类等在内的固定收益类型理财产品的预期收益率整体将出现稳步下行的走势。同时，超短期产品受到遏制后，超高年化收益率的产品将大大减少，从而在很大程度上将降低发行产品的整体预期收益率。

此外，对于融资类银信理财合作业务，近年来监管层加大了对此类产品的规范力度。尤其是在银

监发［2010］72号文实施之后，已经数次发布政策法规限制融资类银信理财合作产品的发行。其中受到牵连最大的则是信贷类和票据资产类理财产品，2011年这两类产品发行数量大幅下滑已经体现出其发展趋势。2012年，信贷类和票据资产类理财产品的发行将进一步低迷，而这两类产品在固定收益类型产品中收益率均较高，它们的发行数量下滑也将削弱理财产品的总体平均收益率。

三、开放式和结构性产品发行有望提升，资产管理将成为各方关注焦点

在超短期理财产品遭到禁令之后，可以预见开放式和滚动型理财产品将成为此类产品最有力的替代者，通常这类产品最高频率可以每日进行申购或赎回，有的则是按周或按月进行开放申购赎回。这种产品能够满足投资者对于资金的流动性需求，而对于银行来说能够帮助其减轻月末、季末的贷存比考核压力。据普益财富统计，2011年12月底可供投资者申购的开放式理财产品共计858款，其中投资币种为人民币的共有534款。自9月底银监发［2011］91号文对商业银行利用短期产品进行监管套利行为发出禁令之后，各大商业银行对运作中的开放式或滚动型理财产品进行了收益率的上调，部分7天滚动型理财产品的收益率涨至4%以上，通过收益率的提高能够调动投资者的购买热情，也可以达到稳定客户、增加存款的目的。因此，这种流动性较高、收益率可观的理财产品可能将成为未来商业银行着力角逐的业务领域，银行理财业务将朝着资产管理方向发展。

除超短期理财产品外，结构性理财产品募集资金也可成为增加存款的重要来源。按照央行对于贷存比计算方法的规定，结构性存款规模能够直接纳入存款统计口径。商业银行发行的结构性理财产品募集资金中，除了少量用于衍生金融工具投资外，其余绝大部分在会计核算中将被计入交易性金融负债。这种结构性存款算作存款，可减轻银行贷存比考核带来的压力。2011年结构性理财产品发行数量突破千款，其中3个月以下期限产品占比近四成，挂钩汇率和利率的产品占比总和超过六成，这些短期限、低风险的结构性产品的推出目的之一则是吸收存款。因此，2012年挂钩汇率和利率的稳健型结构性产品发行量有进一步上涨趋势。

第七章　信　托　市　场

第一节　政策法规解析

2011年监管机构针对信托（包括阳光私募）监管的主要文件共出台了6个，包括相关法规的细则3个：《中国银监会关于进一步规范银信理财合作业务的通知》（银监发［2011］7号文）、《中国银监会关于印发信托公司净资本计算标准有关事项的通知》（银监发［2011］11号文）、《中国银监会非银部关于做好信托公司净资本监管、银信合作业务转表及信托产品营销等有关事项的通知》（非银发［2011］14号文）；有关信托公司参与股指期货的文件1个：《信托公司参与股指期货交易业务指引》（银监发［2011］70号）；取得市场广泛认同的征求意见稿2个：中国银行业监督管理委员会《关于对〈中国银监会关于规范信托产品营销有关问题的通知〉征求意见的通知》、中国证券监督管理委员会《证券投资基金法（修订草案）》征求意见稿。

一、《中国银监会关于规范银信理财合作业务有关事项的通知》

2011年1月13日，中国银行业监督管理委员会下发了《中国银监会关于进一步规范银信理财合作业务的通知》，对《中国银监会关于规范银信理财合作业务有关事项的通知》（银监发［2011］72号文）中银信合作业务的有关规范制定细则。相比72号文，7号文较为简短，仅有4条规定，但其对银信合作业务的影响却不逊于72号文。

首先，在规定商业银行限期内完成银信理财合作业务表外资产转入表内（2011年底前完成，每季度25.00%）的前提下，要求各信托公司对商业银行未转入表内的银信合作信托贷款按照10.50%的比例计提风险资本。这一方面可以通过增加信托公司的机会成本，降低信托公司与未完成转表的商业银行的合作意愿，迫使商业银行加速转表；另一方面可以通过计提风险资本，提高信托公司这类业务的风险抵抗能力。但不论从哪个角度出发，都意在加速银信理财合作业务转表。

其次，对信托公司年度分红作了限制性规定，规定如果信托赔偿准备金低于银信合作不良信托贷款余额的150%或者低于银信合作信托贷款余额的2.5%，信托公司不得分红，直至上述指标达到标准。这是从信托公司风险控制角度出发，控制银信理财合作业务的发展。

如果说《关于进一步规范银信理财合作业务的通知》（银监发［2009］111号文）是规范银信理财合作业务的“药引”，72号文是一剂“良方”，那7号文无疑就是“猛药”。由于信托公司净资本管理办法尚未出台，以往的监管政策往往只在银行资本监管、产品结构设计等方面加以约束银信理财合作业务，未从信托公司资本监管入手。而7号文则是继《信托公司净资本管理办法》出台之后，从信托公司资本监管的角度规范银信理财合作业务的发展。

二、《中国银监会关于印发信托公司净资本计算标准有关事项的通知》

2011 年 1 月 27 日，中国银行业监督管理委员会下发《中国银监会关于印发信托公司净资本计算标准有关事项的通知》（银监发［2011］11 号文）。11 号文有如下看点：

首先，对信托公司实行分类监管，规定“评级结果为 3 级及以下的信托公司风险资本计算系数为标准系数。评级结果为 1 级和 2 级的信托公司风险资本计算系数在标准系数基础上下浮 20%”。这个规定通过对在公司治理、内部控制、合规管理、资产管理等各方面水平不同的信托公司进行差别对待，扶优限劣，增大优秀信托公司的业务空间，激励后进信托公司提高经营能力。

其次，对融资类、投资类业务赋予不同权重实行分类监管，对债权投资和贷款运用类业务监管趋严。从 11 号文附件 2 的风险资本计算表可以看出，融资类银信理财合作业务的风险系数为 1.5%，而信托贷款、受让信贷资产和票据资产三类业务还要以 9% 的比例计算附加风险资本，即“银信合作业务中的信托贷款和受让信贷资产/票据资产业务风险系数总计 10.5%”，位居各类主要信托业务之首。这项规定主要是为了防止银行通过信托渠道变相放贷、腾挪信贷额度。该规定给净资本有限且银信理财合作业务余额规模较大的信托公司未来的业务发展造成较大压力，许多信托公司开始增资扩股以扩大各项业务未来的发展空间。

最后，11 号文从保护普通投资者的角度出发，对银信理财合作业务从严监管。如规定“银行理财资金成为受益人的信托业务视为银信合作业务，按照集合资金信托业务计算风险资本”。

此外，该文再次要求各信托公司应确保在 2011 年 12 月 31 日前达到净资本各项指标的要求。

三、《中国银监会非银部关于做好信托公司净资本监管、银信合作业务转表及信托产品营销等有关事项的通知》

2011 年 6 月 16 日，中国银行业监督管理委员会非银司向各银监局和相应信托公司下发《中国银监会非银部关于做好信托公司净资本监管、银信合作业务转表及信托产品营销等有关事项的通知》（非银发［2011］14 号文）。文件主要从以下两个方面进行规范：

首先，落实 11 号文关于信托公司净资本监管的规定及商业银行银信理财合作业务转表事宜。14 号文要求各银监局以 2011 年 5 月底数据为基础对信托公司净资本进行试算，填写净资本计算表、风险资本计算表及净资本风险控制指标监管报表，并于 7 月 1 日前将净资本试算相关报表和试算过程中遇到的问题以电子版形式上报中国银行业监督管理委员会。另外，各地银监局应督促信托公司填写“截至 2011 年底信托公司尚未到期的银信合作应转表项目清单”，并将其上报给当地银监局；银监局于 7 月 1 日前上报给中国银行业监督管理委员会；中国银行业监督管理委员会非银监管部门将协调银行监管部门要求各商业银行对上述项目是否已经转表予以确认。综合来看，14 号文旨在督促信托公司和商业银行落实 72 号文及 11 号文有关监管要求，防止部分机构故意拖延而无法在最后期限达到监管指标，进而导致中国银行业监督管理委员会不得不采取强制措施。中国银行业监督管理委员会对银信理财合作业务监管措施实施进程的积极推进，促使部分信托公司主动提前停止了银信理财合作业务。

其次是规范销售，特别是规范渠道销售。14 号文第四条明确规定：“各信托公司应依法合规开展信托产品营销推介工作，严格执行《信托公司集合资金信托计划管理办法》等相关规定。”条款中所指相关规定即为不得：“（一）以任何方式承诺信托资金不受损失，或者以任何方式承诺信托资金的最低收益；（二）进行公开营销宣传；（三）委托非金融机构进行推介；（四）推介材料含有与信托文件不符的内容，或者存在虚假记载、误导性陈述或重大遗漏等情况；（五）对公司过去的经营业绩作夸大介绍，或者恶意贬低同行”。其中，第（二）、（三）两条直指第三方理财机构业务。这是在第三方机构蓬勃发展后，监管层第一次对其作出反应，虽然反应得比较隐晦。此通知一出，市场上便有了对监管层意图的猜测，最多的猜测是将第三方销售正规化，参照专业基金销售机构被获准，市场预期第三方机构从踩线边缘到正规军也在情理之中了。但后来的情况，却证明市场预计过于乐观。

我们认为，信托产品在中国真正得到发展是在“一法两规”正式确立之后。但信托行业第五次整顿之前对信托定位不清的影响依然存在，信托市场仍然不够规范，这也决定了现阶段我国对于信托产品的监管必须从严。14 号文只是政策从严在信托销售监管方面的一个体现，这在之后的《规范信托产品营销有关问题的通知》中体现得更为明显。

私募产品的销售监管是全世界的难题。我国金融监管体制的分立、配套法律规则的不完善以及投资教育的滞后导致私募产品的销售监管难度很大。伴随着我国金融市场近年发展变化，如何对私募性质、代客理财性质的金融业务进行管理，已经成为监管的一项重要工程，是监管必须解决的问题，信托只是这一背景下的典型样本。完善信托销售监管最为理性的路径是在维护投资者利益的前提下，监管者维护公平竞争的秩序和提供前瞻的指引，使经营者规范运作、不断创新以充分满足市场需求。但是在有限资源和有限理性的背景下，在自空白处起步和外来经验移植困难的现实中，在上位政策运动式摆动的局限里，经营者和监管者必然不时偏离理性中轴，乃至出现碰撞、倒退的现象。回归理性的路径，关键是把握真正的资产管理和财富管理需求，在上层体制和制度的天花板下循序渐进，走出和谐共赢的投资者、信托公司和监管者成长模式。

四、《信托公司参与股指期货交易业务指引》

2011 年 6 月 27 日，中国银行业监督管理委员会下发《信托公司参与股指期货交易业务指引》（银监发［2011］70 号），对信托公司参与股指期货交易细则进行了规定。这是继对证券公司、基金公司、合格境外机构投资者（QFII）开放后，又一类理财机构获批参与股指期货。

信托公司证券投资信托业务已有较大发展。目前投资证券市场的阳光私募已经成为主流信托产品，而结构化证券投资信托、通过组建有限合伙企业（基金）进行证券市场投资的信托也不在少数。中国证券市场缺乏做空机制，这些证券投资类信托产品只能从三个途径规避风险：一是通过产品结构化设计或有限合伙等形式将信托产品投资人（优先级受益人、有限合伙人）的风险转移给其他人（劣后级受益人、普通合伙人）。这样做虽然规避了部分风险，但是也让投资者失去了博取较高收益的机会。二是通过止损线、警戒线等止损措施限定投资者的最大损失。不过这类措施仅为事后控制，无法在投资过程中较灵敏地对损失作出反应。三是通过私募机构的内部控制制度及风险控制制度规避操作风险，而这并不能抵抗系统性风险。当前证券投资类产品的做空机制缺失，影响此类产品的风险控制，这是 70 号文出台的最主要原因。

自股指期货推出以来，高端客户通过理财机构投资股指期货的需求日益强烈，此前多通过有限合伙企业（基金）等方式运作，但由于此类方式在信息披露、监管等方面缺乏规范，阳光化的信托产品形式成了既满足需求又便于监管的政策选择。

70 号文共 27 条，分别从参与目的、准入条件、监管管辖、IT 要求、营销要求、交易规则、保管人准入、投资顾问准入等方面对信托公司参与股指期货业务加以规范，有以下关键点：

首先，区分固有业务及信托业务准入，即固有业务不得参与股指期货业务，信托业务可以直接或间接参与股指期货业务。严格区分固有业务及信托业务，旨在防范信托公司从事高风险业务而影响其保障作用，也是促使信托公司将这一新业务的资源集中配置在委托人资金管理上。

其次，区分单一信托和集合信托，实施分类监管。集合信托只能以套期保值和套利为目的参与股指期货交易，而单一信托除能以套期保值和套利为目的参与股指期货交易外，还能以投机为目的参与股指期货交易；集合信托任何交易日日终持有卖出股指期货合约价值不得超过集合信托持有权益类证券总市值的 20%，买入股指期货合约价值不得超过信托净资产的 20%（这与公募基金参与股指期货的规定类似），而单一信托计划仅规定在任何交易日日终持有股指期货的风险敞口不得超过信托净资产的80%。

最后，70号文规定了结构化产品不能参与股指期货，这是基于保护投资者及私募机构的考虑。由于结构化设计和股指期货本身都有杠杆效应，私募机构为了博取高收益忽略仓位控制，一旦产品发生亏损，私募机构的其他结构化产品运行势必也会受影响。

五、《关于对〈中国银监会关于规范信托产品营销有关问题的通知〉征求意见的通知》

中国银行业监督管理委员会于10月12日下发《关于对〈中国银监会关于规范信托产品营销有关问题的通知〉征求意见的通知》（以下简称《通知》）。从以往信托监管征求意见到最终文本比较看，《通知》确定了监管方对信托产品营销的基本准则和监管重点。

一是明确了信托销售客户为核心的定位。自信托行业第五次整顿以来，监管层和业界逐步达成共识，信托公司要改变以前"融资平台""第二银行"的经营思路，特别是在新《中华人民共和国信托法》中，基本明确了信托"得人之信，受人之托，代人理财，履人之嘱"的本质。但在实际操作中，不管是信托公司的"财富中心"，还是银行，抑或是近期兴起的第三方理财机构，都难以摆脱以产品为中心、以销售业绩为核心的思路，特别是通过渠道进行的销售，出现了向投资者推介不合适产品的情况。这不仅与信托的本质要求相悖，在实务上也不利于信托公司与投资者维持长期关系。按《通知》精神，信托公司应做好客户甄别、客户信息管理、客户关系维护等工作，通过专业化资产配置和财富管理，为客户配置资产，而不是根据信托项目简单地向客户推销。

二是限定信托销售渠道。《通知》要求只有商业银行等金融机构方能代理推介信托产品，而且这些金融机构能独立完成销售过程，信托公司必须对投资人履行客户甄别、风险揭示、信息披露等职责（如填写调查问卷、解释合同文本等），相关文件必须由投资者当面与信托公司签署。而非金融机构，只能"向信托公司推荐合格投资者，但不得以提供咨询、顾问、居间等方式直接或间接推介信托产品"。这个规定表明监管层的意图：非金融机构在推荐过程中不得涉入产品层面。也就是说，不能基于产品向信托公司推荐客户，只能将《集合资金信托计划管理办法》第六条规定的合格投资者推荐给信托公司。这也与市场之前猜测的监管层想让第三方理财机构履行理财咨询服务机构的职责不同。监管层重申营销渠道规定，主要是因为第三方理财机构返佣、违规打包销售等现象扰乱了正常的市场秩序。不过，从原则上禁止"非金融机构进行推介"到允许其"推荐合格投资者"，在某种意义上讲体现了开放性监管理念。

三是《通知》对异地销售作出了指引规范，可以看作是对渠道监管趋严的一个对冲。值得注意的是，《通知》第四十四条规定："信托公司委托异地商业银行推介信托产品的，异地局以商业银行总行注册地为准。"这里特别强调要"以商业银行总行注册地为准"，其政策意图可能是，让商业银行总行注意商业银行分支机构的产品推介情况，以利其内部监管。不过，在实际运作过程中，信托公司可寻找总行所在地为信托公司注册地的银行分支机构合作以规避此规定。

六、《中华人民共和国证券投资基金法》修订案征求意见稿

历经7年运行的《中华人民共和国证券投资基金法》（以下简称《基金法》）在2011年作出了重大修订，私募将被纳入监管范畴。由全国人大财政经济委员会牵头，包括中国证券监督管理委员会、中国银行业监督管理委员会、中国保险监督管理委员会、国家发展和改革委员会等主要监管部门以及行业代表、法律专家、业内资深学者组成的《基金法》起草和修改小组完成的《基金法（修订草案）》征求意见稿，成为2011年投资界关注的焦点。征求意见稿与现行的《基金法》相比，丰富了许多，对于此前热议的诸多问题（包括允许从业人员炒股、持有公司股票，规范服务机构等）都作了回应，将私募纳入监管范畴成为了此次修改的最大亮点。

现行的《基金法》于2003年10月通过，它仅仅是一部公募基金法，而没有纳入对主要投资于

二级市场的私募基金、股权投资基金等的监管，主要原因在于当时对监管分工的分歧。由于当时私募基金在国内尚处于发展的早期，公众对其缺乏了解，加之私募基金涉及的管理部门较多，监管管辖问题难以解决，《基金法》的范围只涵盖了公募基金。

近几年来，伴随着资本市场的开放和发展，各种类型的私募已成为市场的重要力量。风险投资基金、私募股权基金、阳光私募甚至投资于二级市场的非阳光私募已经为老百姓所熟知。但是，由于没有从法律上明确私募身份，也没有明确的监管规则，投资者很难辨别私募基金与非法集资。私募基金一旦发生纠纷，往往陷入无法可依的尴尬境地。另外，由于缺乏必要的准入条件限制，私募基金无形中给那些曾有过污点的证券从业者，提供了“洗白上岸”的空间，并由此损害到证券市场上其他投资者的利益。没有立法也限制了私募基金的规模，为其募集资金造成了一定的困难。

私募基金是基金业重要组成部分，许多发达市场中，私募基金要比公募基金规模大许多。而目前我国大力发展私募基金，对资本市场发展有着积极作用。鉴于私募基金目前所面临的问题及未来的发展需要，有必要将其纳入《基金法》的监管。

本次出台的征求意见稿共15章，与原《基金法》相比，征求意见稿新增了4章：基金组织形式、非公开募集基金的特别规定、基金业协会和公开募集基金的服务机构。其中，非公开募集基金部分占到整个修改篇幅的1/4。私募基金的内容主要有三个部分：私募基金的规范、私募基金公司开展公募的条件、私募成立自律组织的规定。

关于私募基金的规范，意见稿第十一章“非公开募集资金”首次对私募基金的登记注册、组织形式、信息披露及合格投资者的门槛等都作了详细规范，其中最主要的是投资者准入限制和对私募基金组织形式的规定。通过明确“合格投资者”的概念，对参与非公开私募的机构投资人的资产规模、从事业务和自然人投资者的最低投资规模等设立门槛。在组织形式方面，确定了私募基金三种募集形式，分别是契约型、合伙型和公司型。其中，合伙型基金的个人合伙人可享受到和投资公募基金或信托的同等政策；公司型基金的个人投资者也将享受和现在的公募基金一对多及券商理财同等的待遇。目前，由于缺少法律支持的募资通道，证券投资类私募都是从信托公司处取得账号，通过信托理财计划的方式募集资金，需向信托公司缴纳1%的管理费用。随着信托账号数量逐渐减少，费用也随着升高。未来这三种形式确立后，阳光私募将不用再局限于信托型产品，发展空间也更为广阔。

第二节　市场热点分析

在2011年火爆的集合信托市场中，房地产信托、股权质押信托、另类信托及矿产能源类信托产品是市场关注的热点，而信托销售渠道争斗和信托公司主动更换阳光私募投资顾问也备受关注。本节将就这些热点分别论述。

一、房地产信托：从香饽饽到烫手山芋

（一）政策影响市场看淡，2011年房地产信托由盛到衰

1. 政策从严，房产融资难推高信托受益。

2011年，房地产调控政策继续从严。在延续2010年调控政策的基础上，国务院于2011年1月8日推出了包括落实地方政府控制房价的目标责任制、落实住房保障、严格执行差别化住房信贷措施在内的新“国八条”。1月9日，上海和重庆市人民政府宣布开展房产税试点。同时，央行捂住“钱袋子”，货币政策及信贷政策从紧，房地产企业资金紧缺，融资成了整个行业必须要面临的问题。一时间，民间借贷利率高企、大型房企出海融资成风。但以上两种融资方式成本较高，开发商更倾向于选

择融资成本相对较低的集合信托融资。2011 年春节结束后，房地产信托发行和成立规模开始攀升，而房地产信托的收益率受市场资金紧缺影响走高。

对于投资者而言，房地产信托一般有房产、在建工程抵押或土地质押，交易结构较易理解，收益率也高于其他信托产品；对于开发商而言，通过信托融资的融资成本一般在 13% ~22% 之间，比民间借贷、向股东借款的融资成本低；对于信托公司而言，房地产信托一般募集规模较大，经济效益较好。一时间，房地产信托成了人见人爱的香饽饽，这种乐观的形势一直延续到第 2 季度。

2. 政策调控持续，房产信托在异议中攀升。

以上情况在 2011 年 5 月出现了转机，各种政策作用开始显现：

首先，新“国八条”和各种房价调控措施得到执行，各地房地产销售量开始回落。“量在价先”的规律使市场担忧房地产市场降温。一旦销售持续疲软、房价下跌，房地产开发商的项目周期会随之延长，抵押物的价值及变现能力都会降低，这将影响房地产信托的安全性。

其次，稳健的货币政策和“促使信贷增长向常态回归”的信贷政策使房地产开发商新增融资难度增大。一旦房地产领域发生系统性风险，房地产开发商大规模向银行借款归还信托融资的可能性较小。

最后，7 号文、11 号文的规定使得部分信托公司不得不在业务迅速发展的过程中，思考自身的净资本是否能达标，抑制了信托公司发行融资类房地产信托产品的热情。

2011 年 5 月，市场传闻房地产信托被叫停，虽然中国银行业监督管理委员会辟谣，强调“信托公司在依法合规、风险可控前提下开展房地产信托业务”不会被禁止，但中国银行业监督管理委员会又同时对个别发行房地产信托较多的信托公司进行了窗口指导；6 月底，中国银行业监督管理委员会又要求包括中融信托、平安信托、中信信托等 20 家房地产信托业务规模较大的信托公司将与房地产有关的业务提前报备，业内称此为“逐一审批”；而对其他非重点信托公司，中国银行业监督管理委员会则要求其适当控制房地产信托业务的节奏和总量。“逐一审批”无疑把房地产开发商是否能通过信托融资的决策权牢牢抓在中国银监会（局）手中，对控制房地产信托增长有较大作用，市场也普遍把此政策解读为房地产信托政策收紧，投资者和信托公司开始考虑房地产市场的系统性风险——具体体现在投资者购买此类产品变得更谨慎，信托公司要求房地产开发商提供更多的担保。

第 3 季度末，往年房地产市场销售旺季景象未能再现，开发商的现金流更加紧张，这促使了房价回调。此外，第 4 季度是房地产信托集中兑付期，市场传闻部分房地产信托出现兑付困难（实际上未有房地产信托出现不能兑付的情况），使得市场对房地产信托的态度更加谨慎。

2011 年 9 月下旬，中国银行业监督管理委员会给各银监局信托监管相关处室及中国银行业监督管理委员会直管的信托公司下发通知，对绿城集团及其关联企业房地产信托业务进行专项调查，要求各家信托公司填写“信托公司与绿城集团及关联企业开展房地产信托业务调查表”，并根据项目运行情况注明风险判断意见。多位业内人士将绿城此次被查视为房企资金链危机的先兆。

11 月，四川信托发行了“青岛凯悦特定资产收益权投资集合资金信托计划”接盘中融信托的“青岛凯悦中心信托贷款集合资金信托计划”，“借新还旧”的方式以及越来越高的融资成本使大多数投资者觉得房地产信托“不靠谱”。该款产品最终未能成立，标志着房地产信托成为“烫手山芋”。

（二）投资大型房企项目，产品假股真债、基金化，房地产信托花样翻新

房地产信托在 2011 年历经起伏，让市场不得不关注房地产信托的发展方向。虽然面临严厉的政策调控，但是房地产行业仍然是国民经济的支柱行业，而房地产业资金短缺的现象也仍将持续，因此房地产信托仍有市场。2011 年，房地产信托投资大型房企，产品假股真债、基金化花样翻新，预计 2012 年房地产信托的大企业化、基金化两大趋势将延续。

1. 房地产信托联手大房企。房地产信托产品相较银行贷款存在成本高、规模小等劣势，大型开发企业一般会优先选择银行贷款；而中小房地产开发企业议价能力较弱，愿意支付更高的成本，

信托公司更加偏好与中小房地产开发企业合作。从2010年下半年开始，信托公司开始选择性地与中小房地产开发企业合作，并将大型房地产开发企业纳入自己的客户阵营。2011年这种趋势更加明显。房地产调控趋严，房地产开发企业融资渠道收窄，融资规模大幅缩减，中小房地产开发企业的运营风险加大。中信、华润、中铁等大型集团公司旗下的信托公司加强了与集团内开发企业的合作，信托公司更加青睐大型房地产开发商；而绿城、星耀等大型房地产开发企业也加大了对信托融资的依赖，信托公司和大型房地产开发企业合作越来越紧密。虽然与大型房地产开发企业合作会分薄信托公司的利润，但是对信托公司而言，其参与大型房地产开发企业的项目风险也会较小型房地产开发企业的项目风险低。在房地产行业面临严厉调控的情势下，信托公司和大型房地产开发企业合作是一种双赢的策略。

2. 市场认同"真债假股"产品。根据《净资本管理办法》规定，对于融资类业务将按3%的比例计提风险准备，为了逃避此监管，2011年上半年，部分房地产信托产品设计成了"真债假股"类产品，即采用股权投资或权益投资的方式投资房地产项目，再由房地产开发商或其实际控制人承诺信托产品到期之前回购。实际上集合信托投资的权益已经通过回购协议转换为"债权"，故称"真债假股"或"真融资假投资"产品。虽然后来监管当局指出这类产品应该按融资类产品纳入统计，但各信托公司仍然没减少此类产品的发行，其原因在于此类信托可以满足政策对房地产项目自有资金的要求，而市场最终也认同了这类产品设计。

3. 信托公司青睐基金化。房地产调控趋严，房地产开发商融资需求加大，融资类产品面临较高的机会成本，市场上房地产项目良莠不齐，这共同促使信托公司开始向主动管理型信托产品进军。之前，市场对REITS产品期待有加，但由于受信托份额流转不畅等客观因素制约，国内并未有真正的REITS案例出现。作为REITS的私募版本，基金化产品更多地发行和成立。比较有影响力的包括平安信托的"睿石"系列全功能房地产（信托）产品、华润信托的"万通城市商业中心基金项目集合资金信托计划"、华能贵诚的"华能信托——惠民类基金"等。但与国外同类产品相比，产品期限仍然偏短，一般在36个月以下，少数在60个月左右。虽在规模和专业性方面仍不可与典型的投资基金比肩，但此类产品正逐步走出量小、单体和类贷款性质的旧模式。

（三）典型产品分析

2011年6月23日，平安信托推出了"平安财富——安城1号"房地产基金集合资金信托计划。该计划期限60个月，直接或间接投资于天津安城创景股权投资基金合伙企业（有限合伙）的有限合伙份额，后者以股权投资方式参与多个绿城的优质房地产项目。由于该产品投资期限较长，未有回购承诺，实质是真股权产品。但令人遗憾地是，在实际销售过程中，部分销售人员把22.4%～25.3%的测算收益率给客户解释为类似于类固定收益信托的"预期收益率"，而非如实告知投资者此类产品性质，也从侧面反映出投资者对这类产品风险的担忧。诚然，基金化的房地产信托产品没有固定的投资项目，投资者在投资时，并不知道信托投资具体房地产项目的情况以及相应风险控制措施，要求高回报也在情理之中。市场的变化使信托公司发行非固定收益类产品，而投资者要求高回报，这本身就是一种矛盾。而解决这个矛盾的方法，应该是进行投资教育，引导投资者需求，而非用模糊的收益率概念误导投资者。

二、另类信托：融资意味大于投资

（一）产品设计新意少，固定收益存隐忧

自2008年金融危机以来，主要经济体一直奉行宽松的货币政策：美国实行了两轮量化宽松政策，欧洲、日本央行将利率固定在低位。在经济复苏较慢，权益类证券、欧洲国债表现不佳情况下，大量资金涌入大宗商品、贵金属、艺术品、红酒等市场。一时间，另类投资风生水起，成为高净值人群的新宠。

但是，2011年另类信托的情况却不尽如人意。全年共有18家信托公司成立了47款另类信托。其中，投资红酒的1款，投资白酒的6款，投资贵金属的2款，投资于翡翠、石料的3款，投资艺术品的35款。其中，投资艺术品的信托主要是投资于艺术品基金和书画，少部分投资于瓷器、杂项等。从资金运用方式看，虽然所有产品都是以权益投资、交易运用、股权投资等方式投资，未出现债权投资和贷款运用类产品，但由于很多产品引入了收益权分级，2011年大部分另类信托的设计思路仍然以债权投资为主、权益投资为辅。具体表现在：

首先，期限较短，产品期限集中在1～2年。而国外艺术品投资周期一般较长，在10～15年间。2年的期限并不能涵盖整个投资周期，而多数产品都规定了投资顾问的回购义务，这显然是将信托资金视同借款，到期归还。

其次，无论采用收益权分级还是有限合伙的设计，一般优先受益人或有限合伙人都只能获得事先约定的收益率，超额收益全部归投资顾问所有，并不与投资者分成。不论另类投资最终有多高收益，投资者收益都不能增加。这种现象在2010年的另类信托中已有体现，2011年基本没有改变。

从表面上看，以上这种设计固定了投资者的收益，使得另类信托产品更类似于固定收益类产品，降低了投资者的风险，但实情却远非如此简单。目前，在书画、瓷器大幅升值的情况下，部分艺术品投资公司由于自有资金不足，通过发行信托产品进行杠杆融资，融得资金后，继续投资炒作。如2011年艺术品信托，尤其是投资于书画类的艺术品信托发行量大幅度上升。与之相应，2011年艺术品春拍表现傲视群雄，但秋拍情况却不尽如人意，其中蹊跷不言自明。炒作是不能长久持续的，一旦资金不能持续供给，上述有泡沫的藏品价格终将回归，甚至会影响投资者的本金安全。

（二）典型产品分析

“融美艺术品”系列集合资金信托计划是中融信托与投资顾问北京艺融民生艺术投资管理有限公司合作的艺术品信托计划。该系列产品从2011年3月开始发行，截至2011年年底共发行了9期，投资起点一般为100万元，期限为1～2年不等，投资方式为根据信托文件的规定运用信托资金直接投资艺术品。该系列产品的设计亮点在于其收益分配。信托计划先约定预期基本年化收益率（一般为8.00%～10.50%），如果信托实际收益率高于此收益率，则超额收益按3∶2∶5在投资者、受托人和投资顾问之间分配。从收益结构上可以看出，该系列产品是权益投资类产品，投资者可以分享艺术品上涨的收益，虽然期限较短，但在目前国内市场上，仍独树一帜。

2011年10月8日，中融信托发行了“国酒飘香伟业投资（一期）”集合资金信托计划，投资起点100万元，募集规模0.30亿元，期限2年，1年后可以提前终止，主要用于通过拍卖会或在民间收购具有投资收藏价值的茅台酒。产品采用结构化设计，优先级信托资金与劣后级信托资金之为2∶1，优先级份额预期年化收益率10.00%，由普通投资者认购。该产品的特色在于建立了较好的风险分散机制：如规定了购入赝品、运输损毁时投资顾问的赔偿责任、藏酒通过第三方保管机构保管、由中国平安提供意外保险。此外，引入担保人为投资顾问的赔偿责任担保。这是一款典型的债权投资类产品，但其风险分散到位、收益率较高，受到了市场的追捧。

三、上市公司股权质押信托：中小板、创业板股东及限售股股东的套现工具

（一）中小板、创业板限售股股东集体融资，集合信托沦为其套现工具

上市公司股权质押融资类产品一直存在但数量不多，而2010年后此类产品增长迅速。2011年，共有26家信托公司成立了99款上市公司股权质押类产品，成立数量再创新高（见图7－1）。上市公司股东通过信托融资成为2011年信托市场上的又一亮点。从质押的股票类型来看，用限售流通股质押融资的32款，用全流通股质押融资的66款，还有1款未公布股票类型。从上市公司类型分析，上证主板公司股票融资的41款，中小板公司股票融资的31款，深证主板公司股票融资的16款，创业板公司股票融资的10款。此外，还有一款中原信托的产品未披露上市公司。

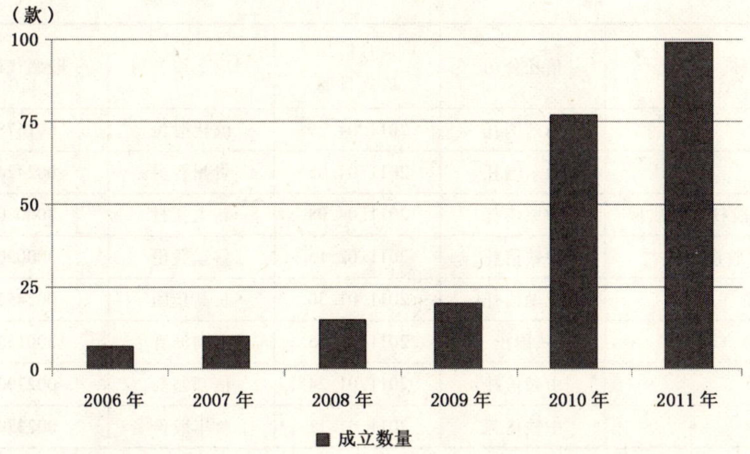

图7－1 2006～2011年上市公司股权质押集合信托成立情况

资料来源：普益财富（数据截至2011年12月31日）

2011年上市公司股票质押类信托有以下特点：第一，部分通过IPO募集资金不久的上市公司股东开始通过质押限售流通股套现。据不完全统计，2011年上市公司股东用2011年上市公司的股票质押融资的信托计划有5款，上市公司股东用2010年上市公司的股票质押融资的信托计划有19款，合计占到此类产品发行总量的24.24%，用上市公司股票质押融资的上市公司股东以创业板和中小板公司股东居多（见表7－1）。从某种意义上说，上市公司股票质押类信托已经成为主板限售流通股股东、中小板和创业板股东的融资盛宴。

表7－1 2011年新近上市公司通过集合信托融资明细

集合信托名称	信托公司	集合信托成立日期	对应上市公司	股票代码	股票发行日期
兴盛28号股权收益权	五矿信托	2011.12.27	亚夏股份	002375	2010.03.23
中信——西子联合贷款	中信信托	2011.12.02	杭锅股份	002534	2011.01.10
日发集团应收债权投资（二）	中投信托	2011.11.11	日发数码	002521	2010.12.10
日发集团应收债权投资（一）	中投信托	2011.11.11	日发数码	002520	2010.12.10
林州重机股票受益权（二期）	吉林信托	2011.11.11	林州重机	002535	2011.01.11
丰利79期长城集团项目	中铁信托	2011.11.03	长城集团	300089	2010.12.12
朗科科技股权收益权投资	陕国投	2011.10.27	朗科科技	300042	2010.01.08
松花江［93］号	吉林信托	2011.10.27	宁波建工	601789	2011.08.16
向日葵股票质押	山东国托	2011.09.30	向日葵	300111	2010.08.27
丰利71期盛运股份	中铁信托	2011.09.16	盛运股份	300090	2010.06.25
财富创富［33］号	吉林信托	2011.09.10	林州重机	002535	2011.01.11
成长83期	中原信托	2011.09.07	金通灵	300091	2010.06.25
皇氏乳业股权收益权投资	陕国投	2011.08.02	皇氏乳业	002329	2010.01.06
超日太阳股权收益权投资（三期）	中融信托	2011.08.01	超日太阳	002506	2010.11.18
新国都股权收益权投资	陕国投	2011.07.18	新国都	300130	2010.10.19
聚金15号	新时代信托	2011.07.18	华锐风电	601558	2011.01.13

续表

集合信托名称	信托公司	集合信托成立日期	对应上市公司	股票代码	股票发行日期
恒鑫22号	山东国托	2011.04.29	滨化股份	601678	2010.02.26
恒鑫3号7期	山东国托	2011.04.08	贵州百灵	002424	2010.06.03
成长65期——新大新材股权股权质押	中原信托	2011.04.08	新大新材	300080	2010.06.25
丰利34期（盛运股份）股票质押	中铁信托	2011.02.15	盛运股份	300090	2010.06.25
长高集团股权收益权投资	中融信托	2011.01.30	长高集团	002452	2010.07.20
宝利沥青股权收益权投资（2）	陕国投	2011.01.25	宝利沥青	300135	2010.10.26
信邦制药股权收益权	中融信托	2011.01.24	信邦制药	002390	2010.04.16
丰利28期	中铁信托	2011.01.11	鲁丰股份	002379	2010.03.31

资料来源：普益财富（数据截至2011年12月31日）。

第二，此类产品募集规模都不大，通常在2亿元以下。2011年成立的99款产品募集规模最大为8.00亿元，最小仅为0.10亿元，平均募集规模为1.18亿元，有49款产品募集规模在千万元级别。

第三，部分上市公司股东通过多款信托产品募集资金，而非单款。这说明股东方的融资需求是比较迫切的，故将信托产品分拆为多款以求加快资金募集速度（见表7－2）。

第四，上市房企股东通过质押股权融资比较多，如中南建设、中润投资、南国置业、华夏幸福等多家上市房地产开发企业股东都有此类行为。结合房地产开发企业现金流情况，不排除融得资金流入房地产市场的可能。

表7－2　　2011年通过多次质押股票融资上市公司一览

上市公司	股票代码	成立集合信托数量	合作信托公司
盛屯矿业	600711	6	东莞信托、中铁信托、吉林信托
三普药业	600869	5	华鑫信托
世茂股份	600823	4	西部信托、紫金信托、中铁信托
上海莱士	002252	4	中铁信托
中南建设	000961	3	紫金信托、华鑫信托、中铁信托
林州重机	002535	2	吉林信托
通威股份	600438	2	中铁信托
日发数码	002521	2	中投信托
獐子岛	002069	2	长安信托、中融信托
新湖中宝	600208	2	安信信托、华鑫信托
永泰能源	600157	2	中信信托、江西国信
荣盛发展	002146	2	紫金信托
汇源通信	000586	2	中铁信托
中润投资	000506	2	山东国托
华夏幸福	600342	2	中融信托
盛运股份	300090	2	中铁信托

资料来源：普益财富（数据截至2011年12月31日）。

（二）证券市场定位导致套现，产品风险控制需要增强

运用上市公司股票融资并不是新鲜事。但上市公司股票质押融资的关键，是其股价要坚挺；否则，信托公司会要求追加质押品或者催收贷款，让原本就资金短缺的融资股东雪上加霜。

将上市公司股票质押融资运用得登峰造极的便是大名鼎鼎的德隆系。2001年前后，新疆德隆制定了集团发展战略：股市坐庄和产业整合密切结合。其典型手法是：通过二级市场收集“老三股”——合金投资、新疆屯河、湘火炬的筹码，拉高股价，然后利用高股价进行抵押贷款，贷款后再进行实业收购。恰好在2001~2004年，A股市场大盘从高位回落超过30%，为了维持股价，德隆最终只有自己花钱来“扛”。德隆系自己持有的“老三股”流通筹码一度超过90%。为了维持已岌岌可危的资金链，新疆德隆在想方设法吸纳银行贷款的同时，把触角伸向上市公司、证券公司、信托公司，通过上市公司的互相担保、证券公司的委托理财和信托公司贷款获得资金，在不归路上越走越远。

当然，中国的庄股时代已经过去，德隆系已然作古，目前股权质押融资的规模、关联度远不及德隆系，但仍有以下问题值得注意：

首先，目前部分上市公司股东通过信托融资，其目的不是为了长久发展，而是为了解燃眉之急，很难说会对企业抑或是对项目有较好的刺激作用。

其次，2011年股市明显处于下降通道。此类集合信托发行时，中小板、创业板估值较高，有较大的下降空间，这和德隆系当年质押股票融资面临的情况如出一辙。

最后，在民间借贷盛行、借贷利率高企的背景下，多数股东通过信托质押股票融资都没公布资金用途，资金的流向不明，信托产品的不确定性增加。

上市公司股东不仅能通过IPO成就财富梦想，还能通过股票质押将手中股份迅速变现，上市已经成了圈钱、致富的重要途径，股东非但可以通过IPO赚取资金的巨幅增值、通过上市赚取一、二级市场的差价，还可以通过用股票融资迅速套现。诱人的财富效应最终导致各类投资机构将股权投资的估值炒高，造成新股发行价高、二级市场价高的现状。这一切，都可以归因于我国证券市场惯有的“圈钱”思路。

上市公司股票质押类信托的风险控制措施主要是上市股票质押，但目前却存在着中小板、创业板估值过高和限售流通股变现困难等情况，如何对中小板、创业板上市公司股权及其收益权合理定价，增强信托产品的抗风险能力将是以后此类产品设计的重点。

（三）典型产品分析

2011年10月17日，中铁信托发行“丰利79期长城集团项目”集合资金信托计划，期限为12个月，预期收益率为8.50%。该产品于11月3日成立，成立规模为0.61亿元。信托资金受让自然人蔡某持有的900万股长城集团限售流通股之收益权，质押价格6.77元/股，质押折扣率37.50%。蔡某将融得资金主要用于丽江某螺旋藻生物工程有限责任公司增资扩股，而该公司目前海藻产能为国内第二，扩股后将扩大生产规模，成为国内第一。长城集团于2011年6月25日上市，蔡某持股38.25%。此信托看点是其资金最终用于对另一个有潜力的企业投资，形成资金的良性循环。此外，1.40倍的警戒线[①]设置也较为合理。

四、矿产能源类信托：转型期遇人才瓶颈

（一）矿产、信托公司、投资者的共同刺激，成立数量超历年总和

2010年第3季度以来，矿产能源类信托特别是其中的煤矿类信托受到信托公司及投资者的青睐。2011年此类产品成立数量再创新高，总共有28家信托公司成立了88款，成立数量超过2011年以前此类集合信托的总和。从收益方面看，矿产能源类信托产品收益仅次于房地产信托，收益可观，因而矿产能源类信托发行火爆，成为2011年信托市场的宠儿。从产品具体投向看，煤炭依然是该类产品

① 警戒线是上市公司股权质押信托和结构性阳光私募常用的风险控制措施。就上市公司股权质押信托而言，警戒线为质押股票的市值和融资本金及利息之比下限，一旦质押股票的市值和融资本金及利息之比低于警戒线，受托人有权要求融资人追加质押股票或缴纳保证金。

的主要投向，金属投向占比亦有所回升（见图7-2~图7-4）。

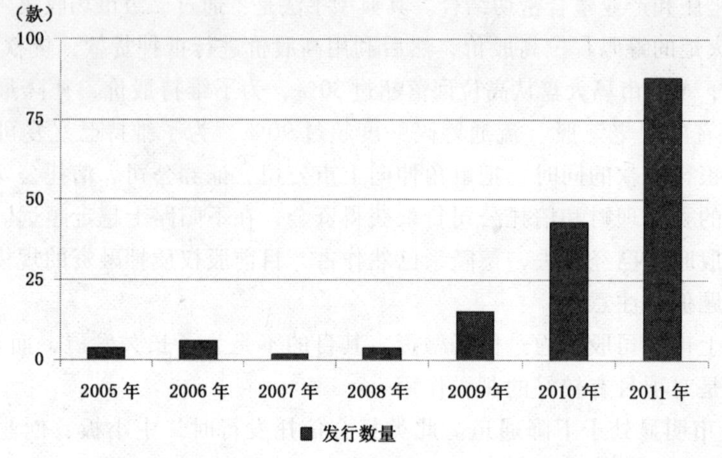

图7-2　2006~2011年矿产能源类集合信托成立情况

资料来源：普益财富（数据截至2011年12月31日）

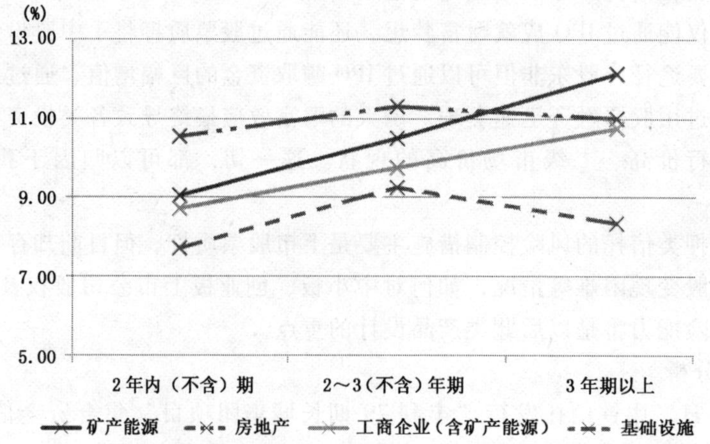

图7-3　2011年成立矿产能源类集合信托收益率与主流投向比较

资料来源：普益财富（数据截至2011年12月31日）

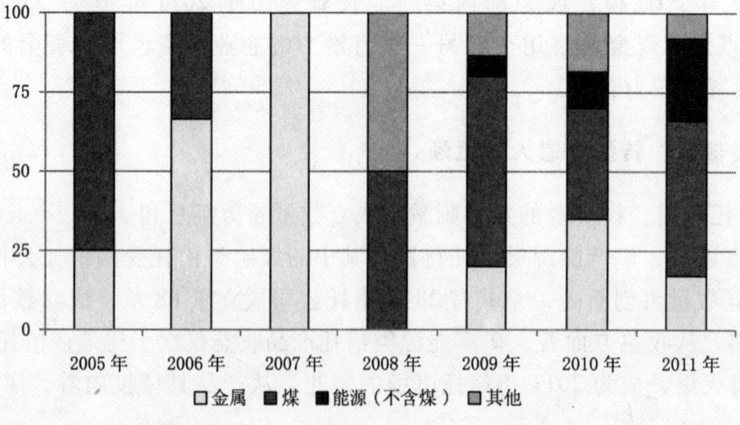

图7-4　2005~2011年成立矿产能源类集合信托具体投向分布

资料来源：普益财富（数据截至2011年12月31日）

矿产能源类信托的兴起，主要有以下几个原因：

首先，从资金需求方来看，矿产能源行业是资金密集型行业，无论购买开采权还是采购开采设备，都需要大量资金。以往这些资金一般由银行以银行贷款的形式提供，或是通过矿主自筹解决。2011年，信贷政策趋严，银行贷款不易获批；而民间借贷成为众多民营企业、小企业主的主要融资渠道，但其利率上涨迅速，因而对能源业这种资金需求量较大的行业而言已不适宜。

其次，从信托公司来看，传统投资渠道越来越窄。2009年7月信托证券账户暂停开设至今仍无恢复开设迹象，使信托公司的证券投资类信托业务大受影响。2009年年底，有关银信理财合作业务的一系列规范要求使曾经银信理财合作业务占比很大的信托公司几乎无计可施。2010年开始密集出台的房地产调控政策与房地产信托监管政策，使得房地产信托也不能大展拳脚。信托公司亟需找到一类收益高、能持续发展的项目作为补充。

最后，从投资者角度看，2011年通货膨胀率一直居高不下，但A股市场萎靡不振、基金净值缩水，使投资者急需找到一个风险基本可控、收益相对较高的投资品。无疑，矿产类信托恰好符合上述条件，因而受到投资者的热捧。

（二）能源投资四重风险，促使风险控制趋严

2011年能源类信托主要的资金运用方式包括：贷款运用、债权投资和权益投资。其中，债权投资类主要投资于矿产企业的应收账款或银行贷款，权益投资类一般采用“权益+回购”的方式。总体看来，矿产能源类产品在设计上较为保守，多采用矿产质押、实际控制人保证、关联方保证、有限合伙等措施，这与矿产项目的特性相关。首先，矿产项目资产估值较为复杂，尤其是对矿产品位、矿产储量等的认定，即便是专业评估机构，对其估值的差别也较大。项目本身价值的不确定成为风险控制措施必须趋严的首要原因。其次，在国内市场，近几年矿石价格不稳定，因而矿产企业的经营业绩不能用储量或最大产能简单估量，市场风险较大。再次，由于受到节能减排等因素影响，部分小矿还存在着被合并或被收回的政策风险。最后，如果发生安全事故，矿场将被停业整顿，可能导致信托不能按期退出项目。

虽然2011年有过半的信托公司开发了矿产类产品，但由于信托公司缺乏此类项目运作所需的专业人才，大多数信托公司开发的矿产类产品数量都不多，仅限于一两款，发行数量较多的信托公司仅限于外贸信托、吉林信托、中融信托、山西信托、中信信托等数家。

（三）典型产品分析

2011年10月17日，中信信托发行“聚信汇金煤炭资源产业投资基金4号”集合资金信托计划。该产品于9月20日成立，成立规模为2.30亿元。该产品为基金化产品，信托期限为10年，前两年用于向永泰能源发放贷款，期限为2年，用于其支付收购陕西亿华70%股权的转让价款，借款人以所购股权担保。该产品看点在其基金化设计，期限较长，证明受托人对煤炭行业长期看好。实际上，中信信托的许多矿产类产品都采用了基金化设计，且其信托期限均较长。

2011年9月1日，中信信托发行“中信·聚信泰和煤炭股权投资基金Ⅰ期（有限合伙）”集合资金信托计划，投资起点为500万元，期限为5年。该产品的有限合伙企业参股3家矿业公司，控制4座煤矿；普通合伙人由北京聚信泰和能源投资基金管理有限责任公司担任。信托计划通过被投资企业利润分配（被投资公司大股东承诺每年至少将80%的净利润向各股东分配）及被投资企业IPO获得投资收益。该产品的看点在于其通过投资多个矿产企业分散风险和拥有专业的普通合伙人。实际上，北京聚信泰和与多家信托公司合作，发行了多款能源矿产类信托。

五、渠道之争：直销上位

（一）银行渠道垄断，第三方机构不成熟

2011年信托市场可谓“供需两旺”，但信托销售渠道却并不顺畅。在信托销售渠道中，银行渠道

占据了绝对优势，基本上垄断了信托产品的销售，强势的银行渠道吃掉了信托利润的一大部分，已经对信托公司构成潜在威胁，因此信托公司开始寻求其他渠道。由于银行理财产品的发展和监管层对存贷比考核力度的加强，银行一线销售人员销售信托的积极性受到抑制。受上述因素的影响，第三方销售和信托直销渠道迅速发展。

自2010年诺亚财富成功上市以来，各类第三方理财机构如雨后春笋般纷纷建立起来。据不完全统计，2011年仅在北京地区，第三方机构就已经达到了数百家，其发展势头可见一斑。但由于和上游产业联系不紧密，加之在商业模式上没有创新，第三方机构的发展并不如市场预期的那样乐观，有序运营的第三方机构在全国范围内不超过10家。

（二）部分信托公司拒绝渠道被控，中国银行业监督管理委员会两次下文规范销售

一方面银行渠道要价过高；一方面第三方渠道尚未成熟，部分大型信托公司开始反击。其反击主要体现在两个方面：

一是开始壮大自身的直销队伍，包括在各地筹建或重组财富管理中心和建立直销公司。前者以中融信托为代表。中融信托在第一财富管理中心主要团队分离过程中，就考虑重组剩余的主要财富团队。重组后，原以哈尔滨为中心辐射周边的第二财富管理中心变为“北方哈尔滨第二周边区营销中心”；原以深圳为中心辐射周边的第三财富管理中心变为“华南区营销中心”；原以上海为中心辐射华南的第四财富管理中心变为“华东区营销中心”；原以成都为中心辐射周边的第五财富管理中心变为“西南区营销中心”。建立直销公司的以四川信托为代表，2011年8月，四川信托注册成立宏海财富，主要业务即推荐四川信托的产品。

二是部分大型信托公司开始对渠道说“不”。7月末，由于诺亚财富“涉入项目太深，要价太高”，部分大型信托公司开始拒绝与诺亚财富合作。在此形势下，提高自身的销售能力，无疑是当前信托公司的必然选择。

从长期来看，信托渠道之争引发了市场、监管层对信托销售定位及对合格投资者认定方式的进一步思考，有利于整个行业的发展。虽然由于受到政策扶持且有内在需求，信托公司直销在未来可能迎来快速发展，但是商业银行作为信托销售主要的传统渠道，其在客户资源、销售网络、硬软件建设方面依然有其独特的优势，因此未来银行渠道仍将占据一席之地。而刚刚兴起的第三方机构，则有可能在迅速发展之后，进入大浪淘沙的阶段。值得注意的是，大型信托公司自身销售渠道较完善，相对容易摆脱对其他渠道的依赖，而大多数信托公司直销系统并不发达，其对渠道的依赖度较大，议价能力较弱，因此《通知》中的要求在实际运作中可能会被大打折扣。

六、阳光私募：逐步完善筛选机制

（一）事件：陕国投“炒”顾问

2011年12月9日，陕西省国际信托股份有限公司（以下简称“陕国投”）发布了变更“陕国投华信1号”投资顾问公告，公告称鉴于“陕国投华信1号”产品的投资顾问——上海徽金投资管理有限公司管理团队发生重大变化，陕国投决定自12月20日起不再聘任该公司及太平洋资产管理公司担任这一信托计划的投资顾问，而改为聘请北京尊嘉资产管理公司担任投资顾问。此前，陕国投亦曾变更“陕国投春天1号”产品的投资顾问。而信托公司变更投资顾问，并非偶然现象。

（二）原因：亟待提升业绩

信托公司主动变更投资顾问，主要有三个原因：一是投资顾问公司本身出现问题；二是投资顾问运作阳光私募产品业绩不佳，而信托公司希望通过变更投资顾问改善业绩；三是信托公司变相发行新产品。

中国阳光私募是借助信托通道审批，通过向中国银行业监督管理委员会报备，由第三方银行托管的二级市场证券基金。由于2011年A股市场的持续低迷，不仅公募基金损失惨重，一向以管理能力

出众著称的阳光私募也未能幸免，业绩全线败退；同时，还陷入发行困难、清盘屡现的窘境。如被变更投资顾问的“陕国投华信1号”产品成立于2010年4月13日，2011年12月2日的净值仅为75.97元（初始净值为100元），亏损严重。在业绩惨淡的背景下，不少证券投资类产品发行时，采取了所谓的投资顾问“淘汰制”。例如中国银行联手国金证券开发的“中银安心成长组合”产品，其“淘汰机制”更为灵活，该产品选择上海重阳、上海凯石、江苏瑞华、京福资产和艾亿新融五家私募作为投资顾问，成立子信托，规定投资顾问每年调整一次，根据投资业绩增减其管理资产份额，业绩不理想则可能被淘汰。

采用“淘汰机制”来考察投资顾问的投资能力，让阳光私募具备较强的激励制度，因此，未来阳光私募将更具活力。

第三节 2011年集合信托市场情况回顾

一、集合信托成立情况

（一）发行量翻番，平均规模略降

2011年，集合信托延续了2010年的快速增长势头（见图7-5）。在银信理财合作业务受限的背景下，信托公司纷纷加大了对集合信托的投入。普益财富统计数据显示，2011年共有4 172款集合信托产品（含阳光私募）成立，同比增长128.35%；合计募集资金7 168.75亿元，同比增长107.11%；平均每款产品成立规模为1.63亿元，同比下降9.30%。

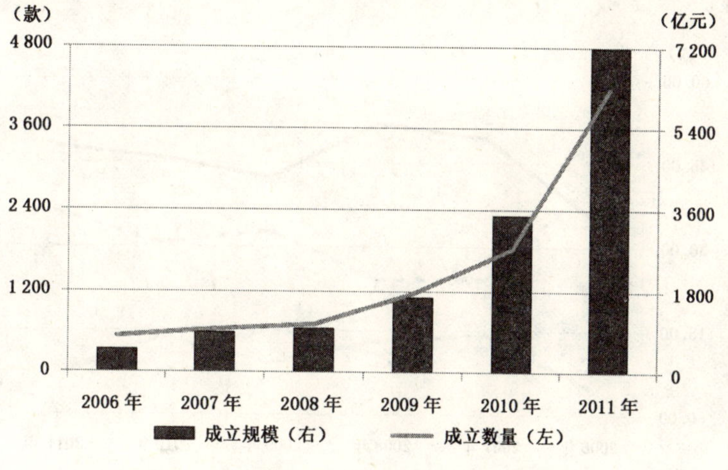

图7-5 2006~2011年集合信托成立情况

资料来源：普益财富（数据截至2011年12月31日）

2011年月度集合信托产品成立数量及规模大体上呈现出两端低、中间高的态势（见图7-6）。2月由于春节因素，仅成立了129款产品，合计募集资金238.22亿元，为年度最低值；11月由于票据类信托大量成立，集合信托成立数量达到年度最高值，达到464款，合计募集资金741.92亿元。

2011年集合信托业务的行业集中度较2010年有所下降，但仍然维持较高水平。参与发行集合信托产品的信托公司有63家，较2010年增加7家。其中，外贸信托以425款成立数量位居各机构之首，比第二名中融信托多158款。成立数量位居前三位的信托公司成立的集合信托数量合计占行业总量的22.36%，较2010年下降6.49个百分点；前五位和前十位合计占比分别为31.93%和47.94%，较2011年分别下降6.49个和5.43个百分点。行业集中度下降，主要有以下几个原因：一是部分重

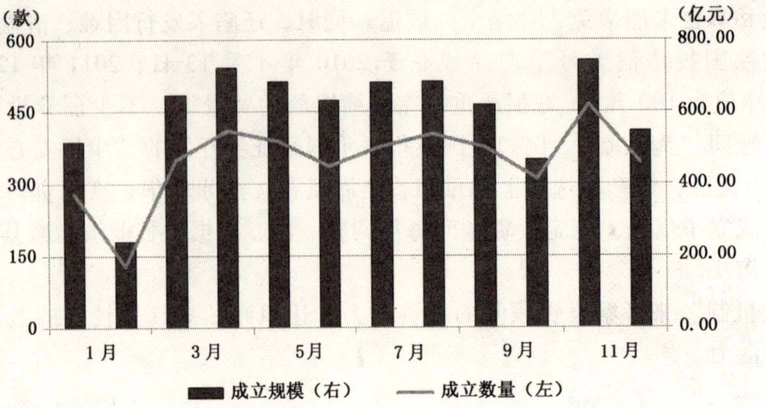

图7－6　2011年各月集合信托成立情况

资料来源：普益财富（数据截至2011年12月31日）

组的信托公司开始开展业务，参与集合资金信托计划发行的信托公司数量增加；二是随着集合信托的发展，越来越多的信托公司意识到集合资金信托业务的重要性，加大了该类产品发行的力度；三是2011年整个资金面比较紧张，竞争力不强的信托公司寻找项目相对容易。

（二）短期化趋势明显，有违规产品出现

从期限结构上看，2年内期和2～3年（不含）期产品占比分别上升2.03个和5.67个百分点至47.92%和36.26%，而3～4年（不含）期和4年以上期产品占比则分别下降1.29个和6.41个百分点至8.33%和7.49%。集合信托短期化趋势延续（见图7－7）。

2011年，由于资金价格与悲观预期同时攀升，市场求利和避险偏好的综合推动，集合信托产品期限短期化趋势明显。

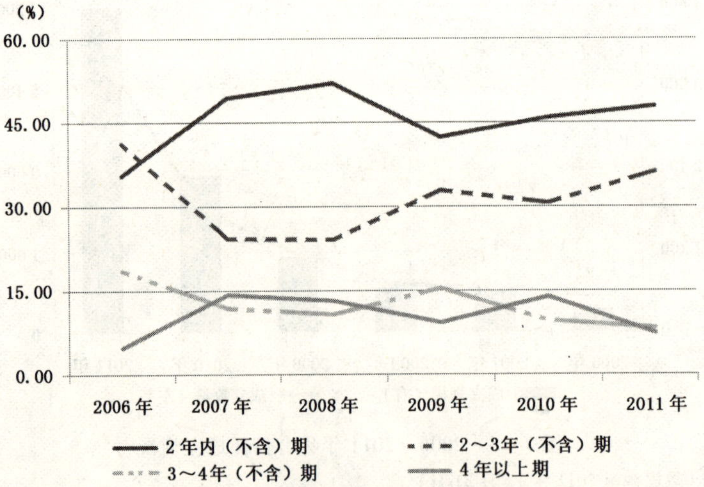

图7－7　2006～2011年集合信托期限结构

资料来源：普益财富（数据截至2011年12月31日）

（三）整体收益继续上升，部分期限收益倒挂

2011年，各期限集合信托收益继续上升，市场平均预期收益率为9.66%，同比上涨1.42个百分点（见图7－8）。值得注意的是，2011年2～3年（不含）期和3～4年（不含）期产品出现预期收益率倒挂现象，除因2～3年（不含）期中平均预期收益较高的房地产信托占比较高外，还有如下原因：首先，由于房地产开发商资金面紧缺，需要大量融资的同时又普遍预期调控政策会在3年之内结束，届时融资成本可能会低于目前融资成本，故短期产品预期收益率高于长期产品预期收益率，因此

收益率最高的房地产信托以上两种期限产品的收益率倒挂。其次，某些票据类信托产品虽然设计期限为3年以上，但由于置入了提前终止条款，其实际运作期限往往达不到3年，故其预期收益率较低，从而拖累了3~4年（不含）期集合信托产品的平均收益率。

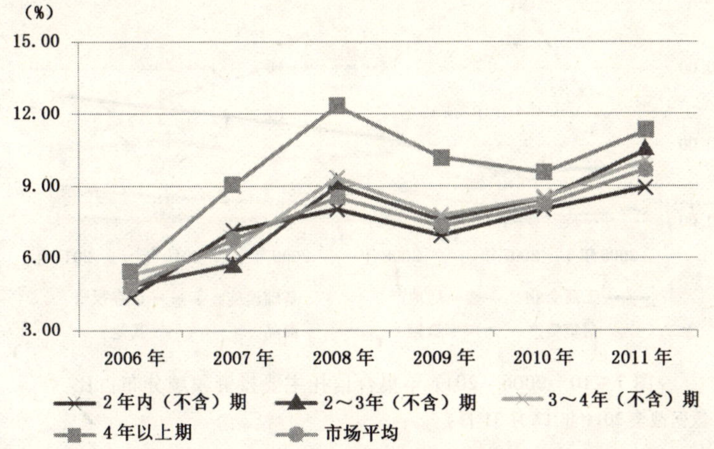

图7-8　2006~2011年集合信托收益情况

资料来源：普益财富（数据截至2011年12月31日）

（四）资金热门投向不变，仍是工商企业、房地产、证券市场

2011年，集合信托投向依然集中在工商企业、房地产、证券投资等领域（见图7-9和图7-10）。其中，投向工商企业领域的集合信托成立数量及规模占比分别为33.01%和33.60%，投向房地产的集合信托上述占比分别为18.67%和28.88%，投向证券市场的集合信托上述占比分别为17.52%和12.39%。

纵向来看，工商企业领域集合信托产品占比保持持续上升趋势，2011年同比增加3.56个百分点，达33.01%；信贷资产领域集合信托产品则受益于银信合作类产品监管趋严，从2009年开始占比有明显上升，2011年同比增加4.14个百分点，至5.90%；金融领域集合信托占比则受益于票据类产品发行激增，2011年同比飙升8.77个百分点，至10.35%；房地产领域集合信托则因受到较多监管，2011年占比同比下降3.06个百分点至18.67%，中止了自2009年以来的升势；证券投资领域集合信托（阳光私募）则因股票市场表现不佳，占比下降15.05个百分点至17.52%。

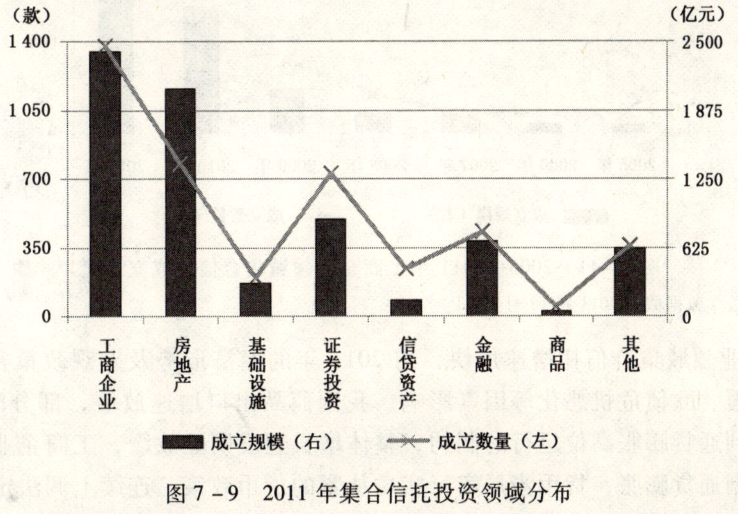

图7-9　2011年集合信托投资领域分布

资料来源：普益财富（数据截至2011年12月31日）

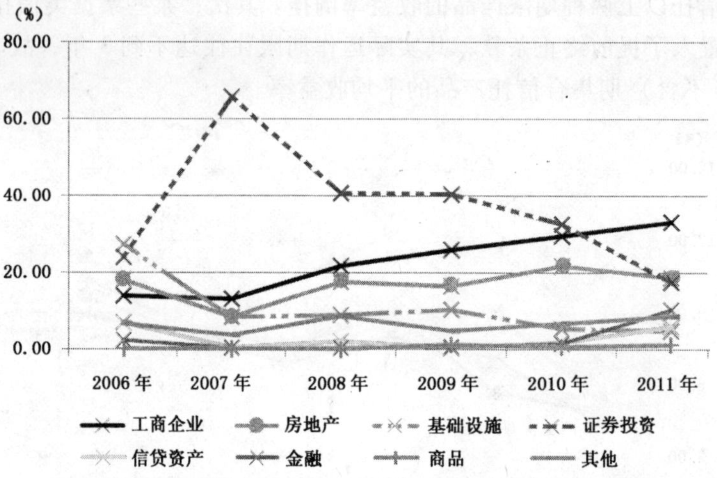

图7－10　2006～2011年集合信托主要投资领域分布占比

资料来源：普益财富（数据截至2011年12月31日）

二、工商企业领域集合信托成立情况

（一）成立数量及规模均实现翻番，增长加速

2011年，工商企业领域集合信托产品共成立1 377款，合计募集资金2 409.04亿元，成立数量和募集规模分别同比增长155.95%和177.00%，均实现翻番，且高于2011年集合信托产品的平均增速。从历史上看，2005～2010年，工商企业领域集合信托成立数量和成立规模的复合年均增长率分别为44.30%和54.98%，远远低于2011年增速（见图7－11）。

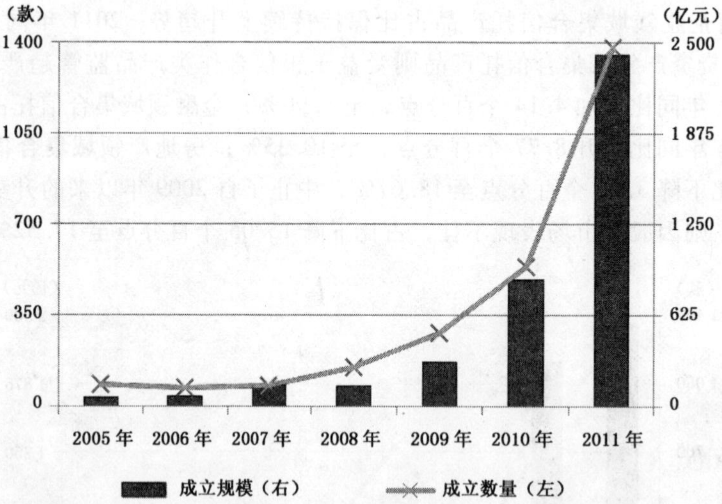

图7－11　2005～2011年工商企业领域集合信托成立情况

资料来源：普益财富（数据截至2011年12月31日）

2011年工商企业领域集合信托增速加快，与2011年的经济形势及宏观政策密切相关。2011年，受全球经济复苏放缓、欧债危机恶化等因素影响，我国商品出口增速放缓，部分时段外汇出现逆差；而居民消费增长受到通货膨胀高位运行的制约，整体增长速度明显放缓，工商企业的生存环境不容乐观。而且，为了抑制通货膨胀，货币当局实行实质从紧的货币政策，连续上调法定存款准备金率及人民币存贷款基准利率，严格控制商业银行的信贷规模，工商企业依赖的低成本融资渠道受阻，刺激了

包括信托、民间借贷在内的非银行渠道融资。这可以从工商企业领域集合信托单月成立情况得到印证。

2011 年年初，由于银行信贷额度充实，工商企业领域集合信托成立较少，但 1～4 月法定存款准备金率多次提高，特别是 2 月、4 月提准和加息同时进行，故从 3 月开始工商企业领域集合信托成立数量一直较多。年末，货币政策有转向趋势，银行信贷开始趋向宽松，部分商业银行“突击放款”，导致 10～12 月工商企业领域集合信托成立数量有一定下降（见图 7－12）。

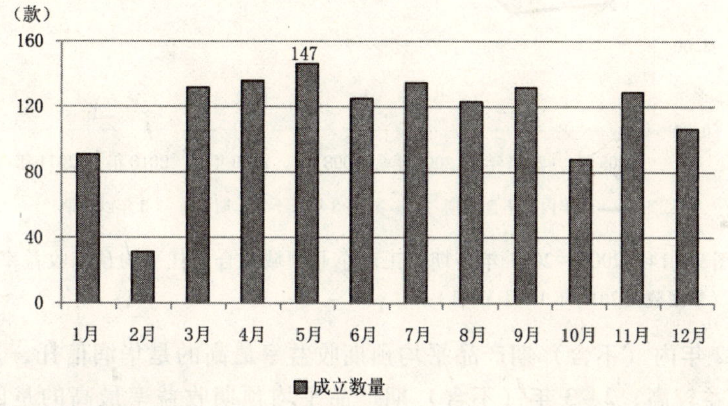

图 7－12　2011 年工商企业领域集合信托每月成立情况

资料来源：普益财富（数据截至 2011 年 12 月 31 日）

（二）平均期限微降，预期收益率上涨明显

从期限结构上看，1 377 款产品的平均期限为 20.50 个月（见图 7－13）。在公布了期限的产品中，2 年内（不含）期产品占比 58.52%，同比上升 0.89 个百分点；2～3 年（不含）期产品占比 32.78%，同比下降 0.47 个百分点；3 年以上期产品占比 8.70%，同比下降 0.41 个百分点。自 2006 年以来的短期化趋势得以延续，最主要原因是市场把信托产品作为类似于银行贷款的被动投资，而集合信托短期限、债务化则是这种思路的最直接表现。

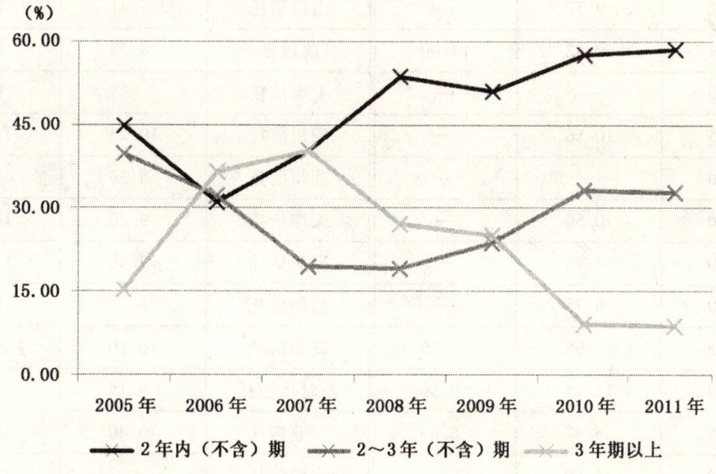

图 7－13　2005～2011 年工商企业领域集合信托期限结构

资料来源：普益财富（数据截至 2011 年 12 月 31 日）

从收益上看，各期限工商企业领域集合信托平均预期收益率均同比上涨超过 3 个百分点，达到历史峰值（见图 7－14）。

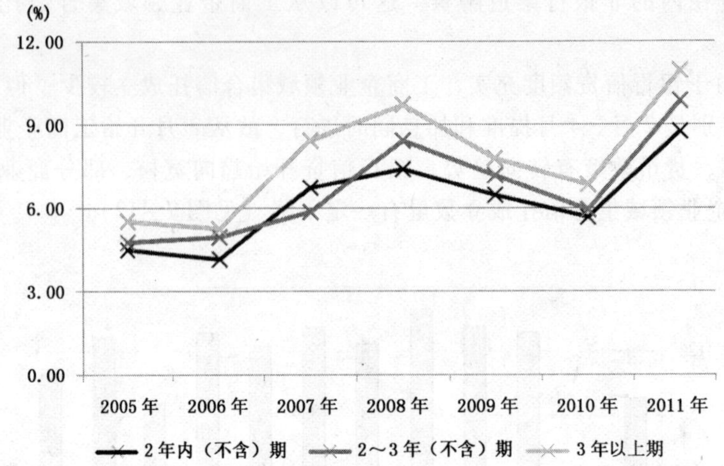

图 7 - 14　2005 ~2011 年各期限工商企业领域集合信托平均预期收益率

资料来源：普益财富（数据截至 2011 年 12 月 31 日）

从各家公司看，2 年内（不含）期产品平均预期收益率最高的是华润信托，主要是因为其某款能源类信托贷款产品收益较高；2 ~3 年（不含）期产品平均预期收益率最高的是四川信托，主要得益于其部分股票收益权投资产品；3 年以上期产品平均预期收益率最高的是北京信托，但北京信托的该类高收益产品需要较高的投资起点（见表 7 - 3）。

表 7 - 3　　2011 年各信托公司成立工商企业领域集合信托平均预期收益率　　（单位：%）

信托公司	2年内（不含）期	2~3年（不含）期	3年期以上	信托公司	2年内（不含）期	2~3年（不含）期	3年期以上
爱建信托	—	8.80	—	金谷信托	9.50	—	10.50
安信信托	10.20	—	—	昆仑信托	6.75	10.67	—
百瑞信托	—	11.20	—	山东国托	8.90	10.33	10.50
北方信托	8.12	9.57	—	山西信托	7.81	8.67	—
北京信托	7.59	9.82	14.00	陕国投	8.38	9.75	—
渤海信托	9.10	—	—	上海信托	—	9.00	—
长安信托	9.45	10.56	—	四川信托	10.23	12.00	—
大业信托	11.50	—	—	苏州信托	8.30	8.80	—
东莞信托	9.30	10.50	—	天津信托	9.20	10.97	12.00
方正东亚	8.00	8.75	—	五矿信托	9.40	11.90	—
国投信托	10.00	8.75	—	西部信托	—	9.40	—
国元信托	7.63	7.98	8.50	新华信托	10.10	9.50	—
杭工商信托	10.23	11.15	9.50	新时代信托	9.15	—	11.00
湖南信托	7.19	8.47	8.44	兴业信托	10.40	10.50	—
华澳信托	8.84	11.00	—	中诚信托	—	11.50	12.50
华宸信托	8.50	10.83	9.50	中航信托	7.85	8.60	9.28
华能贵诚	5.45	10.90	—	中粮信托	8.90	—	—
华融信托	9.43	10.33	10.88	中融信托	8.62	9.99	13.52
华润信托	11.50	10.50	—	中泰信托	9.50	9.20	—

续表

信托公司	2年内（不含）期	2~3年（不含）期	3年期以上	信托公司	2年内（不含）期	2~3年（不含）期	3年期以上
华鑫信托	8.96	9.75	—	中铁信托	8.54	10.03	9.00
华信信托	7.15	—	—	中投信托	9.44	9.50	—
吉林信托	9.26	10.49	11.67	中信信托	8.71	10.26	9.02
建信信托	8.50	—	—	中原信托	8.50	10.00	—
交银国信	8.90	—	—	紫金信托	9.44	—	—

资料来源：普益财富（数据截至2011年12月31日）。

（三）四成以上产品采用权益投资，实质类似贷款

从资金运用方式看，2011年权益投资类产品以45.24%的占比位居第一。2011年的权益投资主要是投资于上市公司的股票收益权或非上市公司的股权收益权。在2011年成立的623款权益投资类产品中，投资于上市公司的股票收益权或非上市公司的股权收益权的产品过半。值得一提的是，这类产品通常通过股权（票）质押、第三方或融资方回购承诺、警戒线等风险控制措施降低风险，实际上已经变成了类贷款产品，此外，股权投资类产品也存在这个现象。贷款运用类产品占比31.66%，居第二位。租赁类产品仅成立了3款，占比0.22%。

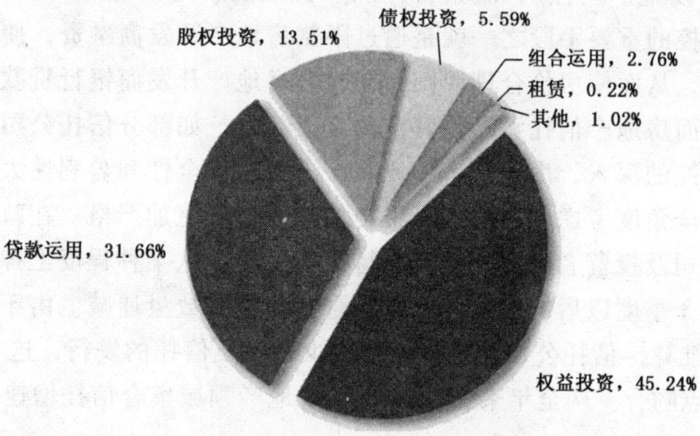

图7-15　2011年各期限工商企业领域集合信托资金运用方式分布

资料来源：普益财富（数据截至2011年12月31日）

2011年工商企业领域集合信托虽然从表面上看已经开始从“融资型”向“投资型”转型，但实际上许多产品依然是运用的债权思维，即“假股真债”“真融资假投资”产品较多。虽然该类产品不符合上上下下对信托“非债化”的要求，但却有其内在逻辑，因而仍得到市场认可。

出现上述情况的原因在于：首先，2011年资金需求较为旺盛，信托公司通过做融资类（债务型）产品已能为自身及为投资者获取较高收益，运作风险相对较大的投资类（权益型）产品的动机较小；其次，在市场利率高企、企业盈利能力下降、资本市场萎靡不振、新股屡屡破发的情况下，增加投资类产品发行并不是明智之举；最后，从国内诸多调研报告看，国内高净值人群现阶段更关心的是资产的保值，而不是资产的强劲增值。显然，略微保守的融资类产品更能满足投资者的实际需要。

三、房地产领域集合信托成立情况

（一）受调控影响较大，房地产领域集合信托增速放缓

2011年，房地产领域集合信托产品共成立779款，合计募集资金2 070.32亿元，分别同比增长

96.22%和71.01%，低于整个集合信托的平均增速，也低于2010年增速，但仍略高于2005～2010年房地产集合信托成立数量和成立规模的复合年均增长率（27.25%、49.21%）（见图7－16）。

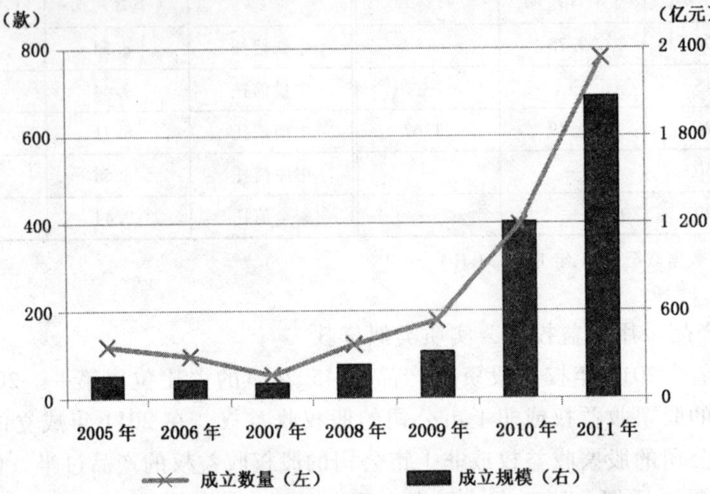

图7－16 2005～2011年房地产领域集合信托成立情况

资料来源：普益财富（数据截至2011年12月31日）

2011年中央定调"房地产调控"，政策目标从"抑制房价过快上涨"到"促进房价合理回归"，政策依然从严。本轮调控的重要手段之一就是通过限制房地产开发商融资，使其现金流紧张，迫使其通过降价销售回笼资金，从而使房价合理回归。在收紧房地产开发商银行贷款融资后，监管层对非银行融资渠道进行约束，而房地产信托无疑是其重要组成部分。如部分信托公司被要求彻查某房地产开发商信托融资。随着调控的深入，房地产市场疲软，项目的安全性和盈利性大不如前。中国银行业监督管理委员会从金融安全角度考虑，对房地产集合信托的审批更加严格。在政策趋严、房地产业不景气的情况下，各信托公司及投资者对房地产市场持谨慎态度，从某种程度上抑制了房地产领域集合信托产品的发行。故在第3季度以后，房地产领域集合信托成立数量递减。由于信托产品发行到成立有1个月的募集期，可以推算，信托公司在7月后就减少了此类信托的发行，这与2011年房地产调控对楼市成交量影响的时间点吻合。从全年来看，2011年房地产领域集合信托增速放缓（见图7－17）。

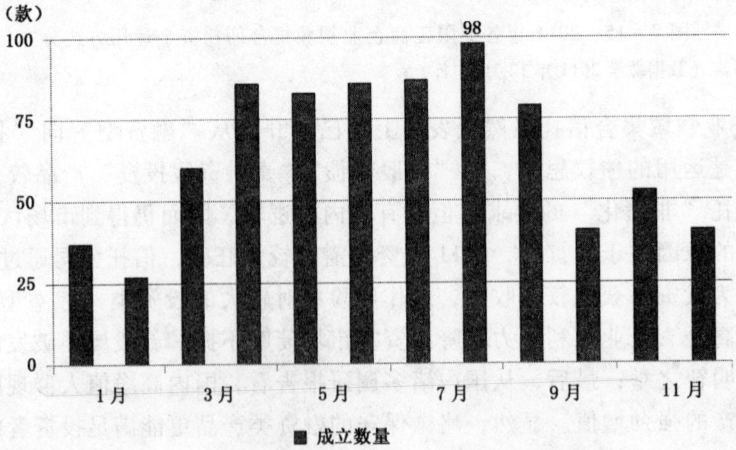

图7－17 2011年房地产领域集合信托每月成立情况

资料来源：普益财富（数据截至2011年12月31日）

2011年房地产领域集合信托平均成立规模为2.66亿元，同比下降12.85个百分点，但仍高于

2011 年集合信托平均规模 1.63 亿元。平均规模的下降，一方面是由于信托公司降低了项目的抵（质）押率，使每个项目的可融资金额下降；另一方面也是由于部分信托公司通过发行伞形信托基金募集资金，因单款产品成立规模较小，拉低了该领域产品的平均规模。

（二）期限同比延长，预期收益率倒挂

2011 年房地产领域集合信托平均期限有所延长。从期限结构上看，2 年内（不含）期产品占比下降了 13.56 个百分点至 34.35%，而 2～3 年（不含）期和 3 年期以上产品占比则分别上升 11.81 个和 1.75 个百分点，至 55.22% 和 10.44%（见图 7－18）。期限延长，主要是由于房地产市场不景气影响到项目回款，延长了项目周期。此外，刚刚兴起的基金化房地产信托产品期限较长，也拉长了房地产领域集合信托产品的平均期限。

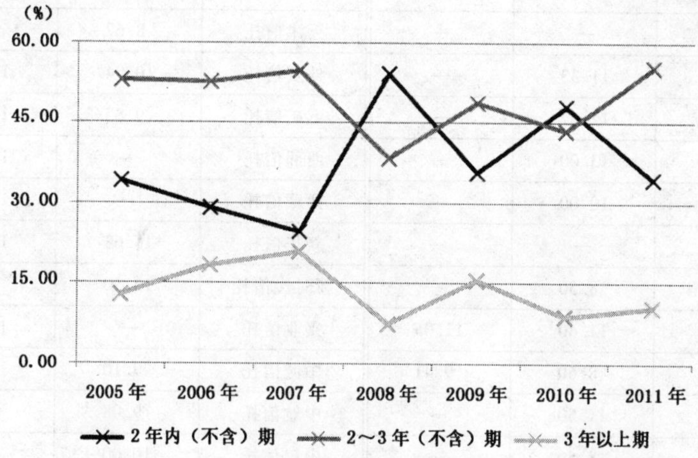

图 7－18　2005～2011 年房地产领域集合信托期限结构

资料来源：普益财富（数据截至 2011 年 12 月 31 日）

2011 年房地产领域集合信托产品平均预期收益率上涨较为明显，继续高于市场平均水平（见图 7－19）。值得注意的是，2～3 年（不含）期和 3 年以上期产品出现平均预期收益率倒挂现象。倒挂现象的出现主要是因为开发商普遍预期调控会在 3 年内终结，3 年之后融资成本可能下降。

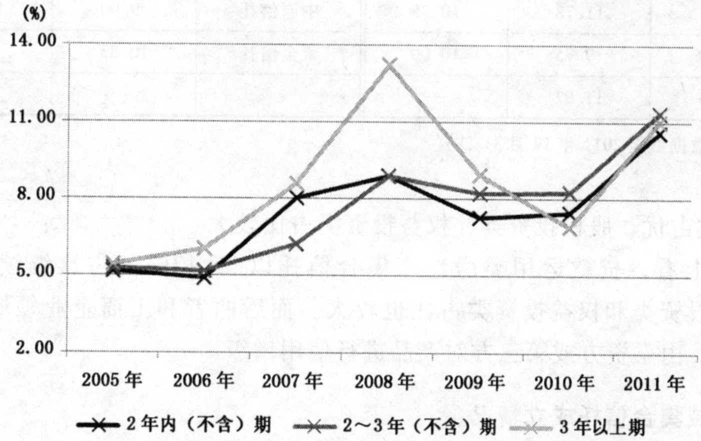

图 7－19　2005～2011 年房地产领域集合信托平均预期收益率

资料来源：普益财富（数据截至 2011 年 12 月 31 日）

从各家公司看，2 年内（不含）期该领域信托平均预期收益率最高的是渤海信托，但渤海信托此类产品数量较少，13.00% 的平均预期收益率不具有一般性；2～3 年（不含）期信托平均预期收益率最高的是中融信托，主要是 7～9 月发行的产品平均预期收益率较高；3 年以上期信托平均预期收益率最高的是华润信托（见表7－4）。

表7－4 2011年各信托公司成立房地产领域集合信托平均预期收益率 （单位：%）

信托公司	2年内（不含）期	2～3年（不含）期	3年期以上	信托公司	2年内（不含）期	2～3年（不含）期	3年期以上
爱建信托	—	10.67	—	昆仑信托	8.75	9.63	—
安信信托	—	11.79	10.50	山西信托	6.70	10.33	—
百瑞信托	—	—	8.50	陕国投	10.50	10.00	12.00
北方信托	9.13	12.00	—	四川信托	11.77	13.12	—
北京信托	8.35	12.03	11.25	苏州信托	11.50	11.00	—
渤海信托	13.00	—	—	天津信托	8.67	9.80	—
长安信托	10.83	11.33	—	外贸信托	10.94	11.38	—
大业信托	10.67	12.67	—	五矿信托	9.63	11.95	—
东莞信托	10.33	13.00	—	西部信托	—	11.00	—
方正东亚	9.00	10.00	—	西藏信托	—	12.00	—
国投信托	—	—	—	新华信托	11.63	12.23	9.00
国元信托	—	8.50	—	新时代信托	12.50	—	—
杭工商信托	12.00	11.40	11.05	兴业信托	—	13.00	—
湖南信托	—	8.60	9.41	中诚信托	9.10	11.25	12.00
华澳信托	—	11.50	—	中航信托	9.08	9.49	9.50
华宝信托	—	8.50	—	中粮信托	10.00	—	—
华宸信托	11.50	12.25	—	中融信托	11.93	13.42	—
华能贵诚	10.00	10.40	12.75	中泰信托	8.00	10.75	—
华融信托	9.90	10.50	—	中铁信托	9.68	10.36	—
华润信托	10.75	11.90	19.93	中投信托	10.95	11.53	—
华鑫信托	10.50	11.00	—	中信信托	9.54	11.05	12.25
吉林信托	10.28	11.78	10.75	中原信托	9.00	11.17	—
建信信托	8.50	9.75	10.00	紫金信托	10.83	9.75	—
金谷信托	11.25	11.92	—				

资料来源：普益财富（数据截至2011年12月31日）。

（三）贷款运用类占优，股权投资类、权益投资类占比较大

从资金运用方式上看，贷款运用类房地产集合信托以35.17%的占比继续占据第一位（见图7－20）。此外，股权投资类和权益投资类占比也较大。而后两者和工商企业领域相似，大多数都通过回购、担保等方式，由融资方或第三方对产品进行信用增级。

四、基础设施领域集合信托成立情况

（一）成立回暖，但绝对数量仍然较少

2011年，共有33家信托公司成立基础设施领域集合信托产品199款，合计募集资金298.91亿元，同比分别增长103.06%和134.63%，成立情况较2010年有所回暖。但无论是从占比来看，还是从参与发行该类集合信托的信托公司数量来看，基础设施领域集合信托都风光不再（见图7－21）。

基础设施领域集合信托遇冷，其原因有：首先，各地方性债务平台目前都到了偿付期，而部分地

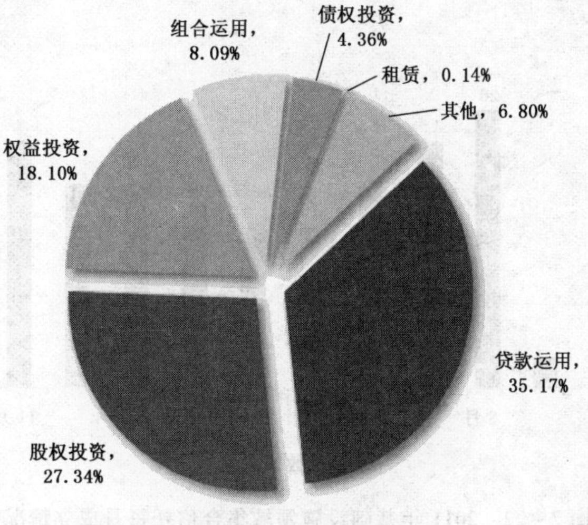

图 7－20　2011 年各期限房地产领域集合信托资金运用方式分布

资料来源：普益财富（数据截至 2011 年 12 月 31 日）

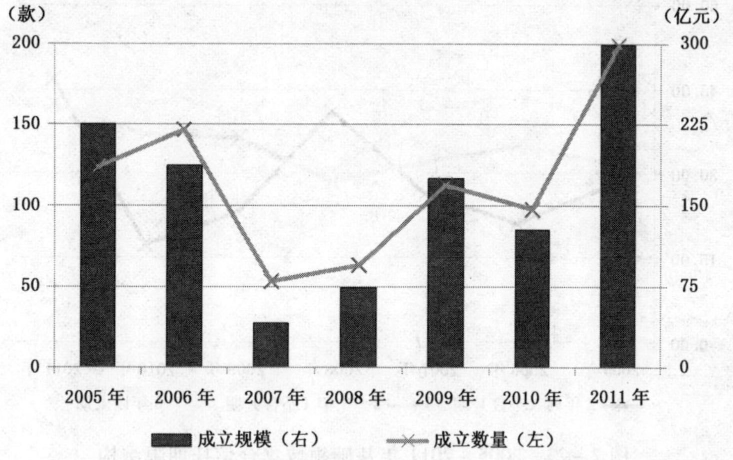

图 7－21　2005～2011 年基础设施领域集合信托成立情况

资料来源：普益财富（数据截至 2011 年 12 月 31 日）

区偿付情况不容乐观。由于项目前期建设运作不规范，云南省、海南省等地某些地方性债务平台出现兑付困难、违约的情况，其他地方性债务平台虽能勉强维持，但整体状况仍欠佳。其次，针对地方性债务平台问题，中央明确提出“清理”，使投资者对投资此类集合信托更加谨慎，需求走低使得成立数量不能有效放大。最后，2011 年市场资金紧张，市场利率走高，更多的政府项目难以承受高企的融资成本。但从年度数据看，由于集合信托整体市场发展较快，目前该类产品绝对数量仍在增长（见图7－22）。

（二）短期化明显，收益率偏低

从期限结构上看，2011 年基础设施领域集合信托短期化趋势尤为明显，2 年内（不含）期和 2～3 年（不含）期产品占比分别上涨 29.36 个和 5.51 个百分点，至 46.84% 和 42.41%，而 3 年期以上产品占比则下降 34.87 个百分点至 10.76%（见图 7－23）。产品期限缩短，其主要原因在于 2011 年国内资金成本较高，融资方降低融资期限，而非由于项目周期缩短所致。

从收益率方面看，虽然 2011 年该领域各期限产品平均预期收益率均走高，但横向比较，该领域产品平均预期收益率仍低于其他领域（见图 7－24）。

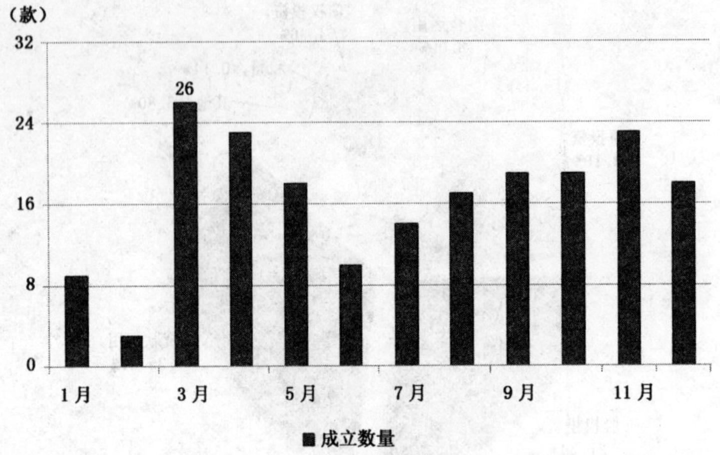

图 7－22　2011 年基础设施领域集合信托每月成立情况

资料来源：普益财富（数据截至 2011 年 12 月 31 日）

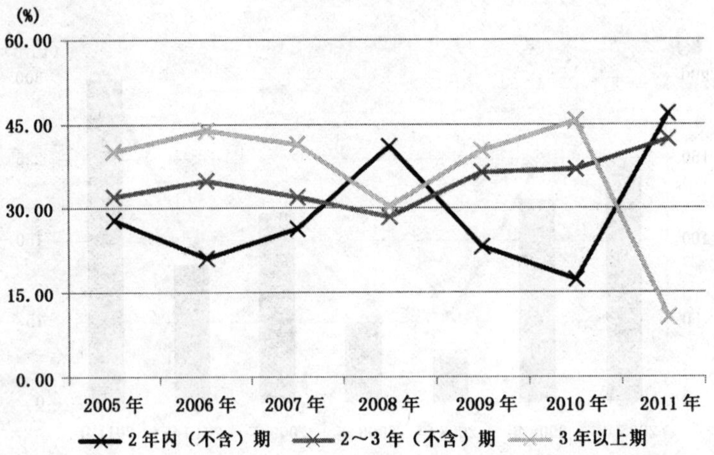

图 7－23　2005 ~2011 年基础领域集合信托期限结构

资料来源：普益财富（数据截至 2011 年 12 月 31 日）

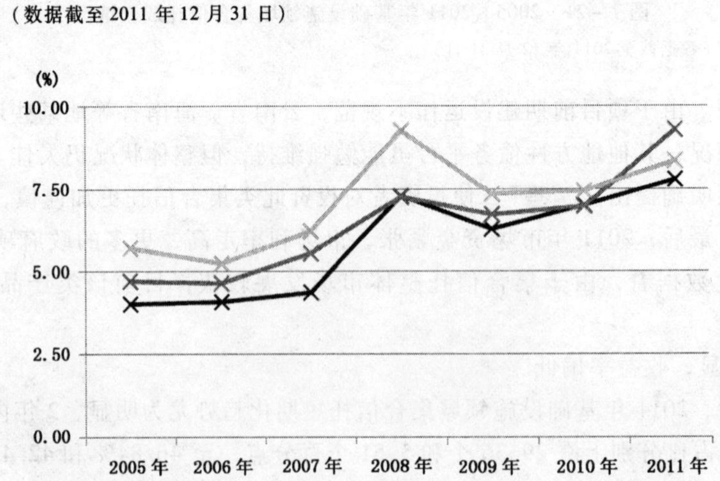

图 7－24　2005 ~2011 年基础设施领域集合信托平均预期收益率

资料来源：普益财富（数据截至 2011 年 12 月 31 日）

从各家公司看，2 年内（不含）期产品平均预期收益率最高的是五矿信托；2～3 年（不含）期产品平均预期收益率最高的是中诚信托；3 年期以上产品平均预期收益率最高的是西部信托。但这三家信托公司基础设施领域的集合信托成立数量均较少（见表 7－5）。

表 7－5　2011 年各信托公司成立基础设施领域集合信托平均预期收益率　（单位：%）

信托公司	2 年内（不含）期	2～3 年（不含）期	3 年期以上	信托公司	2 年内（不含）期	2～3 年（不含）期	3 年期以上
百瑞信托	9.50	—	10.00	天津信托	—	10.88	—
北方信托	8.16	10.10	—	五矿信托	11.50	9.50	—
长安信托	9.00	9.50	—	西部信托	—	—	11.00
国元信托	—	7.65	8.30	新华信托	—	10.45	—
湖南信托	—	—	9.00	英大信托	9.00	—	—
华宸信托	—	9.50	9.50	中诚信托	—	12.50	—
华融信托	—	9.25	—	中航信托	8.00	9.00	—
华信信托	7.22	8.30	7.60	中粮信托	9.50	—	—
吉林信托	—	10.55	—	中融信托	11.00	—	—
山东国托	—	10.00	—	中铁信托	9.16	9.14	—
陕国投	—	8.50	—	中信信托	—	10.50	—
四川信托	—	10.50	—				

资料来源：普益财富（数据截至 2011 年 12 月 31 日）。

（三）得益于基金化，资金运用方式非债化倾向明显

2011 年基础设施领域权益投资类信托占比上升 13.44 个百分点，组合运用类信托占比上升 9.05 个百分点；而贷款运用和债权投资信托占比则分别下降 13.88 个和 9.54 个百分点，资金运用方式呈现“非债化”的倾向，这主要得益于部分信托公司基金化的设计思路（见图 7－25）。

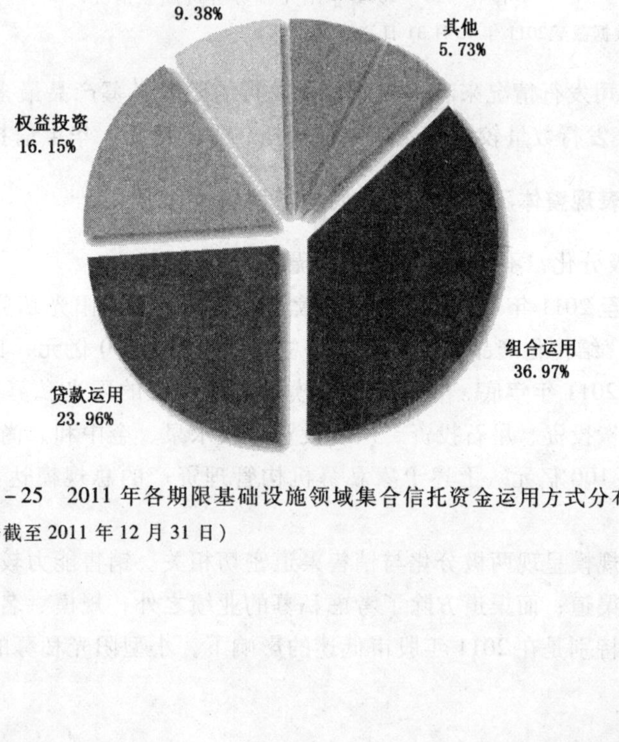

图 7－25　2011 年各期限基础设施领域集合信托资金运用方式分布

资料来源：普益财富（数据截至 2011 年 12 月 31 日）

第四节　2011 年阳光私募情况回顾

一、A 股市场低迷，阳光私募成立热情不减

2011 年，虽然 A 股市场低迷，但阳光私募规模继续膨胀。普益财富统计数据显示，2011 年新成立阳光私募 731 款，成立数量比 2010 年增长 31.00%。从成立规模看，2011 年阳光私募募集总规模为 888.43 亿元。2011 年阳光私募各月成立数量递减（见图 7－26）。根据经验，一般在市场高涨的时候，产品发行数量和发行规模会持续走高，而在市场低迷的时候，成立数量与成立规模也会持续下降。这在 2011 年各月成立数据走势中体现得尤为明显。在信托账户依然未开闸放行而基础市场走势又整体低迷的情况下，阳光私募的生存环境正在改变，其运营成本不断提高，产品的发行难度明显加大。

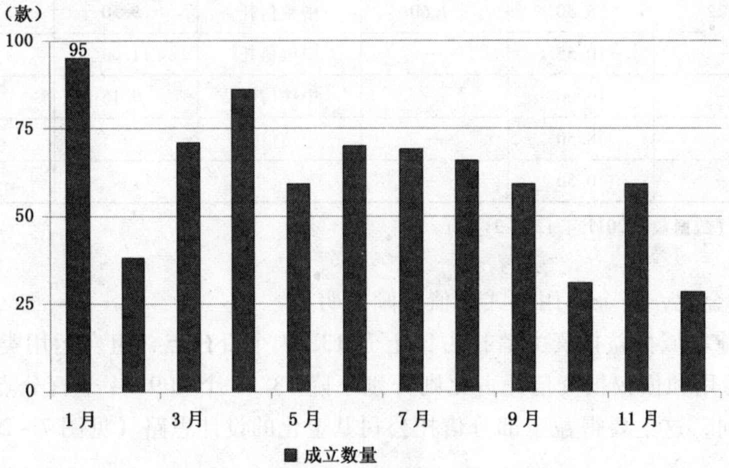

图 7－26　2011 年阳光私募各月成立情况

资料来源：普益财富（数据截至 2011 年 12 月 31 日）

2011 年，从信托公司发行情况来看，兴业信托发行的阳光私募产品最多，达到了 87 款；其次是外贸信托的 79 款。此外发行数量较多的还有中融信托、平安信托、华宝信托等（见图 7－27）。

二、存续产品业绩表现整体不佳，各机构间规模两极分化

（一）存续规模两极分化，不同机构规模相差悬殊

数据统计显示，截至 2011 年 12 月 30 日，存续且有业绩记录的阳光私募产品共有 1 459 款，其中非结构化产品 1 072 款，结构化产品 387 款。产品总规模约为 1 600 亿元，比 2010 年的 1 200 亿元新增约 400 亿元。截止到 2011 年年底，管理资产规模排名前十位的阳光私募机构依次是重阳投资、泽熙投资、凯石益正、朱雀投资、星石投资、从容投资、淡水泉、金中和、尚雅投资、新价值，它们管理的资产规模为 30 亿～100 亿元。上述十家私募机构管理资产的总规模达 460 亿元，占据阳光私募总体规模的 32.39%。

阳光私募资产管理规模呈现两极分化与销售渠道密切相关。销售能力较强的银行、券商等已经成为阳光私募的主要销售渠道；而渠道方除了考虑私募的业绩之外，规模、名气也是考察的对象，这加剧了阳光私募的分化。特别是在 2011 年股市低迷的影响下，小型阳光私募的生存空间更是遭受打压，

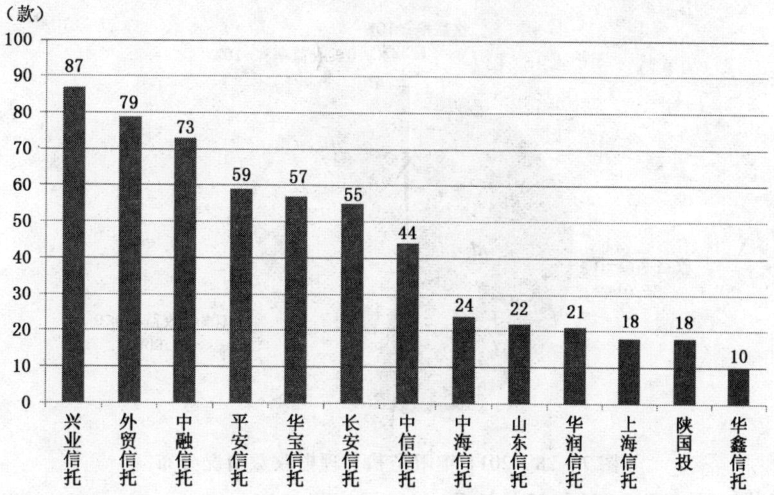

图7－27　2011年部分信托公司阳光私募成立情况

资料来源：朝阳永续（数据截至2011年12月31日）

导致整个行业强者愈强、弱者愈弱。

重阳投资是首家资产管理规模破百亿元的阳光私募机构。统计显示，重阳投资2011年新成立的信托产品有6款，其中，2011年5月26日成立的重阳7期募集规模就达到9亿元。泽熙投资目前管理的资产规模大概在60亿元左右。凯石益正目前管理的资产规模在50亿元左右。其他7家前十大私募机构管理的资产规模相近，为30亿~40亿元（见表7－6）。

表7－6　**2011年管理资产规模排名前十名的阳光私募机构**

排名	公司简称	核心人物	人物背景	所在地	规模（亿元）
1	重阳投资	裘国根	券商	上海	100
2	泽熙投资	徐翔	其他	上海	60
3	凯石益正	陈继武	公募	上海	50
4	朱雀投资	李华轮	券商	上海	40
5	星石投资	江晖	公募	北京	40
6	从容投资	吕俊	公募	上海	40
7	淡水泉	赵军	公募	上海	35
8	金中和	曾军	券商	深圳	35
9	尚雅投资	石波	公募	上海	30
10	新价值	罗伟广	券商	广州	30

资料来源：朝阳永续（数据截至2011年12月30日）。

（二）九成亏损，表现仍优于大盘

除几次间歇性的小反弹外，A股市场2011年基本走出了单边下跌的走势，私募出现了大面积亏损。在1 459款产品中，年内取得正收益的产品仅为93款，其中取得10%以上收益的产品有11款（其中非结构化产品8款，结构化产品3款）。2011年实现正收益的产品仅占一成左右，亏损10%以上的产品却过半，而九成私募处于亏损状态，收益情况不容乐观（见图7－28）。结构化产品中，2011年1月6日成立的“方得稳健行”以41.41%的收益位居榜首；非结构化产品中，由基金经理芮崑管理的“呈瑞1期”以29.86%的收益居首。虽然2011年阳光私募的业绩不尽如人意，但仍小幅跑赢沪深300指数（见图7－29）。

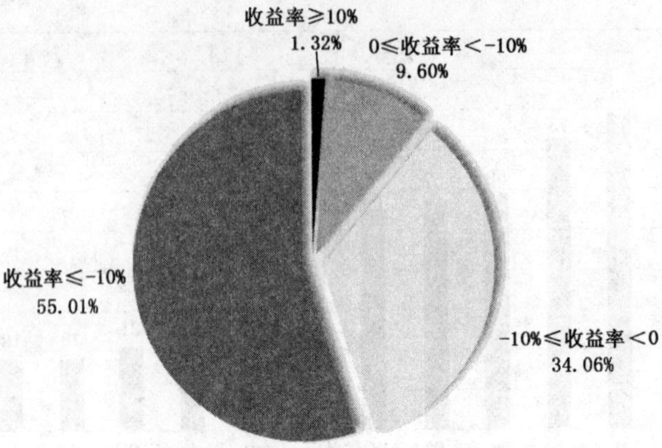

图 7－28　2011 年阳光私募理财收益情况分布

资料来源：普益财富（数据截至 2011 年 12 月 31 日）

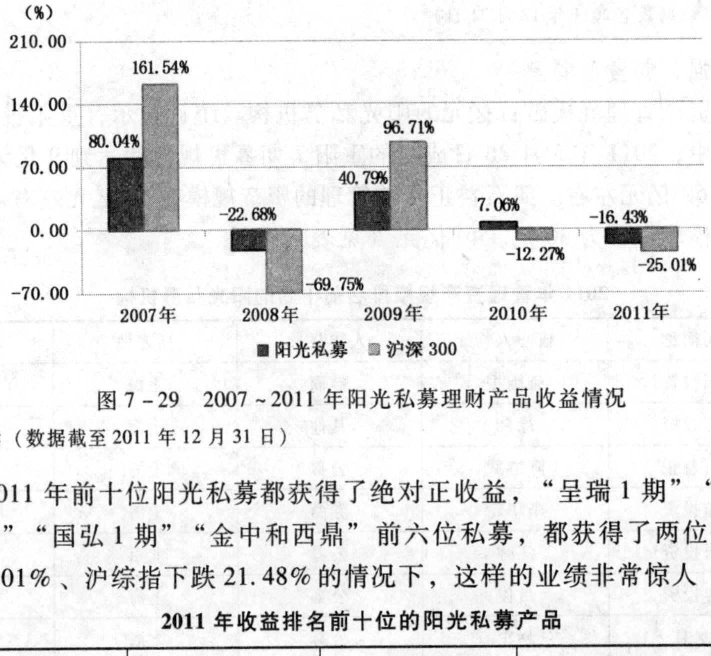

图 7－29　2007～2011 年阳光私募理财产品收益情况

资料来源：朝阳永续（数据截至 2011 年 12 月 31 日）

从业绩上看，2011 年前十位阳光私募都获得了绝对正收益，“呈瑞 1 期”“银叶 1 号”“泽熙 5 期”“景良能量 1 期”“国弘 1 期”“金中和西鼎”前六位私募，都获得了两位数以上的收益。在沪深 300 指数下跌 25.01%、沪综指下跌 21.48% 的情况下，这样的业绩非常惊人（见表 7－7）。

表 7－7　　2011 年收益排名前十位的阳光私募产品

名次	基金名称	信托公司	投资顾问	投资经理	年收益（%）
1	呈瑞 1 期	兴业信托	呈瑞投资	芮崑	29.86
2	银叶 1 号	山东信托	银叶投资	单吉军、王凌凌	12.66
3	泽熙 5 期	华润信托	泽熙合伙	徐翔	12.53
4	景良能量 1 期	华润信托	景良投资	廖黎辉	11.85
5	国弘 1 期	中信信托	国弘资产	王强	10.71
6	金中和西鼎	重国投	金中和投资	曾军	10.55
7	思考 1 号	中融信托	瑞安思考投资	岳志斌	7.87
8	嘉实股票精选 1 号	外贸信托	嘉实基金	—	7.56
9	泽熙瑞金 1 号	山东信托	泽熙合伙	徐翔	7.38
10	国弘 2 期	中信信托	国弘资产	王强	5.91

资料来源：普益财富（数据截至 2011 年 12 月 31 日）。

考察具体的阳光私募，“金中和西鼎”是成立最早的产品，也是2008年熊市的私募冠军。该产品在宏观策略上始终把风险控制放在首位，在操作上也不失灵活。此类优势在2008、2011年两年的熊市中，都使其避开了系统性风险。其操作方法就是在较低仓位上捕捉比较确定的机会，这样的策略非常适合2011年的市场。金中和旗下产品全年平均仓位相对较低。

2011年最值得瞩目的投资顾问当属呈瑞投资。这是一家2010年年末成立的私募机构，在2011年取得了第一名的优异业绩，也是半年业绩单中业绩最稳定的一家公司。呈瑞的主要收益来自于上半年。他们的策略与金中和类似。2011年，呈瑞对水泥股的波段操作、医药个股的挖掘等，都为其在2011年获得了一定交易收益，另外，呈瑞还成立节能环保研究小组，对国家政策重点扶持板块进行中长期布局。

研究业绩前十大阳光私募可以发现，这些业绩绝佳的私募都是1期产品。前五大私募无一不是公司第一只产品，汇聚了公司的投资精华，继续维持了私募业的“1期效应”。

三、股市寒冬，清盘潮涌现

2011年由于A股市场低迷，阳光私募产品业绩也遭遇了寒冬。根据普益财富的统计数据，2011年已有152款阳光私募清盘，而2010年同期清盘产品仅为83款。其中，结构化产品113款，非结构化产品39款；强制清算的产品有36款，到期清算的有116款。除了到期清盘的结构化阳光私募外，一些非结构化产品到期的原因包括：（1）净值触及清盘线而清盘；（2）管理人不看好市场而将产品清盘；（3）由于产品规模太低、产品维持成本过高，收入、投入严重不成比例，经与信托及与投资者协商，而将产品清盘。清盘其实是一种正常的市场行为，也有利于行业的正常发展。从清盘的产品所属基金公司来看，凯石投资产品清盘数量最多，共有5款；隆圣投资与瑞华投资则各有4款产品清盘，位居第二（见表7-8）。

表7-8　2011年清盘产品较多的投资顾问

名次	投资顾问	清盘产品数（款）
1	凯石投资	5
2	隆圣投资	4
3	瑞华投资	4
4	青岛以太投资	3
5	盈融达	3
6	鼎诺投资	3
7	混沌道然	3

资料来源：普益财富（数据截至2011年12月31日）。

从期间来看，2011年4~10月是阳光私募清盘的高峰期，期间遭遇清盘的阳光私募多达127款。其中在6月和4月清盘的私募最多，分别有25款和24款。

2011年除了152款产品已经清盘外，还有140余款产品濒临清盘。数据显示，运行满1年的604款产品中，仅有69款取得正收益，占比仅为11.42%。2011年设立的非结构化新产品中，已经有32款总回报率低于-25%，其中还包括6款已经触及了私募基金止损线的、亏损超过30%的产品。而目前净值低于0.9元的结构化产品达129款，净值低于0.6元的非结构化产品达17款。可以初步推算，市场中濒临清盘的阳光私募高达140余款。

第五节 创新产品点评

一、票据类产品：在对接方式上创新

票据类集合信托在以往并不多见。普益财富数据显示，2003 ~2008 年仅有 6 家信托公司成立了 8 款此类信托，2009 ~2010 年无此类产品成立。但到了 2011 年，却有 16 家信托公司成立了 282 款，这不能不说是爆发式增长。

此类产品的爆发式增长得益于银行理财产品相关监管政策的严格。2011 年 6 月中下旬，中国银行业监督管理委员会召集部分商业银行座谈，提到了银行理财产品当时的六类问题，指出“部分银行区别对待信贷资产和银行票据融资，直接将理财资金投资于银行票据资产，违反了关于信贷资产转让的有关规定。商业银行及时纠正此类问题”。由于用理财产品资金购买票据资产需要走银信合作渠道，而且需要计提风险拨备，这样将银行通过理财产品消化票据资产之路基本堵死，在信贷政策偏紧、社会资金紧张的情况下，信托公司开始将大量集合资金信托计划资金投向票据资产收益权，票据类集合信托数量大幅增长（见图 7 -30）。

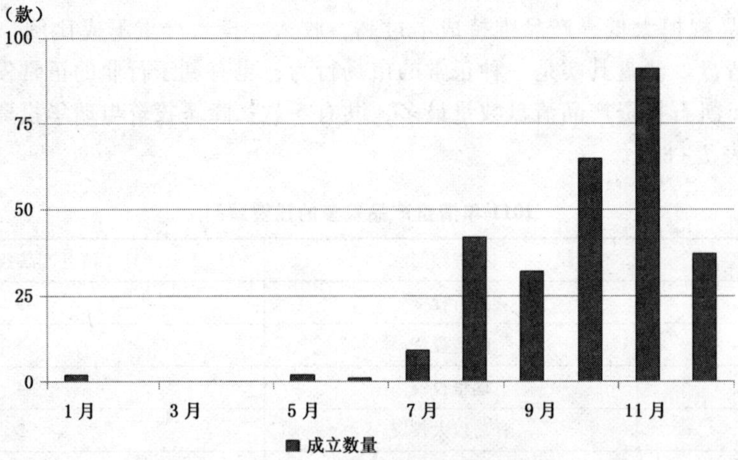

图 7 -30 2011 年票据类集合信托每月成立情况

资料来源：普益财富（数据截至 2011 年 12 月 31 日）

票据是一种短期融资工具，期限一般在 6 个月左右，最长不超过 1 年；而集合资金信托计划期限则不得短于 1 年。二者期限不匹配，导致信托公司无法将募集得到的资金仅投资于某一款票据。各信托公司只有在产品设计上创新以解决此问题，处理方法大致有三种。

第一种是投资一款票据，到期后再投资其他票据，合理预计第一次投资的票据到期时的再投资收益率，在此基础上确定信托产品的预期收益率。这种产品中规中矩，设计较为简单，数量也较多。

第二种是规定信托产品的期限后置入提前终止条款，当信托目的无法实现时，受托人有权提前终止信托产品。即当未来市场利率下降，票据收益率下跌时，受托人可以提前终止信托，可以将信托资金和收益提前支付给投资者以便其进行更高收益的投资；如未来市场利率不下降，信托资金可投资于其他票据以谋求高收益，信托不提前终止。如长安信托（原西安信托）的票据盈系列、紫金汇盈系列和鑫鼎系列，都是此类产品。

第三种是将产品设计为开放式，以规避产品期限限制。这方面表现较为突出的是粤财信托，其将旗下的“建富票据盈”产品设计为一款开放式产品，投资者需要在每期（子产品）到期后赎回，可以在每期（子产品）发行时申购。虽然，此类产品有违反《集合资金信托计划管理办法》中信托期限不少于1年规定之嫌，但却能使投资者的投资期限和信托投资票据的期限匹配[①]。

除以上三种方法外，部分信托公司还通过单一信托的方式消化票据资产或违规将集合信托期限设置在1年以下，使得信托期限与票据资产剩余期限匹配。

二、PE信托变形，只为寻找退出通道

从2007年起，信托型PE就遇到IPO审核时清理信托股东的限制。2011年，渤海银行股权投资信托发行审核再次遭遇困扰。渤海银行股权投资信托是天津信托通过募集民间资金成立的第一款股权投资集合信托产品。在信托投资者希望借渤海银行上市得到投资升值时，却受阻于“中国证券监督管理委员会IPO审核时清理信托股东”规则的限制。市场上又重新掀起给予信托公平投资地位的讨论。平安信托的“平安财富·秋实集合资金信托计划”系列（简称“秋实系列”）似乎为冲破这种困局提供了标杆。秋实系列设计略显复杂，平安信托先发行7个子信托，均投向“平安财富·秋实集合资金信托计划”；后者再投资于“平安创新资本”；“平安创新资本”以有限合伙人（LP）的身份与普通合伙人（GP）春华资本集团组成有限合伙企业，投资PE项目，主要包括金融、信息技术、农业、医疗等行业的企业[②]。7个子信托预计募集规模30亿元。

本产品设计创新之处有以下几点：首先，通过伞形基金，分时段募集，有利于募集更多资金；其次，通过母信托、平安创新资本的引入，在当时的法律框架下，可满足《首次公开发行股票并上市管理办法》中关于发起人股权明晰的规定；最后，通过GP/LP设计，可以解决《信托公司私人股权投资信托业务操作指引》中关于投资顾问“持有不低于该信托计划10%的信托单位”的问题。

这样的结构得到监管层的认可。2011年年末，国家发展和改革委员会出台了《关于促进股权投资企业规范发展的通知》，其中第四条规定：“投资者为集合资金信托、合伙企业等非法人机构的，应打通核查最终的自然人和法人机构是否为合格投资者，并打通计算投资者总数”，但同时又补充“投资者为股权投资母基金的除外”，为这类产品留了个出口。

此案例为信托型PE继续成长提供了借鉴，但却未能将股权投资信托带出制度困境。信托产品的优势之一是节约交易成本，特别是减少资金到达投资标的中间环节的成本。当前制度压迫下的创新，却使原本简单明了的信托结构变形，变得“臃肿”和复杂，且使其成本增长，福利损失。

三、流动性需求促生，基金化产品成趋势

2011年，信托行业受到严厉监管，银信理财合作、房地产信托等构成信托公司主要利润来源的业务虽未被完全禁止，但受到很大影响。信托公司不得不主动转型，寻找新的业务增长点。而监管机构一直鼓励信托公司发展中长期的基金化信托产品，明确支持信托资金的基金化运作，基金化信托产品得到政策的支持。在此情势下，基金化产品颇受信托公司青睐。2011年基金化产品成立数量迅速增长。普益财富统计数据显示，2011年组合运用类信托产品成立数量达182款，而2010年此类产品仅成立了77款，年增幅达136.36%。

基金化产品的特点主要体现为主动管理和分散风险。基金化产品采用投资基金的运作理念，以规范的基金方式进行运作，以一对多的组合投资方式对信托计划进行管理，其内在功能优势与信托公司自主管理能力的提高有内在的一致性，不失为信托公司向自主管理转型的一条路径。“基金化”产品没有固定的投资领域，所以操作灵活，在一定程度上可以分散风险。

---

① 由于该产品每期（款）的票据资产不同，运作也较独立，本书在统计时仍将其统计为多款产品。

② 资料来源：《平安财富·秋实集合资金信托计划推介材料》第二部分，文字经调整。

此外，基金化产品具有较好的流动性，而良好的流动性正是此前信托计划所缺乏的。根据中国银行业监督管理委员会的相关规定，目前集合资金信托计划的投资期限必须在1年以上，而许多投资者喜欢短期化的信托产品。既要满足监管要求又要符合投资者对产品的需求，令信托公司的产品面临发展瓶颈。而基金化产品是一种开放式的产品，产品没有固定期限，仅当信托协议约定的终止情形时终止。客户持有的信托单位在一定的封闭期后即可在赎回开放日赎回，具有良好的流动性。基金化产品既有较好的流动性，又能够满足监管要求，因此逐渐成为信托行业的发展趋势。

正是基于基金化产品自身的特点，越来越多的信托公司热衷于基金化产品，华宝信托、华润信托、平安信托、中信信托等信托公司都积极探索产品基金化业务。如华宝信托推出的“时节·好雨”2号集合资金信托计划，产品无固定期限，是一款开放式、类固定收益型信托产品。客户持有的信托单位在半年封闭期后即可在赎回开放日赎回，具有良好的流动性。同时，这款产品规定了预警线、止损线，能较好地规避证券市场风险。上海信托推出的“现金丰利系列集合资金信托计划”作为国内首个完全开放式的信托计划，既可以复制货币市场基金的投资组合，也可以对货币市场基金进行优选和套利；同时，还能配置信托市场所独有的投资品种，如短期流动资金贷款、持有商业银行回购承诺的资产包和短期信托产品等，也是一款基金化的产品。

未来，会有越来越多的信托公司通过发行基金化产品的方式分散风险，而一些创新能力突出、综合实力较强的信托公司，将会在基金化信托产品创新方面取得较大突破，基金化信托产品在信托行业的占比也将上升。从基金化信托产品的发展趋势看，首先是信托资金在同一领域不同项目上的运作，分散单一投资领域所存在的非系统性风险。其次，随着投资领域逐渐拓展和业务模式不断创新，信托资金将会实现跨市场的基金化运作，有效规避单一市场面临的系统性投资风险，更能保障投资者获得稳健的收益。对于信托公司而言，应从基金化入手，确立自己的基金风格，形成独树一帜的投资策略，建立管理基金的优秀团队，以达到提高自主管理能力、服务于投资者的目的。

四、阳光私募：多元创新得发展

在经历了7年多的高速发展后，2011年阳光私募开始面临发展瓶颈。目前阳光私募产品单一、策略同质化严重，经过2011年的震荡调整行情后，出现业绩大幅亏损、发行遇冷等现象。为了走出困境，创新型产品应运而生，同时，2011年前出现的创新也在这一年得到了进一步发展。在市场行情不佳的形式下，创新正为阳光私募谋求新的出路。2011年阳光私募创新分产品结构创新和投资策略创新两方面，主要包括目标回报、风险缓冲、定向增发和对冲策略等，成立的产品数量超过50款。

（一）目标回报型阳光私募基金

所谓目标回报型阳光私募，即在规定时间内，如果投资该产品收益达不到前期设定的目标，私募公司将之前收取的部分业绩报酬补偿给投资者。同时，产品设定风控目标，如果净值在某段时间内低于该目标，则大幅减少或免征该段时间的管理费，以起到惩罚和警示作用。目前的目标回报型阳光私募一般以3年为期，目标回报率一般为50%，业绩未达到预期，投资顾问将以计提的浮动业绩报酬的50%进行补偿，管理费则通常浮动收取。

星石投资于2011年1月28日成立了“外贸信托星石目标回报1期”，成为首家推出目标回报型信托类阳光私募的投资顾问。数据统计显示，2011年以来，分别有重阳投资、武当投资、云南信托、星石投资4家私募公司成立了5款目标回报型阳光私募，包括“重阳目标回报1期”“重阳目标回报9期”“武当目标回报第3期”“中国龙目标回报1期”“外贸信托星石目标回报1期”等。

（二）股指对冲型型阳光私募基金

2011年初，华宝信托成立了首款股信托指对冲基金，但囿于无相关法规，实际操作中遇到了一些问题。2011年7月11日，《信托公司参与股指期货交易业务指引》正式发布，给予了信托公司参与股指期货交易行政许可，并对相关业务给予指导性规范，这直接促进了这类私募基金的发展。目前私募基金的对冲策略主要以市场中性策略为主，即通过在股票现货市场构建多头组合，同时利用股指期货对冲指数波动所带来的市场风险，以谋求任何市场环境下稳定的绝对收益。2011 年以来 A 股市场屡创新低，阳光私募整体业绩不佳，对冲策略型阳光私募表现出较强抗跌性，大部分产品实现正收益，整体业绩大幅跑赢沪深 300 指数。目前成立的对冲策略型阳光私募包括“平安财富朱雀丁远指数”“外贸信托·尊嘉 ALPHA”“华宝·量化投资一号”“外贸信托·民森市场中性策略 1”“外贸信托·民森市场中性策略 2”“尚道乾坤合伙基金”“天合财信一期”“瀚鑫泰安·量化成长 1 期”等 8 款产品。

（三）借道专户定增型私募基金

借道专户定增型私募基金是公募和私募合作的一种新模式，私募通过公募基金专户这条通道参与定向增发，与其他机构分享一个巨额资产包，从而绕过了信托类私募不能参与定向增发的规定。公募基金专户也有集合个人资金参与定增产品的模式，但并未针对私募开展此类业务。公募基金受证监会严格监管，而私募受监管较少，两者还有很多业务处于竞争状态，一直以来双方并不愿意有过多交集。但由于 2011 年下半年公募规模缩水严重，“冲量”成了重要任务之一，而定向增发又相对公开透明，因此公募向私募打开了大门。由于信托计划需要借道有限合伙企业的模式去参与定向增发，此类模式实际上是将基金专户、信托计划、有限合伙三者相结合。

2011 年以前也有私募借道公募专户的合作尝试，借以规避昂贵的证券账户费，但是由于私募担心投资策略泄露或者客户被拉走以及管理费分成困难等原因，并未成为现实。上海博弘数君有限公司在 2011 年下半年与某基金公司专户合作，首次成功参与了借道专户的定向增发。

第六节　2012 年集合信托展望

一、业务发展：各领域受宏观政策影响不同

2012 年，世界经济形势错综复杂，国内经济自主增长动能下降。中央经济工作会议明确表示，政策重心从“控通胀”转移到“稳增长”。货币政策“要综合运用多种货币政策工具，保持货币信贷总量合理增长，优化信贷结构，发挥好资本市场的积极作用”。可见，货币政策虽然维持稳健基调，但总量放松的逆周期操作已经开始，预计存款准备金率下调、新巴塞尔标准延缓实施等政策将持续，信贷政策有望放松。财政政策“要注重加强与产业政策的协调和配合，充分体现分类指导、有扶有控”。可以预计，在“稳定增长”的大目标下，大规模的民生项目、保障房建设项目将会陆续上马。

在这样的宏观背景下，2012 年集合信托主要投资领域将会出现如下变化：工商企业融资困难将会得到一定程度缓解，获得贷款额度的商业银行放款主动性将增加，企业通过银行融资的比例将会较 2011 年有所上升，加之利率有下降空间，社会融资利率将有所下降，工商企业领域信托增长强劲程度可能不如 2011 年。

2011 年经济工作会议提出“要坚持房地产调控政策不动摇，促进房价合理回归，促进房地产市场健康发展”，以“促进房价合理回归”替代“抑制房价过快上涨”。可见，短期内房地产调控不会动摇。虽然信贷政策松动，但银行向房地产开发商发放贷款可能会受窗口指导或其他限制。在调控的背景下，房地产企业的销售形势严峻，现金流状况依然不容乐观。受此影响，2012 年房地产领域信托将难现 2011 年上半年供需两旺的行情，但保障房项目信托仍有发展机会。

基础设施建设方面，虽然目前国家通过地方债试点、清理地方性债务平台等政策，鼓励发展新的融资方式代替信托融资，但在 2012 年积极的财政政策下，仅靠中央拨款、地方债等完成基础设施建

设困难较大，因此，基础设施领域信托不会急剧萎缩，仍然有生存的空间，而且在保障性住房、民生工程政策刺激下，基础设施领域信托甚至可能得到较好的发展。

二、阳光私募：行业更加规范，市场竞争促成熟

全国人民代表大会财政经济委员会副主任委员吴晓灵于2011年12月15日在《财经》年会现场表示：“《基金法》修改已经进入最后阶段。2012年将会正式进入审议程序。”明确私募法律地位的新《基金法》如顺利在2012年通过，将促使阳光私募行业获得更快、更规范的发展。

2011年，虽然阳光私募出现大面积亏损，产品清盘与行业洗牌情况加剧，发展陷入停滞，不过这种优胜劣汰将更利于阳光私募走向成熟。同时，私募产品创新不断涌现，国内对冲时代开启，法律监管的完善和自律组织的建立等乐观因素，均为阳光私募行业的持续发展注入了活力。阳光私募未来中长期的行业竞争力和创新力，依旧值得拭目以待。

三、机构建设：人才竞争是关键，跑马圈地成主流

从2011年信托行业的发展看，传统的银信合作业务、房地产信托业务都受到了一定影响，可以预见，2012年各信托公司必将加大在其他领域的业务拓展力度或开辟新的领域以保证其业务发展速度。异地销售政策放开，将彻底打破行政区域对信托公司竞争的保护，提高服务水平将成为信托公司抢夺客户的重要手段。无论是拓展业务领域所要求的创新能力、开拓能力，还是销售层面所要求的服务能力，其基础都是人才。2012年，信托公司之间的竞争归根到底将是各领域的人才竞争。

此外，随着《规范信托产品销售有关问题的通知》最终稿出台及实施，信托公司在直销渠道的竞争将逐步激烈。根据目前国内高净值人群的分布情况，预计多数信托公司都将在北京、上海、广州、深圳、成都等地开设异地销售中心，“跑马圈地”将成为直销渠道的主要竞争方式。

四、行业监管：加强违规监督，促进自主管理

在行业监管方面，信托业一直有“一乱一治”的传统。2011年集合信托“踩线”的创新较多、市场竞争激烈导致各渠道略显混乱，有悖于调控政策的融资需求旺盛（如房地产信托）。预计2012年监管会有以下几个方面的趋势：

首先，合规性检查趋严。针对2011年部分信托公司通过设计伪“开放式”产品以规避期限不得少于1年、对投资起点低于100万元的客户审核不严等“踩线”行为，监管层会重点关注。

其次，对货币统计的担忧可能使监管当局将包括集合信托在内的“影子银行”纳入更严格的监管体系。2011年信托公司管理资产规模急剧扩大，年末4万亿元的信托资产规模对于国民经济来说已经不再是“小众”，以往在宏观调控中“重银行，轻信托”、将信托作为银行信贷一刀切后的补充等监管思路可能会改变。

最后，针对融资类（债务型）业务较多的状况，监管会向自主管理类业务倾斜。具体措施包括对部分融资类业务进行道义劝告、提高融资类业务的机会成本等。

第八章 基金市场

第一节 2011年基金监管政策评述

2011年1月，中国证券监督管理委员会完成一批局级干部人事调整。中国证券监督管理委员会发行监管部副主任王林出任中国证券监督管理委员会基金监管部主任，北京证监局局长刘春旭出任中国证券监督管理委员会发行监管部副主任。新官上任预示着2011年中国证券监督管理委员会要在新股发行体制改革以及基金公司监管方面有所突破。

基金监管方面，2011年中国证券监督管理委员会围绕拓宽基金销售渠道和支付模式、促进独立销售机构的发展、建立人民币回流机制等各项内容出台了多项重要的办法和规则。全年共出台3条中国证券监督管理委员会令，即《证券投资基金销售管理办法》（中国证券监督管理委员会令第72号）、《基金管理公司特定客户资产管理业务试点办法》（中国证券监督管理委员会令第74号）、《基金管理公司、证券公司人民币合格境外机构投资者境内证券投资试点办法》（中国证券监督管理委员会令第76号）。全年共出台9个监管文件，重点包括《证券投资基金管理公司公平交易制度指导意见》（中国证券监督管理委员会公告［2011］18号）、《证券投资基金销售结算资金管理暂行规定》（中国证券监督管理委员会公告［2011］26号）。

一、《证券投资基金销售管理办法》

2011年6月9日，中国证券监督管理委员会发布修订后的《证券投资基金销售管理办法》（中国证券监督管理委员会令第72号），并于2011年10月1日起实施。2004年6月25日发布的《证券投资基金销售管理办法》（中国证券监督管理委员会令第20号）同时废止。新办法是依据《基金法》制订的配套法规，是规范基金销售活动的部门规章。它整合了原有法规，对基金销售活动的有关问题进行了全面规定。

《证券投资基金销售管理办法》（中国证券监督管理委员会令第72号）最大的亮点是放宽了基金销售机构的准入资格，允许符合专业资格的个人创办独立基金销售机构（以前只有法人机构可以当股东），组织形式可以是有限责任公司，也可以是合伙企业。同时，将基金销售机构具有基金从业资格人员的最低数量从30人放宽至10人。另外，在华外资银行也将可以销售基金。

新办法的出台，将促使市场上出现数量更多、形式更多样的基金销售机构，有助于打破国内的基金销售一直由银行垄断的局面。新办法公布后即有近百家企业申请基金销售业务资格。随之受益的还包括第三方支付机构，它们是整个基金网络销售产业链中面对基金用户的核心渠道。2011年12月31日，人民银行发放第三批第三方支付牌照，至此人民银行共发放了101张第三方支付牌照。

虽然政策利好，但在当前基金销售银行一家独大、渠道强弱悬殊的格局下，仅凭独立基金销售机构等的推动，真正做强做大，足以与银行、券商形成三足鼎立格局，仍非一日之愿，还需要在独立基金销售机构起步阶段得到更多的政策扶持。

此外，修订后的《证券投资基金销售管理办法》还具有多处亮点。

第一，加强了资金和数据安全的监管。该办法规定，基金销售机构、基金支付机构以及基金的注册登记机构所开立的资金账户都要求由监督机构进行监督。基金注册登记机构和基金销售机构之间的交易数据，通过中国证券监督管理委员会指定的技术平台，即中央数据交换平台进行交换，以此实现交易数据和资金数据的对账，保证资金的终极安全。

第二，提出了基金销售中的"增值服务费"的概念。增值服务费并不是只有独立的基金销售机构能收取。包括银行、证券公司在内的所有基金销售机构，只要是提供了在基金合同和招股说明书范围之外的服务，都可以收取。此规定将促进整个基金销售服务水平的提升。

第三，明确了基金宣传推介材料的事前报备程序，保护投资人权益。《证券投资基金销售管理办法》将基金宣传推介材料作为独立的一章，详细规定了基金宣传推介材料的必备内容与具体要求。新的办法明确要求基金宣传推介材料应当事先经基金管理人的督察长检查，出具合规意见，并报中国证券监督管理委员会备案。在基金宣传推介材料的内容方面，要求基金宣传推介材料不得预测收益率，不得夸大或片面宣传基金，不得违规承诺收益或承担损失，不得登载单位或个人的推荐性文字等等，使得基金公司在设计基金宣传推介材料时有法可依。

第四，为理财业务发展埋下政策伏笔。该办法第七十九条规定，基金销售机构公开发售以基金为投资标的的理财产品等活动的管理规定，由中国证券监督管理委员会另行规定。这意味着监管部门已经开始考虑为理财业务发展指明更多的方向。

另外，围绕《证券投资基金销售管理办法》，中国证券监督管理委员会还相继出台了《证券投资基金销售结算资金管理暂行规定》（中国证券监督管理委员会公告［2011］26号）和《中国证券监督管理委员会基金销售结算资金监督机构数据报送接口规范（试行）》作为配套支持。

二、《证券投资基金管理公司公平交易制度指导意见》（2011年修订）

2011年8月3日，中国证券监督管理委员会公布《证券投资基金管理公司公平交易制度指导意见》（2011年修订）（中国证券监督管理委员会公告［2011］18号），规范了基金公司不同组合之间的同日反向交易，进一步明确公司内部在每季度和每年度开展同向交易价差分析的具体要求；同时对基金公司内部控制提出一些具体要求，还进一步明确公平交易披露要求，加强公开信息披露的约束机制。

修订稿对原指导意见进行了几点修改，其中最大的亮点有三个：

首先，修订稿明确同向交易的价差控制标准与目标。增加的条款内容是："在某一时期内，同一公司管理的所有投资组合买卖相同证券（同向交易）的整体价差应趋于零。"这实际上提供了量化监控的标准。从某种程度讲，这一条规定存在三个变量参数，即时间窗、交易价差的算法以及趋于零的报告阀值。因此，这一条款在不同的基金公司具体实施过程中依然存在一定的灵活性。但值得一提的是，实行量化监控使基金公司监察稽核部门针对公平交易有了考量的依据，并强化了异常价差的控制力度，优化了原有的公平交易制度，进一步保障了投资者利益。

其次，规范不同组合之间的同日反向交易。其增加条款为："如果报告期内所有投资组合参与的交易所公开竞价同日反向交易成交较少的单边交易量超过该证券当日成交量的5%，应说明该类交易的次数及原因。"将具体的量化指标加入反向交易的规定中，使得监察稽核部门有了具体的监控目标，在实施过程中有的放矢。通过不断优化公平交易模块，实现大额同日反向交易事前、事中与事后的严格审批与监督。

最后，明确公平交易披露要求，加强公开信息披露的约束机制。修订稿对现有投资组合定期报告披露要求作了调整，主要体现在两方面：一是要求在组合定期报告中，披露公司整体公平交易制度执行情况以及大额同日反向交易的次数及原因；二是要求在组合年报中，披露公司公平交易制度和控制方法，以及当年度同向交易价差专项分析。修订稿实施后，基金公司年报中关于公平交易执行情况的披露信息将会更为详尽，投资者可以了解到不同公司的公平交易制度安排与执行情况。因此，这将有助于强化外部约束机制（包括来自媒体、第三方评价机构以及个人投资者的约束），保护基金持有人的利益。

从总体上来看，修订稿本质上为基金公司设定量化规则，推动基金公司建立符合自身发展特点的公平交易模块和制度，符合基金行业发展的最新情况，引导了行业的规范发展。

三、《基金管理公司特定客户资产管理业务试点办法》

2011 年 8 月 25 日，中国证券监督管理委员会公布《基金管理公司特定客户资产管理业务试点办法》（中国证券监督管理委员会令第 74 号）。该办法对原来的《基金管理公司特定客户资产管理业务试点办法》（中国证券监督管理委员会令第 51 号）及其配套规则进行了修订。该办法最受关注的当属对基金公司的专户理财业务申请资格的大松绑，被市场视为专户理财业务的重大政策支持。

所谓的“松绑”，在新办法中主要体现在五个方面。第一，降低了专户理财业务资格准入条件，取消了“管理证券投资基金 2 年以上、公司净资产不低于 2 亿元人民币、管理资产规模不低于 200 亿元人民币”的硬性指标，并允许所有经营规范、配备专门业务人员、制度健全的基金管理公司（包括新设立及已设立但尚未取得专户业务资格的公司）参与专户理财业务。第二，扩大专户产品的投资范围，将商品期货纳入了专户产品的投资范围。第三，适度降低单只专户产品的初始规模限制，将“一对一”和“一对多”专户产品的初始规模限制由原来的 5 000 万元降为 3 000 万元。第四，被“松绑”的还有投资单只股票的上限，单只“一对多”专户产品投资单只股票的比重由原来的 10%提高至 20%。第五，增强了“一对多”专户产品业绩报酬收取方式的灵活性，在业绩报酬的收取方式上给资产管理人更多的选择，具体计提原则和计算方法不再统一规定，改由合同当事人自行约定。

新办法的出台实际上是对疲软的专户理财市场的一次政策推动。基金公司试点专户理财迄今已 4 年，但由于开办此项业务的公司必须满足管理资产规模达 200 亿元等“条条框框”，令合格的基金公司始终稀少。尤其是基金“一对多”专户理财业务，自 2009 年 9 月正式开闸至今已经运行一年有余，但回顾其整体业绩，完全没有实现当时“仓位灵活、规模稳定、追求绝对收益”的产品特色，取而代之的是“平庸”的表现。资料显示，截至 2011 年 12 月 31 日，在纳入统计的 131 只专户“一对多”产品净值中，取得正收益的不到总数量的一半。在质疑声中，监管层也意识到专户理财业务在资格准入、产品设计、投资者认识等方面所面临的诸多问题。新办法则试图通过放松政策，以增加供给，刺激专户理财业绩提升。

新办法对中小基金公司以及新公司而言是一大利好。在公募业务受制于诸多因素而较难突破的情况下，专户作为一条新的业务线，为中小基金公司打开了“另一扇窗户”。不排除一些新成立的公司在公募业务难以打开局面的情况下，直接将专户理财业务定位为主业。新办法扩大了专户产品和公募产品的差异性，使得专户产品的特征更为明显。同时，专户产品的净值波动将比之前更大，不同公司之间专户产品的业绩分化也会更为明显。这一方面更加考验专户投资经理们的投资水平，另一方面给予了专户投资经理们更大的发挥空间。

新办法也扩大了中高端投资者的选择范围。“一对多”的投资门槛是 100 万元，对于那些手握 100 万元以上闲钱的中高端投资者，可选投资品范围也更多。另外，新办法将“一对多”产品开放参与和退出的频率由原来的每年至多开放一次，增加至每季度至多开放一次，将满足中高端投资者对资金的流动性要求。

可以预见，新办法不但将大大推动专户理财市场的发展，从宏观层面看，也将通过增加金融投资产品供给，吸引资金流向正规渠道。

四、《基金管理公司、证券公司人民币合格境外机构投资者境内证券投资（RQFII）试点办法》

2011年12月16日，中国证券监督管理委员会、人民银行、外汇管理局联合发布了《基金管理公司、证券公司人民币合格境外投资者境内证券投资（RQFII）试点办法》（中国证券监督管理委员会公告［2011］37号，简称《（RQFII）试点办法》），允许符合一定资格条件的基金管理公司、证券公司的香港子公司作为试点机构，运用在香港募集的人民币资金，在经批准的人民币投资额度内展开境内证券投资业务，初期试点总额度约200亿元人民币。并且规定，试点初期，不少于募集规模80%的资金（即约160亿元人民币）投资于固定收益证券，包括各类债券及固定收益类基金；而不超过募集规模20%的资金（即约40亿元人民币）可投资于股票及股票类基金。

试点开闸后，后续推进事项进展极其迅速。2011年12月23日，外汇管理局正式发布《关于基金管理公司、证券公司人民币合格境外机构投资者境内证券投资试点有关问题的通知》，明确了对RQFII境内证券投资的额度实行余额管理，且投资额度不得转让、转卖给其他机构或个人使用。此外，已取得投资额度的RQFII如自获批额度之日起1年内未能有效使用投资额度，外汇管理局将根据相关情况调减其投资额度直至取消。同日，中国证券监督管理委员会公布了首批获得RQFII资格的机构名单，包括南方基金公司等9家基金管理公司的香港子公司，还有中金公司等12家券商香港子公司的下属资产管理公司，总共21家内地券商和基金公司的全资香港子公司获得试点资格。在RQFII的200亿元人民币试点额度中，证券公司和基金公司将各占一半，各分享100亿元人民币额度。而截止到2011年年底，已有部分基金公司宣布正在以最快速度向外汇局申请投资额度，并向香港证监会报送首只RQFII基金产品，如华安、汇添富、南方、海富通等基金公司。也就是说，不到1个月，试点机构确定、配套法规出台、相关产品报送等各环节工作就紧锣密鼓地跟上。

在内地股市持续低迷的情况下出台RQFII试点政策，难免会被市场解读为是为了尽快解决国内股市的流动性困境。但其实目前一直处于低谷的内地资本市场对外资的吸引力已经不大。而且《（RQFII）试点办法》严格规定了RQFII的投资额度和比例，40亿元的资金注入对于日交易量近千亿元的沪、深两大股市来说无异于杯水车薪。从香港人民币市场的容量看，截至2011年第3季度，香港人民币存款不过6 222亿元，还不及工商银行上海分行人民币存款的一半。因而，即便这些资金全部流入内地资本市场，对A股市场的影响也甚微。

由此来看，市场更看重RQFII试点政策出台的象征意义——建立人民币回流机制，推进人民币国际化，加大内地金融市场的改革开放力度。《（RQFII）试点办法》放开了人民币的离岸市场对境内投资的渠道，即在香港的人民币存款可以选择包括纯粹资本项目下的股票和债券投资，这对香港建设离岸人民币市场有着重要的意义。RQFII首批试点的推出也将加快人民币国际化的步伐。目前内地资本市场处于底部、外汇流进的压力有所减轻，此时是推进人民币国际化一个难得的契机，这也是相关配套工作必须迅速跟进以尽快取得效果的原因。

从首批基金系的RQFII上报产品类型看，上报的产品清一色是偏债型的稳健收益类产品，瞄准的是内地债市，这也符合管理层的引导方向。目前，内地监管层对债券市场制度建设和鼓励创新的措施都在逐渐深化，货币信贷政策已显示出定向宽松的预调微调迹象，预计2012年，内地通货膨胀逐步回落，经济政策更为强调“稳增长”，同时政策层面对民生、消费方面的倾斜也更有利于内需市场的繁荣。这些市场条件都将为RQFII布局债市提供非常好的投资时点。

第二节　2011年基金产品发行市场状况

一、基金市场大扩容，稳健型产品密集发行

（一）基金成立数量创高峰，平均首募规模大幅下降

2011年共成立基金275只（A、B类基金分别计算，分级基金分开计算，下同），较2010年增加98只，增幅达到55.36%。从基金发行的参与主体来看，2011年共有63家基金公司参与发行，比2010年增加10家（见图8－1）。2011年共有6家新基金公司参与了基金产品的发行，分别为财富、方正富邦、富安达、浙商、纽银和平安大华基金公司。从各家基金公司的募集情况来看，2011年依旧表现出较高的行业集中度，募集规模在前十位的基金公司的总募集规模占全行业募集规模的40.08%。

虽然2011年成立的基金数量创下了基金业近13年来的新高，但是募集的资金规模却为近6年来的新低。成立的275只基金共募集2 916.86亿份，平均每只基金仅募集了10.61亿份，平均募集规模仅略高于2000年的历史最低水平。从单个基金的募集情况来看，首募规模超过50亿元的仅有1只，为“汇添富社会责任”，募集规模达到56.23亿份；规模约30亿～50亿元之间的有17只；规模约10亿～30亿元之间的有82只；规模在10亿元以下的有175只，其中首募规模最小的基金仅募集2.52亿份。

基金平均首募规模下降既与基金发行市场急速扩容有关，也与投资者对基金的投资热情减退有关。在基金产品供应激增和需求不足的双重作用下，2011年已有逾10只基金产品因为无法达到预期募集规模而延长募集期限。

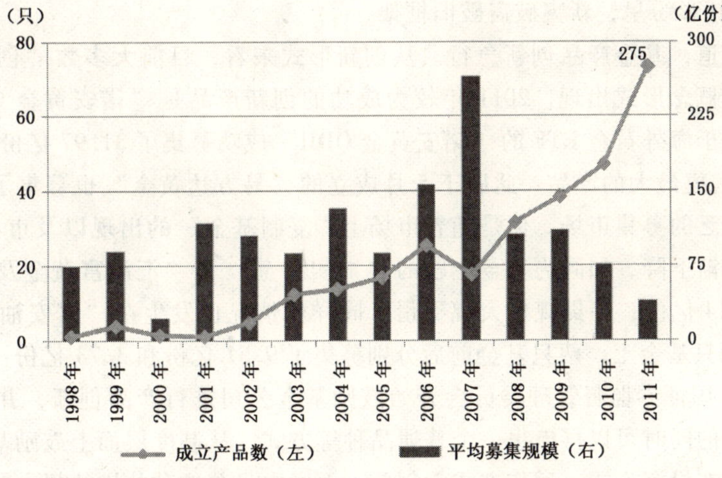

图8－1　1998～2011年基金发行情况

资料来源：普益财富（数据截至2011年12月31日）

（二）偏股型基金受冷落，债券型基金和保本基金受青睐

受到股票市场的拖累，2011年基金业绩整体表现不佳，同时，其发行规模也难以壮大（见图8－2）。经过股市的大幅下挫后，投资者对股市的信心大幅下降，偏股型基金因此受到冷落。普益财富数据显示，2011年共成立了143只股票型基金，占总成立数量的52.00%，较2010年下降9.58个百分点；平均募集规模为9.72亿份，较2010年下降38.64%。

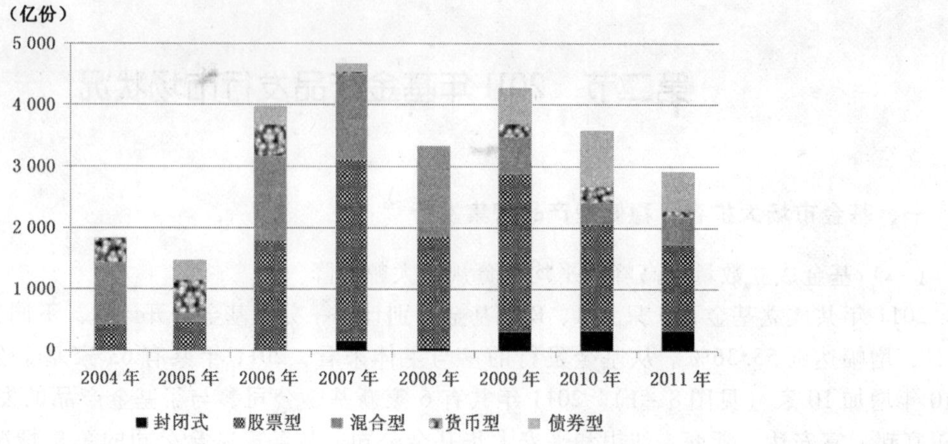

图 8－2　2004～2011 年各类基金成立规模分布情况

资料来源：普益财富（数据截至 2011 年 12 月 31 日）

自 2010 年第 4 季度以来，债券型基金开始抢滩发行，2011 年则延续这一状态。2011 年共成立了 64 只债券型基金，较 2010 年增加 39 只，增幅达到 146.15%，市场占比由 2010 年的 14.69% 上升至 23.27%。虽然债券型基金的成立数量大增，但是总募集规模却出现大幅下滑，2011 年总募集规模为 639.60 亿份，较 2010 年下降 42.03%。

由于股市持续低迷，保本型基金以其较为稳健的投资风格受到投资者的青睐。为了迎合投资者的需求，也为丰富产品线，2011 年共有 16 家基金公司参与了保本型基金的发行，保本型基金总数也因此由 2010 年的 7 只攀升至 21 只。

二、破解发行困局，基金产品创新潮涌动

（一）主题投资精彩纷呈，新突破需破旧框架

为了打开销售渠道，基金产品创新急行。从创新形式来看，目前大多数“创新”基金产品主要以各类热门的主题和概念形式出现。2011 年较为成功的创新产品是“诺安黄金 QDII”。借助前轮黄金的迅猛涨势，投资于海外黄金 ETF 的“诺安黄金 QDII”成功募集了 31.97 亿份，为 2011 年所成立的 QDII 产品中募集规模最大的产品。此后于 5 月成立的“易方达黄金”也募集了 26.57 亿份。虽然这种创新能够提振困乏的募集市场，但是随着市场上“复制基金”的出现以及市场行情的快速转变，主题创新的吸引力逐渐下降，如同为黄金主题的“嘉实黄金”和“汇添富黄金及贵金属”仅分别募集了 5.68 亿份和 6.14 亿份，募集规模大幅下滑。同样的情况也发生在“诺安油气”和“华宝兴业标普石油天然气”两只基金上，两只基金前后分别募集了 9.51 亿份和 3.73 亿份。

2008 年年底，中国证券监督管理委员会开始鼓励基金公司进行产品创新，并通过开辟绿色审核通道、申报创新产品的同时可以再申报一个普通品种等方式，从制度层面上鼓励基金产品创新。监管层实际上是要求基金在投资方式、运作方式上创新，而国内目前这种扎堆热门主题的、概念的基金并不是真正的创新产品。自从开通创新通道以来，新发行的、通过中国证券监督管理委员会认可的创新产品只有 4 只，其中包括 2011 年成立的“诺安黄金 QDII”。

截至 2011 年年底，市场上已有专注于新兴产品、贵金属、医疗保险、消费业等各大主题的细分“创新”产品。然而不少所谓的“创新”是将投资对象作各种细分，最后投资标的依旧为股票，且老基金的投资也是追逐热点的，从而导致新基金和老基金买的是同样的股票，使所谓的“创新”流于形式。虽然目前各家基金公司都在产品创新上寻找突破点，但是在目前的基金法规约束下，基金产品的创新难度较大，除非政策松绑，如允许做真正意义上的黄金 ETF 和对冲基金等，基金产品创新才

会有更多的操作空间。

（二）分级基金频发，产品渐入规范期

分级基金是指在一个投资组合下，通过对基金收益或净资产的分解，形成两级（或多级）风险收益表现有一定差异化基金份额的基金品种。从目前已经成立和正在发行的分级基金来看，通常分为低风险收益端（优先份额）和高风险收益端（进取份额）两类份额。

2007 年 7 月，国投瑞银基金公司发行了首只分级基金——“国投瑞银瑞福基金”，开启了国内分级基金的序幕。经过了 4 年的发展，分级基金已成为各基金公司创新的重点之一。截至 2011 年 12 月 31 日，已经有 36 家基金公司募集、管理或申请设立分级基金。

从分级基金的发行数量来看，基金发行呈现逐年递增的趋势（见图 8－3）。普益财富数据显示，2007 年仅成立了 1 只分级基金（本小节中提到的分级基金，基金整体和分级份额合并计算），2011 年成立数量攀升至 19 只。这说明了分级基金这一创新形式经过基金公司的积极推广和市场的认可，已经得到了大力发展。

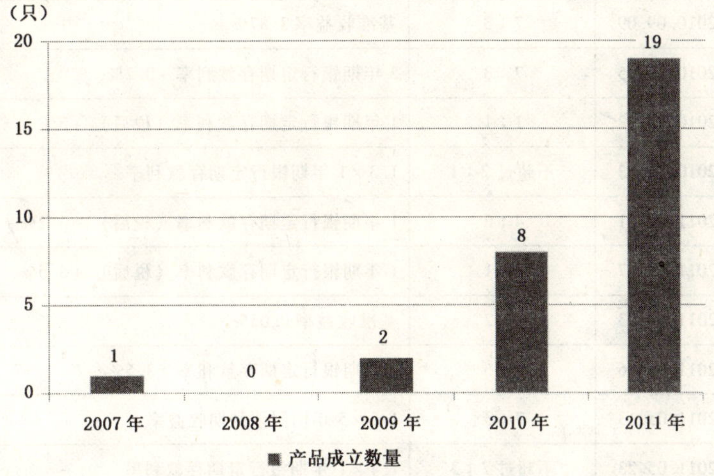

图 8－3　分级基金的成立数量

资料来源：普益财富（数据截至 2011 年 12 月 31 日）

根据投资标的来看，目前分级基金主要分为股票型和债券型。2010 年 7 月以来，A 股市场大幅下挫，投资者更重视资产保值，对权益类资产配置需求下降，而对固定收益类投资的需求则有所增加。在此背景下，债券分级基金的优势被市场所认可，其优先份额的固定收益相对一般的固定收益产品吸引力更大，因而 2011 年新成立的分级基金主要以债券型产品为主，成立总量为 12 只，占总成立数量的 63.16%。但是随着市场进入加息周期，作为基金主要销售渠道的银行发行的银行理财产品收益也水涨船高，分级基金优先份额的吸引力下降，部分分级基金出现优先份额募集期延长的情况。

截至 2011 年年底，共有 30 只分级基金，总规模超过 600 亿份，债券型分级基金有取代股票型分级基金之势。而在此过程中，各产品之间呈现较大的同质性，从产品结构以及固定收益等条款来看都大同小异。从分级基金的结构来看，随着优先份额占比的不断提高，进取份额对应的杠杆倍数也不断上升，进取份额的风险随着扩大（见表 8－1）。在新的分级基金层出不穷的时候，老的分级基金却开始碰到了各自的问题，为了防控风险，中国证券监督管理委员会在 2011 年下半年取消了将分级基金作为创新基金进行审批的做法。同时，为了进一步完善分级基金，监管部门已于 2011 年 12 月拟定《分级基金产品审核指引》，并向基金公司、托管行等征求意见。该文件旨在明确分级基金的设计原则，以及分级基金的募集方式、杠杆率、份额折算和风险揭示等各方面内容。

表 8 - 1　　　　分级基金结构条款简表

基金名称	成立日期	份额比例	优先份额条款
瑞福分级	2007.07.17	1:1	1 年期银行定期存款利率 +3%、享有 10% 超额增长
长盛同庆	2009.05.12	4:6	基准收益率 5.6%、享有整体净值超过 1.6 部分的 10%
瑞和 300	2009.10.14	1:1	无基准收益，享有净值增长 10% 内部分的 80%，超越 10% 的增长部分的 20%
国泰估值优势	2010.02.10	1:1	基准收益率 5.7%、享有整体净值超过 1.6 部分的 15%
双禧中证 100	2010.04.16	4:6	1 年期银行定期存款利率 +3.5%
兴全合润分级	2010.04.22	4:6	无基准收益，整体份额净值低于或等于 1.21 时，合润 A 的净值维持为 1；当整体份额净值大于 1.21 时，合润 A 和合润 B 将同等分享增长
银华深证 100	2010.05.07	1:1	1 年期银行定期存款利率（税后）+3%
富国汇利分级	2010.09.09	7:3	基准收益率 3.87%
大成景丰分级	2010.10.15	7:3	3 年期银行定期存款利率 +0.7%
申万菱信深证成指分级	2010.10.22	1:1	1 年期银行定期存款利率（税后）+3%
天弘添利分级	2010.12.03	不超过 2:1	1.3 × 1 年期银行定期存款利率
信诚中证 500	2011.02.11	4:6	1 年期银行定期存款利率（税后）+3.2%
银华等权重 90	2011.03.17	1:1	1 年期银行定期存款利率（税后）+3.5%
嘉实多利分级	2011.03.23	8:2	基准收益率 0.05%
建信双利策略主题分级	2011.05.06	4:6	1 年期银行定期存款利率 +3.5%
泰达宏利聚利分级	2011.05.13	7:3	1.3 × 5 年期国债到期收益率
富国天盈分级	2011.05.23	不超过 7:3	1.4 × 1 年期银行定期存款利率
万家添利分级	2011.06.02	初始不高于 2.5:1	1 年期银行定期存款利率 +1.1%
博时裕祥分级	2011.06.10	初始 8:2	1 年期银行定期存款利率 +1.50%
中欧鼎利分级	2011.06.16	7:3	1 年期银行定期存款利率 +1%
长信利鑫分级	2011.06.24	不超过 2:1	1.1 × 1 年期银行定期存款利率 +0.8%
海富通稳进增利分级	2011.09.01	8:2	3 年期银行定期存款利率 +0.5%
银华消费主题分级	2011.09.28	4:1	1 年期银行定期存款利率 +4%
天弘丰利分级	2011.11.23	不超过 3:1	1.35 × 1 年期银行定期存款利率
泰达宏利中证 500 分级	2011.12.01	4:6	1 年期银行定期存款利率（税后）+3.5%
长盛同瑞中证 200 分级	2011.12.06	4:6	1 年期银行定期存款利率（税后）+3.5%
鹏华丰泽分级	2011.12.08	初始不高于 7:3	1 年期银行定期存款利率 × 1.35%
银华中证内地资源分级	2011.12.08	4:6	1 年期银行定期存款利率 +3.5%
浦银安盛增利分级	2011.12.13	7:3	3 年期银行定期存款利率 +0.25%
国泰信用互利分级	2011.12.29	7:3	1 年期银行定期存款利率 +1.5%

资料来源：普益财富（数据截至 2011 年 12 月 30 日）。

第三节　2011 年基金运行状况

一、股票型基金占市场半壁江山

截至 2011 年 12 月底，我国基金市场上共有 1 079 只基金，基金份额为 24 504.98 亿份，基金资产净值为 21 043.47 亿元。其中，股票型基金仍占据整个基金市场的半壁江山，占比为 45.41%；混合型基金紧随其后，约占市场的 18.35%；债券型基金占比约 19.74%；其他类型基金如货币型基金、封闭式基金等市场占有率基本维持在低位（见表 8－2 及图 8－4）。

表 8－2　　2011 年基金市场概况

基金类型	数量（只）	占比（%）	份额（亿份）	占比（%）	资产净值（亿元）	占比（%）
股票型基金	490	45.41	13 587.46	55.45	10 839.94	51.52
混合型基金	198	18.35	7 017.97	28.64	6 355.26	30.20
债券型基金	213	19.74	1 195.36	4.88	1 149.21	5.46
货币型基金	79	7.32	1 265.22	5.16	1 265.22	6.01
封闭式基金	99	9.18	1 438.97	5.87	1 433.84	6.81
合计	1 079	100.00	24 504.98	100.00	21 043.47	100.00

资料来源：普益财富（数据截至 2011 年 12 月 31 日）。

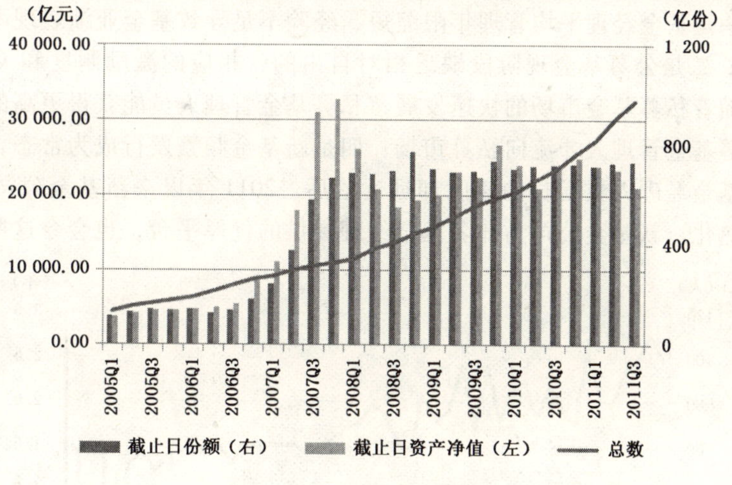

图 8－4　历年基金市场概况

资料来源：普益财富（数据截至 2011 年 12 月 31 日）

二、基金分红频率放缓，单位分红仍处低位

受基金业绩不佳影响，近几年平均基金单位分红逐年递减。2011 年年内，基金共分红 350 次，较 2010 年减少 38.09%。从历年各月的分红情况来看（见图 8－5），1 月、12 月均是分红的高峰期，仅 2011 年的 1 月及 12 月分红数就高达 169 次，约占 2011 年全年总分红次数的一半。究其原因，除了受其契约约束外，年度营销的需求是其中一大主要原因。其中，分红次数较多的有“富国天丰强化债券”（分红 8 次）、“嘉实超短债债券”（分红 7 次）和“富国天成红利”（分红 7 次）。2011 年平均基金单位分红 0.064 元/次，较 2010 年减少 0.012 元/次。

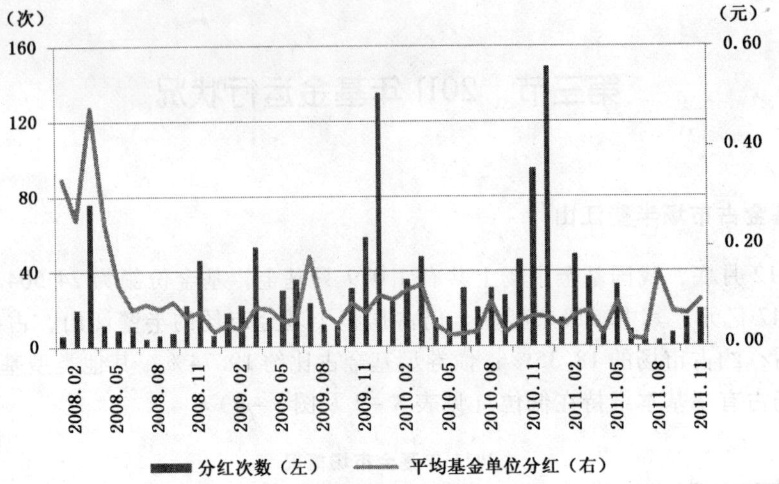

图 8-5　历年各月基金分红情况

资料来源：普益财富（数据截至 2011 年 12 月 31 日）

三、基金经理变更频率加剧

近几年来，由于多方面原因，公募基金经理变更日趋频繁。截至 2011 年 12 月 31 日，2011 年共有 423 只基金变更了基金经理（除新基金经理上任），远远高于 2010 年的 198 只，数量创有史以来的新高。

基金经理变更频繁这一现象从 2007 年就开始凸显，除了因为“老鼠仓”被监管部门查处外，还有以下几点原因：一是基金经理平均管理年限缩短、经验不足导致基金业绩表现不佳，致使基金经理面临“下课”危机；二是公募基金现阶段缺乏相对自由的、相应的激励制度和灵活的体制，导致基金经理出走；三是随着私募基金市场的快速发展，私募基金管理人员能获得更高的收入、更高的自由度，吸引了大批公募基金管理人才流向私募市场；四是新基金频繁发行成为常态，与急剧膨胀的新基金发行数量相比，基金经理人数增长的速度却远远落后。2011 年以来新基金公司的竞相成立也令业内人才争夺日趋白热化。新基金公司为知名基金经理提供的优厚平台，也会令这些老基金经理心动。

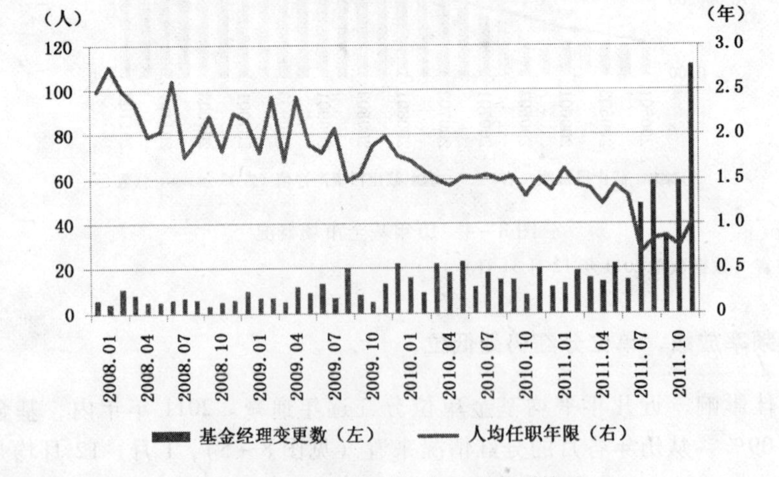

图 8-6　历年各月基金经理变更情况

资料来源：普益财富（数据截至 2011 年 12 月 31 日）

第四节　2011 年基金市场业绩回顾

一、市场罕现"股债双杀"，基金市场整体表现略优于大盘

2011 年以来国内物价水平持续高位，宏观经济增长速度放缓，欧债危机不断深化，美国经济复苏乏力。内忧外患下，我国 A 股市场不断下跌，除第 1 季度有小幅上涨外，后 3 个季度均一路下跌。2011 年截至 12 月 31 日，中证基金指数收于 3470.31 点，全年下跌 18.89%（见图 8－7）。同期上证指数下跌 21.68%，沪深 300 指数下跌 25.01%，中证基金指数跑赢大盘 2.79 个百分点。从各类型基金来看，货币型基金表现稳定，其他类型基金均下跌。中证货币基金指数全年上涨 3.55%，中证股票基金指数全年下跌 24.53%，中证混合基金指数全年下跌 21.27%，中证债券基金指数全年下跌 2.89%，中证 ETF 指数全年下跌 25.20%，中证 QDII 基金指数全年下跌 17.48%（见图8－8）。

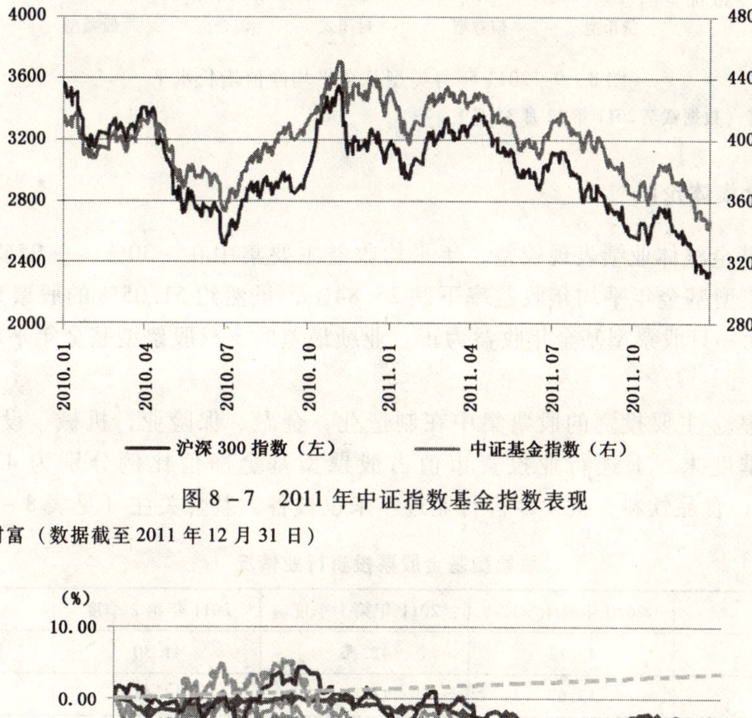

图 8－7　2011 年中证指数基金指数表现

资料来源：普益财富（数据截至 2011 年 12 月 31 日）

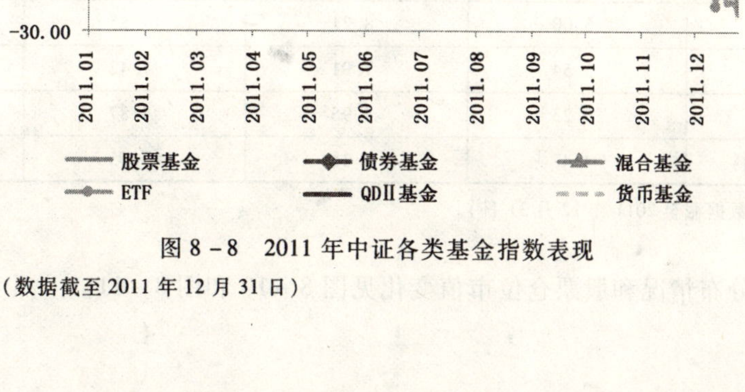

图 8－8　2011 年中证各类基金指数表现

资料来源：普益财富（数据截至 2011 年 12 月 31 日）

2011 年基金整体业绩表现不佳，截至 12 月 31 日，股票型基金平均年收益率下跌 25.84%，混合型基金平均年收益率下跌 22.42%，债券型基金平均年收益率下跌 3.74%，货币型基金累计收益率平均上涨 2.75%，封闭式基金平均年收益率下跌 17.35%（见图 8－9）。

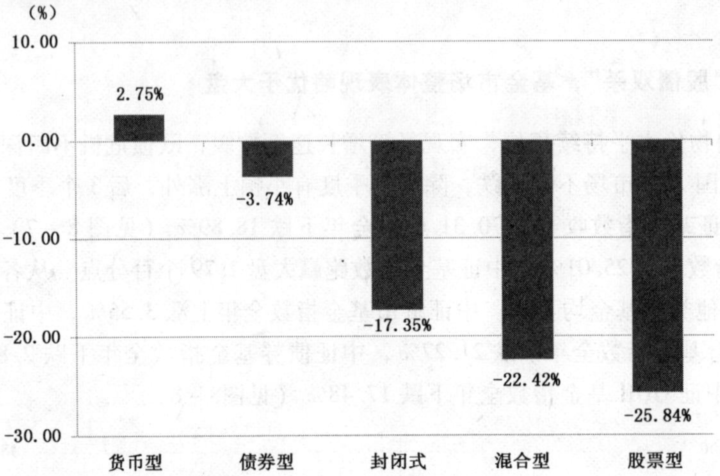

图 8－9　2011 年各类型基金平均净值增长水平

资料来源：普益财富（数据截至 2011 年 12 月 31 日）

二、股票型基金集体沦陷

2011 年股票型基金整体业绩表现较差，年平均收益主要集中在－30% ~ －25%之间。截至 2011 年 12 月 31 日，股票型基金年平均年收益率下跌 25.84%，虽然约 51.05%的股票型基金业绩跑赢沪深 300 指数，但是无一只股票型基金年收益为正。业绩最差的 3 只股票型基金年平均净值跌幅甚至都达到了 40%以上。

2011 年股票型基金主要投资的股票集中在制造业，金融、保险业，机械、设备、仪表等行业。截至 2011 年第 3 季度末，上述行业投资市值占股票型基金净值比例分别为 43.12%、13.67%、13.37%，医药生物、食品饮料、批发零售行业近年来也被各大基金关注（见表 8－3）。

表 8－3　股票型基金股票投资行业情况　（单位:%）

行业名称	2010 年第 4 季度	2011 年第 1 季度	2011 年第 2 季度	2011 年第 3 季度
制造业	43.12	42.16	41.30	36.82
金融、保险业	13.67	13.81	14.41	13.78
机械、设备、仪表	13.37	15.08	13.44	11.44
医药、生物制品	9.17	5.77	6.25	6.96
食品、饮料	8.35	6.59	7.68	8.48
批发和零售贸易	6.94	4.88	5.15	4.92
金属、非金属	6.00	8.21	7.85	5.34
采掘业	5.54	7.91	7.42	7.44
信息技术业	5.23	4.95	4.87	5.29
石油、化学、塑胶、塑料	4.47	5.18	5.05	4.13

资料来源：普益财富（数据截至 2011 年 12 月 31 日）。

股票型基金收益分布情况和股票仓位市值变化见图 8－10 和图 8－11。

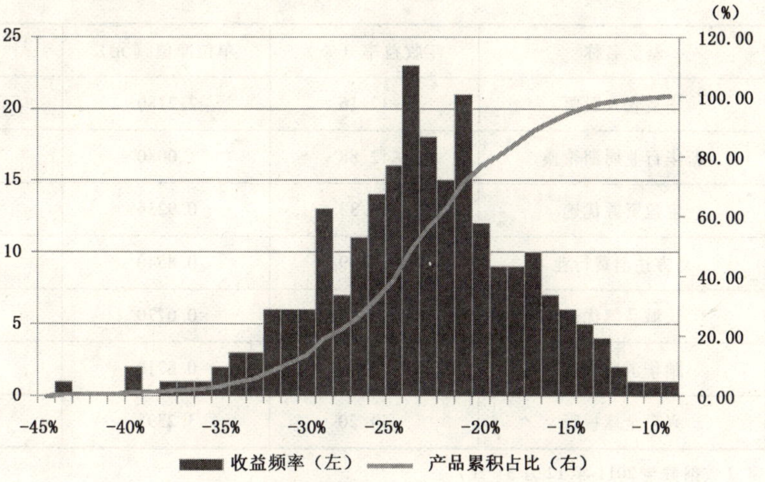

图 8-10　股票型基金收益分布情况

资料来源：普益财富（数据截至 2011 年 12 月 31 日）

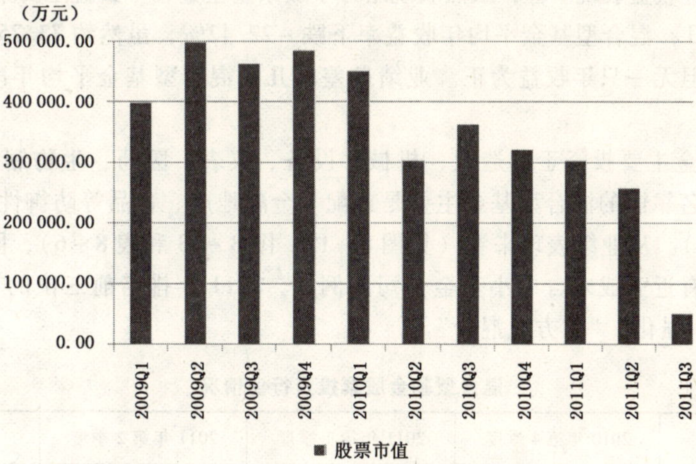

图 8-11　股票型基金股票仓位市值变化

资料来源：普益财富（数据截至 2011 年 12 月 31 日）

2011 年排名前十位的股票型基金有五只呈现大盘蓝筹风格，分别为“东方策略”“博时主题”“华夏收入股票”“新华行业周期轮换”“长城品牌优选”（见表 8-4）。这些基金重仓投资于上市银行个股或金融行业上市公司，在第 1 季度的蓝筹风格市场中均有较好的收益，在后 3 个季度的下跌市场中也相对抗跌，因此全年业绩排名相对靠前。“易方达消费行业”“鹏华消费优选”和“兴全全球视野”三只基金属于重仓食品饮料行业的股票型基金。食品指数全年逆市上涨了 2.82%，因此重仓食品行业的基金 2011 年普遍表现出较好的防御性。多数成长型股票基金的表现都不太理想，但是“宝盈资源优选”凭借出色选股能力较好地把握了成长股的反弹行情。

表 8-4　2011 年股票型基金收益前十名

基金代码	基金名称	年收益率（%）	单位净值（元）	管理人
400007	东方策略	-9.92	1.2901	东方基金
160505	博时主题	-10.96	1.5720	博时基金
160607	鹏华价值优势	-11.86	0.7210	鹏华基金

续表

基金代码	基金名称	年收益率（%）	单位净值（元）	管理人
288002	华夏收入股票	-12.16	2.2180	华夏基金
519095	新华行业周期轮换	-12.88	1.0080	新华基金
213008	宝盈资源优选	-13.33	0.9236	宝盈基金
110022	易方达消费行业	-13.39	0.8540	易方达基金
200008	长城品牌优选	-13.39	0.6770	长城基金
206007	鹏华消费优选	-13.59	0.8710	鹏华基金
340006	兴全全球视野	-14.20	3.2395	兴业全球基金

资料来源：普益财富（数据截至2011年12月31日）。

三、混合型基金业绩不佳

2011年混合型基金收益表现不佳，虽然表现略好于股票型基金，年收益主要集中在-25%～-20%之间。截至12月31日，混合型基金平均年收益率下跌-22.42%，虽然约73.75%的混合型基金业绩跑赢沪深300指数，但无一只年收益为正。业绩最差的几只混合型基金平均年净值跌幅达到了25%以上。

2011年混合型基金主要投资于制造业，机械、设备、仪表，医药、生物制品，食品、饮料和金融、保险业等，而排名靠前的混合型基金主要是重配了金融地产、食品等防御性行业以及股票仓位较低的基金（见表8-5）。从业绩表现来看（见图8-12、图8-13和表8-6），同2010年相似，收益靠前的混合型基金中有近五成来自中小基金公司，例如，2011年排名前三位的“泰达宏利风险预算混合”“申万菱信盛利强化”“东方龙混合”。

表8-5　混合型基金股票投资行业情况　（单位:%）

行业名称	2010年第4季度	2011年第1季度	2011年第2季度	2011年第3季度
制造业	39.94	40.17	37.61	34.39
机械、设备、仪表	11.24	13.82	12.07	9.37
医药、生物制品	8.81	5.50	5.87	6.56
食品、饮料	8.80	6.54	7.92	9.41
金融、保险业	8.32	7.56	8.26	7.79
批发和零售贸易	6.24	4.51	4.88	5.39
信息技术业	5.65	5.09	5.00	5.25
金属、非金属	4.57	7.54	6.62	4.38
石油、化学、塑胶、塑料	4.21	5.00	4.38	3.83
采掘业	3.83	5.61	4.87	4.56

资料来源：普益财富（数据截至2011年12月31日）。

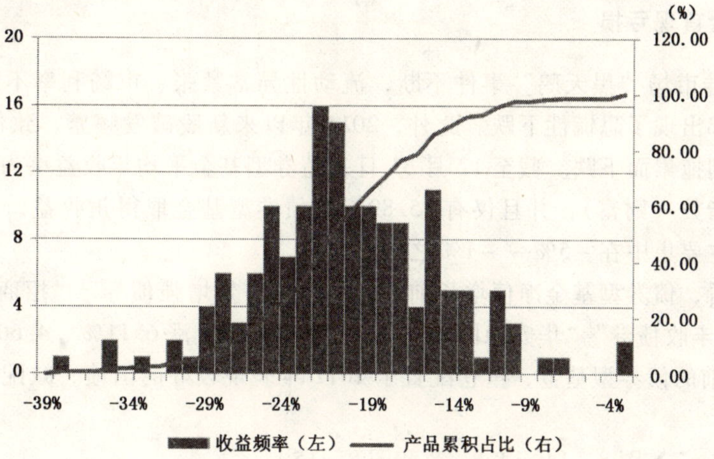

图 8－12　混合型基金收益分布情况

资料来源：普益财富（数据截至 2011 年 12 月 31 日）

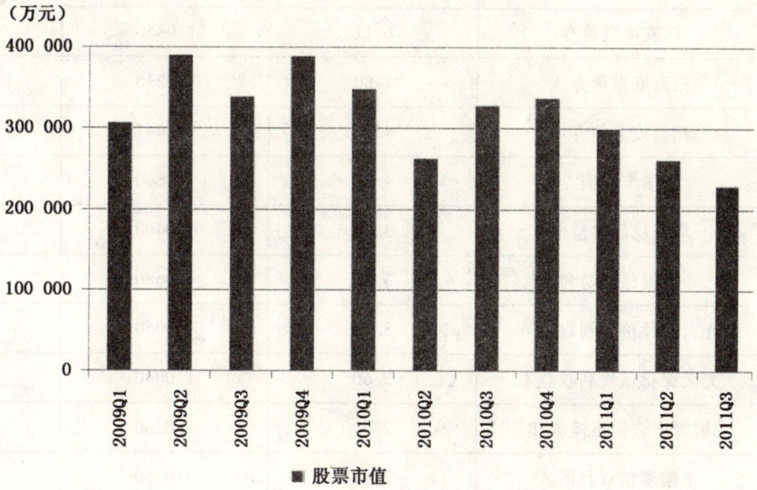

图 8－13　混合型基金股票仓位市值变化

资料来源：普益财富（数据截至 2011 年 12 月 31 日）

表 8－6　2011 年混合型基金收益前十名

基金代码	基金名称	年收益率（%）	单位净值（元）	管理人
162205	泰达宏利风险预算混合	－3.72	1.0230	泰达宏利基金
310318	申万菱信盛利强化	－3.91	0.9636	申万菱信基金
400001	东方龙混合	－7.66	0.6301	东方基金
519091	新华泛资源	－8.47	0.9290	新华基金
540001	汇丰晋信 2016	－10.20	1.4029	汇丰晋信基金
121006	国投瑞银稳健增长	－10.25	0.9190	国投瑞银基金
050001	博时增长	－10.39	0.7160	博时基金
002001	华夏回报	－11.28	1.2170	华夏基金
002021	华夏回报二号	－11.43	1.0400	华夏基金
080002	长盛创新先锋	－11.50	0.9912	长盛基金

资料来源：普益财富（数据截至 2011 年 12 月 31 日）。

四、债券型基金首现亏损

2011 年以来债券市场“黑天鹅”事件不断，流动性异常紧张、市场利率不断上升，导致城市投资债券、企业债券都出现了恐慌性下跌。此外，2011 年以来新股破发频繁，致使仅参与“打新”的债券型基金业绩受到拖累而下跌。截至 12 月 31 日，债券型基金平均年收益率为 -3.74%，仅 1 只年收益率跑赢中债总指数（财富），并且仅有 15.89% 的债券型基金取得正收益。从收益分布来看，债券型基金年收益率主要集中在 -5% ~ -1% 之间。

从业绩表现来看，债券型基金净值增长前五位的是“广发增强债券”“招商安泰债券 A”“招商安泰债券 B”“鹏华丰收债券”“华安稳固收益债”，净值分别上涨 6.11%、4.60%、4.25%、4.22% 和 3.90%。涨幅靠前的债券型基金，重仓配置了 2011 年表现较好的国债，减配了企业债，并获得了部分申购新股收益。

相关资料见表 8 - 7、图 8 - 14、表 8 - 8 和图 8 - 15。

表 8 - 7　　2011 年债券型基金收益前十名

基金代码	基金名称	年收益率（%）	单位净值（元）	管理人
270009	广发增强债券	6.11	1.0850	广发基金
217003	招商安泰债券 A	4.60	1.1230	招商基金
217203	招商安泰债券 B	4.25	1.1447	招商基金
160612	鹏华丰收债券	4.22	1.0660	鹏华基金
040019	华安稳固收益债	3.90	1.0400	华安基金
163806	中银稳健增利	3.52	1.0680	中银基金
360008	光大保德信增利收益 A	3.29	1.0050	光大保德信基金
360009	光大保德信增利收益 C	2.60	1.0040	光大保德信基金
050016	博时宏观回报债 A/B	2.50	1.0260	博时基金
485111	工银瑞信双利债 A	2.48	1.0350	工银瑞信基金

资料来源：普益财富（数据截至 2011 年 12 月 31 日）。

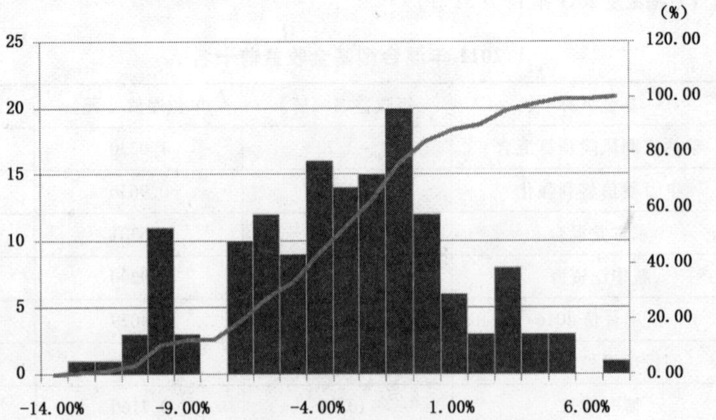

图 8 - 14　债券型基金收益分布情况

资料来源：普益财富（数据截至 2011 年 12 月 31 日）

表 8-8　债券型基金各类型债券投资占比

（单位:%）

投资类型	2010 年第 4 季度	2011 年第 1 季度	2011 年第 2 季度	2011 年第 3 季度
国债	11.70	11.83	11.84	16.47
金融债	14.78	16.32	18.40	21.27
央票	16.48	11.88	10.18	8.54
可转债	16.50	19.55	19.77	18.03
企业债	44.86	52.03	60.11	59.55

资料来源：普益财富（数据截至 2011 年 12 月 31 日）。

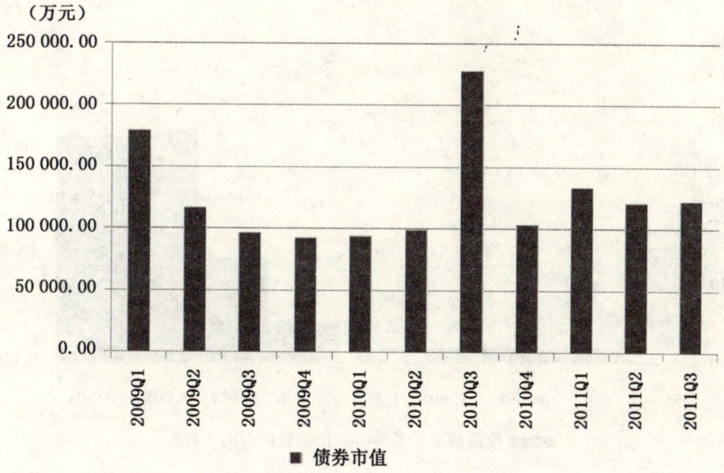

图 8-15　债券型基金债券仓位市值

资料来源：普益财富（数据截至 2011 年 12 月 31 日）

五、货币型基金独占鳌头

2011 年 CPI 持续处于高位，央行多次动用加息、提高法定存款准备金率等措施回收流动性，导致国内市场资金面紧张，而市场利率的提升推动货币型基金取得了良好表现，使其独占鳌头，成为 2011 年以来唯一获取正收益的基金类型。2011 年货币型基金年累计收益率为 2.63%，较 2010 年增加 1.07 个百分点。中国人民银行网站公布的 1 年期定期存款利率为 3.50%，货币型基金年度平均收益率比 1 年期定期存款利率略低 0.63%。年内多只货币型基金业绩优秀，以“广发货币 B”“南方现金增利 B”“广发货币 A”“海富通货币 B”等为代表，年度收益率均在 3.25% 以上。

相关资料见表 8-9 和图 8-16。

表 8-9　2011 年货币型基金收益前十名

基金代码	基金名称	年收益率（%）	七日年化收益率（%）	管理人
270014	广发货币 B	3.44	5.29	广发基金
202302	南方现金增利 B	3.34	4.80	南方基金
270004	广发货币 A	3.25	5.05	广发基金
519506	海富通货币 B	3.25	4.28	海富通基金
660107	农银汇理货币 B	3.24	5.59	农银汇理基金
519508	万家货币	3.24	4.03	万家基金

续表

基金代码	基金名称	年收益率（%）	七日年化收益率（%）	管理人
519998	长信利息收益 B	3.21	5.31	长信基金
110016	易方达货币 B	3.20	5.26	易方达基金
100028	富国天时货币 B	3.19	4.86	富国基金
392002	中海货币 B	3.18	5.53	中海基金

资料来源：普益财富（数据截至2011年12月31日）。

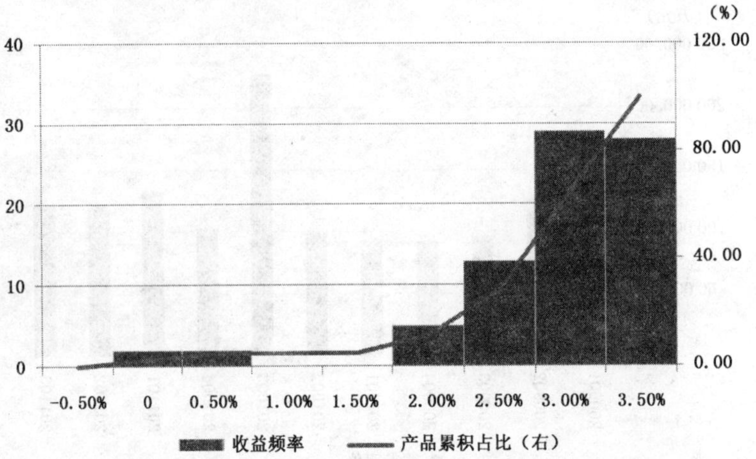

图 8-16 货币型基金收益分布情况

资料来源：普益财富（数据截至2011年12月31日）

六、封闭式基金跌幅相对较小

截至2011年12月31日，封闭式基金整体表现优于沪深300指数，平均年收益率为-11.59%，其中31.76%的此类基金收益为正；但封闭式基金业绩表现良莠不齐，年度收益率相差高达74.78%。从收益分布来看，封闭式基金的年收益率主要集中在-20%~-16%之间。

2011年封闭式基金折价率逐步放大，由年初的4.32%上涨至年末的5.51%。3年内到期的封闭式基金平均折价率从年初的1.38%下降至年末的0.36%，3~6年内到期的封闭式基金平均折价率由2.75%上涨至5.42%，到期期限超过6年的封闭式基金平均折价率由7.50%上涨至11.10%。

相关资料见表8-10、图8-17和图8-18。

表8-10　2011年封闭式基金收益前十名

基金代码	基金名称	年涨跌幅（%）	溢折价率（%）	管理人
150018	银华稳进	5.45	-18.26	银华基金
150012	国联安双禧 A	5.42	-18.85	国联安基金
150010	国泰优先	5.33	-3.79	国泰基金
150006	长盛同庆 A	5.13	-2.26	长盛基金
150022	申万收益	4.41	-22.42	申万菱信基金
150025	大成景丰分级债 A	3.97	-5.72	大成基金
150020	富国汇利 A	3.86	-5.52	富国基金

续表

基金代码	基金名称	年涨跌幅（%）	溢折价率（%）	管理人
150032	招商信用添利债	2.82	-3.53	招商基金
165311	鹏华丰润	2.20	-6.43	鹏华基金
161713	易方达岁丰添利	0.69	-5.56	易方达基金

资料来源：普益财富（数据截至2011年12月31日）。

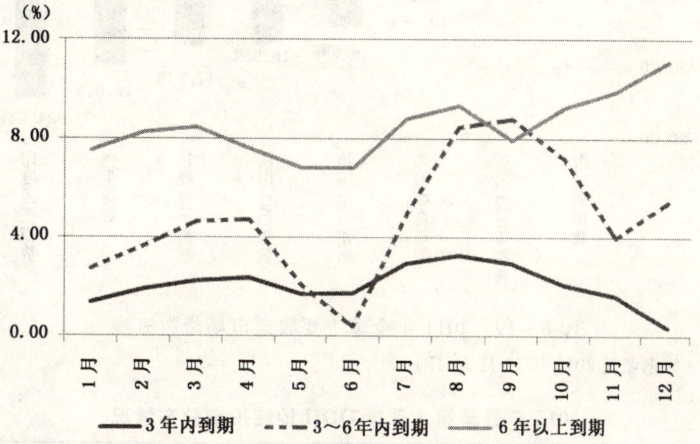

图8-17　2011年不同到期期限封闭式基金折价率

资料来源：普益财富（数据截至2011年12月31日）

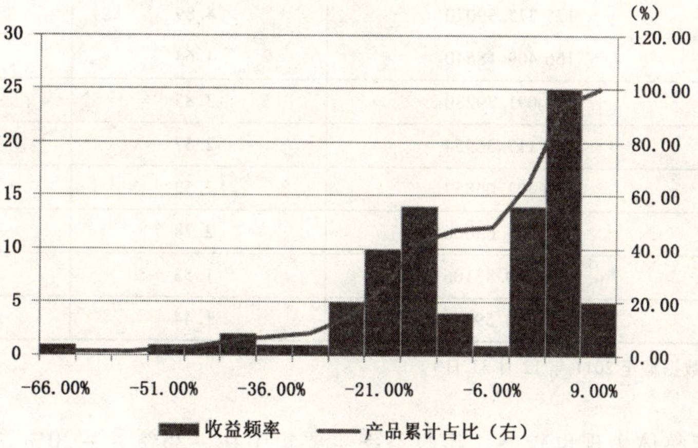

图8-18　封闭式基金收益分布情况

资料来源：普益财富（数据截至2011年12月31日）

七、QDII基金业绩不佳

2011年国际市场方面，欧债危机不断深化，主要经济体法国、德国股市跌幅均超过10%。美国持续的量化宽松政策给国内市场带来支撑。截至2011年12月31日，道琼斯工业指数涨幅为5.53%，是各国主要指数中唯一上涨的指数（见图8-19）。受持续的紧缩政策和经济增速下滑影响，新兴资本市场大幅下跌。我国香港恒生指数跌幅较大，全年下跌19.97%；韩国指数跌幅相对较小，全年下跌10.98%。

目前来看，QDII基金的投资地域主要集中在中国香港（见表8-11）。2011年第3季度数据显示，QDII 基金 63.87% 的资金投向香港股市，9.94% 的资金投向美国股市，投资于澳大利亚、英国、印度等股市的资金相对较少。

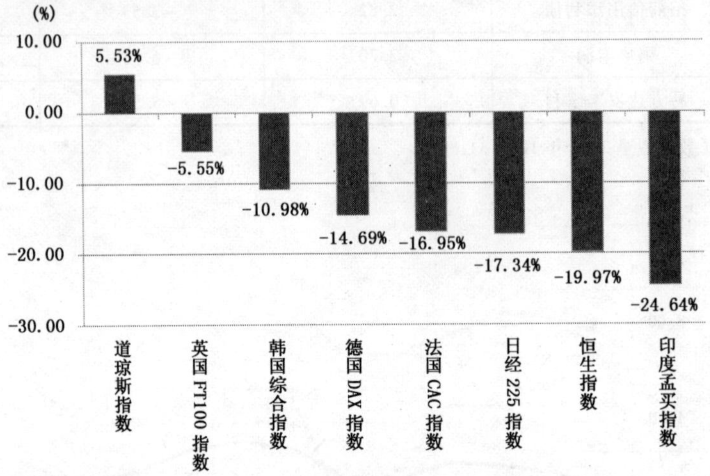

图 8－19　2011 年全球主要股票市场指数表现

资料来源：普益财富（数据截至 2011 年 12 月 31 日）

表 8－11　　2011 年截至第 4 季度 QDII 地域投资分布情况

国家/地区	投资市值合计（万元）	占比（%）	家数
中国香港	2 291 994.12200	63.87	34
美国	356 672.11460	9.94	29
澳大利亚	175 375.59070	4.89	11
韩国	166 409.18540	4.64	12
英国	138 091.79230	3.85	15
中国台湾	92 117.36954	2.57	9
印度尼西亚	90 422.06857	2.52	9
印度	81 784.65066	2.28	4
新加坡	55 070.83106	1.53	11
泰国	51 760.59487	1.44	7

资料来源：普益财富（数据截至 2011 年 12 月 31 日）。

QDII 基金 2011 年整体表现也较差，年收益率主要集中在－25%～－20%。截至 2011 年 12 月 31 日，年平均收益率下跌 20.27%，但表现略好于股票型基金。投资于美国证券市场的 QDII 基金业绩居前，投资于亚洲证券市场的 QDII 基金业绩多数落后（见表 8－12 和图 8－20）。

表 8－12　　2011 年 QDII 基金收益前十名

基金代码	基金名称	收益率（%）	单位净值（元）	管理人
160213	国泰纳指 100	－3.58	1.057	国泰基金
100050	富国全球债	－4.10	0.959	富国基金
161815	银华抗通胀主题	－15.22	0.847	银华基金
206006	鹏华环球发现	－17.03	0.828	鹏华基金
183001	银华全球核心优选	－17.72	0.817	银华基金

续表

基金代码	基金名称	收益率（%）	单位净值（元）	管理人
486001	工银全球股票	-20.29	0.813	工银瑞信基金
486002	工银全球精选股票	-20.57	0.857	工银瑞信基金
217015	招商全球资源	-20.70	0.969	招商基金
539001	建信全球机遇	-21.02	0.789	建信基金
000041	华夏全球精选	-21.38	0.717	华夏基金

资料来源：普益财富（数据截至2011年12月31日）。

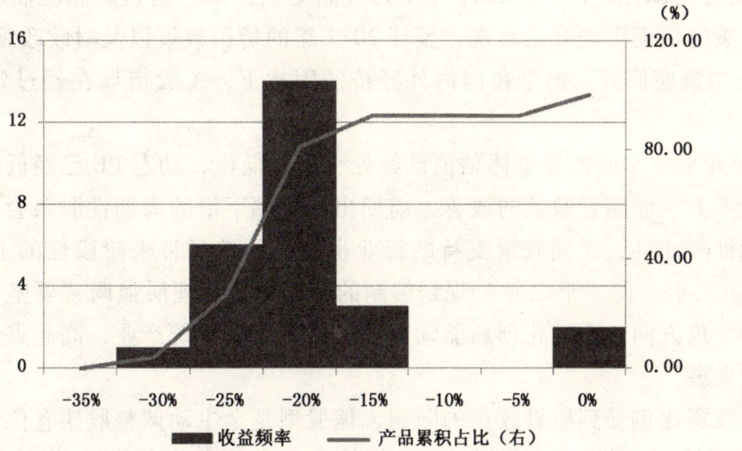

图8-20　QDII型基金收益分布情况

资料来源：普益财富（数据截至2011年12月31日）

第五节　2012年基金市场展望

一、基金发行市场竞争加剧，行业分化成趋势

2011年基金发行市场进入了产品高度密集发行期，但是在销售渠道拥挤以及投资者需求较低的情况下，基金募集压力巨大。2011年，10多只基金因为无法达到预期募集规模而延长募集期，部分基金公司再三延续募集期才勉强达到募集下限。此外，为了缓解基金产品的销售压力，超过37只基金获得基金公司的自购资金的支持。然而即使在多方的支持下，2011年很多基金公司的扩张计划在股市寒流的冲击下依旧无法完成。

2011年12月，新基金申报和发行速度明显放缓。截止到2011年12月31日，仍有50多只基金已经拿到批文，但是依旧没有发行。一般来说，基金公司会在基金获批后半年内择时发行，由此推测2012年年初基金发行数量会维持在高位。展望2012年全年，基金公司发行会更加谨慎，产品发行速度会有所放缓。但是在中国证券监督管理委员会基本放开基金审核之后，预计2012年的基金发行市场会维持稳定，发行数量不会出现大幅回落的情况。

在股票市值蒸发以及老基金滞销的行情下，2011年基金整体管理规模出现滑落。为了弥补减少的管理规模，在老基金销售不畅的行情下，基金公司则倾向于发行新基金。基金密集发行的同时，新基金成立的规模却越来越小，一批“迷你基金”随之产生。

2011 年基金成立进入前所未有的激烈状态，而银行“嫌贫爱富”的行为进一步加剧了中小基金公司的困境。部分小基金公司因为品牌效应较弱，以及无法提供具有竞争性的佣金而被银行排除在主销计划之外。总体来看，2011 年大基金公司以及有银行背景的基金公司依旧为基金发行市场的主力，发行规模前十位的基金公司共发行基金 91 只，占总发行量的 33.09%。而展望 2012 年，基金发行市场将继续维持竞争激烈的状态。

二、市场回暖，2012 年业绩有望改善

（一）政策改善带来投资机会，偏股型产品可获机会

经过 2011 年的宏观调控，CPI 于 2011 年 7 月开始见顶回落，通货膨胀控制已经取得阶段性的成果。同时，紧缩政策的负面影响开始显现，预计 2012 年的货币政策以及财政政策将会出现小幅放松，2012 年股票市场有望筑底回升。但是在国内外经济的困扰下，A 股市场在经过筑底反弹后将会进入震荡阶段。

截止到 2011 年年底，A 股市场整体估值已经处于历史低位，动态 PE 已经低于历史平均水平，市场继续下行的风险不大。而随着政策的改善，前期出现大幅下滑的周期性股票会先出现明显的上升估值空间。除了周期性产业外，受到政策支持的行业也将会给市场带来阶段性的上升机会。2012 年是“十二五”实施的第二年，在“十二五”规划编制的会议上，管理层强调“要坚持把经济结构战略性调整作为转方式的主攻方向，要强化创新驱动，加快改造提升传统产业，高起点地发展战略性新兴产业，推动服务业大发展”。

由于我国基金投资比例受到监管政策的限制，偏股型基金主动调整股票仓位的空间不大，多数基金长期维持较高或者较低仓位。在单边上涨的行情中，仓位较高的基金往往表现更好，但是预期 2012 年市场热点会较为分散，股票仓位对基金的业绩表现影响会较小。相反，由于市场处于震荡中，基金管理人的选股择时能力将会对基金业绩产生较大影响。投资者在选择偏股型基金时，可选择重仓周期性股票的基金，以及投资非周期性中的新兴产业、消费主题类股票的基金来构建自己的组合（见表 8 - 13）。

表 8 - 13　　截至 2011 年综合表现较好的偏股型基金

基金名称	成立时间	1 年收益（%）	3 年收益（%）	5 年收益（%）
东方精选	2006. 01. 11	-15. 91	66. 02	93. 81
交银成长	2006. 10. 23	-18. 86	49. 03	85. 18
景顺长城内需增长	2004. 06. 25	-19. 95	67. 31	58. 64
摩根士丹利华鑫资源优选	2005. 09. 27	-18. 76	68. 40	132. 00
兴全全球视野	2006. 09. 20	-15. 17	55. 10	120. 17
银河稳健	2003. 08. 04	-17. 51	41. 13	82. 01
中银中国精选	2005. 01. 04	-19. 59	57. 91	114. 81

资料来源：普益财富（数据截至 2011 年 12 月 31 日）。

（二）债券型基金收益回升，侧重高信用债券基金先获投资机会

2011 年 10 月之后，债券市场开始回暖。展望 2012 年，在经济增速放缓、通货膨胀下行的背景下，债券会是较好的投资品种。此外，随着央行放松货币政策，债券市场资金面会随之改善。根据历史数据显示，当存款准备金率下降时，国债和信用债价格会同时上涨，且信用债价格涨幅高于国债。2011 年，债券市场经历了城市投资债券风波的打击，但自第 4 季度，信用债市场已开始恢复，其中国债、金融债以及高等级信用债等均呈现较快的复苏态势。虽然目前投资者对信用债已经要求更高的

回报作为对所承受风险的补偿，但是低等级的债券信用利差已经到了历史高位，其资产价格相对高评级的债券是比较低的，在2012年上半年低等级信用债产品的投资机会不会充分显现。因而2012年上半年，投资机会依旧集中在高等级信用债产品。

展望2012年，建议投资者短期可关注利率产品和高等级信用产品配置比例较高的债券基金，中长期则关注侧重中低评级信用债的基金（见表8-14）。此外，可转债投资、新股选择申购及流通股投资择时的把握，将显著影响债券基金的收益水平。投资债券基金不仅要关注基金经理乃至固定收益团队整体的投资研发实力，基金公司的权益类投资管理能力也不容忽视。

表8-14 截至2011年综合表现较好的债券型基金

基金名称	成立时间	1年收益（%）	3年收益（%）	5年收益（%）
广发增强债券	2008.03.27	5.83	14.57	—
建信稳定增利	2008.06.25	0.80	20.85	—
鹏华丰收	2008.05.28	4.12	20.47	—
鹏华普天债券A	2003.07.12	2.66	13.60	33.35
招商安泰债券A	2003.04.28	5.66	13.50	48.19
中银稳健增利	2008.11.13	2.84	16.91	—

资料来源：普益财富（数据截至2011年12月31日）。

（三）货币型基金收益稳定，2012年上半年投资机会更高

货币型基金的收益率与市场利率息息相关，市场利率上升，货币型基金收益率上升；反之亦然。而在货币供应上，2012年随着货币政策的预调微调，预计市场利率也会随之逐步走低。对于货币型基金而言，上半年的投资机会要高于下半年。

由于货币型基金是偏重于流动性的产品，其收益能力在所有基金类型中最弱，但是同时也最为稳定，预计2012年依旧能够为投资者提供约3%的平均收益。

（四）QDII产品收益多样化，适度投资有助资产分散化

展望2012年，欧债危机将会进一步恶化，投资于欧洲市场的QDII基金，其风险将进一步扩大。美国方面，经过2011年的低迷后，美国经济将会呈现缓和的复苏态势；新兴市场方面，2011年新兴市场经济呈现明显的经济增速放缓与通货膨胀并存的状态。在通货膨胀得到一定遏制后，预计2012年新兴市场将进入政策宽松期，但是经济增长依旧受制于外围经济发展以及政策的实施效果。

海外市场的不确定性决定了2012年QDII投资需要“随机应变”，投资者应该根据海外宏观经济环境的变化动态调整基金组合（见表8-15）。投资者尤其要把握好欧债危机的发展动向，以规避因为外围环境的恶化所带来的系统性风险；同时，也要把握美国经济复苏以及新兴市场国家的投资机会。

此外，2012年QDII基金发展将会更加多样化，投资于贵金属、能源、奢侈品、房地产等资产的QDII基金将为投资者提供进一步多元化的资产配置的工具，投资者可以适度投资该类产品以完善基金组合。

表8-15 截至2011年综合表现较好的QDII基金

基金名称	成立时间	1年收益（%）	3年收益（%）	5年收益（%）
诺安全球黄金	2011.01.13	7.77	—	—
工银全球配置	2008.02.14	-18.26	50.28	—

资料来源：普益财富（数据截至2011年12月31日）。

第九章　券商集合理财市场

第一节　券商集合理财市场概况

一、市场综述

券商集合资产管理业务在近几年内取得了快速发展。2011 年已有 61 家券商开展集合资产管理业务，占券商中的大半。根据普益财富数据显示，2011 年共有 272 只券商集合理财产品在运行并有净值公布，其中 108 只为 2011 年成立的产品，历年成立并仍在运行的产品有 164 只。16 只产品在 2011 年进行了清算。根据 2011 年第 3 季度资产管理报告，券商合计管理资产 1 362.54 亿元，其中混合型产品为 790.05 亿元，股票型为 165.80 亿元，债券型为 171.03 亿元，货币型为 70.57 亿元，FOF 型为 162.70 亿元，QDII 型为 2.38 亿元。截至 12 月末，2011 年新成立的产品资产净值约为 630 亿元。

2011 年，A 股市场持续低迷。截至 12 月 30 日，沪指和深成指分别以 22.15% 和 28.41% 的跌幅位居全球主要股票市场跌幅前列。受股市影响，曾如雨后春笋般崛起的券商集合理财也集体遭遇寒冬。根据数据统计，截至 2011 年 12 月 30 日，2011 年以前成立并仍在运行的 164 只产品年平均收益率为 -17.28%，年收益率为正的仅有 17 只，占比不足一成。在年收益率为正的产品中，前 4 名均为货币型产品。其中，中银国际证券的“中国红货币宝”以 4.72% 的年收益率排名第一，而中信证券的“中信证券 3 号”以 -40.20% 的年收益率在所有产品中排名倒数第一位。根据产品类型来看，164 只产品中有 78 只混合型产品，其平均收益率为 -20.47%；23 只股票型产品，其平均收益率为 -20.30%；29 只债券型产品，其平均收益率为 -4.38%；28 只 FOF 型产品，其平均收益率为 -21.92%；4 只货币型产品，其平均收益率为 4.11%。

2011 年共有 16 只券商集合理财产品清算，其中，“中金短期债券”“光大阳光 3 号”“长江超越理财龙腾 1 号”和“南京神州 1 号”等 8 只产品到期清算；“东方红开源”因为开源证券的赎回而清算；“华泰紫金智富”、中银国际“中国红新股增强 1 号”和“国信金理财泰然 1 号”等 7 只产品则因为资产净值连续 20 个交易日低于 1 亿元而被迫清算。

二、年度热点事件回顾

（一）量化策略型产品获市场关注

2011 年，量化投资策略受到极度追捧。券商资产管理部门纷纷采用多种量化投资策略，量化投资策略的券商集合理财产品迎来了发行的高潮。据统计，2011 年成立的以量化投资策略为主的券商集合理财产品 12 只。其中，国泰君安证券以 6 只产品成为发行量化产品最多的券商，第一创业证券、华泰证券、东方证券、长江证券、浙商证券也均有量化产品发行。

目前券商普遍采用的量化投资策略主要有三类：套利策略、量化选股策略以及市场中性策略。套利策略包括股指期货套利及 ETF（指数基金）套利。市场中性策略是指通过多空反向操作，对冲系统风险而获得 Alpha（阿尔法系数）收益。量化选股策略是指开发数量化模型，辨别股价的驱动因子，以之作为解释变量来预测未来股价的变动，从而构造投资股票组合。

2011 年年初，国泰君安率先发行首只量化产品“国泰君安君享量化”。该产品采用市场中性策略，运用数量化选股及指数套利等策略，进行投资。此后，国泰君安又推出“君享套利”系列产品，利用 ETF 套利、分级基金配对转换套利、转债转股套利等各种套利策略，捕捉由市场无效性产生的定价偏差。在控制跟踪误差的基础上，辅之以市场中性策略，追求长期稳定、与市场涨跌相关性较低的绝对回报。此外，第一创业证券的“金益求金”、上海东方证券的“东方红 8 号”、浙商证券的“金惠套利通 1 号”、招商证券的“智远对冲 1 号”、长江证券“超越理财量化 1 号”等产品，均引入了股指期货套保、套利的对冲策略，以对冲大盘系统性风险。相关资料见表 9－1。

表 9－1　2011 年发行的量化投资策略产品

券商	产品	成立日期	投资策略	2011 年 12 月 30 日积累净值（元）
第一创业	金益求金	2011.01.21	市场中性	1.0130
国泰君安	君享量化	2011.03.14	市场中性	1.0323
国泰君安	君享套利 1 号	2011.07.19	套利策略及市场中性	1.0240
国泰君安	君享套利 2 号	2011.07.27	套利策略及市场中性	1.0170
华泰证券	紫金套利宝	2011.08.09	套利及新股、可转债申购	1.0059
国泰君安	君享套利 3 号	2011.08.17	套利策略及市场中性	1.0210
国泰君安	君享套利 5 号	2011.08.29	套利策略及市场中性	1.0180
国泰君安	君享套利 6 号	2011.09.14	套利策略及市场中性	1.0210
东方证券	东方红量化 1 号	2011.10.18	量化选股及股指期货套利套保	0.9935
第一创业	创金策略尊享	2011.10.31	套利策略	1.0048
长江证券	超越理财量化 1 号	2011.11.09	—	0.9950
浙商证券	浙商金惠套利通 1 号	2011.11.18	量化选股及股指期货套利套保	1.0030

资料来源：普益财富（数据截至 2011 年 12 月 30 日）。

从投资业绩看，2011 年量化投资产品的业绩令人心动。在新成立的 108 只产品中，有 5 只采取了量化投资策略的产品年化收益率排名进入前十位。可见，量化对冲策略产品在弱市中确实有明显优势。量化型理财产品在国内仍是新事物，由于风险控制上的优势，因而在低迷市场的背景之下备受关注。同时，该类产品都以小集合的形式成立，投资门槛远较一般券商集合理财产品高。对于投资者来说，应当确定自身的风险偏好，正确认识这类产品的特点。长远来看这类产品更适合风险厌恶型投资者。

（二）信达现金宝试水券商客户保证金管理

2011 年，信达证券旗下的“信达现金宝”资产管理计划正式成立。与以往的货币型产品不同，“信达现金宝”将公司的客户保证金作为管理标的物。这也是自 2004 年券商综合治理以来，监管部门首度允许券商将客户保证金纳入资产管理范畴。

所谓证券公司客户保证金现金管理计划，是指在不影响投资者正常证券交易的前提下，券商每天收盘后，将签约客户的闲置保证金投向各类银行存款，以取得高于活期存款的收益。对于券商理财产品而言，客户保证金是最广阔的市场，这里有日均 8 000 亿元到 1.2 万亿元的闲置资金。如果这部分资金被有效盘活，券商理财产品的资金来源渠道将被大大打开。“信达现金宝”的成功发行正是券商迈入客户闲置资金管理领域的第一步。

按照“信达现金宝”的设计，该产品在不影响正常证券交易下，利用投资者资金账户的资金，通过组合存款方式，投资于各类银行存款。其中，投资于商业银行活期存款的比例为10%～100%，投资于商业银行定期存款比例为0～90%。通过参与“信达现金宝”，投资者可以获得比活期存款更高的收益，而券商也可以增加收入。“信达现金宝”一经发行，便受到业内关注，在近20天的发行期内，募集了1.8亿元资金。公开资料显示，2011年12月21日，该产品迎来了第一次分红，在1个多月的时间内，共实现了86.9万元的投资收益，投资者获得分红67.2万元；产品年化收益率为2.866%，客户年化收益率为2.216%。据了解，多家券商2012年均有发行针对客户保证金理财产品的计划。

（三）券商集合理财产品遭遇清盘危机

由于股票、债券市场同时遭遇重挫，2011年券商集合理财产品整体表现也很不理想。《证券公司集合资产管理业务实施细则（试行）》的规定：“在券商集合计划存续期间，客户少于2人，或者连续20个交易日计划资产净值低于1亿元，集合计划应当终止。”1亿元的规模成为券商集合理财的清盘红线，也成为券商资产管理部门的头痛线。据统计，2011年来，已有“华泰紫金智富”“中银国际中国红新股增强1号”“国信金理财泰然1号”和“招商智远稳健3号”等7只产品，因为资产净值连续20个交易日低于1亿元而被迫清盘。其中“华泰紫金智富”为首只因规模不足被迫清盘的产品。

小集合理财产品面对的压力更大。这类产品成立时规模本来就不大，因此稍有客户赎回便有触碰清盘红线的风险。如“招商智远稳健3号”成立时规模仅有1.05亿元，而“华泰紫金智富”成立还不满1年就不得不清算。

颇受清盘红线折磨的券商资产管理业务有可能迎来曙光。根据2011年9月中旬监管部门下发的修订《证券公司客户资产管理业务试行办法》的征求意见稿，监管部门拟废除上述政策规定。监管部门认为，理财产品是否因资产净值低于一定下限而终止应当由合同各方自主判断和决定，由市场来选择。而从国外监管实践看，对于理财产品因资产净值低于一定下限而强制要求终止的并不多见。由此可见，未来券商集合理财产品有可能摆脱清盘红线的限制，券商在运作资产管理产品特别是小集合产品时，后顾之忧将解除。

第二节 2011年券商集合理财产品运行回顾与分析

一、2011年券商集合理财产品发行概况

在经过2010年的爆炸式增长后，2011年券商集合理财产品发行趋缓。根据普益财富数据统计，2011年共有45家券商发行了108只集合理财产品，与2010年的发行量基本持平，其中88只为混合型，4只为股票型，11只为债券型，FOF型和QDII型均为2只，另外还有1只为货币型（见图9－1）。

在45家券商中，国泰君安新发行的产品最多，其次是上海东方证券和中信证券，其产品发行量分别为12只、9只和8只。另外，2011年，世纪证券、长城证券、银泰证券、恒泰证券、中原证券、广州证券、金元证券和德邦证券8家券商先后涉足资产管理领域，为业内注入了新鲜血液的同时，也加剧了业内的竞争。

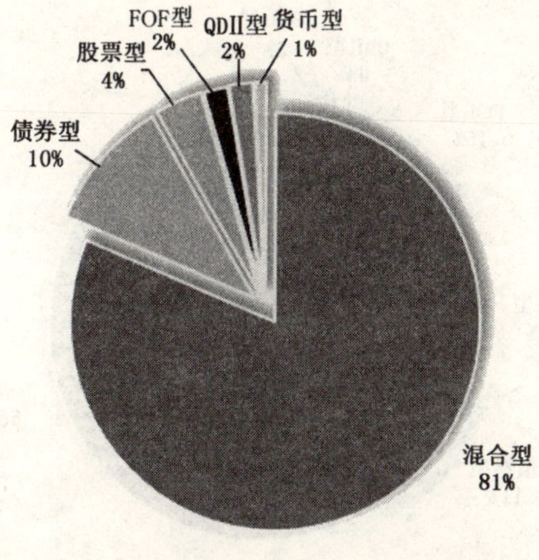

图9－1　2011年新成立券商集合产品类型数量分布

资料来源：普益财富（数据截至2011年12月30日）

2011年新成立的产品中，有37只为小集合产品，其中35只为混合型，2只为债券型。2009年首只小集合产品获批发行。两年时间里，券商小集合在产品业绩、产品创新、发行速度等方面均有不错表现。

二、2011年券商集合理财产品运行概况

普益财富数据显示，截至2011年12月30日，共有272只券商集合理财产品在运行并有净值公布。其中，108只为2011年新成立的产品，历年成立并仍在运行的产品有164只。在投资类型方面（见图9－2），272只产品中，165只为混合型，其中86只为新成立；39只为债券型，其中11只为新成立；30只为FOF型，其中2只为新成立；27只为股票型，其中4只为新成立；QDII型有2只，全部为新成立产品；货币型5只，其中1只为新成立产品。

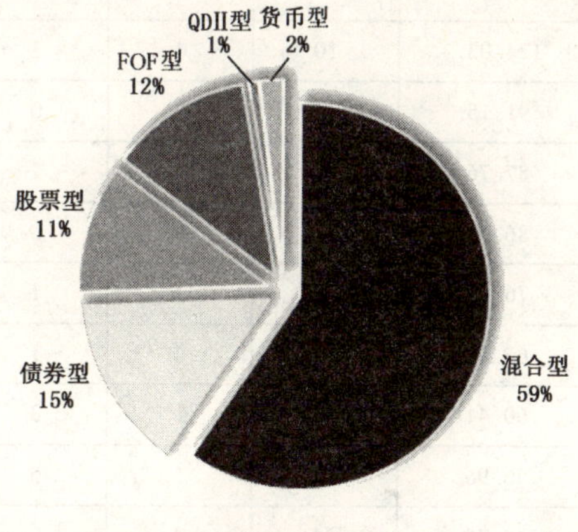

图9－2　2011年券商集合在运行产品类型分布

资料来源：普益财富（数据截至2011年12月30日）

根据2011年第3季度资产管理报告，券商合计管理资产1 362.54亿元。其中，混合型产品为790.05亿元，股票型为165.80亿元，债券型为171.03亿元，货币型为70.57亿元，FOF型为162.70亿元，QDII型为2.38亿元。相关资料见图9－3。

券商集合理财行业仍处于快速发展阶段，但作为机构投资者，证券公司现阶段市场影响力有限。可以看到，相对于发展得较为成熟的公募基金行业，券商集合理财行业在规模上仍然有很大的差距。就管理人而言，管理规模在100亿元以上的仅有两家，在50亿～100亿元的仅有7家，多数管理人规

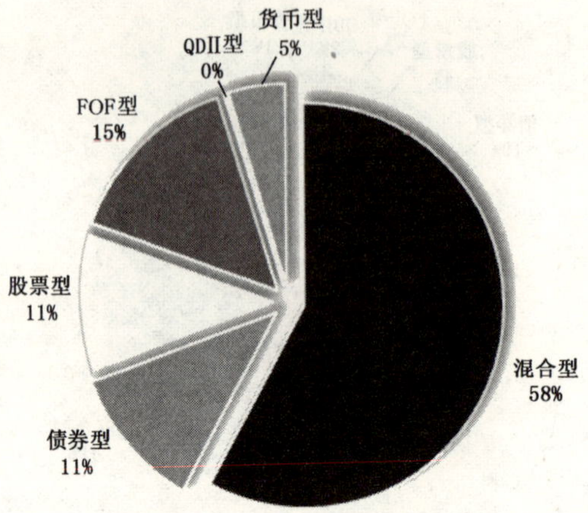

图 9－3　2011 年券商集合在运行产品资产净额分布

资料来源：普益财富（数据截至 2011 年 12 月 30 日）

模较小。管理规模最大的前三家券商分别是中信证券、国泰君安和上海东方证券，根据 2011 年第 3 季度资产管理报告，产品规模净值分别是 141.99 亿元、124.03 亿元和 91.15 亿元。上述三家公司占据整个资产管理行业 1/4 的份额。相比之下，红塔证券、东吴证券、金元证券、大通证券、西部证券、上海证券、银泰证券、财富证券、中山证券、高华证券 10 家券商旗下集合理财规模则位居倒数后十位。除东吴证券和上海证券分别有 2 只集合理财产品存续以外，其余 8 家券商均只有 1 只集合理财产品存续。相关资料见表 9－2。

表 9－2　　2011 年各主要券商发行产品概况

券商名称	发行量（只）		第 3 季度资产净额（亿元）	混合型（只）	股票型（只）	债券型（只）	FOF 型（只）	货币型（只）	QDII 型（只）
	运行总量	新发行							
中信证券	18	8	141.99	14	2	2	0	0	0
国泰君安	22	12	124.03	10	4	3	2	2	1
上海东方证券	18	9	91.15	17	0	0	1	0	0
光大证券	9	3	87.76	6	0	1	1	0	1
广发证券	6	4	86.32	5	0	0	1	0	0
东海证券	9	3	76.07	5	2	1	1	0	0
招商证券	9	2	63.58	2	4	1	1	1	0
长江证券	12	4	60.41	7	1	3	1	0	0
华泰证券	13	4	56.96	5	1	5	1	0	1
国信证券	8	0	40.78	4	2	1	1	0	0
宏源证券	4	2	38.88	3	0	0	1	0	0
东北证券	5	2	36.51	4	1	0	0	0	0
兴业证券	6	3	31.61	4	1	1	0	0	0
浙商证券	7	1	28.43	5	1	0	1	0	0
中金公司	9	0	27.24	2	4	2	1	0	0

资料来源：普益财富（数据截至 2011 年 12 月 30 日）。

第三节　券商集合理财业绩回顾

2011年，A股市场持续低迷。截至12月30日，沪指和深成指分别以22.15%和28.41%的跌幅位居全球主要股票市场跌幅前列。受股市影响，曾如雨后春笋般崛起的券商集合理财也集体遭遇寒冬。根据统计数据，截至2011年12月31日，2011年以前成立并仍在运行的164只产品年平均收益率为-17.28%，年收益为正的仅有17只，占比不足一成；2011年以后成立的108只产品情况稍好，有39只收益为正，不过这其中有正收益的产品大多数是11月甚至12月以后才成立，因此不具备代表性。272只产品中，单位净值大于1元的只有57只，其中一半为2011年新成立产品。在成立满1年的164只产品中，有12只亏损超过30%；亏损在20%～30%之间的有60只；亏损在10%～20%之间的有59只；亏损在10%以内的有22只；收益率为正的仅有11只（见图9-4）。

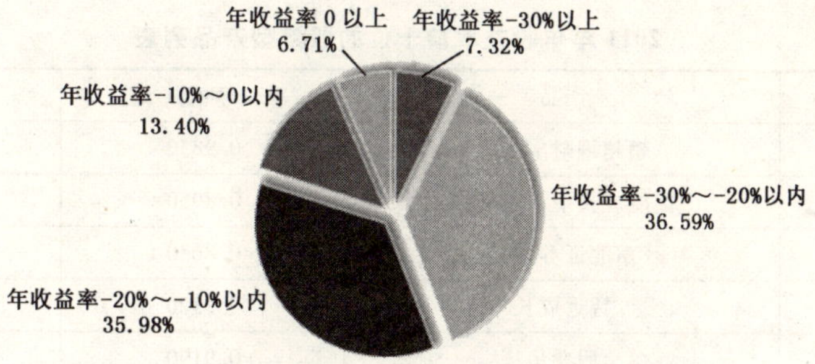

图9-4　2011年券商集合在运行产品年收益率分布

资料来源：普益财富（数据截至2011年12月30日）

在亏损超过30%的12只产品中，华泰证券有3只产品在列；国信证券和东海证券分别有2只；国元证券、中信证券、申银万国、上海东方证券和海通证券各有1只。其中，中信证券的“中信证券3号”以-40.20%的年收益率排名倒数第一位；华泰证券的“华泰紫金鼎造福桑梓”和“华泰紫金3号”分别以-38.06%和-36.29%的年收益率排名倒数第二位、第三位。在年收益率为正的产品中，前4名均为货币型产品，其中中银国际证券的“中国红货币宝”以4.72%的年收益率排名第一位。

根据产品类型来看，164只产品中有78只混合型产品，其平均收益率为-20.47%；23只股票型产品，其平均收益率为-20.30%；29只债券型产品，其平均收益率为-4.38%；28只FOF型产品，其平均收益率为-21.92%；4只货币型产品，其平均收益率为4.11%（见图9-5）。

一、股票型产品业绩表现

截至2011年12月30日，共有27只股票型券商集合理财产品在运行，其中4只为2011年新成立产品。23只运行满一年的股票型产品平均年收益率为-20.30%，无年收益率为正的产品。其中，东海证券的“东海东风5号”集合理财产品年收益率为-34.79%，在同类型产品中排名垫底；长江证券“超越理财宝2号”集合理财产品以-1.50%的年收益率排名第一位（见表9-3）。

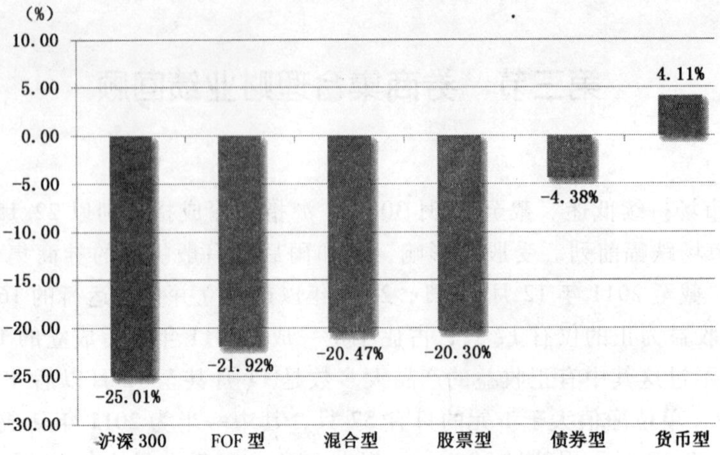

图 9－5　2011 年各类型产品年平均收益率

资料来源：普益财富（数据截至 2011 年 12 月 30 日）

表 9－3　2011 年年收益率前十位的股票型产品列表

券商	产品	单位净值（元）	年收益率（%）
长江证券	超越理财宝 2 号	0.9850	-1.50
平安证券	优质成长中小盘股票	0.8950	-10.35
东北证券	东北证券 2 号	0.8630	-10.85
招商证券	智远成长	0.9320	-11.86
招商证券	股票星	0.9190	-15.65
招商证券	智远内需	0.8290	-16.35
中国银河证券	银河 99 指数	0.8280	-16.37
浙商证券	浙商金惠 3 号	0.8203	-16.67
中金公司	中金大中华股票配置	0.8510	-16.98
国泰君安	明星价值	0.8243	-19.11

资料来源：普益财富（数据截至 2011 年 12 月 30 日）。

二、混合型产品业绩表现

2011 年共有 165 只在运行的混合型产品。其中，78 只产品运行满 1 年，平均年收益率为 -20.47%。165 只产品中有 25 只产品单位净值大于 1 元。不过，这其中有 18 只为 2011 年新成立产品。招商证券“智远稳健 4 号”集合理财产品以 3.30% 的年收益率排名第一位；第一创业证券“创金避险增值”集合理财产品和东北证券的“东北证券 1 号”分别以 -0.12% 和 -4.50% 的年收益率排名第二位和第三位（见表 9－4）；中信证券的“中信证券 3 号”则以 -40.20% 的年收益率垫底。

表 9－4　2011 年年收益率前十位的混合型产品列表

券商	产品	单位净值（元）	年收益率（%）
招商证券	智远稳健 4 号	1.0340	3.30
第一创业证券	创金避险增值	1.0033	-0.12
东北证券	东北证券 1 号	0.9130	-4.50
安信证券	安信理财 3 号	0.9432	-8.53
中山证券	金汇 1 号	0.8522	-9.85

续表

券商	产品	单位净值（元）	年收益率（%）
光大证券	光大阳光集结号	0.9461	-10.82
中信证券	中信稳健回报	0.9021	-10.93
华泰证券	华泰紫金策略优选	1.0093	-10.94
中国银河证券	银河北极星1号	0.8897	-12.47
国泰君安	明星价值	0.8243	-19.11

资料来源：普益财富（数据截至2011年12月31日）。

三、货币型产品业绩表现

纵观所有理财产品，虽然大多数都出现了不同程度的亏损，但是货币型产品却能独善其身，在一片亏损中表现极为抢眼。究其原因，主要是因为货币型理财产品的标的是信用度较高、流动性较好、收益稳定的金融工具，例如国债、金融债、中央银行票据、债券回购以及高信用级别的企业债、公司债、短期融资券等产品。相对其他理财产品而言，风险比较低但利润回报确定，在市场动荡的2011年自然显现出特殊优势。2011年共有5只货币型集合理财产品在运行，平均年收益率为4.11%。其中，中银国际证券的“中国红货币宝”以4.72%的年收益率排名第一；招商证券“现金牛”理财产品以4.34%的年收益率排名第二位；国泰君安的“君得利一号”和“君得利二号”分别以3.63%和3.73%排名第四位和第三位；信达证券的“信达现金宝”为2011年新成立产品。

四、债券型产品业绩表现

截至2011年12月30日，共有39只债券型产品在运行，其中11只为新成立产品。28只运行满1年的产品平均年收益率为-4.38%。债券型产品表现较好的原因和货币型一样，产品标的都是风险小、信用度较高且流动性较好的金融工具。在所有债券型产品中，第一创业证券的“创业1号安心回报”以3.23%的年收益率排名第一位；南京证券的“南京神州2号”和华泰证券的“华泰紫金现金管家”分别以2.19%和2.16%排名第二位和第三位（见表9-5）。

表9-5　2011年年收益率前十位的债券型产品列表

券商	产品	单位净值（元）	年收益率（%）
第一创业证券	创业1号安心回报	1.0130	3.23
南京证券	南京神州2号	1.0176	2.19
华泰证券	华泰紫金现金管家	1.0431	2.16
招商证券	智远稳健1号	1.0115	0.85
国泰君安	君得惠	1.0060	0.49
兴业证券	兴业金麒麟1号	1.0307	0.21
长江证券	超越理财稳健增利	1.0056	-0.14
中金公司	中金一号	1.0507	-0.22
长江证券	超越理财增强债券	1.0140	-0.86
安信证券	安信理财1号债券型	0.9890	-1.69

资料来源：普益财富（数据截至2011年12月30日）。

五、FOF型和QDII型产品业绩表现

FOF即基金中的基金，主要投资方向就是其他基金。一般情况下FOF型产品相对基金在行情好

的时候收益较低，但行情差的时候亏损较少。因为FOF型产品的交易机制就是通过优选基金，建立基金投资组合进行投资。但是实际的业绩显示，FOF在行情好的时候不如股票基金是一定的；但是在行情不好的时候，却不一定就比股票基金亏得少。以基金为主要投资标的的基金中的基金（FOF），相对以股票为主要投资标的的偏股型（股票型与混合型）产品并未显出其稳健优势。目前存续的30只FOF中，没有一只盈利，所有产品年收益都在-10%以下，年平均收益率为-21.92%，低于股票型的-20.30%和混合型的-20.47%。其中表现最好的“瑞银财富1号”亏损也达到了10.47%。在市场下跌过程中，FOF未能如预期那样有稳健的表现。主要原因有两个：一是FOF产品投资了不少的杠杆基金与指数基金，而2011年杠杆基金与指数基金均出现了较大的下跌；二是目前FOF并非纯粹投资基金，也会进行一些股票配置，而这些股票的较大跌幅对整体业绩表现造成了一定的拖累。

尽管2011年的业绩表现不佳，但从长期看，部分券商FOF型产品的业绩仍可圈可点。如成立于2006年的“国信金理财经典组合”和“华泰紫金2号”，自成立以来已经分别取得了120.1%和105.5%的投资收益。在2008年弱市中成立的“东海东风2号”，取得了39.2%的投资收益。

目前在运行的QDII型产品仅有2只，全部为2011年新成立产品。由于是境外投资品种，受国际经济因素影响，年收益也十分不理想。这2只产品分别为华泰证券的“华泰紫金龙一大中华”和光大证券的“光大全球灵活配置型”，截至12月30日，分别亏损了12.43%和26.39%。

六、小集合理财产品业绩表现

作为券商资管业务领域的新突破，小集合理财产品由于其明确的目标客户定位以及灵活的运作机制，自2009年11月国内首只小集合产品出炉以来一直受到各方的关注。尽管小集合产品出现时间尚短，但小集合已经初步显示出其内在优势。包括有：高门槛带来的优质服务；规模适中催生的相对高收益；创新理念、差异化竞争策略最佳载体；较为出众的风险控制能力；相对封闭带来的绝对收益等。

截至2011年12月30日，在运作的小集合产品共有59只，其中37只为2011年新成立产品。上海东方证券和国泰君安两家券商成立的小集合产品最多，均有10只小集合产品在运行，其次是浙商证券（6只）、中信证券（5只）。从收益情况看，22只运行满1年的小集合产品平均年收益率为-16.18%。其中仅有招商证券“智远稳健4号”和“智远稳健1号”2只产品收益率为正（见表9-6）。上海东方证券“东方红先锋”1、2、3、4号4只产品年收益率在-20%以下。

表9-6　　2011年年收益率前十位的小集合产品列表

券商	产品	单位净值（元）	年收益率（%）
招商证券	智远稳健4号	1.0340	3.30
招商证券	智远稳健1号	1.0115	0.85
中金公司	中金一号	1.0507	-0.22
光大证券	光大阳光集结号	0.9461	-10.82
华泰证券	华泰紫金策略优选	1.0093	-10.94
申银万国	宝鼎1期	1.0207	-12.90
国信证券	“金理财”限额特定1号	0.8980	-14.48
浙商证券	浙商金惠引航	0.8613	-14.74
申银万国	宝鼎2期	0.8655	-15.16
浙商证券	浙商金惠1号	1.0033	-15.84

资料来源：普益财富（数据截至2011年12月30日）。

七、2011 年清盘产品分析

2011 年共有 16 只券商集合理财产品清算。其中，“中金短期债券”“光大阳光 3 号”“长江超越理财龙腾 1 号”和“南京神州 1 号”等 8 只产品因到期进行清算；“东方红开源”因为开源证券的赎回而清算；“华泰紫金智富”、中银国际“中国红新股增强 1 号”和国信“金理财泰然 1 号”等 7 只产品则因为资产净值连续 20 个交易日低于 1 亿元而被迫清算。股市低迷是产品被迫清算的主要原因。在大盘疲弱的背景下，一方面，由于投资标的价格下跌，理财产品的资产规模也大幅缩水；另一方面，市场疲软导致投资者大规模赎回。两方面因素都会导致理财产品资产规模下滑。

具体来看，“华泰紫金智富”集合资产管理计划在 2010 年 7 月 8 日成立，属于非限定性集合理财产品，成立时规模为 1.37 亿份，设定的存续期为 5 年。其清盘原因在于 2011 年 6 月 29 日 ~7 月 29 日期间，资产净值连续 20 个交易日低于 1 亿元人民币。根据合同和有关规定，计划终止。清算后资产净值为 6 724.36 万元，在 1 年的时间内，资产缩水了一半。国信“金理财泰然 1 号”由于 8 月 5 日至 9 月 1 日连续 20 个工作日规模低于 1 亿元而遭遇清盘。根据其 9 月 14 日的清算公告，该产品终止日净值为 0.842 元，资产总值不到 5 300 万元，远低于 1 亿元的最低规模要求。2011 年最受关注的被清盘产品为中银国际管理的“中国红新股增强 1 号”，这只存续期本为 5 年的产品于 2011 年 9 月 6 日正式发布清算公告，距其 1 月 19 日的成立日不足 7 个月，成为史上最快清盘的券商集合理财产品。在清算时，“中国红新股增强 1 号”的累计净值 1.0226 元，最终为客户创造 2.26% 绝对正回报，年化收益率 3.73%。

另外，招商证券旗下 4 只小集合产品中有 3 只因为规模不达标而遭遇清盘。“招商智远稳健 3 号”“招商智远稳健 1 号”和“招商智远稳健 2 号”集合资产管理计划分别于 2011 年 1 月 25 日、3 月 7 日、3 月 28 日被迫终止。

目前仍有不少券商集合理财产品挣扎在 1 亿元红线边缘。统计数据显示，截至 12 月 30 日，6 只集合理财产品的最新规模在 1 亿元以下，包括“华泰紫金龙大中华”“国泰君安央企 50”“第一创业证券金益求金”“国泰君安君享精品”“招商海外宝”和国信“金理财收益增强”。另外，“齐鲁金泰山 2 号”等 15 只券商集合理财的规模低于 1.1 亿元。

第四节　2012 年券商集合理财市场展望

一、审批制拟改备案制，行业前景广阔

虽然券商集合资产管理业务在近几年内取得了快速发展，但是相对于发展得较为成熟的公募基金、私募基金，券商集合理财无论在规模上还是数量上，仍然有很大差距，依然无法与基金抗衡，市场影响力有限。券商集合理财产品之所以发展不足，很大程度上是因为先行的审批制度影响了市场的积极性。一般情况下，券商同一时间只能申报同一类型产品，从申报到正式批准一般需要半年左右的时间。而这期间市场可能已发生了很大变化，与当初公司设计产品时有很大不同，常常导致获批后募集困难，而即便募集勉强达到目标规模，管理的压力也很大。这导致券商集合理财业务不仅与公募基金无法竞争，而且在与银行理财产品和私募基金的竞争中，也处于劣势。

不过，这种情况在不久的将来有望得到改变。2011 年 9 月中旬，中国证券监督管理委员会向各证券公司资产管理部下发关于修订《证券公司客户资产管理业务试行办法》的征求意见稿。其中最引人关注的，就是拟取消券商集合资产管理计划的审批，改为事前告知性备案管理。若备案制最终到

来，则意味着券商发行产品仅需事先告知监管部门，备案期限届满，备案机关不表示意见就被视为同意。券商集合资产管理计划的发行将更容易，未来发行数量也将更快增长，形成与公募基金、阳光私募三足鼎立的局面。未来券商在决定发行集合理财产品时，可以更加灵活，而投资者也可以有更多选择。

二、股票市场及偏股型产品展望

2011年，虽然中国仍是全球最具活力的经济体，但中国股市跌幅却位居全球前列。股市不好的原因可归结于两方面：一是欧元区债务危机和美国经济复苏迟缓，对国内经济产生负面影响；二是证券市场扩容过快，加上限售股解禁大大超出市场的承受能力，供大于求。

2012年中国股市的表现可能要好于2011年，预测上证指数的运行空间在2200点至2800点之间。不过，由于影响A股走势的不确定因素依然很多，在股票型产品操作上建议选择安全性高与长期以来业绩表现稳健的产品，以及主要投资蓝筹品种的产品。

三、债券市场及债券型产品展望

2011年股票市场与债券市场低迷的行情被投资者称为“股债双杀”。不过，和2011年相比，2012年的债市预期将较为乐观。2012年非常适合债券投资，首先，2012年全球的经济形势仍然充满变数，欧债危机至今尚未有明确的解决办法，欧元区国家2012年陷入二次衰退的风险较大；而美国经济尽管好于欧元区，但也面临着压缩财政赤字的问题，全球经济的增长率将低于2011年。其次，从国内来看，经济依然处于转型期，在外需回落和房地产市场调整的双重影响下，明年经济增速可能会回落至8.5%左右。2012年通货膨胀压力预期将显著降低，预计全年CPI增速为3%左右。在经济增速放缓、通货膨胀压力减轻及宏观经济政策由控通货膨胀转向稳增长的背景下，2012年货币政策基调将转向适度放松，这有利于市场流动性保持相对宽松的状态。以上这些都有利于降低债券的收益率，推动债券市场上涨。因此，预计2012年债券市场有望表现良好，债券型券商集合理财产品亦值得关注。

第十章 保险市场

第一节 2011年保险监管政策评述

一、《中国保险业发展“十二五”规划纲要》

2011年对保险业发展最重要的指导性文件是2011年8月3日中国保险监督管理委员会发布的《中国保险业发展“十二五”规划纲要》（简称《纲要》）。《纲要》明确了我国保险业“十二五”期间（2011～2015年）的发展方向、重点任务和政策措施，是2011～2015年全行业的行动纲领，是保险监管机构引导保险市场行为、履行监管职责的重要依据。

从微观角度看，《纲要》指明了保险公司未来5年的发展方向，并提出了对保险业投资渠道进一步放开的改革方向：

一是《纲要》对行业速度的关注全面让位于对质量和结构的重视。《纲要》中量化指标很少，通篇只提出了4个量化指标，即“主要目标”是“2015年，全国保险保费收入争取达到3万亿元。保险深度达到5%，保险密度达到2 100元/人。保险业总资产争取达到10万亿元”。应该说，这几个指标是相对保守的。2015年保费收入要达到3万亿元，意味着“十二五”期间的保费预期名义增长率为15.7%，相比“十一五”时期保费收入超过20%的增长速度，增长预期明显降低。2015年保险深度达到5%，就意味着我国GDP届时为60万亿元。据此推算，保险业对我国GDP名义增长率的预期是年均8.5%左右，也假设得比较稳妥。

这表明监管部门对目前保险业的发展有了新的定位。我国保险行业发展已经到了一个新的阶段，过去的“圈地”、求规模、牺牲质量的做法将无以为继，当前行业的主要矛盾是质量和结构问题。也就是说，“十二五”期间，保险行业必须要从只追求保费规模的粗放型外延式经营向追求利润和品质的内涵式经营转变。这必将引起保险公司竞争战略、产品研发、风险控制、运营管理、销售渠道建设等全方位的转型改革。

改革的大趋势也将对投资型保险业务有一定影响。作为吸引保费的重要手段，投资型保险一直是保险公司特别是中小保险公司的主打产品，尤其是分红险需求旺盛。中国保险监督管理委员会公布的数据显示，2011年上半年分红险保费收入占寿险保费收入比重达91.6%，寿险市场呈现“一险独大”的特点。如果保险行业要实行专业化的转型调整，那么未来几年保险公司推出投资型保险将越来越谨慎，不再只注重产品的新发量，而是更致力于提高投资型保险产品的投资收益。在分红险占绝对比重的情况下，如何提高公司的投资水平和盈利水平将成为未来保险公司市场竞争的核心。投资收益的差异化将决定保险公司的差异化，而这必然有利于维护和提高消费者的长期利益，使投资型保险真正起到为被保险人提供生命和养老的长期保障作用。

二是《纲要》明确了进一步扩大保险业投资渠道的改革方向。“支持保险资金投资养老实体、医疗机构、汽车服务等相关机构股权。加强保险资产战略配置，适时调整保险资金投资政策，稳定和提高投资收益”，明确保险公司资金的股权投资领域。“在风险可控的前提下，稳步推动保险资金投资不动产、未上市股权和战略性新兴产业，不断拓宽保险资金运用的渠道和范围，鼓励开展资产管理产品创新。”同时要“研究探索设立专业化保险资产管理机构，提高投资效率，满足创新业务和另类投资的需要”，明确提高保险公司投资能力的要求，并且将为逐步扩大保险资金投资渠道提供政策支持。这符合保险公司从外延式发展向内涵式发展转型的需要，也将为提高投资型保险产品的收益奠定市场基础。

二、《商业银行代理保险业务监管指引》

2011 年 3 月 7 日，中国保险监督管理委员会和中国银行业监督管理委员会联合发布了《商业银行代理保险业务监管指引》（保监发［2011］10 号）（简称《指引》）。《指引》的主要目的在于保护客户合法权益，进一步规范银保市场秩序，促进银保发展方式转变。

近年来，商业银行代理保险业务发展迅速，银行代理渠道逐渐成为人身保险销售的重要支柱，通过银行渠道销售的保费收入占人身保险保费总量近 50%。但银保业务中一直存在大量的销售误导、账外违规支付手续费等问题，特别是部分保险公司和银行盲目追求规模，对销售人员培训不到位，销售过程和业务品质管理粗放，导致有些销售人员受利益驱动，在销售过程中采取夸大保险产品收益、将保险产品与存款混淆、隐瞒风险和费用扣除等方式误导消费者购买。一些中老年人、低收入投资者受销售人员误导，致使“存单变保单”的事件屡有发生，严重损害了投资者权益。为了避免银保业务乱象影响银行业的形象，2010 年 11 月中国银行业监督管理委员会单方面下发了《中国银行业监督管理委员会关于进一步加强商业银行代理保险业务合规销售与风险管理的通知》（银监发［2010］90 号）（简称《通知》），限定银保合作模式为“一对三”，即一家银行网点只能代理三家保险公司的保险产品，同时撤销保险公司驻银行销售人员。受此影响，保险公司银保业务遭遇急刹车，2010 年第 4 季度银保保费收入普遍出现大幅下滑。相比《通知》，《指引》是由中国保险监督管理委员会和中国银行业监督管理委员会共同制定的，是迄今为止两会对银保市场较为全面的规范性文件，对银保合作双方具有更有效的规范作用。比如《指引》规定保险公司和银行应根据对方的资质来确定合作范围和数量，突破了《通知》中“一对三”的束缚，这将缓解银保保费锐减的问题，有利于银保更广泛地开展合作。

《指引》主要从以下方面对银保市场进行了规范：规范银保合作，提高合作关系的稳定性；加强机构和人员资格管理，提高银保业务准入门槛；规范银保产品管理，确保向客户销售的保险产品依法合规；加强代理费用管理，防止商业贿赂风险；明确保险公司和银行责任划分，防止因责任不清相互推诿；加强对销售行为的管控，防范和打击销售误导；强化银保财务核算管理，防止粗放经营和恶性竞争；加强监督检查和同业交流，提高制度执行力。

《指引》的另一个重点是对消费者的保护性规定：“单一银行网点与每家保险公司的连续合作期限不得少于一年。”防止因频繁更替合作对象而产生消费者售后服务不到位现象。规定银行不得允许保险公司驻点人员销售保险产品，投连险不得在银行储蓄柜台销售，以避免“存单变保单”的误导销售。在发生客户投诉、退保等事件时实行首问负责制，防止因相互推诿，拖延解决问题的时间。

此外，《指引》也突出了对银保业务结构的调整和优化。目前我国银保渠道销售的产品仍主要是低利润率的简单投资型产品，而未来监管层将鼓励保险公司发挥长期资产负债匹配管理和风险保障的核心技术优势，同时借助商业银行发挥销售渠道优势，大力发展长期储蓄型和风险保障型保险产品，调整和优化银保业务结构。如《指引》中规定，银行要根据保险产品复杂程度区分销售区域，根据客户的风险承受能力推荐适合的产品，保险银保专管员负责向银行提供培训、单证交换以及满期给付、续期缴费等售后服务等等。这些规定无疑为银保产品升级、银行和保险公司双方合作的职责分工都作出了明确指引，也有利于帮助消费者选择适合的银保产品。

三、《变额年金保险管理暂行办法》

2011 年 5 月 5 日，中国保险监督管理委员会发布《关于开展变额年金保险试点的通知》（保监寿险〔2011〕624 号）和《变额年金保险管理暂行办法》，将北京、上海、广州、深圳和厦门 5 个城市作为第一批经营变额年金保险的试点城市，由此养老保险和理财保险市场上再添新品。

变额年金保险，是指包含人身保障功能，保单利益与连结的投资账户投资单位价格相关联，同时按照保单约定具有最低保单利益保证的人身保险产品。变额年金保险被称为“升级版”投连险，它和投连险有很多相似之处：一是由保险公司设立一个或多个账户，每个账户相对独立，与其他账户资金相隔离，以确保核算清晰；二是账户的投资收益完全归属于被保险人，保险公司只按保单约定收取各项账户管理费用；三是投资标的是股票、基金、债券，且各类标的投资比例也和投连险相同；四是保单收益随投资收益波动而不固定。变额年金保险和投连险的根本区别在于两点：一是要提供保底收益；二是投资收益以年金方式给付。因此可以把变额年金保险简单理解为投连险、最低收益保证和年金化收益支付的组合。

变额年金保险最大的创新之处在于提供保底收益。在保单满期时，客户可以获得满期时的账户价值与约定的保底收益中的较大者。这意味，当保单的账户价值低于约定的保底收益时，保险公司将支付客户约定的保底收益。由此可见，保险公司承担了提供保底收益所带来的投资风险，而高于保底收益以上部分的投资风险则由客户自行承担。

变额年金保险属“舶来品”，在欧美保险市场是一种主流产品，最早出现于 20 世纪 50 年代。在金融危机前的 2007 年，美国变额年金保险保费收入为 1 700 亿美元，约占年金保险市场的 68.5%、人身险市场的 20%，总资产余额约为 1.5 万亿美元。在金融危机中，该产品受到冲击，但 2009 年在美国年金市场占比仍接近 50%。

我国目前推出变额年金保险有一定的针对性。首先，目前我国保险市场的分红险在人身险中占比高达近 80%，而万能险和投连险的市场份额正在不断萎缩。变额年金保险的推出，可以丰富理财类保险的产品选择，打破目前分红险“一险独大”的市场格局，分散市场风险。其次，我国个人养老保险产品一直发展缓慢，市场缺乏收益和风险都比较适宜的长期寿险产品，而变额年金保险兼顾养老、投资、最低收益三方面功能，较符合我国客户既不愿有本金损失，又需获得投资收益以保障养老的偏好，有利于弥补养老保险市场短板，发挥寿险的长期储蓄功能。

变额年金保险试点开始后，保险公司反应不一。首先响应的是合资保险公司，金盛人寿、中美联泰大都会人寿于 2011 年 6 月 17 日和 7 月 22 日各推出一款变额年金产品。这两款产品都是针对高端客户（10 万元起售）。目前，两家公司的试点情况总体平稳，但实现的规模保费收入较少。中资保险公司里只有华泰人寿于 2011 年 11 月 30 日获中国保险监督管理委员会批复同意开展“吉年保利年金保险（变额型）”产品的试点。截至 2011 年 12 月 31 日，在全国 57 家人寿保险公司中，仅有 3 家正式推出变额年金保险，绝大多数保险公司依然按兵不动。一些大公司如中国人寿、平安人寿、新华人寿等，均表示对变额年金的兴趣不高，由此可见变额年金试点进展非常缓慢。究其原因，在于我国的资本市场没有起色，也缺乏相应的税收优惠政策，保险公司普遍认为变额年金保险产品的保底承诺对经营管理能力的要求太高，会使其面临多重风险。目前对发展变额年金保险较积极的都是合资寿险公司，因为其母公司具有经营管理这类产品的丰富经验，而国内寿险公司则缺乏相关实践经验，比如，中国人寿的投连险业务规模一直很小，平安人寿投连险业务规模逐年缩小，太平洋人寿未开展过投连险业务。因此，变额年金保险虽然本身具有比投连险更适合养老、理财的产品特色，但由于国内投资市场的复杂性和保险公司本身的经营能力有限，变额年金保险能否真的逐步替代分红险，能否真正成为普通投资者的理财和养老投资选择，还需要市场长期的培育和验证。

四、《保险公司保险业务转让管理暂行办法》

中国保险监督管理委员会于 2011 年 8 月 26 日公布了《保险公司保险业务转让管理暂行办法》（保监会令 2011 年第 1 号）（简称《办法》），自 2011 年 10 月 1 日起施行。《办法》规范了保险公司之间在平等协商基础上自愿转让全部或者部分保险业务的行为，便于保险公司自愿退出保险市场或者剥离部分保险业务。

《办法》规定了业务转让的一些基本规范，包括：一是明确了保险业务转让行为应当经中国保险监督管理委员会批准；二是确立了保险业务转让的基本原则，即平等、自愿、公开、公平原则，以及保护投保人、被保险人和受益人合法利益的原则；三是设定了保险业务转让双方在业务转让过程中应当承担的义务，限定了受让方保险公司应当具备的一系列资格和条件；四是明确审批流程，细化申报材料；五是规定转让方保险公司须征得相关投保人、被保险人同意后，方可实施保险业务转让方案。

保险业务转让最大的问题就是如何保障投保人、被保险人和受益人的利益，对此《办法》制定了一系列规定。首先，《办法》确立了保险业务转让行为不得损害投保人、被保险人和受益人合法权益的原则。其次，基于权益保护的考虑，《办法》着重强调了受让方保险公司依照原保险合同，继受转让方对投保人、被保险人和受益人负有的义务。再次，《办法》规定了受让方保险公司的一系列资格和条件，不具备资格和条件的保险公司不得作为保险业务的受让方。最后，转让方保险公司须就转让相关事宜书面通知投保人、被保险人，并须征得其同意。

《办法》中的保险业务转让与《保险法》第九十二条和第一百三十九条的保险业务转让有根本区别，前者是指正常经营的业务转让，而后者主要涉及保险公司被依法撤销或者被依法宣告破产时进行的保险业务转让。《办法》出台后，正常经营的保险公司可以对保险业务进行转让，其中全部保险业务转让将使得整体的兼并收购成为可能，而部分业务转让则使业务的剥离成为可能。《办法》的出现，使得资源流动性更加有效率，交易价格对转让方和受让方都很可能是一个双赢的结果。

21 世纪以来，国内保险业在经历高速发展后，已经进入到必须转变业务发展模式的时期，市场主体基本达到饱和的状态，新的公司却还在不停地筹建，而且保险业的同质化竞争以及恶性竞争层出不穷。《办法》是为降低保险业风险而采取的一种政策干预，中国保险监督管理委员会以切实考虑到投保人利益为出发点，在合规经营和保证理赔两个方面加以规范便能使得市场配置更有效率，从而让广大投保人在金融危机中可以通过保险找到保值的避风港。

第二节 保险行业发展状况

一、2011 年保险低潮年，保费收入增长放缓

2011 年是保险业的低潮年，保险业在政策法规、销售渠道、市场利率、资本市场等方面遭遇了多重调整，整个保险行业在经历了前几年的快速发展后，开始进入转型的关键时点。

由于 2011 年保险业执行《关于印发〈保险合同相关会计处理规定〉的通知》（财会［2009］15 号）后，寿险的统计口径变化较大，因而 2011 年以后的保费收入数据无法直接与此前的数据进行比

较，在此，本书把2011年的保费收入数据统一还原为2010年的口径。①

还原后，2011年的原保费收入为15 661.62亿元，同比增长7.80%，较2010年的同比增速下降22.64个百分点（见图10－1）。其中，寿险实现保费收入10 017.96亿元，同比增长3.50%；健康险实现保费收入691.72亿元，同比增长2.10%；人身意外伤害险实现保费收入334.12亿元，同比增长21.34%。2011年，我国财产险实现保费收入4 617.82亿元，同比增长18.54%。

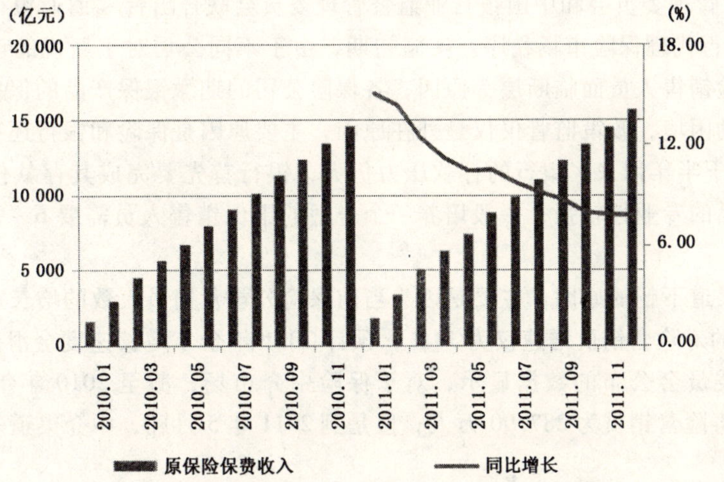

图10－1　2010～2011年原保费收入

资料来源：中国保险监督管理委员会（2011年数据为估计调整后数据）

（一）寿险保费收入增速持续下滑，银保和个险营销渠道双困扰

根据中国保险监督管理委员会统计的数据显示，截至2011年第3季度，2011年寿险规模保费收入同比增速为10.90%，较2010滑落逾20个百分点（见图10－2）。受此拖累，2011年保险业整体收入和利润增长出现了大幅下滑。

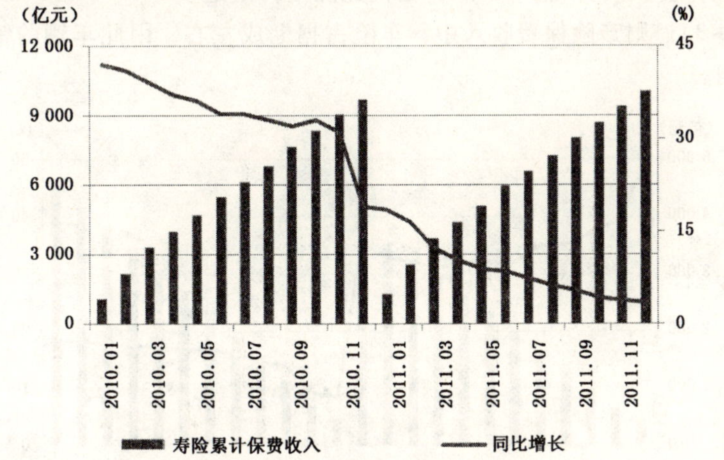

图10－2　2010～2011年寿险保费收入

资料来源：中国保险监督管理委员会（2011年数据为估计调整后数据）

2011年是寿险的低谷期，除了由于寿险普遍收益率偏低导致销售不畅外，渠道受阻也是主要原

① 根据中国保险监督管理委员会公布的1～9月新旧准则下的寿险保费数据，我们估计新准则下寿险保费的保费确认率为86.80%。根据86.80%这个确认率计算，我们将2011年寿险保费数据还原为2010年口径。如2011年1～11月，寿险保费收入为6 981.65亿元，还原后数据为9 377.86亿元。

因之一。从销售渠道上看，银保渠道和个人营销员渠道仍然是保费收入最主要的两个渠道，但是2011年两个渠道发展均遇到了障碍。

银保渠道方面，2011年前3个季度，银保渠道保费下降3.50%，银保渠道的占比已经连续3年下降，相关监管政策的连续出台则进一步降低了银保渠道的保费贡献度。2010年11月，中国银行业监督管理委员会出台《关于进一步加强商业银行代理保险业务合规销售与风险管理的通知》；2011年3月，中国保险监督管理委员会和中国银行业监督管理委员会联合出台《商业银行代理保险业务监管指引》，规范商业银行代理保险市场秩序。实施初期，由于不同公司对于新规的认识和实施方法没有统一，以及银行保险销售人员面临断层等原因，各保险公司的期缴银保产品的保费收入下降很快。

分析银保业务的困境，政策监管仅仅是外在原因，主要原因是保险和银行还有诸多的内部不融合之处。一是2010年下半年以来，银行的存款压力仍大，银行首先要完成其存款任务，无暇顾及保险代销；二是保险产品的专业性较强，一般培养一个合适的银保销售人员需要6～9个月，银保销售人才严重短缺。

分析个险营销渠道不畅的原因，主要是因为当前保险公司营销员人数的增长正在经历一个瓶颈阶段。2010年全行业的寿险营销员增速仅为11%，预计2011年全年增长速度会滑落至5%左右。根据中国保险监督管理委员会公布的数据显示，对于保险中介市场，截至2010年年底，保险营销员为329.78万人，其中寿险营销员为287.90万人；但是到2011年5月底，中介渠道寿险营销员人数已经锐减到50万人。

总体来看，2011年保险销售队伍的“增员难”加剧了保费增长放缓的局势。而营销员队伍增员压力较大的原因主要在于：首先，中国保险业营销员管理实行的是代理制而非雇员制，营销员缺乏基本的社会保障和公司归属感；其次，2011年以来的通货膨胀也导致代理人实际收入下降，生活成本的提高降低了寿险代理人行业的吸引力；最后，部分保险公司主动进行代理人制度改革，精简销售队伍，提高整体队伍的质量。

（二）产险高位盘整，成本率进一步提高

2011年，财产险保费收入实现了18.54%的同比涨幅，但是较2010年35.46%的高增长速度出现大幅滑落（见图10－3）。财产险保费收入中，车险占据七成左右，因此车辆的销售和保有情况，对产险行业有较大影响。

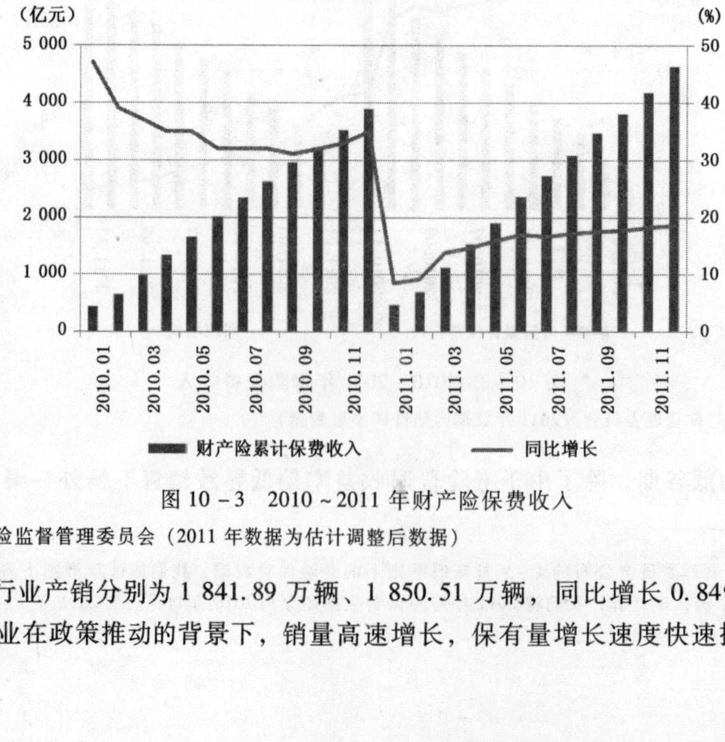

图10－3 2010～2011年财产险保费收入

资料来源：中国保险监督管理委员会（2011年数据为估计调整后数据）

2011年，汽车行业产销分别为1 841.89万辆、1 850.51万辆，同比增长0.84%、2.45%。2009年和2010年，汽车行业在政策推动的背景下，销量高速增长，保有量增长速度快速推升。2011年，政策因素退出，销量增速回调，创1999年以来的新低。同时，考虑到2010年第4季度基数较高的因素，2011全年的机动车保有量增速可能为8%左右。汽车销量及保有量增速下降，拖累财产险行业景气度。

虽然财产险增速放缓，但是行业利润依旧丰厚。目前产险公司的综合成本率为90%～91%，属于较为少见的低水平，产险的承保盈利已达高峰。然而随着市场竞争加剧，该利润率难以维持。2011年9月，中国保险监督管理委员会发布了《关于加强机动车辆商业保险条款费率管理的通知（征求意见稿）》，意在启动车险费率市场化。虽然车险费率市场化会进一步加剧市场竞争，但是保险公司还是受到较大的约束。因为按规定，只有符合最近两个年度综合成本率低于100%、最近两个年度偿付能力高于150%，以及上年度承保车辆达到30万辆等要求的公司才可以根据公司自有数据拟定商业车险条款和费率。

二、固定收益投资比例稳定，保险资金运用收益下行

中国保险监督管理委员会公布的数据显示（见图10－4），2011年，保险业资产总额60 138.10亿元，比年初增长19.13%；保险资金运用总额达到55 473.85亿元，较年初增长20.47%。

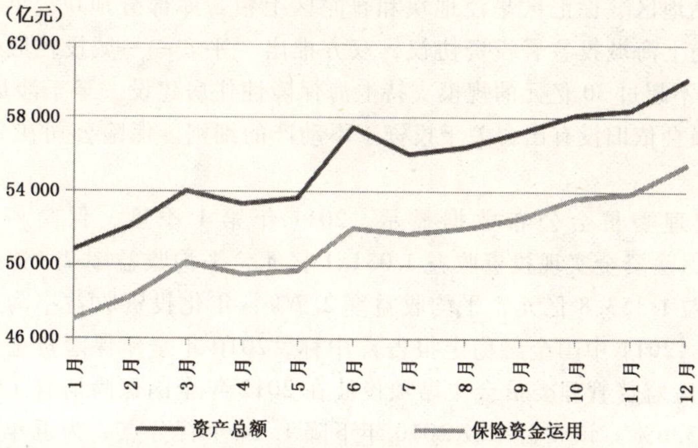

图10－4　2011年保险资产规模和资金运用余额

资料来源：中国保险监督管理委员会

2011年我国保险业资金运用情况大概可以概括为以下几点：第一，在投资策略上，保险公司多次调整在权益类资产上的投资比例，固定收益类产品则维持较为稳定的比例；第二，在投资收益上，由于股票市场的投资收益明显下滑，从而拖累保险公司的盈利水平；第三，在投资渠道上，2011年保险公司有了较大的突破，开始试水不动产等另类投资。

中国保险监督管理委员会披露的信息显示，2011年第1季度～第3季度，保险资金投资于银行存款的比例分别为32.4%、33.5%和32.7%，投资于债券的比例为46.7%、45.8%和46.2%（见表10－1）。由于前3个季度债券市场低迷，各家保险公司在第3季度纷纷降低了债券投资的占比而加大了定期存款的占比。但总体来看，保险公司在固定收益类资产的总体投资比例上没有明显的变化，基本上都维持在78.5%～79.5%，同年初相比变化幅度不超过1个百分点。

表10－1　　2011年保险资金运用结构表　　（单位：%）

	3月31日	6月30日	9月30日
银行存款	32.4	33.5	32.7
债券	46.7	45.8	46.2
证券投资基金和股票	9.6	13.2	12.8
其他	11.3	7.5	8.3

资料来源：中国保险业监督管理委员会，普益财富整理。

截至2011年12月31日，保险业的可运用资金余额首次超过6万亿元，达到60 138.10亿元，同比增长20.47%。其中，银行存款余额17 737.17亿元，较2010年增加3 827.20亿元；而保险资金用于国债、基金和股票等方面的投资为37 736.67亿元，较2010年增加5 600.02亿元。

股权投资上的损失是导致2011年保险公司业绩较差的重要原因之一。数据显示，第1季度末，保险资金持有股票371.5亿股，总市值达到5 580.9亿元。到了第3季度末，保险资金共持有股票445.6亿股，较第1季度末增加74.1亿股；但是股票总市值却跌至4 472.9亿元，较第1季度末减少1 108.0亿元。目前保险公司对股票和证券投资基金的投资比例维持在11%～13%，尽管2010年8月中国保险监督管理委员会放宽了对股权投资中股票和股票型基金的限制，但2011年4月以来股市的羸弱表现使得保险公司对股权投资不敢贸然加大。

虽然2011年"股债双杀"的行情使保险资金在证券市场遇挫，但有关不动产领域保障房的投资却已迈出步伐。2011年2月底，太平洋资产管理有限责任公司发起设立的"太平洋——上海公共租赁房项目债权投资计划"正式通过中国保险监督管理委员会的备案。该计划募集资金40亿元，投向上海市徐汇区铁路南站地区、徐汇区华泾地块和普陀区上粮二库部分地块公共租赁住房项目。2011年5月，中国平安又与上海城投签署投资协议，双方推出"平安——城投控股保障房项目债权投资计划"，平安将以募资不超过30亿元的规模支持上海保障性住房建设。至于涉足保障房领域，目前，中国保险监督管理委员会依旧没有出台关于投资于不动产的细则。保险公司在2011年还只是处在一个摸索和尝试的阶段。

中国保险监督管理委员会公布数据显示，2011年第1季度，保险资金运用平均收益率1.07%；第2季度，保险资金实现投资收益1 031.1亿元，平均收益率2.1%；到第3季度，保险公司实现资金运用收益1 353.8亿元，平均收益率2.7%，年化投资收益率为3.6%。2011年6月中国人民银行发布的《2011中国金融稳定报告》中称，2010年全年保险资金运用的平均收益率仅为4.84%。而中国保险监督管理委员会主席项俊波在2012年全国保险监管工作会议上指出，保险投资年化收益率仅为3.6%。该收益率较2010年下降1.24个百分点，为近年来保险资金投资收益表现最差的一年。

三、偿付能力不足，保险公司融资需求巨大

保险资金投资收益不理想以及保险业务发展增速放缓导致了2011年保险公司偿债能力普遍下降。根据三家上市保险公司公布的2010年年报和2011年中期报告显示，2010年年末，中国人寿、平安人寿和太平洋人寿的偿付能力充足率分别为211.99%、180.20%和241.00%，然而到了2011年6月末，三家保险公司的偿付能力充足率分别下降至164.21%、158.10%和192.00%。其他保险公司的偿付能力充足率也纷纷出现大幅下滑。为了提高偿付能力充足率，2011年有66家公司共增资900亿元，15家公司共发行次级债600.5亿元。

保险公司提高偿付能力充足率有多种途径，包括发行次级债、可转债、股东注资、定向增发和公开市场再融资等。而2011年通过次级债券增资的金额超过了2010年全年增资金额的5倍，这引起了管理层的高度关注。2011年10月，中国保险监督管理委员会发布实施《保险公司次级定期债务管理办法》，提高保险公司发行次级债的门槛。从长远来看，要从根本上解决保险公司的偿付能力不足问题，保险公司自身的转型才是关键。

第三节 2011 年保险理财产品市场状况

一、分红险"一险独大"，投连险、万能险齐萎缩

保险产品有保障和理财两个主要功能。然而近年来，依靠投资收益来驱动保单销售已经成为各家保险公司的主要营销手段，由此带来的结果是保险产品的保障功能被弱化。瑞士再保险公司的 Sigma 专题报告显示，过去我国保险深度的提高主要是由分红险、万能险等理财型保险产品的增长所带来的，保障型产品的保险深度不增反减。我国的保险深度从 2001 年的 1.31% 提升至 2010 年的 2.66%，主要是理财产品型产品的深度从 0.38% 上升至 2010 年的 2.23%，保障型产品的保险深度反而是从 0.92% 下降至 0.43%。

从近几年保险公司的产品销售结构上看，保险公司的产品结构总体上出现分红险占比增大，传统寿险、万能险和投连险萎缩的状态。以国内上市的三家保险公司为例，中国人寿和太平洋人寿都呈现分红险"一险独大"的局面，虽然平安人寿的万能险占比仍然在 30% 以上，但是在新会计准则的影响下，万能险的销售总体还是处于萎缩的状态（见图 10－5 和图 10－6）。2011 年上半年保险监管工作会议指出："2011 年上半年，分红险保费收入占寿险保费收入比重达 91.6%，寿险市场'一险独大'的问题日益突出。"

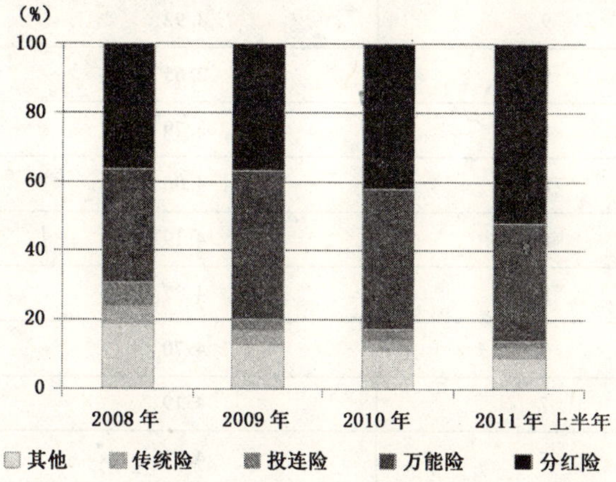

图 10－5 平安人寿保费收入结构

资料来源：上海证券交易所，普益财富整理

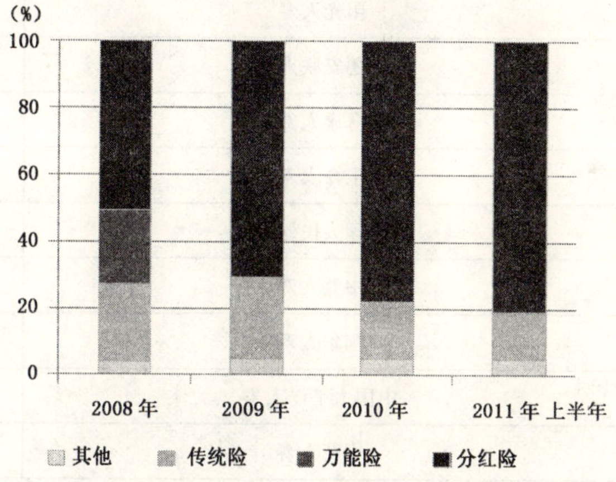

图 10－6 太平洋人寿保费收入结构

资料来源：上海证券交易所，普益财富整理

以投资收益来驱动保单销售的营销手段，不仅使保险产品之间的收益竞争加剧，也加剧了保险产品与其他理财产品的竞争。进入 2011 年，银行理财产品和银行存款的收益都有所攀升，万能险的吸引力减弱。根据普益财富统计，截至 2011 年 11 月，纳入统计的 268 款万能险的平均结算利率为 3.86%，低于同期 5 年期存款利率 1.64 个百分点。与此同时，受到证券市场的大幅拖累，投连险频频传出"负收益"的负面信息。万能险和投连险在投资收益上不能得到改善，销售持续萎缩，为提高保费收入，保险公司开始转向销售分红信息不透明的分红险。

二、万能险运行：前 11 个月仅 1 款万能险年化收益超过 5%

万能险作为一种投资型保险产品，其投资标的主要为大额协议存款以及国债、企业债等各类型债券，另外还有少部分资金投资于股票和基金，投资风险类型归属于稳健型。万能险每月会公布其月度

结算利率，因此通过对各万能险的月度利率进行统计，可以了解各万能险的投资收益情况（见表10－2）。

根据普益财富统计，截至2011年11月，全年均在运行的万能险共计268款，分属于40家保险公司。其中，泰康人寿占据17款，在所有保险公司中款数最多。

表10－2　　　　2011年11月万能险结算利率情况表

公　司	产品数量（款）	平均结算利率（%）
泰康人寿	17	4.29
长生人寿	16	3.14
平安人寿	13	3.92
建信人寿	13	3.55
美国友邦	11	3.55
中美联泰大都会人寿	11	3.64
中国人民人寿	10	3.82
中英人寿	10	2.50
国泰人寿	9	3.58
华泰人寿	9	4.02
阳光人寿	9	3.92
中德安联人寿	9	2.65
海康人寿	8	3.79
生命人寿	8	4.06
中国人民健康	8	4.19
中意人寿	8	4.37
国华人寿	7	4.70
中国太平洋人寿	7	4.19
中荷人寿	7	4.17
华夏人寿	6	4.00
昆仑健康	6	4.72
瑞泰人寿	6	4.90
中新大东方人寿	6	3.90
合众人寿	5	4.00
信诚人寿	5	3.77
英大泰和人寿	5	4.22
中国人寿	5	4.05
海尔人寿	4	3.91
嘉禾人寿	4	4.11

续表

公　　司	产品数量（款）	平均结算利率（%）
安邦人寿	3	4.70
天安人寿	3	4.33
信泰人寿	3	4.02
中航三星人寿	3	4.40
中融人寿	3	4.03
和谐健康	2	4.60
民生人寿	2	4.00
太平人寿	2	3.80
正德人寿	2	3.30
中宏人寿	2	2.53
平安养老	1	3.75
总　　计	268	3.86

资料来源：普益财富（数据截至2011年11月31日）。

三、投连险收益账户运行：保守型账户获得年度收益桂冠

投连险账户的投资标的主要为股票型、混合型、债券型和货币型等各类基金，少部分账户直接对股票、债券和货币市场工具进行投资。不同的投资标的有着不同的风险，根据风险程度我们将投连险投资账户划分为进取型、平衡型、稳健型和保守型四种类型，其风险程度依次由高到低。

截至2011年年底，仍在运行的投连险投资账户共有192个。其中，进取型账户有71个，近一年平均收益率为-21.51%；平衡型账户有45个，近一年平均收益率为-14.01%；稳健型账户有48个，近一年平均收益率为-2.75%；保守型账户有28个，近一年平均收益率为2.66%。在2011年资本市场低迷的情况下，保守型投连险账户收益率最高，但投连险整体业绩不佳也使其产品吸引力进一步下降。相关资料见表10-3~表10-6。

表10-3　　近一年收益前十位的进取型账户

账户名称	保险公司	近一年收益（%）	近两年收益（%）
精选股票型投资账户	生命人寿	-9.67	-10.02
进取Ⅱ账户	生命人寿	-11.18	-8.47
中宏积极成长型投资账户	中宏保险	-12.53	-17.99
海康精彩型投资账户	海康保险	-12.79	-11.16
进取Ⅰ账户	生命人寿	-13.36	-16.96
进取型投连账户	泰康人寿	-13.45	4.32
中宏行业焦点型投资账户	中宏保险	-13.53	-18.04
增长理财账户	中意人寿	-13.60	-13.25
策略成长投资账户	信诚人寿	-13.95	-14.41
积极成长型投资账户	泰康人寿	-14.25	-16.60

资料来源：普益财富（数据截至2011年12月31日）。

表 10－4　　近一年收益前十位的平衡型账户

账户名称	保险公司	近一年收益（%）	近两年收益（%）
平衡投资账户	平安人寿	-2.59	-0.55
中宏投资管家账户	中宏保险	-4.15	-3.98
智胜平衡稳健账户	太平人寿	-4.47	1.87
财智增值投资账户	瑞泰人寿	-7.51	-4.24
平衡Ⅱ账户	生命人寿	-7.58	-3.14
平衡Ⅰ账户	生命人寿	-8.83	-9.51
精选平衡型账户	太平人寿	-9.42	2.87
平衡增长投资账户	信诚人寿	-9.44	-11.96
海康平衡型投资账户	海康保险	-10.04	-9.56
平衡型账户	恒安标准	-10.48	-8.24

资料来源：普益财富（数据截至2011年12月31日）。

表 10－5　　近一年收益前十位的稳健型账户

账户名称	保险公司	近一年收益（%）	近两年收益（%）
货币避险型投资账户	泰康人寿	4.90	8.12
稳健型投资账户	华泰人寿	3.10	7.02
优选全债投资账户	信诚人寿	2.68	2.92
安益型投资账户	瑞泰人寿	2.41	3.52
财智安益投资账户	瑞泰人寿	2.14	3.00
稳健避险型账户	太平人寿	1.85	2.60
国寿稳健债券投资账户	中国人寿	1.82	6.16
平安价值增长投资账户	平安人寿	1.70	5.15
稳健安心型账户	太平人寿	1.55	1.51
避险型投资账户	中荷人寿	1.34	3.39

资料来源：普益财富（数据截至2011年12月31日）。

表 10－6　　近一年收益前十位的保守型账户

账户名称	保险公司	近一年收益（%）	近两年收益（%）
平安货币投资账户	平安人寿	4.01	6.12
保证收益投资账户	平安人寿	3.97	8.27
货币市场投资账户（江苏）	友邦保险	3.77	—
安心得益型投资账户	长生人寿	3.63	5.11
货币B型账户	招商信诺	3.59	5.09
无忧型账户	招商信诺	3.58	4.99
现金增值账户	招商信诺	3.56	5.08
省心安益型投资账户	中德安联	3.54	0.87
货币A型账户	招商信诺	3.40	4.85
安益型投资账户	中德安联	3.22	4.89

资料来源：普益财富（数据截至2011年12月31日）。

第四节 2012年保险理财市场展望

一、通货膨胀预期下降，分红险仍然领唱主角

2011年的中央经济工作会议上提出2012年政府工作的总基调是“稳中求进”，政策执行的重心和力度将发生变化，由2011年的“防通胀，调结构，保增长”变为2012年的“稳增长、控物价、调结构”，“稳增长”被提到首位。2012年货币政策定调“稳健”，特点仍然是适时适度进行预调微调。因此，在经济和通货膨胀均出现明显回落的情况下，货币政策将适度放松。预计2012年我国存款准备金率会继续下调，银行存贷款利率也将适度下降。受此影响，债券市场在2012年有望保持向好之势。同时，股市将不会延续2011年下半年的单边下行走势。

万能险通常将大部分资金投资于大额协议存款、国债和企业债等固定收益类金融资产，且由于万能险投保时有最低2%左右的初始费用，再加上持有前5年内退保还有额外的赎回费用，因而其收益水平一般参考5年期定存利率。2011年央行3次上调银行存款利率，但是年内包括太平洋人寿和泰康人寿等保险公司都下调了万能险结算利率，而平安人寿的万能险结算利率也从之前6%的高点，降至目前的3.875%。截止到2011年11月，全年均在运行的268款万能险的平均收益仅为3.86%，低于同期5年期存款利率的5.25%。展望2012年，以2011年保险资金仅3.6%的投资收益水平来看，若保险公司提供客户超过5%的收益，这无疑会大幅挤压保险公司的利差，从而压缩保险公司利润空间，并会对保险公司资产投资构成很大压力，因而万能险要突破5%的收益将十分困难。较低的收益率不足以支持业务部门在出售保险时进行宣传，因而2012年万能险销售增速继续下降的可能性极高。

受股市熊市影响，2011年投连险表现不佳，跑输1年期银行定期储蓄存款利率。截止到12月31日，可统计的182个账户中，只有41个账户取得正收益，仅占总数的22.53%，且大多为稳健型账户和保守型账户。预计2012年债市将保持2011年第4季度的牛市，而股票市场将有望改善，因此2012年投连险的收益会较2011年有所改善。但是，从目前保险公司对待投连险的态度来看，2012年投连险的市场份额难有大幅度的提高。决定分红险收益水平的是保险公司的整体盈利能力。2011年寿险行业经历了迟来的转型之痛：寿险保费增长大幅放缓，个险新单保费和银保保费出现负增长，退保率显著提高；资本市场回报率出现低谷，前3个季度行业平均投资收益率2.7%，三家上市保险公司（中国人寿、中国太保、中国平安）第3季度末投资累计浮亏已达650亿元左右。经营状况不佳必将影响2011年分红险的业绩回报水平。2012年保险业发展方式和业务结构将继续经受变革，必须要通过产品转型、销售渠道转型、投资渠道扩张等变化来释放潜在保障需求，提高保费增长质量和保险公司利润率。转型期间成本上升，将造成2012年保险公司的死差益和费差益不会有太大提升。但是，分红险的主要投资渠道为国债、协议定期存款和大型基础设施建设债券等。在2012年债市向好、民生和在建工程为财政重点投入的预期下，2012年的利差益将可能超过2011年。因此总体来说，预计2012年分红险将被市场看好。

应该注意的是，截至2011年，我国保险市场的分红险在人身险中占比已经高达近80%，分红险依然是各大保险公司的主推产品。而万能险和投连险的市场份额正在不断萎缩，比如部分平安人寿的万能险已停售；投连险则更加“边缘化”，目前只有平安、泰康、太平以及一部分外资寿险公司尚且有少量投连险销售，大部分公司都已停售投连险。出现这种情况主要是由于万能险、投连险的保费收入在实施新会计准则后已不能全部计入年度保费收入，对保险公司的市场规模扩张的贡献越来越小，大多数保险公司必然收缩相关业务。预计2012年在资本市场转好前景不甚明朗的预期下，投资型保

险市场中分红险“一险独大”的情况将更加严重。这一方面将使保险产品继续向“保障功能”回归；另一方面由于业务过于集中，也对监管部门提出了更高的市场风险监控要求。

二、利好政策推动，养老保险加快发展步伐

如何应对我国社会老龄化进程加快的问题，已经受到全社会上自政府下到个人的高度重视。随着自我筹划养老保障意识的广泛普及以及居民收入的逐渐提高，养老保险产品的需求越来越旺盛。但我国养老保险市场依然发展缓慢，究其原因在于市场上的养老产品种类较少，大多是固定低收益的寿险产品，即便有分红险、万能险等投资型的长期产品，也因为其投资收益表现不佳，无法满足大多数人希望的投资、养老、资金储备等全方位的需求。另外，购买养老保险是一种长期投资，在物价上涨和收入增长较慢的情况下，即便有需求，人们也可能没有足够的信心购买长期保险。如果没有政策推动，养老保险市场的需求和供给都很难有关键性的突破。

2011年5月，中国保险监督管理委员会发布《关于开展变额年金保险试点的通知》，在北京、上海、广州、深圳和厦门5个城市试点推出变额年金保险。从客户的角度讲，这种产品既可保底，又有投资收益，还支持年金支付，是一种优秀的养老保险产品，理应有巨大的市场需求。但从试点情况来看，截至2011年年底，仅有金盛人寿、中美联泰大都会人寿两家合资保险公司先后推出了两款变额年金产品，其他保险公司大多按兵不动，市场供给严重不足。即便是已推出的两款产品，也都是针对中高端客户市场，起售额都在10万元以上，将大多数养老保险需求客户排斥在外。

保险公司对变额年金保险产品开发动力不足的主要原因是经营变额年金的投资风险太高。变额年金保险最大的特点是向客户约定最低利益保证，这就意味着保险公司将承担资本市场震荡所带来的风险。而且，变额年金保险不能像分红险、万能险那样对市场波动作平滑处理，给保险资金运用带来巨大压力，一旦经营不慎，可能出现巨额亏损。其次是定价风险。由于缺乏历史数据和相应的资产匹配，如何合理定价保证利益并适当收取各项费用，是保险公司在变额年金保险试点上面临的最大难题。定价过高，产品缺乏吸引力；定价过低，公司经营压力加大。两者之中，保险公司倾向于提高产品价格，以保证稳健经营，由此导致变额年金产品价格偏高、起售额高，市场规模难以扩大。最后，由于新会计准则下变额年金保费不能全部计入保险公司的保费收入，对于着眼于扩大市场份额的保险公司而言自然兴趣不大。

2012年变额年金保险能否有快速发展，真正达到监管层希望的“丰富养老保险产品，满足市场需求”的目标，还取决于资本市场能否有好转、保险公司的投资能力能否提升，以及保险公司能否推出配套的管理、税收方面的措施。因为寿险产品的需求重心已经从承保死亡风险逐步转向承保生存风险，变额年金保险本身在中国发展空间还是非常巨大的，如果能多借鉴国外的经验，配合适当的税收优惠政策，相信变额年金保险会给国民提供一种好的养老保障选择。

2011年保险市场另一个重大事件是上海个人税延型养老保险试点方案获得了国家税务总局的肯定。个人税延型养老保险，是指投保人所缴纳的保险费在一定比例之内，可以在个人所得税前扣除，退休后领取保险金时再补缴个人所得税。这有别于目前个人收入纳税后才交纳保险金的做法，不但可以通过降低个人的税务负担，鼓励居民购买养老保险，而且因为这种产品的推行是通过政府让利，不会增加保险公司的经营风险，保险公司参与销售的积极性就很高，其受惠面也将比变额年金保险更广。

上海的个人税延型养老保险方案试点准备工作自2009年开始已经进行了3年，早已制定了相关保险产品的产品条款，确定了相关操作流程，同时也基本建立了个人税收递延型养老保险所需的统一信息平台。2011年发布的《中国保险业发展“十二五”规划纲要》中也明确提出：“加快推动个人税延型养老保险试点工作，不断完善政策，逐步扩大试点范围。”但由于财政部以及国家税务总局对试点中如何确定税收优惠方案一直未有定论，使上海的试点工作一直无法实质推进。此次获得国家税务总局的肯定，使试点工作突破了瓶颈，有利于试点的尽快推进。预计 2012 年国家财政部门对方案的试点范围、递延税款的计算和缴纳等细节问题最终确定后，试点工作就能够在年内正式开展。个人税延型养老保险将是未来我国主推的政策性养老保险产品，2012 年对于个人税延型养老保险而言只是一个开端，未来它很可能将逐渐发展成为我国最重要的养老保险产品之一。

第四篇 理财市场排名

第十一章 银行理财能力排名

此次银行理财能力排名是以2011年度为观察期。我们对观察期内各家商业银行的理财产品进行统计与评价，同时在过往定量评价的基础上增加了评估问卷调查。但需排除发行产品数或公开到期收益率的产品数为零的银行，以及发行产品和公布了到期收益率的到期产品均小于15款的银行，因此最终选取了58家银行纳入本年度排名。

2011年我国银行理财产品的发行有明显提速迹象。全年发行数量为22 441款，较2010年上涨100.58%；发行规模为16.99万亿元人民币，较2010年增长140.99%。无论是产品发行数量还是产品发行规模，其同比增速均大幅超过2009年和2010年。从月份来看，排除节假日对产品发行的影响，2011年银行理财产品发行数量整体呈现逐步增长趋势，从6月开始连续半年维持在2 000款以上，12月则回落至1 859款。而发行规模则表现为“上半年震荡攀升，下半年逐月回落”之势，其中全年规模最高点出现在6月，为1.91万亿元人民币，主要原因在于各家商业银行为了达到半年末贷存比考核要求，在6月底大量发行高预期收益率的超短期理财产品以冲击规模。

2010年下半年通货膨胀持续高企，央行力图采用数量型和价格型货币市场工具降低通货膨胀水平，在紧缩性货币政策下，市场资金成本迅速上升。其中，银行理财市场主流品种人民币债券和货币市场类产品，平均预期收益率上涨并维持在高位。进入2011年，通货膨胀水平不减反增，央行6次上调存款准备金率并3次加息，银行间市场资金异常紧张，货币市场利率高位运行，推高2011年人民币债券和货币市场类产品预期收益率，这些因素共同作用使得2011年各期限段人民币债券和货币市场类产品预期收益率全线大幅上涨，平均预期收益率接近或超过4.00%。

其中，2011年上半年，伴随着通货膨胀水平上升，央行每月都上调了存款准备金率，银行理财产品收益水平一路上涨，在2011年半年考核尾声一度出现暴涨，1个月以下期理财产品预期收益率最高曾突破8.47%。2011年7月，央行宣布年内第3次加息。受利率水平上调的影响，各类银行理财产品预期收益率随之上涨。10月，受国庆节假日因素影响，银行理财产品收益率再度冲高。伴随着11月央行下调部分农村合作银行的存款准备金率和宣布12月5日起全面下调存款准备金率0.5个百分点，市场经过11月的平稳期后再度确认了资金面进一步宽松的信息，12月理财产品预期收益率普遍出现回落。

可以看出，无论是银行理财产品的发行数量还是发行利率（即预期收益率）都与货币政策及市场资金紧张程度息息相关。当货币政策从紧、市场资金面紧张时，银行理财产品发行量随之增加，发行利率也随之上涨；当货币政策有所放松、市场资金面缓和时，银行理财产品量价齐跌。同时，银行理财产品在考核时点出现量增价涨的现象，也显示出它不仅是银行中间业务的创收渠道，也演变为商业银行的存款吸纳工具和资产负债调节工具。值得注意的是，在存款利率受到管制的情况下，对于银行来说理财产品是目前唯一能突破的业务品种。尽管它的运作模式较为粗放、不可持续且蕴藏风险，但也是银行当下不得不做的选择。要从根本上促进理财市场回归本质，需加速利率市场化进程。

第一节　分类指标测度

一、发行能力：股份制银行仍为主力，城商行异军突起

2011年度，银行理财产品发行能力排名前十位的银行依次是招商银行、民生银行、工商银行、中国银行、交通银行、建设银行、华夏银行、深圳发展银行、北京银行以及农业银行（见表11-1)。

招商银行、民生银行和工商银行居前三甲，发行量均超过2 000款，分别为2 973款、2 367款和2 006款。除工商银行外，国有银行中的中国银行、交通银行、建设银行和农业银行分别发行1 767款、1 713款、1 504款和920款，分别居于第4位、第5位、第6位和第10位。位列前十位的股份制银行中除了招商银行和民生银行外，华夏银行和深圳发展银行位于第7位和第8位，发行量分别为1 294款和1 182款。城市商业银行中首屈一指的是北京银行，其发行名次位列第9，发行产品数量多达946款。这些发行能力前十位银行的理财产品资金投向多为债券类资产或包含债券类资产在内的组合投资。

从银行理财产品的发行主体来看，2011年股份制商业银行仍然是主力军。该类型银行的全年产品市场占比约为40%，虽然较2010年小幅下滑0.75个百分点，但其绝对领先地位仍未动摇。国有银行的理财产品发行市场占比仍然保持在第二位，与股份制商业银行一样，其市场份额较2010年的35.18%同样出现了小幅下滑，降至34.44%。外资银行产品发行量占比为4.41%，较2010年的6.71%出现了较大幅度的下降。外资银行历来以发行结构性理财产品和QDII产品为主，而2011年以来，由于国际金融市场环境不断恶化，投资风险进一步加大，这两类产品的市场需求有所萎缩，从而增加了外资银行发行产品的难度。

股份制商业银行、国有银行以及外资银行失守的市场份额均被城市商业银行和农村金融机构占领。城市商业银行发行产品的市场占比增幅最大，由2010年的15.88%上升至2011年的19.15%，产品发行数量近4 300款，显示了这类银行主体在理财市场中正异军突起。其中，除北京银行位列排名第9外，上海银行、江苏银行、南京银行、东莞银行、包商银行、哈尔滨银行、齐鲁银行、宁波银行发行产品款数分别为489、458、337、281、205、182、150、141，居2011年发行能力单项排名第16位、第18位、第20位、第24位、第25位、第26位、第27位和第28位。

从投资对象来看，2011年全年发行的理财产品以债券与货币市场类为主。该类产品全年平稳运行，各季发行量占比均维持在50%左右，收益稳健的债券与货币市场工具成为2011年理财资金的主流投向。人民币债券类产品发行量最大的为招商银行。该行全年发行人民币债券类产品2 120款，占全年人民币债券类产品发行量比重近20%；外币债券类产品发行量最大的为交通银行，该行全年发行外币债券类产品725款，占全年外币债券类产品发行量比重近30%。

受监管因素影响，2011年信贷类产品渐渐淡出市场，全年仅发行597款；票据资产类产品发行量较2010年增幅最大，全年发行928款。信贷类和票据资产类产品发行量最大的均为建设银行。该行全年发行信贷类和票据资产类产品分别为173款和528款，占全年这两类产品发行量的比重约为30%和57%。

此外，组合投资类产品发行量逐季增加，占比从第1季度的23.06%上升到第4季度的30.81%。各银行在设计理财产品时越来越注重产品投向多样化，力图通过组合投资分散风险锁定收益，这也体现出各银行风险控制理念的增强和投资能力的提升。从全年看，民生银行和工商银行发行的组合投资类产品最多，该类产品发行量都接近2 000款，占各自理财产品发行量的比重超过90%。

表 11 -1　　发行能力排行榜（2011 年度）

排名	银行名称	发行能力得分
1	招商银行	18.00
2	民生银行	17.50
3	工商银行	17.14
4	中国银行	16.86
5	交通银行	16.79
6	建设银行	16.50
7	华夏银行	16.18
8	深圳发展银行	15.98
9	北京银行	15.50
10	农业银行	15.44
11	光大银行	15.36
12	中信银行	15.32
13	上海浦东发展银行	15.10
14	平安银行	14.35
14	恒生银行	14.35
16	上海银行	14.07
17	广东发展银行	13.94
18	江苏银行	13.93
19	恒丰银行	13.59
20	兴业银行	13.28
20	南京银行	13.28
22	渣打银行	13.27
23	渤海银行	13.05
24	东莞银行	12.89
25	包商银行	12.23
26	哈尔滨银行	11.98
27	齐鲁银行	11.58
28	宁波银行	11.45
29	东莞农村商业银行	11.07
30	上海农村商业银行	11.01
31	邮政储蓄银行	10.99
32	西安银行	10.96
33	苏州银行	10.84
34	杭州银行	10.53
34	浙江稠州商业银行	10.53
36	晋商银行	10.22
36	兰州银行	10.22
38	珠海华润银行	10.14
39	锦州银行	10.11

续表

排名	银行名称	发行能力得分
40	厦门银行	9.91
41	重庆农村商业银行	9.78
42	北京农村商业银行	9.68
42	徽商银行	9.68
44	重庆三峡银行	9.58
45	南昌银行	9.24
46	德阳银行	9.15
47	青岛银行	9.06
47	浙江泰隆商业银行	9.06
49	成都农村商业银行	9.02
50	广东南海农村商业银行	8.87
51	赣州银行	8.82
52	南充市商业银行	8.61
53	嘉兴银行	8.49
54	瑞丰银行	8.37
55	中山农信社	8.10
55	九江银行	8.10
57	重庆银行	7.79
58	江苏吴江农村商业银行	7.62

资料来源：普益财富。

二、收益能力：城商行收益最高，股份、国有行表现最稳定

根据对2011年内到期并且公布了到期收益率的银行理财产品的统计分析，收益能力排名前十位的银行依次是民生银行、工商银行、光大银行、招商银行、中国银行、深圳发展银行、交通银行、广东发展银行、北京银行及瑞丰银行（见表11-2）。

2011年，民生银行位居银行理财产品收益能力单项排行榜首位。该行公布了到期收益情况的产品的平均到期收益率为4.23%，到期收益率达5.40%及以上的有186款。该行到期产品的平均EI值（到期收益率/同期限理论存款利率）并不十分居前，但平均EI值的波动范围是所有银行中最小的。相对稳定的到期收益再加上该行多达2 090款的到期产品数量促使其在收益能力排名中保持领先水平。此外，民生银行运行的QDII产品在2011年间表现好于其他银行，这也在一定程度对该行收益能力表现有所贡献。

工商银行收益能力排名第2位，到期收益率达5.40%及以上的有68款。该行到期产品平均EI值也并不十分居前，但该行平均EI值的波动范围相对较小，到期收益表现也较为稳定，再加上该行到期产品数量多达1 498款，共同促进了该行收益能力排名的提升。此外，该行2011年间运行的QDII产品在受到海外市场不利影响的情况下，在同类产品中表现居前。

光大银行收益能力排名第3位。该行平均EI值的波动范围较小，其到期产品平均EI值也并不居前，但运行的QDII产品和证券投资类产品在同业中表现都较好，反映出该行投资管理能力和风险控制能力处于行业领先水平，这在一定程度上提升了该行在收益能力中的排名。

这前三甲银行的共同特点是到期产品数量较多但到期产品平均EI值并不十分居前，显示出这些银行在理财产品定价中已具备相当优势，让渡给投资者的收益在行业中相对不高，但依靠其自身较好

的投资管理能力和持续发行能力，博得投资者忠诚度，占领市场份额。

2011 年，招商银行以较小的平均 EI 值波动范围、较为居前的平均 EI 值和较多的到期产品数量，获得到期产品收益能力高分。这一值仅次于民生银行和工商银行。但因为受其运行的 QDII 产品和证券投资类产品的不佳表现拖累，未能进入前三甲，故在收益能力单项排名中位列第 4。

从平均 EI 值来看，表现较好的前十名银行分别为：瑞丰银行、晋商银行、南充银行、青岛银行、广东发展银行、德阳银行、苏州银行、珠海华润银行、哈尔滨银行和兴业银行。可以看出，虽然城市商业银行理财业务开展起步较晚，但正通过向投资者让渡较多的投资收益来吸引客户。这是目前城市商业银行开展理财业务的优势，也是其在理财市场竞争中获得市场份额的必经之路。这一现状或不可长期持续，但还是给 2011 年理财产品的购买者带来了实惠，也为城市商业银行保护存贷款传统业务立下了汗马功劳。

从平均 EI 值的波动范围来看，表现较好的前十名银行分别为：民生银行、华夏银行、深圳发展银行、交通银行、工商银行、光大银行、浦发银行、北京银行、上海银行和招商银行。股份制银行和国有银行平均 EI 值的波动范围较小，主要源于这些银行具有较大的资产池和资金池，可以形成大规模和连贯性的资金优势，并且通过对募集资金灵活的投资管理提高产品整体的运作效率。这既增强了银行的理财产品定价权，也使它们的理财产品收益保持在相对稳定的水平，到期收益表现波动较小。

表 11 - 2　　收益能力排行榜（2011 年度）

排名	银行名称	收益能力得分
1	民生银行	21.82
2	工商银行	18.18
3	光大银行	16.93
4	招商银行	16.92
5	中国银行	16.86
6	深圳发展银行	16.82
7	交通银行	16.54
8	广东发展银行	14.92
9	北京银行	14.80
10	瑞丰银行	14.75
11	中信银行	14.71
12	晋商银行	14.69
13	农业银行	14.56
14	江苏银行	14.36
15	华夏银行	14.14
16	平安银行	14.07
17	哈尔滨银行	13.85
18	兴业银行	13.81
19	青岛银行	13.80
20	南充市商业银行	13.75
21	包商银行	13.65
22	苏州银行	13.60
23	德阳银行	13.50
24	珠海华润银行	13.47

续表

排名	银行名称	收益能力得分
25	恒生银行	13.25
26	浙江泰隆商业银行	13.03
26	齐鲁银行	13.03
28	宁波银行	13.01
29	东莞银行	12.90
30	东莞农村商业银行	12.82
31	渣打银行	12.71
32	浙江稠州商业银行	12.67
33	广东南海农村商业银行	12.64
34	上海浦东发展银行	12.61
35	重庆农村商业银行	12.50
36	杭州银行	12.42
37	渤海银行	12.35
38	南昌银行	12.32
38	重庆三峡银行	12.32
40	兰州银行	12.26
41	上海银行	12.19
42	九江银行	12.07
43	中山农信社	12.00
44	邮政储蓄银行	11.93
45	江苏吴江农村商业银行	11.92
46	恒丰银行	11.83
46	西安银行	11.83
48	徽商银行	11.82
49	嘉兴银行	11.64
50	北京农村商业银行	11.55
51	锦州银行	11.39
51	建设银行	11.39
53	厦门银行	11.38
54	成都农村商业银行	11.36
55	赣州银行	11.24
56	上海农村商业银行	11.16
57	重庆银行	10.95
58	南京银行	10.40

资料来源：普益财富。

三、风险控制能力：恒生银行排名第一，上海银行和江苏银行跻身前十

2011年度，调整后的银行理财风险控制能力①排名前十位的银行依次是：恒生银行、交通银行、招商银行、中国银行、上海浦东发展银行、民生银行、上海银行、光大银行、江苏银行以及渣打银行（见表11－3）。

风险控制能力排名前十的商业银行中，有2家国有银行、4家股份制商业银行、2家城市商业银行和2家外资银行。其中，排在首位的是恒生银行。主要得益于该行本年度发行的556款理财产品中有480款为保证收益型或者保本浮动收益型，促使该行风险控制措施得分为5.98，在所有银行中最高；同时，可以看到该行本年度公布到期收益率的363款产品中有358款实现预期收益率，且它们均为结构性产品，因此该行收益实现得分为23.37，在所有银行中排名前列。另外，其评估问卷中银行理财风险控制部分得分最高也对其风险控制能力得分贡献不小。交通银行排名第二。该行风险控制措施得分仅落后于恒生银行，其本年度发行的1 713款产品中有992款保证收益型、324款保本浮动收益型以及1款收益权分级产品；同时，该行公布到期收益率的1 690款产品均实现预期收益率，收益实现得分在所有银行中排名前三甲。另外，其收益稳定性获得满分。上海银行和江苏银行是进入前十强的两家城商行。从发行产品可以看出两者在风险控制措施上做得较好。前者489款产品中有80%设置了风险控制措施，这些产品多为保证收益型或者收益权分级类；而后者458款产品中有78%设置了风险控制措施，这些产品多为保证收益型或者保本浮动收益型。

风险控制能力排名后十的商业银行中，共有7家城市行和3家农商行。这些银行排名靠后的原因主要在于它们的风险控制措施得分普遍较低甚至为零分；同时，公布到期收益率的到期产品数较少，多在50款以下，导致获得了较低的收益实现得分。另外，它们的评估问卷中银行理财风险控制部分得分也普遍低于其他银行。

从银行类型角度来看，国有银行、股份制商业银行和外资银行在风险控制能力方面明显优于区域性银行，排名前20位银行中仅有6家区域性银行，分别为：上海银行、江苏银行、北京银行、东莞银行、包商银行以及西安银行。这些银行在收益实现能力和收益稳定性方面均表现突出，而且评估问卷中银行理财风险控制部分得分在城市商业银行中较高。

从产品风险控制措施设置方面来看，2011年度发行的24 000余款理财产品中，有93家商业银行旗下共计12 034款理财产品设置了风险控制措施。其中，交通银行、中国银行、招商银行、深圳发展银行、民生银行以及上海浦东发展银行的具备风险控制措施产品数均超过500款。风险控制措施得分高低主要取决于某家银行设置了风险控制措施的产品数所占发行总数的比例大小，因此这6家银行的风险控制措施得分并不一定能够排名前列，反而是东莞银行、包商银行、上海银行、东莞农村商业银行、西安银行、江苏银行和河北银行等区域性银行占据了该项得分前十名的7席，它们的得分均在5以上。

从收益实现能力方面来看，2011年度到期理财产品数共计21 724款，而公布到期收益率的19 942款产品中，未实现最高预期收益率的共计100款。从单家银行收益实现能力来看，民生银行有2 200款公布了到期收益率，其中包括147款结构性产品。这些产品均实现预期收益率，使得该行在此方面表现最好。紧随其后的依次为：招商银行、交通银行、工商银行、中国银行和深圳发展银行。它们公布了到期收益率的产品数均超过1 000款，且收益实现程度均较高。另外，单看结构性产品的到期收益表现，恒生银行、渣打银行、民生银行和中信银行分别有50款以上的该类产品实现最高预期收益率，较多的结构性产品实现预期收益率能够对收益实现能力得分做出较大贡献。

① 调整后的银行理财风险控制能力，即是在风险控制能力定量评价的基础上增加了评估问卷中的银行理财风险控制部分的调查分析。

表 11－3 **风险控制能力排行榜（2011 年度）** （单位：分）

排名	银行名称	风险控制措施得分	收益实现能力得分	收益稳定性得分	评估问卷风险控制部分得分	调整后的风险控制能力得分
1	恒生银行	5.98	23.37	2.90	68	32.99
2	交通银行	5.82	25.31	3.00	50	32.59
3	招商银行	2.89	25.84	2.52	67	32.09
4	中国银行	4.97	24.66	2.43	60	31.99
5	上海浦东发展银行	4.50	23.48	3.00	67	31.86
6	民生银行	1.74	26.00	3.00	67	31.68
7	上海银行	5.44	22.56	3.00	65	31.67
8	光大银行	3.55	24.13	2.70	67	31.39
9	江苏银行	5.16	21.85	3.00	65	30.88
10	渣打银行	5.07	21.78	2.77	66	30.67
11	北京银行	3.51	24.13	3.00	58	30.65
12	东莞银行	5.75	20.63	3.00	63	30.17
13	深圳发展银行	3.69	24.40	3.00	50	30.16
14	包商银行	5.63	20.40	3.00	63	29.89
15	农业银行	2.10	23.39	3.00	66	29.78
16	工商银行	0.34	25.05	3.00	65	29.59
17	平安银行	4.75	21.15	2.54	63	29.40
18	中信银行	1.24	23.64	3.00	66	29.27
19	西安银行	5.24	19.70	3.00	61	28.80
20	广东发展银行	3.13	21.87	2.08	65	28.53
21	东莞农村商业银行	5.35	19.02	3.00	62	28.45
22	华夏银行	0.18	23.46	1.99	66	27.48
23	齐鲁银行	2.55	20.00	3.00	63	27.10
24	晋商银行	4.89	17.75	3.00	62	27.06
25	渤海银行	2.49	18.89	3.00	62	26.05
26	青岛银行	4.00	17.13	3.00	63	25.97
27	兴业银行	1.08	21.60	3.00	50	25.83
28	南京银行	0.51	19.68	3.00	68	25.74
29	成都农村商业银行	4.22	16.44	3.00	62	25.48
30	兰州银行	4.81	15.43	3.00	65	25.47
31	哈尔滨银行	0.06	20.16	3.00	61	25.02
32	德阳银行	3.82	16.75	2.99	58	24.98
33	上海农村商业银行	0.89	18.78	3.00	64	24.90
34	徽商银行	4.59	16.88	3.00	50	24.87
35	南昌银行	4.23	16.95	3.00	50	24.63
36	建设银行	0.50	20.40	2.97	50	24.39
37	广东南海农村商业银行	4.14	16.67	3.00	50	24.34
38	锦州银行	4.03	15.56	3.00	55	23.88

续表

排名	银行名称	风险控制措施得分	收益实现能力得分	收益稳定性得分	评估问卷风险控制部分得分	调整后的风险控制能力得分
39	恒丰银行	0.10	17.75	3.00	65	23.55
40	九江银行	3.70	15.89	3.00	50	23.36
41	重庆银行	2.70	16.82	3.00	50	23.30
42	重庆三峡银行	1.14	16.95	3.00	60	23.21
43	邮政储蓄银行	0.94	18.30	2.92	50	23.01
44	赣州银行	0.71	16.67	3.00	63	22.97
45	中山农信社	2.80	16.27	3.00	50	22.95
46	厦门银行	1.46	17.61	3.00	50	22.94
47	杭州银行	0.18	18.76	3.00	50	22.84
48	北京农村商业银行	0.72	17.25	3.00	57	22.80
49	南充市商业银行	0.90	15.89	3.00	65	22.71
50	浙江稠州商业银行	0.03	18.70	3.00	50	22.67
51	宁波银行	0.07	18.61	3.00	50	22.63
52	重庆农村商业银行	0.82	16.36	3.00	61	22.59
53	珠海华润银行	0.31	16.83	2.97	61	22.54
54	苏州银行	0.00	18.39	2.99	50	22.40
55	嘉兴银行	0.15	16.60	3.00	62	22.35
56	瑞丰银行	1.70	16.24	2.99	50	22.02
57	浙江泰隆商业银行	0.71	16.60	3.00	50	21.54
58	江苏吴江农村商业银行	0.00	12.33	2.93	50	17.50

资料来源：普益财富。

四、理财服务丰富性：工商银行表现居首，部分城市商业银行和农村商业银行成长较快

2011年度，工商银行、重庆农村商业银行、招商银行、德阳银行、农业银行、兰州银行、晋商银行、中山农信社、兴业银行、浙江泰隆商业银行、北京农村商业银行及华夏银行这12家银行理财服务丰富性较高（见表11-4）。

2011年工商银行多样性得分为3.75分，成长性得分1.58分，故丰富性总得分共计5.33分。产品多样性得分主要依据银行发行产品的收益类型、投资币种、投资期限和投资对象的种类数目。工商银行发行产品涵盖了保证收益型、保本浮动收益型和非保本浮动收益型，其发行产品的投资币种包括人民币和外币，发行产品的投资期限也非常齐全，从1个月以下到1～3年的短、中、长期限段产品均有发行，可以较好地满足不同投资者的流动性偏好。同时，工商银行涉猎了债券和货币市场工具、信托贷款、票据资产、股票、基金和股权等多项不同种类的投资对象，投资对象得分为0.75分。

除得益于2011年多样性增加外，工商银行成长性得分还缘于2011年理财产品创新能力的提高。它通过不断与各大保险公司合作，推出嫁接保险服务的特色银行理财产品——“保中宝”系列产品。如2011年春节前推出的“缤纷假日行”以及为高端客户提供优质健康保障的“全球高端医疗”等产品。这类产品除了具备投资理财的功能外，还为投资者提供意外伤害保险、意外伤害医疗费用保障和境内紧急救援等服务。这种银行理财产品和保险产品相结合的方式早在2008年就已出现过，但一直鲜有银行持续推出此类产品。

重庆农村商业银行、德阳银行、兰州银行、晋商银行和中山农信社，或是2011年新开展理财业务，或是2011年理财业务发展较快，理财产品多样性进步非常大，故这几家银行成长性得分较高，进而促进它们丰富性排名跻身前列。

招商银行是理财服务丰富性表现最好的股份制银行。该行理财产品多样性得分为3.75分，得分与工商银行并列第一。该行无论是收益类型、投资期限还是投资对象都非常齐全。此外，招商银行还开创性地开发出了国内第一款滚动型结构性产品。这一创新型产品对2011年招商银行理财产品成长性得分的提高发挥了重要作用。

这款产品名为"'金葵花'焦点联动系列之欧元汇率区间表现联动28天理财计划"，以发行"子计划"的形式销售，发行频率为每周一期。截至2011年12月19日，该款理财计划已经发行了19期子计划，设定的最高预期收益率几乎均在5.50%及以上。而从已经到期的15期子计划来看，其中仅有4期为2.00%，其余各期子计划均获得最高预期收益率。在欧债危机不断升级的情况下，该款滚动型结构性产品能取得这样的成绩，主要由于产品恰到好处地设定了挂钩汇率约定区间的大小以及产品投资期限的长短，从而较好地控制了汇率市场波动所带来的风险。此外，这款产品与之前一些银行不定期推出的同系列结构性产品有所区别。该款理财计划的各期子计划的收益结构完全一致，包括标的观察区间和收益触发条件，并且固定以一周的间隔时间定期持续发行。而此前的一些系列性质结构性产品在收益结构方面可能会出现调整。另外，产品发行频率并不固定。

另外，农业银行、华夏银行、德阳银行和浙江泰隆商业银行由于推出创新型产品而成长性得分较高，进而获得较为居前的丰富性得分。

其中，农业银行首次推出高端手表的另类产品。农业银行将理财募集资金投资于天津信托的"海鸥手表受益权信托计划"。该信托计划100%投资于银行间货币市场工具。产品到期后投资者可自行选择获得现金或者手表，这些手表市场价值在几万元至十多万元不等。如选择现金方式，投资者可获得本金和预期收益率的货币收益；如选择手表方式，到期时可获得一款约定款式的海鸥陀飞轮手表，还可获得预期收益率的货币收益。

在2011年有加息预期的环境之下，为顺应市场需求，部分银行推出了一些随息而动的理财产品，它们能够打消投资者对于加息而产生利率风险的忧虑。例如，华夏银行在2011年年中推出的部分增盈增强系列和创盈系列产品就加入了"加息保护"设计；浙江泰隆商业银行于2011年3月2日推出"'金管家理财'钱潮1102期（抗加息型）产品"，而德阳银行则在2011年12月1日推出了"旌喜理财系列之加息保护人民币理财产品"。这些产品的投资对象均为银行间债券与货币市场工具，以安全和稳健为首要原则。产品投资期限多在3个月及以下，且均为分段计息。

表11-4　理财服务丰富性排行榜（2011年度）　（单位：分）

排名	银行名称	多样性得分	成长性得分	丰富性得分
1	工商银行	3.75	1.58	5.33
2	重庆农村商业银行	2.66	2.67	5.33
3	招商银行	3.75	1.55	5.30
4	德阳银行	2.00	3.23	5.23
5	农业银行	3.33	1.25	4.58
6	兰州银行	2.16	2.17	4.33
7	晋商银行	2.09	2.08	4.17
7	中山农信社	2.09	2.08	4.17
9	兴业银行	3.75	0.38	4.13
10	浙江泰隆商业银行	2.33	1.63	3.96

续表

排名	银行名称	多样性得分	成长性得分	丰富性得分
11	北京农村商业银行	2.58	1.32	3.90
11	华夏银行	2.67	1.23	3.90
13	中信银行	3.66	0.07	3.74
14	建设银行	3.42	0.28	3.70
15	光大银行	3.67	0.00	3.66
15	珠海华润银行	1.84	1.83	3.67
17	江苏银行	2.83	0.80	3.63
18	北京银行	3.50	0.10	3.60
18	民生银行	3.58	0.02	3.60
20	交通银行	3.50	0.00	3.50
20	瑞丰银行	1.75	1.75	3.50
22	南昌银行	2.75	0.72	3.47
23	重庆三峡银行	3.00	0.43	3.43
24	中国银行	3.42	0.00	3.42
25	邮政储蓄银行	2.92	0.48	3.40
26	西安银行	2.67	0.63	3.30
26	东莞银行	2.83	0.47	3.30
28	渣打银行	3.25	0.00	3.25
29	恒生银行	3.09	0.08	3.17
30	包商银行	2.41	0.72	3.13
31	上海浦东发展银行	3.08	0.00	3.08
32	青岛银行	2.25	0.65	2.90
32	宁波银行	2.42	0.48	2.90
34	上海银行	2.75	0.12	2.87
35	上海农村商业银行	2.58	0.22	2.80
36	杭州银行	2.50	0.27	2.77
37	深圳发展银行	2.75	0.00	2.75
38	哈尔滨银行	2.42	0.28	2.70
39	渤海银行	2.50	0.17	2.67
39	平安银行	2.67	0.00	2.67
41	南京银行	2.58	0.05	2.63
42	锦州银行	2.09	0.48	2.57
43	广东南海农村商业银行	2.00	0.53	2.53
44	广东发展银行	2.33	0.07	2.40
45	嘉兴银行	2.00	0.30	2.30
46	恒丰银行	2.25	0.00	2.25
47	浙江稠州商业银行	2.08	0.00	2.08
48	南充市商业银行	2.00	0.00	2.00
48	重庆银行	2.00	0.00	2.00

续表

排名	银行名称	多样性得分	成长性得分	丰富性得分
50	厦门银行	1.92	0.00	1.92
51	赣州银行	1.75	0.05	1.80
52	苏州银行	1.66	0.07	1.73
53	徽商银行	1.67	0.00	1.67
53	成都农村商业银行	1.67	0.00	1.67
55	东莞农村商业银行	1.50	0.13	1.63
56	齐鲁银行	1.58	0.00	1.58
57	江苏吴江农村商业银行	1.42	0.15	1.57
58	九江银行	1.50	0.00	1.50

资料来源：普益财富。

五、信息披露规范性：招商银行领先优势明显，区域性银行运行信息透明度需进一步提升

2011 年度，银行理财产品信息披露规范性排名前十位的商业银行依次是：招商银行、光大银行、北京银行、深圳发展银行、中国银行、农业银行、渣打银行、工商银行、南京银行以及华夏银行（见表 11－5）。

招商银行在信息披露规范性的三个子项上均表现较好。该行 2011 年度到期信息得分和运行信息得分均获得满分；同时，其发行产品信息披露的完整性和及时性也较高，使得发行信息得分为 5.00 分，在所有银行中排在第 4 位。三项加总得分 14 分，明显优于其他银行。因此，该行信息披露规范性排名居首位。光大银行对其发行产品的各项要素以及到期产品到期收益率的信息披露均较为规范，发行信息和到期信息得分均排在所有银行的前 5 位，促使该行信息披露规范性排名紧随招商银行之后排在第 2 位。北京银行排名第 3 位，同样是因为该行发行信息和到期信息得分较高，两个子项得分在所有银行中也都位居前 5 位。南京银行是除北京银行外另一家进入前 10 位的城市商业银行，主要原因在于该行在发行产品和到期产品的信息透明度上表现较好，特别是对于发行产品信息披露的完整性、及时性和准确性均较高。渣打银行作为进入信息披露规范性排名前十强中唯一一家外资银行，其对于运行产品投资运作信息的披露力度较强。该行 2011 年度每月运行产品数保持在 200～250 款区间附近，每月运行公告信息数在 1 000～1 500 个区间内，计算得出该行全年度运行公告比率为 5.78，为所有银行最高。进入前十位的 3 家国有银行对于发行产品的各项要素信息的披露力度均较高，尤其是中国银行的发行信息获得 5.53 分的分数，在所有银行中排名第一。但这些国有银行在到期信息和运行信息披露方面的表现则有待提升。

排名后十位的银行中，除渤海银行一家股份制商业银行外，其余均为城市商业银行、农村金融机构等区域性商业银行。重庆银行信息披露规范性排在最末一位。主要原因在于该行未对运行产品进行投资运作信息的公告；同时，对于到期产品的信息披露不够完整且滞后明显，使得运行信息和到期信息均未获得得分。另外，其对于发行产品信息披露的完整性和及时性也有待提高。这 10 家银行中，有 6 家在本年度没有对它们运行期内的产品进行任何投资运作信息的披露，而另外 4 家在运行信息披露方面的表现也明显不足，运行信息得分均未超过 0.5 分。南充市商业银行、赣州银行和九江银行排名倒数五位的原因在于这 3 家银行的发行信息得分均在 1 分以下，在所有银行中为较低水平，而且运行信息得分为零或接近于零。

除进入排名前十强的北京银行和南京银行外，城市商业银行、农村商业银行、农村信用社等区域性商业银行中，排在第 3 位的是上海农村商业银行。该行在所有银行中排名第 11 位，主要得益于该行对于运行产品的信息披露较好，运行信息 2.89 分的得分在所有银行中排在第四。东莞银行和齐鲁

银行分列区域性银行信息披露规范性排名第4位和第5位。这两家银行虽然运行信息得分均为零，但是二者发行信息和到期信息披露力度均较强，发行信息得分均在10名左右，到期信息得分均在20名左右。

本年度进入排名的58家银行中，有21家银行未对旗下运行期内产品公布任何投资运作信息。这些银行集中于城商行或农村金融机构，且其信息披露规范性排名多位于25名之后。区域性商业银行在运行信息披露方面的表现历来不尽如人意，但如果这些银行重视对投资者披露产品投资运作情况，相信它们在信息披露规范性方面的排名能够有不小的进步，也能够让投资者感受到更优质的服务体验。

表11－5　信息披露规范性排行榜（2011年度）　（单位：分）

排名	银行名称	发行信息得分	到期信息得分	运行信息得分	信息披露规范性得分
1	招商银行	5.00	4.00	5.00	14.00
2	光大银行	5.20	3.63	2.45	11.28
3	北京银行	4.99	3.66	2.09	10.74
4	深圳发展银行	5.47	3.67	1.11	10.25
5	中国银行	5.53	2.62	1.86	10.01
6	农业银行	4.93	2.63	2.15	9.71
7	渣打银行	1.49	3.21	5.00	9.70
8	工商银行	4.80	2.91	1.80	9.51
9	南京银行	4.80	3.19	1.40	9.39
10	华夏银行	3.98	3.57	1.61	9.16
11	上海农村商业银行	3.40	2.84	2.89	9.13
12	平安银行	3.34	3.43	1.95	8.72
13	民生银行	2.49	3.92	1.77	8.18
14	东莞银行	4.77	3.16	0.00	7.93
15	建设银行	2.62	3.33	1.75	7.70
16	中信银行	2.25	3.58	1.70	7.53
17	齐鲁银行	4.36	3.00	0.00	7.36
18	江苏银行	3.86	3.35	0.00	7.21
19	恒生银行	3.82	3.39	0.00	7.21
20	瑞丰银行	3.51	2.44	1.25	7.20
21	杭州银行	2.72	2.82	1.63	7.17
22	东莞农村商业银行	4.20	2.85	0.00	7.05
23	北京农村商业银行	4.05	2.60	0.33	6.98
24	兴业银行	0.97	2.33	3.61	6.91
25	上海浦东发展银行	2.75	3.28	0.80	6.83
26	上海银行	2.56	3.40	0.76	6.72
27	锦州银行	3.92	2.77	0.00	6.69
28	苏州银行	3.70	2.81	0.00	6.51
29	兰州银行	3.74	2.75	0.00	6.49
29	包商银行	3.39	3.09	0.00	6.48
31	珠海华润银行	3.88	2.59	0.00	6.47

续表

排名	银行名称	发行信息得分	到期信息得分	运行信息得分	信息披露规范性得分
31	成都农村商业银行	3.70	2.30	0.47	6.47
33	浙江泰隆商业银行	3.81	2.56	0.00	6.37
34	浙江稠州商业银行	3.23	2.82	0.31	6.36
35	交通银行	3.70	1.94	0.70	6.34
36	徽商银行	1.77	2.54	1.92	6.23
37	德阳银行	2.08	2.50	1.59	6.17
38	广东发展银行	2.13	3.35	0.65	6.13
39	重庆农村商业银行	3.36	2.63	0.00	5.99
40	邮政储蓄银行	1.35	2.69	1.93	5.97
40	西安银行	3.01	2.94	0.00	5.95
42	江苏吴江农村商业银行	3.52	2.31	0.00	5.83
43	广东南海农村商业银行	3.19	2.58	0.00	5.77
44	嘉兴银行	2.63	2.51	0.63	5.77
45	哈尔滨银行	1.58	3.08	0.72	5.38
46	恒丰银行	1.98	3.15	0.13	5.26
47	宁波银行	1.94	2.94	0.32	5.20
48	南昌银行	1.72	2.60	0.79	5.11
49	渤海银行	4.85	0.00	0.13	4.98
50	中山农信社	2.36	2.45	0.00	4.81
51	晋商银行	1.51	2.69	0.41	4.61
52	重庆三峡银行	1.78	2.52	0.00	4.30
53	厦门银行	1.01	2.76	0.44	4.21
54	青岛银行	3.96	0.00	0.00	3.96
55	南充市商业银行	0.63	2.54	0.34	3.51
56	赣州银行	0.97	2.53	0.00	3.50
57	九江银行	0.91	2.37	0.00	3.28
58	重庆银行	2.14	0.00	0.00	2.14

资料来源：普益财富。

第二节 评估问卷测度

针对2011年度银行理财能力排名，我们从2011年12月28日起先后向63家商业银行发起评估问卷调查。截至2012年3月2日共有39家银行接受调查并反馈回来，且这39家银行均被纳入此次排名（见表11-6）。

评估问卷分为银行理财风险控制、银行理财业务运行和管理两大部分，二者分设14道题和12道题，每题满分为5分，因此卷面满分分别为70分和60分。对于纳入此次排名而没有反馈评估问卷的银行，两大部分得分分别记为反馈问卷中最低得分扣减5分的分值。

表 11－6　评估问卷得分（2011 年度）　（单位：分）

银行名称	评估问卷风险控制部分得分	评估问卷运行管理部分得分	评估问卷得分
恒生银行	68	56	96.0
招商银行	67	57	95.5
民生银行	67	56	95.0
工商银行	65	58	94.0
光大银行	67	53	93.5
华夏银行	66	55	93.5
渣打银行	66	55	93.5
农业银行	66	55	93.5
中信银行	66	54	93.0
广东发展银行	65	56	93.0
江苏银行	65	55	92.5
恒丰银行	65	54	92.0
南京银行	68	47	91.5
上海浦东发展银行	67	48	91.0
上海银行	65	51	90.5
东莞银行	63	52	89.0
包商银行	63	51	88.5
南充市商业银行	65	45	87.5
赣州银行	63	49	87.5
平安银行	63	48	87.0
成都农村商业银行	62	50	87.0
中国银行	60	54	87.0
青岛银行	63	47	86.5
渤海银行	62	49	86.5
哈尔滨银行	61	50	86.0
上海农村商业银行	64	43	85.5
兰州银行	65	40	85.0
嘉兴银行	62	46	85.0
西安银行	61	46	84.0
东莞农村商业银行	62	43	83.5
重庆农村商业银行	61	45	83.5
北京银行	58	51	83.5
晋商银行	62	42	83.0
重庆三峡银行	60	45	82.5
珠海华润银行	61	42	82.0
德阳银行	58	47	81.5
北京农村商业银行	57	47	80.5
齐鲁银行	63	27	76.5
锦州银行	55	32	71.0

续表

银行名称	评估问卷风险控制部分得分	评估问卷运行管理部分得分	评估问卷得分
交通银行	50	27	63.5
建设银行	50	27	63.5
深圳发展银行	50	27	63.5
兴业银行	50	27	63.5
宁波银行	50	27	63.5
邮政储蓄银行	50	27	63.5
苏州银行	50	27	63.5
杭州银行	50	27	63.5
浙江稠州商业银行	50	27	63.5
厦门银行	50	27	63.5
徽商银行	50	27	63.5
南昌银行	50	27	63.5
浙江泰隆商业银行	50	27	63.5
广东南海农村商业银行	50	27	63.5
瑞丰银行	50	27	63.5
中山农信社	50	27	63.5
九江银行	50	27	63.5
重庆银行	50	27	63.5
江苏吴江农村商业银行	50	27	63.5

资料来源：普益财富。

2011 年度，理财能力综合排名前 10 位的银行依次是：招商银行、民生银行、工商银行、光大银行、中国银行、农业银行、北京银行、恒生银行、交通银行以及深圳发展银行（见表 11－7）。

本年度招商银行分类指标测度中，发行能力和信息披露规范性均排名所有银行首位，收益能力、风险控制能力和理财服务丰富性排名也都位居前五强。另外，该行评估问卷的两大部分分别获得 67 分和 57 分，在所有银行中均排名第二。如此优秀的单项表现使得该行理财能力综合排名位居榜首。民生银行综合排名第二，主要受益于该行本年度收益能力排名第一，该项得分 21.82 分，与第二名相比有 3.64 分的较大领先优势；同时，该行的发行能力、风险控制能力也都进入前十强。另外，评估问卷结果显示该行在风险控制和运行管理两方面均名列前茅。工商银行的发行能力、收益能力和理财服务丰富性均位列三甲；同时，其评估问卷中银行理财业务运行和管理部分获得 58 分的最高分，因此该行理财能力综合排名同样进入三甲行列。北京银行是进入综合排名前十的唯一一家区域性商业银行。该行发行能力、收益能力和信息披露规范性均在十强行列。

2011 年度理财能力综合排名后十位的银行为城市商业银行、农村商业银行或者农村信用社。其中，江苏吴江农村商业银行排名最末一位，主要原因在于该行发行能力、风险控制能力以及理财服务丰富性均排在倒数 3 名之内。重庆银行因发行产品数和公布到期收益率的到期产品数较少，导致发行能力和收益能力均位列倒数第二。另外，该行的产品信息透明度在所有银行中最低，所以该行综合排名不尽如人意。九江银行则在发行能力、理财服务丰富性和信息披露规范性表现较差，三个分类指标排名均位列倒数 3 名之内，导致该行综合能力仅略优于重庆银行和江苏吴江农村商业银行。此外，可以看到综合排名后十位的银行中，有 8 家银行没有反馈评估问卷，评估问卷两大部分得分均为最低，所以评估问卷的缺失对综合排名有较大的负面作用。

进入2011年度排名的两家外资银行均表现较好。恒生银行综合排名第8位。主要得益于该行风险控制能力排名第一；同时，评估问卷中风险控制和运行管理两部分得分分别为68分和56分，分列第1位和第3位。渣打银行则在信息披露规范性和风险控制能力两方面表现优异，两个单项排名均在10名以内；同时，评估问卷的两大部分得分分别为66分和55分，分列第3位和第4位。

单看城市商业银行，北京银行、江苏银行、上海银行、东莞银行和包商银行排名前5位，在所有银行中它们均排在前20位之内。江苏银行五大分类指标排名均排在前20；同时，评估问卷风险控制和运行管理两大部分得分分别为65分和55分，各个单项表现均为中上游水平。因此，该行理财能力综合排名表现不错，位列第13位。而农村商业银行中，东莞农村商业银行、上海农村商业银行和重庆农村商业银行排在三甲，其中前两者在所有银行中进入了前30名。

表11－7　银行理财能力综合排行榜（2011年度）　（单位：分）

排名	银行名称	发行能力得分	收益能力得分	风险控制能力得分①	理财服务丰富性得分	信息披露规范性得分	评估问卷得分	综合得分
1	招商银行	18.00	16.93	31.25	5.30	14.00	95.50	87.48
2	民生银行	17.50	21.82	30.74	3.60	8.18	95.00	84.48
3	工商银行	17.14	18.18	28.40	5.33	9.51	94.00	81.64
4	光大银行	15.36	16.93	30.39	3.67	11.28	93.50	80.80
5	中国银行	16.86	16.86	32.06	3.42	10.01	87.00	80.76
6	农业银行	15.44	14.56	28.50	4.58	9.71	93.50	76.93
7	北京银行	15.50	14.80	30.64	3.60	10.74	83.50	76.92
8	恒生银行	14.35	13.25	32.25	3.17	7.21	96.00	75.37
9	交通银行	16.79	16.54	34.13	3.50	6.34	63.50	74.54
10	深圳发展银行	15.98	16.82	31.10	2.75	10.25	63.50	74.22
11	中信银行	15.32	14.71	27.87	3.73	7.53	93.00	73.93
12	华夏银行	16.18	14.14	25.62	3.90	9.16	93.50	73.90
13	江苏银行	13.93	14.36	30.01	3.63	7.21	92.50	73.83
14	渣打银行	13.27	12.71	29.62	3.25	9.70	93.50	73.54
15	上海浦东发展银行	15.10	12.61	30.98	3.08	6.83	91.00	73.08
16	平安银行	14.35	14.07	28.43	2.67	8.72	87.00	71.99
17	上海银行	14.07	12.19	31.00	2.87	6.72	90.50	71.58
18	东莞银行	12.89	12.90	29.38	3.30	7.93	89.00	70.93
19	广东发展银行	13.94	14.92	27.08	2.40	6.13	93.00	70.17
20	包商银行	12.23	13.65	29.04	3.13	6.48	88.50	69.32
21	南京银行	13.28	10.40	23.19	2.63	9.39	91.50	65.41
22	西安银行	10.96	11.83	27.94	3.30	5.95	84.00	64.78
23	东莞农村商业银行	11.07	12.82	27.37	1.63	7.05	83.50	64.65
24	晋商银行	10.22	14.69	25.64	4.17	4.61	83.00	64.05
25	兴业银行	13.28	13.81	25.68	4.13	6.91	63.50	63.76
26	建设银行	16.50	11.39	23.88	3.70	7.70	63.50	63.24
27	渤海银行	13.05	12.35	24.38	2.67	4.98	86.50	63.24

① 此处风险控制能力得分仅为定量评价得出的结果，并未加入评估问卷中的银行理财风险控制部分的分数。

续表

排名	银行名称	发行能力得分	收益能力得分	风险控制能力得分	理财服务丰富性得分	信息披露规范性得分	评估问卷得分	综合得分
28	哈尔滨银行	11.98	13.85	23.22	2.70	5.38	86.00	62.90
29	齐鲁银行	11.58	13.03	25.55	1.58	7.36	76.50	62.58
30	上海农村商业银行	11.01	11.16	22.67	2.80	9.13	85.50	62.52
31	德阳银行	9.15	13.50	23.56	5.23	6.17	81.50	62.39
32	兰州银行	10.22	12.26	23.24	4.33	6.49	85.00	62.23
33	恒丰银行	13.59	11.83	20.85	2.25	5.26	92.00	61.43
34	青岛银行	9.06	13.80	24.13	2.90	3.96	86.50	60.38
35	重庆农村商业银行	9.78	12.50	20.18	5.33	5.99	83.50	59.73
36	珠海华润银行	10.14	13.47	20.11	3.67	6.47	82.00	59.49
37	成都农村商业银行	9.02	11.36	23.66	1.67	6.47	87.00	59.14
38	北京农村商业银行	9.68	11.55	20.97	3.90	6.98	80.50	58.57
39	重庆三峡银行	9.58	12.32	21.09	3.43	4.30	82.50	57.08
40	锦州银行	10.11	11.39	22.58	2.57	6.69	71.00	56.87
41	杭州银行	10.53	12.42	21.94	2.77	7.17	63.50	56.56
42	瑞丰银行	8.37	14.75	20.92	3.50	7.20	63.50	56.50
43	邮政储蓄银行	10.99	11.93	22.15	3.40	5.97	63.50	56.26
44	南昌银行	9.24	12.32	24.18	3.47	5.11	63.50	56.15
45	宁波银行	11.45	13.01	21.68	2.90	5.20	63.50	56.10
46	苏州银行	10.84	13.60	21.39	1.73	6.51	63.50	55.97
47	徽商银行	9.68	11.82	24.48	1.67	6.23	63.50	55.80
48	南充市商业银行	8.61	13.75	19.79	2.00	3.51	87.50	55.63
49	广东南海农村商业银行	8.87	12.64	23.81	2.53	5.77	63.50	55.61
50	浙江稠州商业银行	10.53	12.67	21.73	2.08	6.36	63.50	55.39
51	嘉兴银行	8.49	11.64	19.75	2.30	5.77	85.00	55.36
52	浙江泰隆商业银行	9.06	13.03	20.31	3.96	6.37	63.50	54.90
53	赣州银行	8.82	11.24	20.38	1.80	3.50	87.50	54.10
54	中山农信社	8.10	12.00	22.08	4.17	4.81	63.50	53.63
55	厦门银行	9.91	11.38	22.07	1.92	4.21	63.50	52.28
56	九江银行	8.10	12.07	22.59	1.50	3.28	63.50	50.74
57	重庆银行	7.79	10.95	22.52	2.00	2.14	63.50	49.02
58	江苏吴江农村商业银行	7.62	11.92	15.26	1.57	5.83	63.50	46.46

资料来源：普益财富。

附：银行理财能力排名体系

第一部分　总体框架

一、技术路线

排名体系的构建离不开评级技术的运用，评级技术包括定量模型和定性分析。对银行理财能力进行排名，定量模型和定性分析同等重要，不可偏废。正如人们常说商业银行经营管理是科学与艺术的结合一样，对商业银行等金融机构的评级也不可能完全由一堆数据来决定。考虑到评级结果应当具有一定的前瞻性，因此主观判断的定性分析更是必不可少。由此可见，银行理财能力排名体系的构建同样遵循定量与定性相结合的原则。

二、模块构成

银行理财能力的测度体系主要由两个模块构成，分别是："分类指标测度" 和 "评估问卷测度"。

"分类指标测度" 偏重定量分析，包括五大类指标，分别是：发行能力、收益能力、风险控制能力、理财服务丰富性、信息披露规范性。

"评估问卷测度" 偏重定性分析，主要从风险控制和理财业务管理两个方面进行问卷调查并打分。

三、排名流程和规则

理财能力排名包括综合排名和单项排名。

（一）综合排名

综合排名评定程序如下：

1. 筛选纳入排名的银行。对考察期内各家商业银行的银行理财产品进行统计与评价，排除发行产品数或公开到期收益率的产品数为零的银行，以及发行产品和公布了到期收益率的到期产品均小于15 款（年度排名）的银行。

2. 对银行进行 "分类指标测度" 并给出分值（满分 100 分）。

3. 对银行进行 "评估问卷测度" 并给出分值（满分 100 分）。

4. 根据 "分类指标测度" 权重 0.8 和 "评估问卷测度" 权重 0.2，计算加权总分值。

5. 根据各银行加权总分值由高到低给出银行理财能力综合排名。

（二）单项排名

单项排名主要是对 "分类指标测度" 中的五大类指标进行单项排名，分别是：发行能力、收益能力、风险控制能力、理财服务丰富性、信息披露规范性。

1. 除 "风险控制能力" 外的其他 4 个指标均按照实际测度分值的高低进行排名。

2. 为更全面地评测银行风险管理的过程和结果，"风险控制能力" 的排名采用 "调整后的风险控制能力" 得分并排名。具体思路和操作方法如下：

（1）"调整后的风险控制能力" 的测度包括两方面：

一是按照 "分类指标测度" 中关于 "风险控制能力" 的测度方法给出得分。

二是根据 "评估问卷测度" 中关于 "银行理财风险控制" 的问卷调查给出得分。

（2）“调整后的风险控制能力”总得分计算方法为：

RC_1 = “分类指标测度”中关于“风险控制能力”的测度得分（满分37分）

RC_2 = “评估问卷测度”中关于“银行理财风险控制”的问卷调查得分（满分70分）

为体现定量为主定性为辅的原则，设定前者权重0.8，后者权重0.2。则，“调整后的风险控制能力”得分为 *AdjustRC*，计算公式如下：

$$AdjustRC = 0.8 \times RC_1 + 0.2 \times \left(\frac{RC_2}{70} \times 37\right)$$

（3）根据“调整后的风险控制能力”得分高低给出风险控制能力排名。

另外：

1. “调整后的风险控制能力”得分只用于风险控制能力的排名，综合排名时，总分加总计算仍选用未调整的“风险控制能力”得分。

2. 对于没有返回问卷的银行，RC_2 的分值按返回问卷中最低得分减5分的分值给分。

第二部分　分类指标测度

一、发行能力（满分18分）

发行数量是指在统计期内每家银行所发行的理财产品数量。

指标含义：发行数量代表一家银行产品设计和发行的能力大小。一定时期内，发行数量越多，代表其发行能力越强。发行能力强的银行，其产品越能满足投资者的投资需求。

数据：每家银行考察期内发行的理财产品的总只数。

二、收益能力（满分22分）

收益能力是指统计期内每家银行到期产品的收益率水平，用修正EI值表示。

指标含义：根据考察期内某家银行到期产品的收益情况，可以看出该银行的历史业绩。虽然历史不代表未来，但是历史数据可以在很大程度上反映出一家银行在过去的代客理财行为中是否尽了自己的受托责任，是否具备良好的投资理财能力。另外，需要考虑正在运行的QDII产品和证券投资的理财产品，根据这些产品的净值变化进一步评价银行收益能力。

数据：分别统计考察期内到期理财产品各币种的EI值（到期收益率与同期限存款利率之比）。由于EI值剔除了同期限银行存款利率的影响，因此该指标更能突出理财产品在收益能力上的优势。

三、风险控制能力（满分37分）

（一）风险控制措施（满分8分）

风险控制措施依据从银行在发行理财产品时是否具有完善的风险控制条款或机制等来判断。

指标含义：风险控制一直是监管机构以及投资者所关心的问题。特别是对于风险较高的产品。风险控制措施的采用，可以很大程度上降低产品的损失风险，并将其损失控制在一定范围之内。风险措施的加入反映了银行对于风险控制的重视程度和控制能力。

数据：收集每家银行在考察期内发行的存在风险控制措施的理财产品。风险控制措施主要包括保证担保、不动产质押、动产质押、权利质押、政府信用、资产回购、收益权分级；同时，保证收益型产品和保本浮动收益型产品也视同具备风险控制措施。

（二）收益实现能力（满分26分）

收益率实现状况是以理财产品的到期实际收益率与产品发行时的预期收益率的比值，来判断银行理财产品的预期收益率实现状况。预期收益率实现状况体现了银行在管理理财产品时，对于不确定性的管理和对风险的控制能力。

指标含义：收益实现能力的强弱，首先是银行对自身的信用的一个保护，即控制投资者投资时来自于银行的信用风险（即不负责任的高预期）；其次，收益实现能力从侧面也体现了银行在理财产品管理过程中的内部管理风险控制力度，反映银行隐性的风险控制能力。

数据：分类（按投资类型分类）统计考察期内到期理财产品的预期收益率和实际收益率状况。

（三）收益稳定性（满分3分）

收益稳定性是以理财产品的到期实际收益率与产品发行时预期收益率的偏离程度来衡量，即判断银行理财产品的预期收益率实现状况。

指标含义：银行理财产品实际收益率情况无非存在两种情况：其一是实际收益率未能达到预期收益率，即存在收益的负向偏离。这种负向偏离反映了银行在理财产品管理过程中风险管理控制力度和能力的不足。其二是实际收益率达到并超过预期收益率，即存在收益的正向偏离，过高的正向偏离同样反映了银行在理财产品风险收益测度和预判方面能力的不足，低估了产品的收益能力。

数据：分类（按投资类型分类）统计考察期内到期理财产品的预期收益率和实际收益率状况。

四、理财服务丰富性（满分8分）

（一）理财服务多样性（满分4分）

理财服务的多样性是指每家银行发行的产品中所涉及的各种分类的涵盖程度。例如有些银行只发行单一币种的产品，而某些银行的产品涉及多个币种。又如，有的银行的只发行短期产品，而有些银行的产品涉及短期、中期甚至长期。

指标含义：理财服务的多样性可以反映银行的综合理财能力，所涉及的服务类型越多，理财能力越强，越能满足客户多样性的需求。

数据：所包含的收益类型的种类数；所包含的币种的种类数；所包含的投资方向的种类数；所包含期限［按1~6个月（短期产品）、6个月~1年（中期产品）、1年以上（长期产品）分类］的种类数。

（二）理财服务成长性（满分4分）

1. 行业标准创新，是指以往整个银行理财市场中都没有出现过的标准，包括所投资的行业，运作方式、收益类型等。该项评分由相关专业人士利用丰富经验来评定。

2. 单个要素创新，是指包括产品的币种、期限，投资方向等方面的创新。

3. 单个银行内部的多样性增加，即是对于银行持续成长的一个鼓励。

理财服务成长性满分为4分，若三项得分之和超过4分，则只加4分。

指标含义：鼓励多样性较强的银行开展行业创新，鼓励多样性不足的银行进行内部创新，争取提高自身理财多样性。当然多样性不足的银行也可以在行业上创新。

数据：分别统计考察期内存在行业标准创新和单个要素创新的历史产品。计算前后两个考察期的多样性得分，用后期得分减前期得分，取该差值和零中的较大值，即：

$Max\ (O,\ II)$

五、信息披露规范性（满分15分）

（一）发行信息披露（满分6分）

发行产品的信息披露状况，包括信息披露的及时性、准确性和完整性。

指标含义：鼓励银行及时、准确、完整地披露理财产品的相关信息，有助于提高投资者对于理财产品的了解与认知度，降低理财产品的销售错配风险。

数据：收录每款产品时由收录人评出单款产品发行信息透明度得分。

单款产品发行信息透明度得分从三个方面来评定：

1. 及时性及准确性，共 2 分（主观给分）。

2. 完整性。银行对于发行产品关键要素的披露完整全面。关键要素包括：销售起始日、销售结束日、投资起点、募集限额、投资开始日、投资结束日、预期（最高/最低）收益率、收益类型、投资币种、投资（挂钩）对象、收益说明。缺一个要素该项不得分，完整则为 4 分（客观给分）。

3. 该项指标得分为以上两项得分之和。

（二）运行信息披露（满分 5 分）

对考察期内所有运行的产品的信息披露的完整性和及时性的评价，包括但不限于关键要素的披露。

指标含义：鼓励银行披露产品运行过程中的相关信息。运行信息的披露有助于投资者了解产品运行过程中的表现情况，及时调整产品预期的风险收益。

数据：跟踪产品时评分。分别统计考察期内各月银行的运行产品的公告次数，以及每月末运行产品的数量。

（三）到期信息披露（满分 4 分）

对考察期内到期产品的到期信息的完整性和及时性的评价。

指标含义：鼓励银行及时准确完整地披露到期产品的相关信息。

数据：产品到期时由收录人评出单款产品到期信息透明度得分。其中，到期收益率是最基本的，有则加 3 分，公布的及时性给予 1 分的加减分。

第三部分　评估问卷测度

评估问卷测度包括“银行理财风险控制”和“银行理财业务运行和管理”两大部分。

为直观表现评估问卷测度结果，并考虑到风险控制的相对重要性，通过以下方法计算“评估问卷测度”的总得分。

方法如下：

Q_1 =“评估问卷：银行理财风险控制”的卷面得分（满分为 70 分）

Q_2 =“评估问卷：银行理财业务运行和管理”的卷面得分（满分为 60 分）

Q_3 =“评估问卷测度”的总得分（满分为 100 分）

则，“评估问卷测度”的总得分为：

$Q_3 = Q_1 + 0.5Q_2$

由公式可见，在百分制的总得分中，“风险控制”与“业务运行和管理”的实际权重分别为 0.7 和 0.3。

备注：

对于没有返回问卷的银行，Q_3 的分值建议按返回问卷中 Q_3 最低得分减 5 分的分值给分。

第十二章　信托理财排名

第一节　信托公司理财能力排名体系说明

为了推动集合资金信托市场的规范运行和健康发展，给市场提供客观公正的信托公司理财能力评价标准，西南财经大学信托与理财研究所（简称“研究所”）从2008年开始定期发布《信托公司理财能力排名报告》（简称《排名报告》）。在过去的4年中，在业界和学界的大力支持下，研究所坚持产品数量与质量并重的理念，秉承公平、公开、公正的原则，定期发布《排名报告》。2008～2011年，《排名报告》使用的“排名体系”已经在吸收业界专家建议和研究行业趋势的基础上，进行了两次调整。但随着信托市场的飞速发展，信托产品和业务运作模式也在不断变化，“排名体系”在指标设计和评价上依然存在着不少值得与业界更深入探讨的内容。基于此，在广泛征求业界、学界意见的基础上，我们在2011年年末对原有的“排名体系”进行了调整。

本排名体系较上一版本作了如下修订：

第一，对旧体系中各项能力、指标进行了调整，具体见表12－1。

表12－1　　信托公司理财能力排名体系修改情况

能力	综合排名中能力权重		项目	综合排名中项目权重	
	新体系	旧体系		新体系	旧体系
发行能力	20%	23%	成立数量	8%	10%
			募集规模	12%	13%
收益能力	20%	25%	融资型产品收益能力 投资型产品当期净值表现	20%	25%
专业能力	合并为专业及创新能力，16%	10%	运用领域	4%	5%
			运用方式	0%	5%
创新能力		8%	产品非债化程度	0%	4%
			类基金型产品开发能力	4%	4%
			典型创新产品开发能力	8%封顶	直接加分
信息披露能力	9%	9%	发行信息	4%	3%
			运行信息	4%	3%
			清算信息	1%	3%

续表

能力	综合排名中能力权重		项目	综合排名中项目权重	
	新体系	旧体系		新体系	旧体系
风险控制能力	35%	25%	公司治理及内部控制	10%	0%
			产品风险控制情况（修改为产品事前风险控制）	15%	20%
			产品运行中风险控制	10%	0%
			信托公司净资本	纳入专家评分	5%

指标制定：西南财经大学信托与理财研究所排名体系研究课题组。

第二，在风险控制能力评判中引入了主观性评分，主要是为了考察各公司的公司治理、内部控制及事中风险控制情况，引入了专家评分及问卷评分机制。

第三，合并了专业能力及创新能力。

第四，对各项能力下某些指标的计算进行了调整。

第五，在排名对象中剔除了集合信托产品数量较少的信托公司。

第二节 信托公司理财能力排名体系评分规定及指标结构

一、评分规定

观察期是指报告月份及其前11个月，共为1年。报告月份为新增观察期，其前11个月为持续观察期。

本排名仅针对在统计期限内集合资金信托计划成立数量在行业平均数30%以上的信托公司。

未经特别强调，本排名采用的新增数据是产品成立数据，而非发行数据；本排名暂时只考察集合资金信托计划。

二、指标结构

（一）发行能力（满分20分）

1. 成立数量（满分8分）。

（1）指标含义：成立数量是指在统计期内每家信托公司所成立的集合资金信托产品数量。成立数量代表信托公司产品设计和发行能力的大小。一定时期内，成立数量越多，表明其发行能力越强，其产品越容易满足投资者的投资需求。

（2）数据：每家信托公司观察期内成立的集合资金信托产品的款数。

2. 募集规模（满分12分）。

（1）指标含义：募集规模是指统计期内每家信托公司成立的所有产品募集规模总额。募集规模越大，表明其市场影响力越大。该指标体现了信托公司的产品管理能力和营销能力以及良好的市场信誉。

（2）数据：每家信托公司观察期内成立的集合资金信托产品的总规模，未公布成立规模的产品以新增观察期之前2个完整会计年度产品平均规模代替。

（二）收益能力（满分20分）

1. 融资型产品收益能力。

（1）指标含义：该指标用统计期内每家信托公司在运行的融资型信托产品的预期收益率水平来衡量，具体用EI值（在运行产品预期收益率与同期限存款利率之比）来表示。由于EI值剔除了同期限银行存款利率的影响，因此更能突出信托产品真实的收益能力。

（2）数据：

统计值：分别统计观察期内在运行各领域融资型理财产品的EI值，排除没有预期收益或者没有期限的产品。

2. 投资型信托产品当期净值表现。

（1）指标含义：该指标用于考察信托公司旗下投资型产品（非结构化证券投资＋非结构化PE）收益能力。可以用净值估值的产品以其当期净值增长率计算。不能用净值估值的产品暂不计算。

（2）数据：

可以用净值形式计算的产品：目前仅为证券投资，考察公司该类产品的净值增长率。

统计值：每家信托公司观察期内所管理的在观察期内持续运行的证券投资类产品净值增长率。

无法用净值形式计算的产品：目前仅为PE，不进行赋分。

对融资型、投资型两项指标分别评分，之后以公司旗下两类产品纳入评分的数量作为权重对两项指标评分进行加权平均，形成公司最终得分。

（三）专业及创新能力（满分16分）

1. 运用领域丰富性（满分4分）。

（1）指标含义：考察每家信托公司重点领域的集合资金信托业务在行业中的地位，以考察公司专业能力。信托公司在某一投资领域专业能力的提升，可以有效降低风险，确保信托收益的顺利实现。这也是信托公司理财能力的一种体现。

（2）数据：以观察期内公司各领域下新增集合资金信托产品规模相对行业集合资金信托总规模比例最大的为公司的代表值，根据代表值对每家公司进行赋分、排名。

2. 类基金型产品开发能力（满分4分）。

（1）指标含义：该指标旨在考察信托公司开发类基金型产品的意愿与能力，用统计期内每家信托公司所发行的类基金型产品数量来衡量。类基金型产品的特点体现为主动管理、分散风险、品牌效应。与一般的信托产品相比，其对信托公司的创新能力要求较高。类基金型产品发行量的大小，体现了信托公司创新能力的高低。

（2）数据：每家信托公司观察期内发行的类基金型信托产品的总只数。

3. 典型创新产品开发能力（上限8分）。

（1）指标含义：该指标旨在从信托公司发行的单款产品的创新点入手，从更微观的角度考察信托公司的创新能力，主要用具有创新点的产品数量来衡量。制度赋予信托公司巨大的创新空间，有效的业务创新无疑会增强信托公司竞争力，本指标更直接地体现了信托公司的产品创新能力。

（2）数据：根据创新型产品的创新点为产品评分，单款产品最高3分，将所有创新型产品的得分累加即为公司的创新能力得分。

（四）信息披露能力（满分9分）

1. 发行及成立信息（满分4分）。

（1）指标含义：考察公司发行产品的信息披露状况。鼓励信托公司及时、准确、完整地披露理财产品的相关信息，有助于提高投资者对投资理财的认知度，加深其对理财产品的了解，降低理财产品的销售错配风险。

（2）数据：

统计值1：共有6项关键指标，分别为产品预期收益率、产品期限、产品成立规模、资金运用领域、资金运用方式、风险控制措施，每项0.5分。根据以上指标对观察期内成立的单款产品评分，各产品评分的平均值即为公司该指标得分。

统计值2：各公司公布发行信息的产品占该公司同期发行和成立的产品比例。

2. 运行信息（满分4分）。

（1）指标含义：该指标是对观察期内所有在运行产品信息披露的完整性和及时性的评价，包括但不限于关键要素的披露。将该指标纳入排名体系可以鼓励信托公司积极披露产品运行过程中的相关信息。运行信息的披露有助于投资者了解产品运行过程中的表现情况，进而及时调整投资结构。

（2）数据：

统计值1：跟踪产品时评分。在运行非阳光私募产品及阳光私募产品分别统计观察期内的公告次数。计算观察期内公告的次数之和除以观察期内运行的该类产品数量，获得平均公告比率作为该信托公司非阳光私募产品指标的代表值；阳光私募产品考核基金净值公布次数之和除以观察期内该类产品的比例为阳光私募产品指标的代表值。

统计值2：公司公布运行信息的产品数量占该公司运行产品总数的比例。

3. 清算信息（满分1分）。

（1）指标含义：该指标是对观察期内到期产品到期信息的完整性和及时性的评价，包括但不限于关键要素的披露。将该指标纳入排名体系可以鼓励信托公司及时、准确、完整地披露到期产品的相关信息。

（2）数据：

统计值1：对到期产品进行评分。考核指标是到期收益率，有则相应产品得3分，没有则不得分。计算观察期内到期产品的平均得分作为信托公司该项指标得分。

统计值2：有到（延）期公告的产品占比，即有到期公告或延期公告的产品数量除以按发行公告或成立公告到期的产品数量。

（五）风险控制能力（满分35分）

1. 信托公司公司治理及内部控制情况（满分15分）。

信托公司公司治理及内部控制情况，采用问卷调查结合专家评分的方式给出。

2. 产品事前风险控制情况（满分15分）。

纳入考察的产品包括在观察期内成立的融资类产品和在观察期内存续的投资类产品。

（1）融资类。

指标含义：该指标旨在考察信托公司对融资类信托产品的风险控制能力。该指标考虑信托公司在发行理财产品时是否具有完善的风险控制条款或机制。

风险控制一直是监管机构和投资者极为关注的问题，尤其是对于风险较高的产品。风险控制措施的采用，可以在很大程度上降低产品的损失风险，并将其损失控制在一定范围之内。风险控制措施的加入反映了信托公司对于风险控制的重视程度和控制能力。

①股权型融资。

考察点：事前控制。

数据：

统计值：观察期内新增当类产品对应的风险控制措施总数除以当类产品新增数。风险控制措施主要包括：有限合伙制（GP/LP）、动产质押、权利质押、政府信用、受益权分级、其他。

②物权型融资。

考察点：事前控制。

数据：

统计值：观察期内新增当类产品对应的风险控制措施总数除以当类产品新增数。风险控制措施主要包括：有限合伙制（GP/LP）、保证担保、不动产质押、动产质押、权利质押、政府信用、资产回购、受益权分级、其他。

③债权型融资。

考察点：事前控制。

数据：

统计值：观察期内新增当类产品对应的风险控制措施总数除以当类产品新增数。风险控制措施主要包括：保证担保、不动产质押、动产质押、权利质押、政府信用、资产回购、受益权分级、其他。

（2）投资型。

指标含义：本指标意在考察信托公司旗下投资型产品（证券投资+PE）的风险控制情况，用考察期内信托产品的净值估值波动程度来衡量。对于有净值估值的产品，以其当期净值波动程度计算；没有净值估值的产品暂不计算。净值波动剧烈的产品表明管理人的投资风格激进或管理能力不足，将会给投资者带来较大风险。该指标可以在一定程度上反映信托公司的风险控制能力。

④可以用净值形式计算的产品。

考察点：事前控制。

数据：

目前仅为证券投资，考察每款产品的夏普比率。

⑤无法用净值形式计算的产品。

目前仅为PE，不进行赋分。

以上方法实则是对指标①至④分别评分，之后以公司旗下各类产品纳入评分的数量作为权重对各项指标评分进行加权平均，形成公司最终得分，有几项数据便计算几项的加权得分。

3. 信托公司产品运行中风险控制（满分5分）。

采用问卷调查结合专家评分的方式给出。

第三节 信托公司理财能力排名

根据以上规则，共有52家信托公司进入2011年度排名榜单。国联信托、国投信托、华澳信托、江苏信托、安信信托、中泰信托、江西国信、爱建信托、英大信托、甘肃信托和海协信托11家信托公司由于集合资金信托计划成立数量在行业平均数30%以下而未进入2011年度排名体系。因本次排名启用了新体系，故不与上次排名进行比较。

一、信托公司单项理财能力排名

（一）发行能力：外贸信托优势明显，粤财、长安排名靠前

发行能力方面，排名前十的依次是外贸信托、中融信托、粤财信托、长安信托、中信信托、中诚信托、新华信托、平安信托、兴业信托、中铁信托（见表12-2）。其中，外贸信托的发行数量和发行规模[①]均最大，故其发行能力获得满分。而粤财信托、长安信托则由于创新产品成立较多，提高了发行数量得分，排入前五。平安信托因发行伞形信托，成立数量较多，进入了前十。华宸信托、紫金信托、西部信托、西藏信托和云南信托由于产品成立数量和规模均较少而排名靠后。

① 本排名中，如无特殊说明，规模均为估算规模。

表 12-2 **信托公司发行能力排名列表** （单位：分）

信托公司	发行数量得分	发行规模得分	发行能力得分	发行能力名次
外贸信托	8.00	12.00	20.00	1
中融信托	7.39	11.46	18.85	2
粤财信托	7.25	9.39	16.65	3
长安信托	7.06	9.38	16.44	4
中信信托	6.04	10.16	16.21	5
中诚信托	5.81	10.33	16.14	6
新华信托	6.27	9.45	15.72	7
平安信托	6.95	8.57	15.52	8
兴业信托	6.66	8.75	15.41	9
中铁信托	6.58	8.57	15.15	10
吉林信托	6.35	8.61	14.96	11
华宝信托	5.82	8.77	14.59	12
华融信托	5.56	8.94	14.50	13
四川信托	5.81	8.62	14.43	14
山东国托	6.20	8.13	14.33	15
北方信托	5.37	8.91	14.27	16
上海信托	5.99	8.16	14.15	17
五矿信托	5.61	8.43	14.04	18
新时代信托	6.50	7.41	13.91	19
中航信托	5.58	8.31	13.89	20
中海信托	5.39	8.44	13.83	21
华润信托	5.20	8.42	13.62	22
北京信托	5.30	8.32	13.61	23
中粮信托	5.30	8.10	13.39	24
建信信托	4.91	8.36	13.27	25
苏州信托	5.22	7.57	12.80	26
华信信托	5.76	6.69	12.45	27
金谷信托	5.12	7.21	12.32	28
华能贵诚	4.87	7.37	12.24	29
山西信托	5.61	6.61	12.22	30
天津信托	4.84	7.34	12.18	31
中原信托	5.45	6.67	12.13	32
华鑫信托	4.84	7.01	11.85	33
陕国投	5.32	6.43	11.75	34
昆仑信托	4.62	7.05	11.67	35
百瑞信托	4.49	7.14	11.64	36
交银国信	4.40	7.16	11.56	37
湖南信托	5.70	5.43	11.13	38
国元信托	5.14	5.95	11.10	39
渤海信托	4.31	6.75	11.05	40
东莞信托	5.00	5.91	10.91	41

续表

信托公司	发行数量得分	发行规模得分	发行能力得分	发行能力名次
中投信托	4.40	6.40	10.80	42
杭工商信托	4.08	6.60	10.68	43
大业信托	4.25	6.39	10.65	44
方正东亚	4.31	6.32	10.63	45
重庆信托	3.96	6.40	10.36	46
厦门信托	4.08	6.03	10.12	47
华宸信托	4.25	5.81	10.06	48
紫金信托	4.14	5.60	9.74	49
西部信托	4.08	5.64	9.73	50
西藏信托	3.96	5.65	9.61	51
云南信托	4.35	5.15	9.51	52

注：由于各项得分和总分是经过四舍五入后的得分，故可能出现各项得分加点不等于总分，或总分相等的信托公司排名不一致的情况，下同。

数据来源：普益财富。

（二）收益能力：股市表现不佳，投资型产品影响收益

收益能力方面，由于2011年国内A股市场整体表现不佳，阳光私募产品收益受到影响，投资型产品得分普遍不高，收益能力排名大致呈现出投资型产品比重越大收益能力排名越靠后的情况。不过，云南信托由于其阳光私募表现较大多数信托公司优异而排入前五。总的来看，排入前10名的有渤海信托、新时代信托、大业信托、云南信托、华信信托、东莞信托、华鑫信托、中粮信托、西藏信托和北方信托（见表12－3）。渤海信托排名第一，主要得益于其工商企业领域产品和房地产领域产品收益水平均较高。虽然新时代信托的投资型产品得分较低，但由于该类产品数量不多，对其收益能力最终得分影响不大。

表12－3　信托公司收益能力排名列表　（单位：分）

信托公司	融资型产品①得分	投资型产品得分	收益能力得分	收益能力排名
渤海信托	18.56	—	18.56	1
新时代信托	19.06	-14.35	18.48	2
大业信托	18.18	—	18.18	3
云南信托	—	17.74	17.74	4
华信信托	17.45	—	17.45	5
东莞信托	17.15	—	17.15	6
华鑫信托	17.04	—	17.04	7
中粮信托	16.97	—	16.97	8
西藏信托	16.40	—	16.40	9
北方信托	16.40	—	16.40	10
四川信托	16.34	—	16.34	11
中铁信托	16.16	17.82	16.23	12

① 为了统一比较，融资型产品得分和投资型产品得分均未经过产品数量加权调整，即这两项最高分均为20分。

续表

信托公司	融资型产品得分	投资型产品得分	收益能力得分	收益能力排名
吉林信托	16.22	—	16.22	13
五矿信托	15.90	—	15.90	14
山西信托	15.90	—	15.90	15
新华信托	15.94	15.16	15.87	16
紫金信托	15.41	—	15.41	17
华能贵诚	14.98	—	14.98	18
中航信托	14.66	—	14.66	19
天津信托	14.65	—	14.65	20
长安信托	15.00	8.36	14.65	21
杭工商信托	14.49	—	14.49	22
上海信托	14.83	-5.33	14.47	23
中原信托	14.73	11.50	14.37	24
方正东亚	14.31	—	14.31	25
金谷信托	14.26	—	14.26	26
重庆信托	13.01	20.00	14.17	27
中投信托	13.99	—	13.99	28
山东国托	16.20	8.68	13.63	29
苏州信托	13.53	—	13.53	30
华融信托	13.33	—	13.33	31
交银国信	15.37	12.78	13.30	32
兴业信托	17.73	11.74	13.24	33
中诚信托	13.21	12.23	13.18	34
昆仑信托	14.04	-1.21	13.15	35
中信信托	13.31	12.92	13.07	36
国元信托	13.01	—	13.01	37
华宸信托	12.64	—	12.64	38
湖南信托	12.16	4.56	12.05	39
建信信托	11.98	—	11.98	40
百瑞信托	12.11	10.21	11.79	41
北京信托	13.45	8.93	11.25	42
中融信托	14.09	7.81	11.19	43
陕国投	14.67	8.00	11.09	44
华润信托	13.48	10.87	11.06	45
粤财信托	13.07	2.35	10.39	46
平安信托	13.08	7.80	9.62	47
中海信托	18.53	8.42	9.27	48
西部信托	13.98	1.18	8.86	49
外贸信托	16.50	4.71	8.73	50
华宝信托	16.21	2.37	7.47	51
厦门信托	0.00	3.01	3.01	52

资料来源：普益财富。

（三）专业及创新能力：类基金开发能力参差不齐

在专业及创新能力方面，大多数信托公司都能在“运用领域丰富性”一项中获得一定分数；但在“类基金开发能力”方面的表现却参差不齐，华信信托凭借其投向基础设施领域的类基金产品获得4分。此外，外贸信托、平安信托也有不错的表现，而华宝信托等15家信托公司却未获得分数。在典型产品创新方面，平安信托凭借“睿石”房地产基金系列、“春华”伞形PE基金系列获得4分；长安信托凭借其票据类信托和创新阳光私募获得4分。此外，华宝信托、粤财信托、湖南信托也有一定得分。专业及创新能力排名前十的信托公司依次为：平安信托、长安信托、华信信托、华宝信托、外贸信托、粤财信托、湖南信托、中融信托、中信信托和华融信托（见表12－4）。

表12－4　信托公司专业及创新能力排名列表　（单位：分）

信托公司	运用领域丰富性得分	类基金型产品开发能力得分	典型创新产品开发能力得分	专业及创新能力得分	专业及创新能力排名
平安信托	2.86	1.94	4.00	8.80	1
长安信托	3.43	0.86	4.00	8.29	2
华信信托	2.29	4.00	—	6.29	3
华宝信托	2.86	—	3.00	5.86	4
外贸信托	3.43	2.17	—	5.60	5
粤财信托	2.29	0.29	3.00	5.57	6
湖南信托	1.71	1.03	2.00	4.74	7
中融信托	2.86	1.54	—	4.40	8
中信信托	3.43	0.80	—	4.23	9
华融信托	4.00	0.17	—	4.17	10
山东国托	2.86	0.97	—	3.83	11
中诚信托	3.43	0.29	—	3.71	12
建信信托	3.43	0.29	—	3.71	13
新华信托	2.86	0.40	—	3.26	14
兴业信托	2.86	0.34	—	3.20	15
中航信托	2.86	0.34	—	3.20	16
五矿信托	2.86	0.29	—	3.14	17
华能贵诚	2.86	0.29	—	3.14	18
四川信托	2.86	0.23	—	3.09	19
陕国投	2.29	0.74	—	3.03	20
中铁信托	2.86	0.11	—	2.97	21
北京信托	2.86	0.11	—	2.97	22
中粮信托	2.86	0.11	—	2.97	23
华鑫信托	2.86	0.11	—	2.97	24
天津信托	2.86	0.06	—	2.91	25
上海信托	2.86	—	—	2.86	26
中海信托	2.86	—	—	2.86	27
北方信托	2.86	—	—	2.86	28
方正东亚	2.86	—	—	2.86	29

续表

信托公司	运用领域丰富性得分	类基金型产品开发能力得分	典型创新产品开发能力得分	专业及创新能力得分	专业及创新能力排名
重庆信托	2.86	—	—	2.86	30
山西信托	2.29	0.29	—	2.57	31
昆仑信托	2.29	0.17	—	2.46	32
华润信托	2.29	0.11	—	2.40	33
杭工商信托	2.29	0.11	—	2.40	34
吉林信托	2.29	0.06	—	2.34	35
中原信托	2.29	0.06	—	2.34	35
金谷信托	2.29	0.06	—	2.34	35
东莞信托	2.29	0.06	—	2.34	35
云南信托	2.29	—	—	2.29	39
华宸信托	2.29	—	—	2.29	40
紫金信托	2.29	—	—	2.29	40
西部信托	2.29	—	—	2.29	40
厦门信托	2.29	—	—	2.29	40
西藏信托	2.29	—	—	2.29	40
新时代信托	1.71	0.11	—	1.83	45
百瑞信托	1.71	0.11	—	1.83	45
中投信托	1.71	0.06	—	1.77	47
大业信托	1.71	0.06	—	1.77	48
苏州信托	1.71	—	—	1.71	49
国元信托	1.71	—	—	1.71	49
交银国信	1.71	—	—	1.71	49
渤海信托	1.14	0.06	—	1.20	49

数据来源：普益财富。

（四）信息披露能力：运行信息、清算信息披露整体较差

信息披露能力方面，各信托公司发行及成立信息披露相对完善，但也存在着披露不及时、披露不完全的情况。而运行信息、清算信息披露普遍不尽如人意，分别有30家和34家信托公司得0分（见表12－5）。

表12－5　信托公司信息披露能力排名列表　（单位：分）

信托公司	发行及成立信息得分	运行信息得分	清算信息得分	信息披露能力得分	信息披露能力排名
四川信托	3.83	4.00	—	7.83	1
渤海信托	2.91	3.94	—	6.85	2
国元信托	3.35	2.05	0.07	5.47	3
中投信托	4.00	0.91	0.08	5.00	4
中粮信托	2.67	1.76	—	4.43	5
华鑫信托	3.73	0.65	—	4.37	6

续表 1

信托公司	发行及成立信息得分	运行信息得分	清算信息得分	信息披露能力得分	信息披露能力排名
东莞信托	3.13	1.14	—	4.27	7
长安信托	3.30	0.83	0.02	4.16	8
华宸信托	3.53	—	0.60	4.13	9
湖南信托	3.72	—	0.39	4.11	10
中铁信托	3.39	0.68	0.02	4.09	11
北京信托	3.44	0.46	0.11	4.00	12
中诚信托	3.32	0.62	0.03	3.97	13
方正东亚	2.98	0.98	—	3.96	14
华融信托	3.58	0.37	—	3.95	15
天津信托	3.66	—	0.27	3.94	16
中航信托	3.78	—	0.16	3.93	17
吉林信托	3.72	0.20	—	3.93	18
苏州信托	2.40	0.48	1.00	3.88	19
陕国投	2.73	0.90	0.22	3.85	20
华信信托	3.82	—	—	3.82	21
杭工商信托	3.62	—	—	3.62	22
五矿信托	3.62	—	—	3.62	23
中原信托	2.81	0.40	0.37	3.58	24
紫金信托	3.56	—	—	3.56	25
华能贵诚	3.51	—	—	3.51	26
中信信托	3.46	—	—	3.46	27
山西信托	3.36	—	0.09	3.45	28
金谷信托	2.84	0.52	—	3.37	29
新时代信托	3.21	—	—	3.21	30
北方信托	3.06	—	0.11	3.17	31
大业信托	3.10	—	—	3.10	32
建信信托	2.96	—	0.14	3.10	33
新华信托	2.95	—	0.09	3.04	34
重庆信托	2.99	—	—	2.99	35
西部信托	2.97	—	—	2.97	36
昆仑信托	2.95	—	—	2.95	37
华润信托	2.45	0.48	—	2.93	38
山东国托	2.93	—	—	2.93	39
中融信托	2.82	—	—	2.82	40
西藏信托	2.65	—	—	2.65	41
百瑞信托	2.62	—	—	2.62	42
云南信托	2.46	—	—	2.46	43
交银国信	2.46	—	—	2.46	44
厦门信托	2.29	—	—	2.29	45

续表 2

信托公司	发行及成立信息得分	运行信息得分	清算信息得分	信息披露能力得分	信息披露能力排名
粤财信托	2.28	—	—	2.28	46
上海信托	2.21	—	0.02	2.23	47
兴业信托	2.07	0.16	—	2.23	48
中海信托	2.21	—	—	2.21	49
平安信托	1.93	0.13	—	2.05	50
外贸信托	1.75	0.06	—	1.81	51
华宝信托	1.79	—	—	1.79	52

数据来源：普益财富。

（五）风险控制能力：问卷回收少，华润中信风控优秀

西南财经大学信托与理财研究所排名体系研究课题组于 2011 年 12 月 30 日向各家信托公司发放了《信托公司理财能力排名问卷》。但截至 2012 年 2 月 23 日，仅有中铁信托、兴业信托、外贸信托和百瑞信托 4 家信托公司返回问卷结果，故其他信托公司的问卷得分均为 0 分。即便如此，华润信托和中信信托依然凭借着其公司治理和产品事前风险控制情况进入风险控制能力前五名。除了以上 6 家信托公司外，进入风险控制能力排名前十的还有华鑫信托、云南信托、五矿信托和北京信托（见表12－6）。

表 12－6　信托公司风险控制能力排名列表　（单位：分）

信托公司	公司治理及内部控制情况得分	产品事前风险控制情况得分	产品运行中风险控制得分	风险控制能力得分	风险控制能力排名
中铁信托	9.03	11.19	4.50	24.72	1
兴业信托	8.53	10.78	3.50	22.81	2
外贸信托	7.88	8.78	4.50	21.16	3
华润信托	4.50	14.23	—	18.73	4
中信信托	3.50	15.00	—	18.50	5
百瑞信托	8.13	6.71	3.25	18.09	6
华鑫信托	3.50	13.57	—	17.07	7
云南信托	6.00	10.33	—	16.33	8
五矿信托	3.50	12.82	—	16.32	9
北京信托	3.00	13.15	—	16.15	10
四川信托	4.00	11.90	—	15.90	11
东莞信托	4.00	11.60	—	15.60	12
中投信托	3.00	12.43	—	15.43	13
中航信托	2.00	12.95	—	14.95	14
陕国投	3.50	11.45	—	14.95	15
平安信托	5.00	9.90	—	14.90	16
吉林信托	3.00	11.66	—	14.66	17
华能贵诚	4.00	10.28	—	14.28	18
新时代信托	3.50	10.69	—	14.19	19
中融信托	1.50	12.08	—	13.58	20
华融信托	2.00	11.45	—	13.45	21

续表

信托公司	公司治理及内部控制情况得分	产品事前风险控制情况得分	产品运行中风险控制得分	风险控制能力得分	风险控制能力排名
天津信托	4.00	9.42	—	13.42	22
华宸信托	4.00	9.25	—	13.25	23
紫金信托	3.50	9.03	—	12.53	24
山东国托	3.00	9.52	—	12.52	25
建信信托	4.50	8.00	—	12.50	26
中原信托	3.50	8.49	—	11.99	27
长安信托	1.50	10.47	—	11.97	28
新华信托	2.00	9.63	—	11.63	29
中诚信托	3.00	8.37	—	11.37	30
华宝信托	3.50	7.86	—	11.36	31
大业信托	3.00	8.27	—	11.27	32
国元信托	3.50	7.69	—	11.19	33
金谷信托	3.00	8.04	—	11.04	34
西部信托	3.50	7.40	—	10.90	35
华信信托	3.50	7.08	—	10.58	36
山西信托	4.00	6.46	—	10.46	37
交银国信	3.00	7.45	—	10.45	38
昆仑信托	5.00	5.35	—	10.35	39
杭工商信托	3.50	6.33	—	9.83	40
重庆信托	4.50	5.31	—	9.81	41
厦门信托	4.50	5.00	—	9.50	42
北方信托	2.00	7.36	—	9.36	43
上海信托	4.00	5.34	—	9.34	44
粤财信托	1.50	7.79	—	9.29	45
苏州信托	4.00	4.90	—	8.90	46
中海信托	2.00	6.70	—	8.70	47
方正东亚	3.00	5.42	—	8.42	48
中粮信托	2.00	6.30	—	8.30	49
湖南信托	2.00	6.26	—	8.26	50
西藏信托	3.50	2.60	—	6.10	51
渤海信托	2.00	3.89	—	5.89	52

数据来源：普益财富。

二、信托公司综合理财能力排名

综合单项理财能力，得出信托公司综合理财能力排名，中铁信托由于各项能力得分比较平均，排名第一；四川信托凭借优异的信息披露能力和较好的收益能力排名第二；而外贸信托由于发行能力、专业及创新能力、风险控制能力较好排名第三。此外，进入前十的信托公司还有兴业信托、长安信托、中信信托、华鑫信托、五矿信托、吉林信托和新时代信托（见表12－7）。

表 12－7 信托公司综合理财能力排名列表 （单位：分）

信托公司	发行能力得分	收益能力得分	专业及创新能力得分	信息披露能力得分	风险控制能力得分	综合理财能力得分	综合理财能力排名
中铁信托	15.15	16.23	2.97	4.09	24.72	63.16	1
四川信托	14.43	16.34	3.09	7.83	15.90	57.59	2
外贸信托	20.00	8.73	5.60	1.81	21.16	57.30	3
兴业信托	15.41	13.24	3.20	2.23	22.81	56.88	4
长安信托	16.44	14.65	8.29	4.16	11.97	55.50	5
中信信托	16.21	13.07	4.23	3.46	18.50	55.46	6
华鑫信托	11.85	17.04	2.97	4.37	17.07	53.30	7
五矿信托	14.04	15.90	3.14	3.62	16.32	53.02	8
吉林信托	14.96	16.22	2.34	3.93	14.66	52.10	9
新时代信托	13.91	18.48	1.83	3.21	14.19	51.62	10
平安信托	15.52	9.62	8.80	2.05	14.90	50.89	11
中融信托	18.85	11.19	4.40	2.82	13.58	50.85	12
中航信托	13.89	14.66	3.20	3.93	14.95	50.63	13
华信信托	12.45	17.45	6.29	3.82	10.58	50.59	14
东莞信托	10.91	17.15	2.34	4.27	15.60	50.28	15
新华信托	15.72	15.87	3.26	3.04	11.63	49.52	16
华融信托	14.50	13.33	4.17	3.95	13.45	49.41	17
华润信托	13.62	11.06	2.40	2.93	18.73	48.73	18
中诚信托	16.14	13.18	3.71	3.97	11.37	48.37	19
云南信托	9.51	17.74	2.29	2.46	16.33	48.32	20
华能贵诚	12.24	14.98	3.14	3.51	14.28	48.15	21
北京信托	13.61	11.25	2.97	4.00	16.15	47.99	22
山东国托	14.33	13.63	3.83	2.93	12.52	47.23	23
天津信托	12.18	14.65	2.91	3.94	13.42	47.10	24
中投信托	10.80	13.99	1.77	5.00	15.43	46.99	25
中粮信托	13.39	16.97	2.97	4.43	8.30	46.06	26
北方信托	14.27	16.40	2.86	3.17	9.36	46.05	27
百瑞信托	11.64	11.79	1.83	2.62	18.09	45.97	28
大业信托	10.65	18.18	1.77	3.10	11.27	44.97	29
陕国投	11.75	11.09	3.03	3.85	14.95	44.66	30
山西信托	12.22	15.90	2.57	3.45	10.46	44.61	31
建信信托	13.27	11.98	3.71	3.10	12.50	44.57	32
中原信托	12.13	14.37	2.34	3.58	11.99	44.40	33
粤财信托	16.65	10.39	5.57	2.28	9.29	44.17	34
渤海信托	11.05	18.56	1.20	6.85	5.89	43.55	35
紫金信托	9.74	15.41	2.29	3.56	12.53	43.53	36
金谷信托	12.32	14.26	2.34	3.37	11.04	43.33	37
上海信托	14.15	14.47	2.86	2.23	9.34	43.05	38

续表

信托公司	发行能力得分	收益能力得分	专业及创新能力得分	信息披露能力得分	风险控制能力得分	综合理财能力得分	综合理财能力排名
国元信托	11.10	13.01	1.71	5.47	11.19	42.49	39
华宸信托	10.06	12.64	2.29	4.13	13.25	42.38	40
华宝信托	14.59	7.47	5.86	1.79	11.36	41.07	41
杭工商信托	10.68	14.49	2.40	3.62	9.83	41.02	42
苏州信托	12.80	13.53	1.71	3.88	8.90	40.82	43
昆仑信托	11.67	13.15	2.46	2.95	10.35	40.58	44
湖南信托	11.13	12.05	4.74	4.11	8.26	40.30	45
方正东亚	10.63	14.31	2.86	3.96	8.42	40.18	46
重庆信托	10.36	14.17	2.86	2.99	9.81	40.18	47
交银国信	11.56	13.30	1.71	2.46	10.45	39.48	48
西藏信托	9.61	16.40	2.29	2.65	6.10	37.05	49
中海信托	13.83	9.27	2.86	2.21	8.70	36.86	50
西部信托	9.73	8.86	2.29	2.97	10.90	34.74	51
厦门信托	10.12	3.01	2.29	2.29	9.50	27.20	52

资料来源：普益财富。

后　记

本次理财市场年度报告的撰写凝聚了编写人员的巨大努力与心血，在严格控制整体进度的情况下，编写人员同心协力、加班加点，初稿、审核、排版、终审，每一个流程都按照进度一丝不苟地完成，最终圆满完成本次年度报告撰写的工作。

参与本报告编写的人员：第一章：叶林峰；第二章：应辉；第三章：曾韵佼、刘贞利；第四章：叶林峰；第五章：叶林峰；第六章：方瑞、肖芳、曾韵佼、王玲玲；第七章：范杰、罗晓丽、黄滔；第八章：陈楚娴、杨溢、秋慧；第九章：应辉；第十章：陈楚娴、杨溢、秋慧。全书由孙从海、翟立宏、战松负责策划、总纂和审阅。在此，我们也向为本报告的撰写提供大量资料及数据支撑的金融机构的朋友们表示衷心的感谢。

感谢为本报告编写提供资料和指导的业界前辈和朋友，感谢中国财政经济出版社同仁们为本报告编撰和出版提供的全方位支持。

由于水平有限，本报告的数据、方法和分析结论难免存在偏差，敬请业界朋友斧正，让我们共同促进中国理财市场更加健康地发展。

西南财经大学信托与理财研究所

普益财富

2012 年 3 月